Eleusis und die orphische Dichtung Athens in vorhellenistischer Zeit

von

Fritz Graf

Walter de Gruyter · Berlin · New York

1974

ISBN 3 11 004498 6

Printed in Germany
Satz und Druck: Walter Pieper, Würzburg
Buchbinder: Lüderitz & Bauer, Berlin

Religionsgeschichtliche Versuche und Vorarbeiten

Herausgegeben

von

Walter Burkert und Carsten Colpe

Band XXXIII

Walter de Gruyter · Berlin · New York
1974

Meinen Eltern

Vorbemerkung

Die vorliegende Studie hat im Wintersemester 1971/72 der Philosophischen Fakultät I der Universität Zürich als Dissertation vorgelegen. Seither wurde der Text überarbeitet und die Literatur ergänzt; das Manuskript war im Sommer 1972 im wesentlichen abgeschlossen. Erst nachträglich habe ich den reichen und grundlegenden Kommentar zum homerischen Demeterhymnus von N. J. Richardson im Manuskript kennengelernt (er ist unterdessen erschienen, Oxford 1974); ich bedaure zutiefst, nicht mehr die Möglichkeit gehabt zu haben, mit einem derartigen, so oft vermißten Instrument zu arbeiten.

Es bleibt die angenehme Pflicht des Dankes. Herr Professor F. Wehrli hat meine Aufmerksamkeit auf die hier behandelte Thematik gelenkt und eine erste Bearbeitung als Diplomarbeit für das Lizentiat betreut, Herr Professor W. Burkert hat nach dem Rücktritt von Herrn Professor Wehrli die Ausarbeitung als Dissertation mit reicher Anregung und kundiger Kritik geleitet und die Aufnahme in die RGVV vorgeschlagen, und die Herren Dr. N. J. Richardson, Oxford, und Dr. H. Schmitz, Winterthur, haben das Manuskript gelesen und durch ihre Kritik Wertvolles beigetragen. Ihnen allen gilt mein herzlicher Dank. Den Herausgebern der RGVV danke ich für die Aufnahme in diese Reihe, der Universität Zürich für einen Beitrag zu den Druckkosten, und ganz herzlich danke ich meiner Frau für ihre unermüdliche Hilfe bei der Fertigstellung des Manuskripts und beim Lesen der Korrekturen.

Inhaltsverzeichnis

Vorbemerkung VII

Abkürzungen XI

I. Die orphische Dichtung und Eleusis 1
   § 1 Geschichte und Problematik der Fragestellung . . . 1
   § 2 Die orphische Dichtung. Ihre Dichterheroen . . . 8
   § 3 Orpheus als Gründer der eleusinischen Mysterien . 22

II. Eleusis und Dionysos 40
   § 1 Die Parodos der Aristophanischen ‚Frösche' . . . 40
   § 2 Iakchos und Dionysos 51
   § 3 Iakchos, Dionysos und Eumolpos 59
   § 4 Dionysosgeburt in Agrai? 66

III. Die Jenseitsdichtung 79
   § 1 Die eleusinische Eschatologie 79
   § 2 Orpheus und Musaios über Lohn und Strafe im Jenseits 94
      a. Das Symposion 98   b. Der Schlamm im Jenseits 103.   c. Sieb und löcheriges Faß 107 d. Erste Folgerungen 120.   e. Totenrichter und Totengericht 121
   § 3 Zum rituellen Hintergrund 126
   § 4 Die epische Gestaltung 139

IV. Die orphischen Demeter- und Koregedichte 151
   § 1 Die Fragmente. Maltens Rekonstruktion 151
   § 2 Das Gedicht von Demeters Einkehr in Eleusis . . . 158

V. Die orphisch-eleusinische Dichtung Athens 182

Exkurs I: Iakchos und Eumolpos. Katalog der kerami-
      schen Darstellungen 187
Exkurs II: Oknos 188
Exkurs III: Baubo und ihr Anasyrma 194

Literaturverzeichnis 200

Register   206
   Stellen in Auswahl 206
   Namen- und Sachregister 218
   Griechische Wörter und Ausdrücke 224

Abkürzungen

mit Ausschluß der Siglen von Zeitschriften

ABV J. D. Beazley, Attic black-figure vase-painters, Oxford 1956.
ANET Ancient Near Eastern texts relating to the Old Testament, ed. J. B. Pritchard, Princeton ³1969.
ARV² J. D. Beazley, Attic red-figure vase-painters, Oxford ²1963.
BKT Berliner Klassikertexte
CIG Corpus inscriptionum Graecarum
CIL Corpus inscriptionum Latinarum
CLE Carmina Latina epigraphica, coll. F. Buecheler (Anthol. Lat. II), Leipzig 1895/97. Supplementum, cur. E. Lommatzsch, Leipzig 1926.
CV Corpus vasorum antiquorum
DS Ch. Daremberg – M. E. Saglio, Dictionnaire des antiquités grecques et romaines, Paris 1877–1919.
EAA Enciclopedia dell'arte antica classica e orientale, Rom 1958–1966.
F Orphicorum fragmenta, coll. O. Kern, Berlin 1922, pars posterior: fragmenta Orphicorum (Nummer).
FdD Fouilles de Delphes
FGrHist Die Fragmente der griechischen Historiker, von F. Jacoby, Berlin/Leiden 1923–1958.
FHG Fragmenta historicorum Graecorum, edd. C. und Th. Müller, Paris 1841–1870.
FR A. Furtwängler – K. Reichhold, Griechische Vasenmalerei, München 1904–1932.
FS Festschrift
GV Griechische Versinschriften, hrsg. von W. Peek, Berlin 1, 1955.
HDA Handwörterbuch des deutschen Aberglaubens, Berlin 1927–1942.
IG Inscriptiones Graecae
KlP Der kleine Pauly, Stuttgart 1964 ff.
LSAM F. Sokolowski, Lois sacrées de l'Asie Mineure (Ec. franç. Athènes, trav. et mém. 9) Paris 1955.
LSCG ders., Lois sacrées des cités grecques (Ec. franç. Athènes, trav. et mém. 18) Paris 1969.
LSJ H. G. Liddell – R. Scott – H. S. Jones, A Greek-English lexicon, Oxford ⁹1940 (Nachdr. 1961).
LSS F. Sokolowski, Lois sacrées des cités grecques. Supplément (Ec. franç. Athènes, trav. et mém. 11) Paris 1962.

OGIS	Orientis Graeci inscriptiones selectae, ed. W. Dittenberger, Leipzig 1903–1905.
PMG	Poetae melici Graeci, ed. D. L. Page, Oxford 1962.
PPF	Poetarum philosophorum fragmenta, ed. H. Diels, Berlin 1901.
PR	L. Preller, Griechische Mythologie, 4. Aufl. bearb. von C. Robert, Berlin 1894–1921.
RL	Ausführliches Lexikon der griechischen und römischen Mythologie, hrsg. von W. Roscher, Leipzig 1884–1937.
SB	Sitzungsbericht(e)
SEG	Supplementum epigraphicum Graecum
SIG³	Sylloge inscriptionum Graecarum, ed. W. Dittenberger, Leipzig ³1915–1924.
T	Orphicorum fragmenta, coll. O. Kern, Berlin 1922, pars prior: testimonia potiora (Nummer).
TrGF	Tragicorum Graecorum fragmenta, ed. B. Snell, Göttingen 1, 1971.
VS	H. Diels, Die Fragmente der Vorsokratiker, 6. Aufl. hrsg. von W. Kranz, Berlin 1951 (Nachdr. 1971).

I. Die orphische Dichtung und Eleusis

§ 1 Geschichte und Problematik der Fragestellung

Kaum ein Name griechischer Dichtung hat seit der Wiederentdek-
kung der Antike im fünfzehnten Jahrhundert eine solch geheimnisvolle
Faszination auf Generationen von Gebildeten ausgeübt wie derjenige
des Orpheus, und kaum eine Erscheinung griechischer Religion hat
das Interesse so vieler Berufener und Unberufener erweckt wie das
antike Mysterienwesen, insbesondere die schon in der Antike hoch
gepriesenen Mysterien zu Eleusis. Und obschon das tatsächliche Wissen um die eleusinischen Mysterien und um Orpheus, seine sagenhafte
Dichtung und seine angebliche religiöse Wirksamkeit niemals mehr als
bedauerlich trümmerhaft und unvollständig war, entstand im Laufe
der Jahrhunderte eine reiche Literatur zu diesen beiden Erscheinun-
gen, eine Literatur freilich, die manchem Gelehrten den Zugang zur
historischen Wirklichkeit mehr zu verschütten als zu eröffnen schien [1],
eine Literatur auch, in der, um die Worte jenes Mannes zu gebrauchen, der dem historischen Verständnis den Weg öffnete, „zügelloser
als in jedem andern Zweig antiker Studien Irrtum, Eitelkeit und Will-
kür getobt haben" [2].

Bei jenen Gelehrten, denen Lobecks zornige Worte galten, waren
nun aber Orpheus und Eleusis eine bemerkenswerte Verbindung eingegangen. Im achtzehnten Jahrhundert herrschte die Meinung vor, in
den eleusinischen Mysterien sei der Myste in tiefen theologischen, philosophischen oder moralischen Weisheiten unterwiesen worden [3]; eine

---

[1] Vgl. I. M. Gesner, Orphei fragmenta, Leipzig 1764, xvii (= G. Hermann,
Orphica, Leipzig 1805, xlii), Foucart 369, Dodds 147.

[2] Lobeck 1, vii: neque est ulla pars antiquariae doctrinae, in qua fraus, vanitas,
libido grassata sit effrenatius.

[3] Vgl. den Forschungsbericht von C. G. Lenz bei Sainte-Croix, Versuch über die
alten Mysterien, Gotha 1790, 4 ff. (Übersetzung der ,Mémoires pour servir à
l'histoire de la religion secrète des anciens peuples', Paris 1784), sowie die
Übersicht bei C. Meiners, Comment. Gott. 16, 1808, 205.

solche Auffassung konnte freilich an Äußerungen antiker Autoren anknüpfen [4]. Orpheus aber hatte im Gefolge neuplatonischer Spekulationen seit der florentinischen Renaissance als Verkünder uralter theologischer Wahrheit gegolten [5]; daran hielt mancher Gelehrte des achtzehnten und frühen neunzehnten Jahrhunderts fest [6]. Eine Verbindung
dieser beiden Vertreter alter Weisheit aber ergab sich fast von selbst
aus den Nachrichten so vertrauenswürdiger Autoren wie Euripides,
Aristophanes und Demosthenes, daß Orpheus ebendiese Mysterien
gegründet habe [7]. So hatte denn Orpheus seine Weisheit in den Mysterien verhüllt und profanen Augen entzogen; es ergab sich aber über
die erhaltenen Orphica (wenn auch vielleicht erst Werke späterer
Orphiker wie des Onomakritos, so doch durch den Namen des Orpheus autoritativ) ein Weg, die geheime Weisheit der Mysterien zu
ergründen. Der erste, der meines Wissens diesen Weg beschritten hat,
war Andreas Christian Eschenbach (1663–1722) in seinem ‚Epigenes
de Poesi Orphica in priscas Orphicorum carminum memorias liber
commentarius' (Nürnberg 1702) [8]. Noch Friedrich Creuzer hängt von
diesen Anschauungen ab, wenn bei ihm Onomakritos ‚und die andern
Verfasser von Werken unter Orpheus Namen' ‚das Wesentlichste von
den Lehrsätzen der Bacchischen und Cerealischen Mysterien' in ihre
Gedichte aufgenommen haben [9], er so den innersten Gehalt der eleu-

---

[4] Etwa Cic. leg. 2, 36; Epict. 3, 21, 15 (τὰ μυστήρια . . . ἐπὶ παιδείαι καὶ ἐπαν-
ορθώσει τοῦ βίου κατεστάθη) – beide Stellen werden denn auch von G. H.
Bode, Orpheus poetarum Graecorum antiquissimus, Göttingen 1824, 163
herangezogen. Mehr bei Lobeck 1, 73 ff.

[5] Vgl. etwa Pico della Mirandola, De dignitate hominis p. 82 ff. (ed. Garin –
Reich, Frankfurt 1969), der sich auf Iamb. vit. Pyth. 145 beruft. – Vgl. E.
Wind, Pagan mysteries in the Renaissance, Hardmansworth ²1967, 6 ff.

[6] Vgl. etwa J. Brucker, Historia critica philosophiae, Leipzig 1, 1742, 373 ff.;
F. Bouterwek, De primis philosophorum Graecorum decretis physicis com-
mentatio, Comment. Gott. 2, 1811 (1813), 3 ff.

[7] Gemeint Ar. ran. 1032; [Eur.] Rhes. 943 f.: [Dem.] or. 25, 11; vgl. unten I 3.

[8] Vgl. die Praefatio: Vixisse olim Orpheum quendam . . . qui institutis abs se
et ordinatis in Graecia mysteriis variisque sacris ea sapientiae et scientiarum
arcana in iis docuerit, ex quibus non solum Homeri divina Musa, sed et
subsequentium omnis adorea, et quidquid solidi et divini protulere, tam-
quam ex fonte et scaturigine fluxerit ac derivatum fuerit.

[9] F. Creuzer, Symbolik und Mythologie der alten Völker, Leipzig/Darmstadt
1821, 3, 146.

sinischen Mysterien mit zwei orphischen Hymnen erklären kann [10].
Klarer blickende Gelehrte mochten es zwar aufgrund anderer Überlieferungen oder chronologischer Ungereimtheiten ablehnen, Orpheus
als Gründer der eleusinischen Mysterien zu betrachten [11]: sie machten
ihn jedoch zu deren Reformator [12] oder schrieben den Orphica eine
besondere Rolle im Mysteriengeschehen zu [13]: der Zusammenhang
blieb so gewahrt, die Weisheit, welche die Mysterien verkündet hätten, unangetastet.

Gegen diese ‚allgemeine und alteingewurzelte Meinung‘ von der
Belehrung, welcher der Myste teilhaftig geworden sei, wandte sich
Lobeck [14]: diese Meinung stellte ihm alle in den letzten Jahrzehnten
errungenen Einsichten in die Entwicklung der griechischen Kultur in
Frage [15]. Die Trennung, die er dabei zwischen Orpheus und Eleusis
vornahm – schon äußerlich manifestiert in der Einteilung des ‚Aglaophamus‘ in ‚Liber primus: Eleusinia‘ und ‚Liber secundus: Orphica‘ –
ist auch als Reaktion auf die verstiegenen Theorien seiner Vorgänger
zu verstehen; fraglich bleibt, ob sie gerechtfertigt oder ob sie, in be-
greiflicher Tendenz, wie manches andere zu weit gegangen ist [16]. Wenn

---

10 Ibid. 4, 521 (Orph. 29 und 40). – Freilich waren die orphischen Hymnen nicht
   mehr wie zu Picos Zeiten (de dign. hom. p. 82; vgl. noch A. Kircher, Oedipus
   Aegyptiacus, Rom 2, 1653, 151) als älteste griechische Poesie angesehen, auch
   von Creuzer nicht; schon C. Meiners, Historia doctrinae de vero Deo, Lemgo
   1780, 198 hatte stoischen Einfluß nachzuweisen versucht; erst Lobeck 1, 389 ff.
   konnte aber ihre späte Entstehung gültig nachweisen.
11 Etwa C. Meiners, op. cit. 188 f.; Sainte-Croix, op. cit. 90; Ouvaroff, Essai sur
   les mystères d'Eleusis, Petersburg 1812, 7.
12 So C. G. Heyne, Comment. Gott. 16, 1808, 314 f., vgl. Ouvaroff op. cit. 13,
   E. Clavier, Histoire des premiers temps de la Grèce, Paris 1809, 1, 87.
13 So Sainte-Croix op. cit. 211 ff., G. H. Bode op. cit. 164.
14 Publica et inveterata opinio Lobeck 1, 4. – Die Ansicht läßt sich freilich vor
   dem 18. Jh. nicht nachweisen, in den Eleusinia von J. Meursius (Leiden
   1619 = Opera, Florenz 2, 1744, 453 ff.) ist davon ebensowenig wie von
   Orpheus die Rede.
15 Lobeck 1, 4 f.
16 Vgl. O. Kern, Kabeiros und Kabeiroi, RE 10, 1434: „Wie stark Lobecks
   scharfes Schwert, das zu seiner Zeit allerdings nur eine segensreiche Wohltat
   war, oft über das Maß hinaus gewirkt hat, sieht man jetzt bei der Bearbeitung
   der Mysterienreligionen auf Schritt und Tritt“. Eine ähnliche Beurteilung gab
   schon A. Boeckh, Encyklopädie und Methodologie der philologischen Wissen-

man liest, wie unmutig die doch ernstzunehmenden Zeugnisse über Orpheus als Gründer der eleusinischen Mysterien beiseite gefegt werden [17], kann man sich jedenfalls eines solchen Verdachts kaum erwehren.

Nun hat sich in der Folgezeit Lobecks Trennung allgemein durchgesetzt. U. von Wilamowitz, O. Kern, L. Gernet und A. Boulanger, H. J. Rose, M. P. Nilsson und E. des Places in ihren Religionsgeschichten, P. Foucart, K. Kerényi und G. Mylonas in ihren Monographien über Eleusis, W. K. C. Guthrie und I. M. Linforth über Orpheus (um nur die bedeutendsten Namen unseres Jahrhunderts zu erwähnen) [18]: für sie alle gilt jener Satz Guthries, daß es ‚geraten scheine, vor einer möglichen Vermengung der eleusinischen Mysterien mit der Orphik zu warnen' [19].

Immerhin aber haben sich immer wieder Stimmen gegen Lobecks Trennung erhoben. Es soll hier nicht von jenen extremen Ansichten gesprochen werden, deren Verfechter in den eleusinischen Mysterien einen weitgehenden orphischen Einfluß erkennen zu können glaubten, sei es im Eindringen des Dionysos-Iakchos [20] oder des Dionysos-Zagreus [21], sei es in demjenigen der orphischen Eschatologie mit Jenseitsstrafen [22] und Σῶμα-σῆμα-Doktrin [23]. Ich meine vielmehr jene Autoren, welche schon für das späte fünfte Jahrhundert mit einer Tra-

---

schaften, Leipzig ²1886, 463. – Zur ‚segensreichen Wirkung' des Aglaophamus vgl. etwa den Brief L. Prellers an C. O. Müller vom 30. Dezember 1836 (O. Kern, Der Briefwechsel von Carl Otfried Müller, Göttingen 1936, 255 f.).

[17] Lobeck 1, 238 ff.

[18] Vgl. das Lit.-verz.

[19] „It seemed prudent to utter a warning against the possible confusion of them (der eleusinischen Mysterien) with Orphism" Guthrie Orph. 155.

[20] Welcker 2, 543; Furtwängler, JdI 6, 1891, 121; F. Duemmler, ThLZtg 20, 1895, 460 = KlSchr, Leipzig 1901, 2, 277; Boyancé CdM 26; Guépin 269 f. – Vgl. unten II 2.

[21] Toepffer 32 ff.; Reinach 5, 66 ff., vgl. Boyancé CdM 27.

[22] Toepffer 32. Maass 96, vgl. 100; vgl. Pettazzoni 52. Siehe demgegenüber Dodds 137: „No one, I suppose, now believes that ... the Eleusinian promises were the result of an Orphic reform".

[23] G. Méautis, L'âme hellénique d'après les vases grecs, Paris 1932, 176 ff. – Vgl. außerdem Gruppe RL 1098; Harrison 539 ff.; Böhme 415 f. Anm. 8 zu S. 111.

dition rechneten, derzufolge Orpheus die eleusinischen Mysterien gegründet habe – wie dies etwa F. G. Welcker, O. Gruppe, F. Jacoby,
L. R. Farnell, P. Foucart und besonders P. Boyancé und L. Moulinier
annahmen[24]. Und ich meine vor allem jene Forscher, welche eine
attisch-orphische Dichtung mit den eleusinischen Mysterien zusammen-
brachten, wie dies im letzten Jahrhundert der junge Wilamowitz, der
im Alter freilich widerrief[25], wie es E. Maass[26] und besonders
O. Gruppe taten. Letzterer nämlich nahm an, daß schon unter Peisistratos die eleusinischen Sagen in orphischen Gedichten dargestellt
worden wären und daß diese Dichtungen wesentlich an einer Interpretation des Mysterienrituals beteiligt gewesen seien, ohne es aber
irgendwie abzuändern[27]. In den Dreißigerjahren unseres Jahrhunderts
sprach F. Wehrli die Ansicht aus, daß die orphischen Dichtungen die
Kulttatsachen von Eleusis getreulich spiegeln könnten[28]; fast gleichzeitig schrieb A. Rzach von ‚hieratischen Poesien‘, welche in Athen um-
gelaufen seien unter Orpheus' und Musaios' Namen und eine Verbindung zwischen ‚orphischen Lehren‘ und den eleusinischen Mysterien
hergestellt hätten[29]. Und in jüngster Zeit hat P. Boyancé von ‚einer
ganzen Literatur‘ gesprochen, deren Exponenten auf orphischer Seite
Orpheus und Musaios, auf eleusinischer Eumolpos seien[30]; daß sich
diese Literatur besonders in den Texten der Goldblättchen finden
lasse, ist freilich kaum zu akzeptieren[31].

Die den vorliegenden Untersuchungen zugrundeliegende Fragestellung ist also nicht neu. Freilich ist sie nicht erschöpft, geschweige denn

---

[24] Welcker 2, 549; Gruppe RL 1096; Jacoby MPar 72; Foucart 445 f.; Farnell
3, 151 Anm. d; Boyancé CdM 21 ff., vgl. REG 55, 234. REG 75, 476 ff.;
Moulinier 105 ff.

[25] Wilamowitz HomUnters 212, der Widerruf GdH 2, 198.

[26] Maass 109 ff.

[27] Gruppe RL 1137. BphW 40, 1920, 870 f. (871: „Es wäre seltsam, wenn sich
in der traditionellen Auslegung der Mysterien nicht auch die Nachwirkungen
jener unter dem Namen des Orpheus umlaufenden Dichtungen gezeigt hätten, die sich mit Eleusis viel beschäftigten").

[28] Wehrli ARW 31, 80 mit Anm. 4. – Wehrli benützt diese Annahme, um das
Heranziehen auch orphischer Nachrichten zu seinem Versuch, den Hom. h. Cer.
ganz aitiologisch zu verstehen, zu rechtfertigen.

[29] Rzach 762 f.

[30] Boyancé REG 75, 475 ff.   [31] Vgl. unten III 1 Anm. 53.

gelöst. Es fehlt etwa eine umfassende Darstellung dessen, was in einer
solchen orphisch-eleusinischen Dichtung gestanden haben könnte, es
fehlt eine über Vermutungen im Gefolge antiker Gelehrsamkeit hin-
ausgehende sichere Datierung dieser Dichtung; gerade sie läßt sich aufgrund neuerer Arbeiten zur attischen Vasenmalerei jetzt durchführen.
Die Frage noch einmal gründlich aufzurollen, erscheint also nicht
müßig.

Wohl aber mag eine solche Unternehmung manchem undurchführ-
bar erscheinen. Muß nicht angesichts der oft unvereinbaren Ansichten
der verschiedenen Forscher zuerst einmal ein Gesamtbild der beiden
zu vergleichenden Phänomene erarbeitet werden? Droht aber nicht
diese Arbeit uferlos zu werden, weil die antiken Zeugnisse nicht nur
alle bruchstückhaft, sondern auch allzu oft durch vorangegangene
Theorien belastet und entstellt sind?

Nun mag freilich für den Beginn dieser Untersuchungen jener Wage-
mut mitverantwortlich gewesen sein, von dem Thukydides sagt, daß
er aus Nichtwissen entstehe. Zu ihrer Weiterführung und Vollendung
aber – denn Wissen, fährt Thukydides fort, bringt Zögern – mußte ein
Mehreres kommen, was die Erfüllung der gestellten Aufgabe weniger
aussichtslos erscheinen ließ.

Einmal nämlich erlauben die Zeugnisse über Eleusis, so unvollständig sie sind, durchaus eine Rekonstruktion des Rituals, die zumindest
in ihrem äußern Ablauf weitgehend unangefochten ist. Selbst das
Geschehen der Weihenacht im Telesterion, durch das Schweigegebot
dem Außenstehenden verschlossen und zugleich umso offener für alle
Spekulationen [32], läßt sich durch Heranziehung aller möglichen Nachrichten, besonders auch der seit Noack in ihrem Wert erkannten archäologischen Funde, wenn auch nicht vollständig, so doch in seinem Umriß verstehen, und keinesfalls gilt, was ein moderner Autor behauptete:
‚Über die Geheimkulte weiß man überhaupt nicht viel, denn es war
allen Eingeweihten lebenslang verboten, je über diese heiligen Dinge
zu sprechen.‘ [33] Denn nicht nur gab es immer wieder solche, welche

[32] Denselben psychischen Mechanismus stellt H. Mann, Der Untertan, München
    1964, 103 im Zusammenhang mit dem Freimaurertum fest.
[33] I. Lissner, Wir sind das Abendland, Olten 1966, 87. – Eine verwandte Hal-
    tung ist aus dem vom Mysteriengeschehen handelnden Kapitel der sonst so

‚die Mysterien austanzten', wie Alkibiades, dessen Prozeß wegen Profanation uns noch begegnen wird[34]: der zum Christen gewordene Heide, der in seiner Jugend in Eleusis geweiht gewesen war und später aus eigenem Erleben heraus polemisieren konnte, der Gnostiker, der, obschon Myste, doch sich nicht verpflichtet fühlte, dem Schweigegebot zu folgen: sie verraten manches, und es geht nicht an, diese Berichte bloß deshalb zu verwerfen, weil sie polemisch oder spät sind. Auch in der leidenschaftlichsten Polemik muß ein Körnchen Wahrheit sein, will sie verfangen, und auch späte Nachrichten können angesichts der Zähigkeit, mit der sich rituelle Formen halten, Altes überliefern.

Dadurch aber, daß auf der Gegenseite allein die orphische Dichtung herangezogen wird, wird auch hier ein sicherer Ausgangspunkt gewonnen. Inwieweit überhaupt ernstzunehmende orphische Mysterien in klassischer oder vorklassischer Zeit existierten, ist kontrovers und mag hier offenbleiben; die Zeugnisse sind recht karg[35]. Daß jedenfalls die Dichtung des Orpheus und ihm verwandter mythischer Sänger wie des Musaios den wichtigsten Aspekt des Orphizismus darstellt, wird durch die antike Überlieferung nahegelegt[36], und Fragmente solcher Dichtung lassen sich schon in Platons Zeit fassen. Durch diese Beschränkung wird die Frage nach dem Verhältnis von Eleusis und

ausgezeichneten Monographie von Mylonas zu spüren, vgl. besonders 224 ff.; vgl. die Besprechung von D. M. Lewis, JHS 83, 1963, 206 f.

[34] Vgl. unten III 3.

[35] Wichtig ist Hdt. 2, 81 (T 216), vgl. Linforth 170; vielleicht Pl. Gorg. 493 A, vgl. unten III 4 Anm. 2 – Von einem eigentlichen orphischen Mysterienkult sprachen etwa Harrison 478 ff.; Pettazzoni 69 f.; Kern RE 1279 ff., vgl. Gr Myst 41 ff.; K. Kerényi, Pythagoras und Orpheus, Zürich [3]1950, 35; jüngst S. G. F. Brandon, The judgement of the dead, London 1967, 88. Demgegenüber nennt Boulanger 79 die Orphik eine Buchreligion (religion livresque), vgl. 77; ähnlich Moulinier 115 f.; vgl. Des Places 191. Die vermittelnde Ansicht, daß neben einzelnen Riten die pseudepigraphische Literatur sehr wichtig war, findet sich seit Gruppe RL 1105 ff. etwa bei P. Boyancé REA 43, 1941, 169 (gegen Boulanger l. c.), Linforth 167 ff. (besonders 171), Nilsson Gn 28, 1956, 21 = Op. 3, 296; vgl. A. D. Nock, HThR 33, 1940, 302 = Essays, Oxford 1972, 1, 504 und Dodds 148, die den literarischen Teil stark betonen, Guthrie, Orph. 201 ff. (vgl. Boyancé REG 75, 475 ff.), der das Ritual hervorhebt.

[36] Vgl. I 2. – So etwa A. D. Nock l. c.: „at all times the concrete fact of Orphism was the religious literature: this was the focus of piety."

Orphik eingeschränkt auf diejenige nach dem Verhältnis von Mysterien und mythologischer Dichtung, mithin also von Ritus und Mythos – auch wenn es sich um bewußt geschaffene Mythen handeln sollte. So aber sollte es weder unmöglich noch fruchtlos sein, die in vorhellenistischer Zeit faßbaren Überreste attisch-orphischer Dichtung mit den Nachrichten über die eleusinischen Mysterien zu konfrontieren.

§ 2 Die orphische Dichtung. Ihre Dichterheroen

Die Antike zeugt dafür, daß eine wesentliche Erscheinungsform der Orphik die Dichtung gewesen ist[1]. Seit Platon und dem Dervenipapyrus nämlich werden Hexameter des Orpheus zitiert[2], das Adjektiv ᾿Ορφικός aber wird zuerst und hauptsächlich auf Literaturwerke, τὰ ᾿Ορφικὰ (ἔπη) bezogen[3], und nicht nur Pausanias stellt ihnen die δρώμενα der Mysterien gegenüber[4].

Orpheus selber ist, zumindest in archaischer und klassischer Zeit, Sänger und Dichter; als Sänger bildet ihn eine Metope vom Schatzhaus der Sikyonier in Delphi[5], also solchen nennt Pindar ihn ,Vater

---

1 Herausgearbeitet von Nilsson Op. 2, 643.

2 Platon zitiert Phileb. 66 C (Orph. frg. 14). Crat. 402 B (Orph. frg. 15) namentlich Hexameter des Orpheus; im PDerv sind, soweit er publiziert ist (S. G. Kapsomenos, ᾿ΑρχΔελτ 19, 1, 1964, 17 ff.), zwei ganze und die Reste weiterer Hexameter des Orpheus erhalten.

3 Ein Hexameter wird aus den ᾿Ορφικά zitiert Orph. frg. 38. 41. 85 (᾿Ορφικαὶ θεολογίαι). 225; häufiger wird Orpheus selbst (παρ᾿ ᾿Ορφέως, ὁ θεολόγος) genannt. Τὰ ᾿Ορφικὰ ἔπη Aristot. de anima 1, 5, 410 B 19 (F 27). Plut. frg. 157, 21 (F S. 316). Procl. in Plat. Parm. 4, 959, 21 (F 169 S. 208). Olympiod. in Plat. Phd. 68 C S. 48, 20 Norvin (F 235); τὰ ᾿Ορφικὰ ποιήματα Diod. 3, 62, 8 (F 301); τὸ ᾿Ορφικόν Plut. de E 15, 391 D (F 14). – Demgegenüber sind οἱ ᾿Ορφικοί sicher erst seit Achil. isag. in Arat. Phaen. 4, 33 Maass (F 70) bezeugt, vgl. Kern, Orph. frg. S. 405 (Index VII s. v. ᾿Ορφεύς); Linforth 276 ff.; Burkert WuW 102.

4 Paus. 1, 37, 4 (T 219) (Eleusis); Diod. 3, 62, 8 (F 301) (Dionysosriten). Aus diesen Stellen und aus Clem. protr. 2, 20 f. (F 52), Athenag. pro Christ. 32 (F 59) aber eine ursprüngliche Einheit von Orphik und Eleusis herauszulesen (Boehme 415 f. Anm. 8 zu S. 111), geht nicht an.

5 FdD Sculpt. 4, 4 (T 1), abg. etwa bei Guthrie Orph. T. 2. – Die Zeugnisse zu Orpheus dem Dichter und Sänger sind zusammengestellt bei Gruppe RL

der Lieder' [6]. Seit Hippias von Elis führt er eine fast kanonische Liste griechischer Urdichter an; es sind dies in gleichbleibender, für uns erstaunlicher Reihenfolge Orpheus, Musaios, Hesiod, Homer [7]. Platon, der Orpheus einigemale erwähnt [8], betrachtet ihn als Dichter, dessen Verse er kennt, die er zitiert oder auf die er anspielt [9]; daneben verbindet er ihn einmal mit den Mysterien [10], wie es schon Aristophanes getan hatte [11] und wie es ausführlicher Platons jüngerer Zeitgenosse Ephoros tat [12].

Eng mit Orpheus aber wird schon im späteren fünften Jahrhundert Musaios verbunden [13]. Auch er ist Dichter, wird von Hippias dem Eleer zusammen mit Orpheus Hesiod und Homer gegenübergestellt [14] und von Gorgias als Ahne Homers bezeichnet [15]. Frühe Zeugnisse lassen ihn zwar Chresmologen sein [16], dessen Orakel Onomakritos gesammelt hatte [17]; doch muß sein Sänger- und Dichtertum schon von

1113 ff. Ziegler Orph. 1247 ff., vgl. Nilsson Op. 2, 634 ff. Moulinier 7 f. – Anzufügen ist noch Bacchyl. 28 b 8 f.

[6] Pi. P. 4, 176 (T 58) ἀοιδᾶν πατήρ.

[7] Hippias VS 86 B 6 (T 252); die sämtlichen Stellen sind vielfach zusammengestellt, etwa VS im Apparat zu Hippias l. c.; Pease ND 274 ff., Schwartz 497 f.; Boehme 7 f.; vgl. Guépin 239 Anm. 13. – M. L. West vertritt (in seiner Ed. von Hes. Th., Oxford 1966, 47) die in dieser Reihe implizierte Datierung Hesiods vor Homer; doch ist es fraglich, ob sie mehr als eine Konstruktion der Sophisten war.

[8] Die Stellen mit namentlicher Nennung bei F. Weber, Platonische Notizen über Orpheus, Diss. Erlangen (= Progr. München) 1899, 18 Anm. 37. Thomas 39 ff., vgl. 39 Anm. 98. Moulinier 20 ff. – Vgl. Orph. frg. 3–21.

[9] Namentliche Verszitate oder -paraphrasen Orph. frgg. 11. 14. 15, dazu wohl 5 (Moulinier 69). Vgl. Thomas 41 f.

[10] Plat. Prot. 316 D (T 92), vgl. Phd. 69 C (F 5).

[11] Ar. ran. 1032 (T 90).

[12] Ephor. FGrHist 70 frg. 104. – Bezeichnend etwa noch Diod. 4, 25, 3 (T 97).

[13] Vgl. Rzach 762 f.

[14] Hippias VS 86 B 6 (T 252), s. Anm. 7.

[15] Gorg. VS 82 B 25, darnach Damastes FGrHist 5 frg. 11 a.

[16] Hdt. 7, 6, 3. 8, 96, 2. 9, 43, 2. Soph. frg. 1012. Ar. ran. 1033. Plat. Prot. 316 D. Noch Clem. Strom. 1, 131, 3 (T 222) kennt diese Trennung der Bereiche. – Ein Orakel des Musaios zitiert Paus. 10, 9, 11 (VS 2 B 22).

[17] Vgl. Hdt. 7, 6, 3 (T 182) Ὀνομάκριτον, ἄνδρα Ἀθηναῖον χρησμολόγον τε καὶ διαθέτην χρησμῶν τῶν Μουσαίου.

alters über hexametrische Orakeldichtung hinausgegangen sein [18]. Darauf weist der sprechende Name; im Kreise der Musen stellen ihn denn auch Vasenbilder des fünften Jahrhunderts dar [19]. Von besonderem Interesse aber ist das Innenbild einer Schale des Eretriamalers im Louvre [20]. Dargestellt ist ein knabenhafter Musaios, stehend und aufmerksam seinem Lehrer Linos zuhörend, der aus einer Buchrolle vorliest. Falls Beazleys Lesung und Ergänzung, derzufolge auf der Rolle ΣΟΦΡΟΣ]ΥΝΕΝ und ΘΕΟΝΑΙ[ΕΙΓΕΝΕΤΑΟΝ zu lesen ist, zutrifft, galten im späteren fünften Jahrhundert Linos und Musaios als Repräsentanten hexametrischer Dichtung [21]. Als Dichter oder Musiker wurde Musaios von Glaukos von Rhegion in seinem Werk ‚Über die alten Dichter und Musiker‘ behandelt [22], einen Dichter nennt ihn Platon [23], von seinen Dichtungen spricht der unbekannte Atthidograph des Marmor Parium [24]; Aristoteles zitiert einen Vers aus seinen Hexa-

---

[18] Vgl. Jacoby, FGrHist III b (Suppl.) 2, 262 Anm. 4 („originally Musaios ... was not a chresmologos").

[19] Es sind folgende Vasen in ARV2: 623, 70[bis]. 1662 (Hydria des Villa-Giulia-Malers, kurz vor 450; Kalliope und Ligeia, Beazley Par. 399). 1039, 13 (Halsamphora des Peleusmalers, 450/430; Terpsichora und Melusa [letzteres vielleicht Lieblingsname, vgl. F. Hauser, FR 3, 107]). 1259, 2 (Schale des Kalliopemalers, um 430; Klio). 1259, 4 (Schale desselben Malers; unbenannte Muse). 1313, 7 (Pelike des Meidiasmalers; spätes 5. Jh.; Terpsichora), vgl. Beazley Par. 479, 91bis.

[20] Louvre G 457, ARV2 1254, 80.

[21] J. Beazley, AJA 52, 1948, 340, der dahinter ὑποθῆκαι des Linos an Musaios vermutet, analog zu denen des Chiron an Achill oder von Musaios an Eumolpos (dazu Suid. s. v. Μουσαῖος, VS 2 A 1). Allerdings ist weder die Lesung ΥΝΕΝ noch die Ergänzung zu δικαιοσ]ύνην oder σωφροσ]ύνην über jeden Zweifel erhaben; vertrauenserweckender ist θεῶν αἰ[ειγενετάων, was immerhin Hexameterpoesie wahrscheinlich macht.

[22] Glaukos FHG 2, 23 frg. 1; der Titel frg. 2 (wohl später, vgl. F. Jacoby, Glaukos [36], RE 7, 1418). Glaukos über Musaios (wohl noch im 5. Jh., vgl. Jacoby l. c., F. Lasserre, Plutarque de la musique, Olten/Lausanne 1954, 155. K. Ziegler, Glaukos [6], KlP 2, 812) wurde von Aristoxenos in der musiktheoretischen Schrift Πραξιδαμάντεια zitiert, frg. 91, vgl. Wehrli in seinem Kommentar S. 77.

[23] Plat. Ion 536 B (T 244) (neben Orpheus und Homer), vgl. rep. 2, 363 C (F 4), apol. 41 A (T 138).

[24] MPar FGrHist 239 ep. 15 (VS 2 A 8).

metern (ἔπη)[25]. Und wenn Demokrit ihn den Erfinder des Hexameters nennt, so geht es wohl nicht allein auf den Chresmologen, wird er doch so zum Ahnherrn jeglicher Hexameterdichtung[26].

Das gegenseitige Verhältnis von Orpheus und Musaios erscheint allerdings noch im vierten Jahrhundert bemerkenswert unausgeführt[27], was freilich durch die Zeugnislage mitbedingt sein kann: Herodor von Herakleia, der um 400 über Orpheus und Musaios schrieb[28], wird die beiden irgendwie verbunden haben. Etwas früher als Herodor noch ist das eine Außenbild einer Schale in Cambridge[29], welches den redenden Kopf des Orpheus (gesichert durch eine spätere beschriftete Darstellung)[30] zeigt, wie er in Gegenwart Apollons einem jungen Mann diktiert; die Vorstellung vom redenden Kopf des Orpheus ist auch sonst, freilich ohne Schreiber, schon im fünften Jahrhundert belegt[31]. Der Schreiber wurde von zwei Forschern unabhängig voneinander ansprechend auf Musaios gedeutet[32]: man wird so vor Ende des fünften Jahrhunderts mit einer Tradition rechnen müssen, derzufolge

[25] Aristot. hist. an. Z 6, 563 A 18 (VS 2 B 3). Vielleicht zitierte ihn auch Philochoros FGrHist 328 frg. 27 (vgl. VS 2 B 9), Jacoby, FGrHist III b (Suppl.) 1, 314. – Epimenides scheint mit ihm zu wetteifern, VS 3 B 2, vgl. Jacoby FGrHist III b (Suppl.) 2, 472 Anm. 12 (befriedigender als die von C. Robert oder Diels-Kranz im Apparat zur Stelle vorgeschlagenen Deutungen).

[26] Democr. VS 68 B 16, vgl. Jacoby FGrHist III b (Suppl.) 1, 575. Als Erfinder des Hexameters ist er natürlich älter als Orpheus, vgl. Suid. s. v. Μουσαῖος (VS 2 A 1) (T 166); nach Clem. Strom. 1, 131, 1 (vgl. T 15) ist er gar Lehrer des Orpheus, s. unten Anm. 40.

[27] Vgl. Rzach 761 f. Jacoby, FGrHist III b (Suppl.) 2, 472 Anm. 11.

[28] Herodor FGrHist 31 frg. 12 (T 230).

[29] ARV² 1401, 1; abg. etwa bei Guthrie Orph. 38 Abb. 7. Cook 3, 101. Nilsson GGrR 1 T. 49, 2.

[30] Etruskischer Spiegel in Chiusi, R. Bianchi Bandinelli, MonLinc 30, 1925, 542 ff. Guthrie Orph. 37 Abb. 6; Cook 3 T. 17.

[31] Hydria Dunedin E 48. 266. ARV² 1174, 1 (Guthrie Orph. T. 5; Cook 3 T. 16); Kalpis Basel (Privatbes.; um 440), publ. von M. Schmidt, AntKu 15, 1972, 128 ff. – Vgl. Burkert HN 225 Anm. 32. F. M. Schöller, Darstellungen des Orpheus in der Antike, Diss. Freiburg 1969, 69 ff.

[32] A. Furtwängler, Die antiken Gemmen, Leipzig/Berlin 1900, 3, 249 (darnach R. Eisler, Weltenmantel und Himmelszelt, München 1910, 698 Anm. 1, vgl. Eisler 6 Anm. 5). Linforth 127, vgl. 131 Anm. 106. – Ablehnend Ziegler Orph. 1295.

zumindest ein Teil der orphischen Gedichte (man hat an Orakel [33] und, angesichts der Ὀρφεία γῆρυς der Euripideischen Alkestis [34], an heilkräftige Zaubersprüche gedacht) Diktat des redenden Kopfes an Musaios gewesen ist. Durchgesetzt freilich kann sich diese Tradition nicht haben: wir hören jedenfalls nicht einmal mehr bei den christlichen Polemikern davon [35].

Ausführlicheres erfahren wir erst im Hellenismus; die frühesten Zeugnisse lassen sich vielleicht schon im dritten Jahrhundert fassen. Diodor nennt Musaios Sohn des Orpheus, vielleicht nach Matris von Theben [36]. Spätere nennen ihn seinen Schüler [37]; im ersten Jahrhundert vor Christus wird er Herausgeber seiner Gedichte genannt [38], in denen er oft angesprochen wird [39]. Umgekehrt kann Musaios auch älterer Zeitgenosse des Orpheus sein, gar dessen Lehrer – letzteres vielleicht eine in jüdisch-alexandrinischem Milieu vor dem Ende des zweiten Jahrhunderts vor Christus entstandene Beziehung, die die umgekehrte voraussetzt [40].

---

[33] So (nach G. Minervini, BullArchNap 6, 1857, 33 ff.) A. Furtwängler, op. cit. 248 und Guthrie Orph. 35 ff. mit Beziehung auf ein angebliches Kopforakel des Orpheus auf Lesbos, dessen nur mythische Existenz C. Robert, JdI 32, 1917, 146 f. gezeigt hat, vgl. O. Kern, Orpheus, Berlin 1920, 9 f.; in den rituellen Rahmen stellt diesen Mythos Burkert HN 224.

[34] Eur. Alc. 967 ff. (T 82), von A. Furtwängler, op. cit. 250 und Linforth 119 ff. dazugestellt.

[35] Gegen die Überbewertung dieser Tradition bei Linforth 122 ff. (127 „Every poet professed to be writing at the dictation of the voice of Orpheus, and perhaps every poet was a Musaeus").

[36] Diod. 4, 25, 1 (T 97), Matris vermutet E. Schwartz, Diodoros, RE 5, 676. Das Datum des Matris ist ungewiß: H. Hobein, Matris, RE 14, 2298, läßt das dritte Jahrhundert nicht unmöglich erscheinen. – Sohn des Orpheus ist Musaios auch bei Serv. Verg. Aen. 6, 667 (T 167); Iustin. cohort. 15 (F 245); Orph. frg. 61, 1 (Theosoph. Tubing. 61).

[37] Tat. adv. Graec. 39 (T 16). 41 (T 15); Serv. Verg. Aen l. c.: Euseb. chron. a. Abr. 752 (T 18); Suid. s. v. Μουσαῖος (T 166); Tzetz. exeg. in Il. 17, 9 Herm. (T 165).

[38] P. Berol. 44, 4 f. (F 49).

[39] Orph. frgg. 61, 1. 245, 2 f. 247, 4 und 40. 271, 1; hymn. prol. 1; Arg. 40. 49. 1191. – Vgl. Serv. Verg. Aen. l. c., Linforth 123 ff.

[40] Artapanos FGrHist 726 frg. 3 a S. 682, 11 nach Alex. Polyhist. FGrHist 273 (vgl. frg. 19 a S. 101, 8) bei Euseb. praep. ev. 9, 27 (T 44) aufgrund der Identi-

Ihre enge Verbindung, derentwegen Pausanias den Musaios einen Imitator des Orpheus, moderne Forschung ihn ‚eine Art attischen Orpheus' nannte [41], zeigt sich aber besonders in den Übereinstimmungen der unter ihren Namen umlaufenden Literatur. Unter beider Werke finden sich eine Theogonie, Hymnen und ein ‚Sphaira' betiteltes Werk [42]. Sowohl die Theogonie des Musaios wie die von Eudemos unter Orpheus' Namen überlieferte setzen die Nacht an den Anfang der Weltwerdung [43]; dasselbe wird freilich auch von Epimenides

fikation von Moses und Musaios; vgl. Eisler 6 f., Rzach 758, P. Dalbert, Die Theologie der hellenistisch-jüdischen Missions-Literatur unter Ausschluß von Philo und Josephus (Theol. Forsch. 4), Hamburg 1954, 42 ff. – Die Datierung des Artapanos ist unsicher: benutzt hat ihn Alex. Polyhist. im 1. Jh. v. Chr., vielleicht hat er die LXX gekannt, was ihn ins 2. Jh. v. Chr. festlegen würde, P. Dalbert op. cit. 44 nach G. Karpeles, Geschichte der jüdischen Literatur, Berlin 1886, 1, 230. Eislers Ansatz (Geburt vor 332 wegen des persischen Namens, 6 Anm. 6) ist jedenfalls unsicher, schon weil Artapanos ein Deckname sein kann, P. Dalbert op. cit. 44 nach einer freilich nicht in allen Teilen akzeptierten Anregung von J. Freudenthal, Alexander Polyhistor, Breslau 1875, 162 ff. – Nicht hieher gehört Clem. Strom. 1, 131, 1, der deutlich von Tatian. adv. Graec. 41 abhängt (T 15), vgl. Euseb. praep. ev. 10, 11, 30 (trotz Jacoby FGrHist III b [Suppl.] 2, 471 Anm. 11; ungenau Eisler 7 Anm. 1); ob freilich mit Stählin nach Lobeck 1, 353 a in den Text einzugreifen sei oder ob eine Konfusion des Clemens vorliegt, wage ich nicht zu entscheiden.
[41] Paus. 10, 7, 2 (T 170); Maass 138, vgl. Rzach 758.
[42] Theogonisches für Orpheus in klassischer Zeit: Plat. Crat. 402 B (F 15). Tim. 40 D (F 16); PDerv. (s. Anm. 2); Eudem. frg. 150 (F 28); der Titel Θεογονία Suid. s. v. Ὀρφεύς (T 223 d). Die Skepsis von Moulinier 84 ff. der Existenz eines theogonischen Gedichtes des Orpheus in klassischer Zeit gegenüber widerlegt der PDerv. – Die Frgg. der Theogonie(en) des Musaios bei VS 2 B 1–19, der Titel Θεογονία D. L. prooem. 1, 3 (VS 2 A 4). – Hymnen des Orpheus, vom Hymnencorpus abgesehen, bei Kern, Orph. frg. S. 318 ff.; für Musaios allein ein Demeterhymnus für die Lykomiden sicher, Paus. 4, 1, 5 (VS 2 B 20), ob aus Aristid. 41, 16 ein Dionysoshymnus gelesen werden darf (VS 2 B 19), scheint ungewiß; die Stelle bezeugt eher Orpheus und Musaios als Spezialisten für Hymnendichtung. – Σφαῖρα des Orpheus Kern, Orph. frg. S. 314 (seit Philochor. FGrHist 328 frg. 207? vgl. Jacoby, FGrHist III b [Suppl.] 1, 573), des Musaios D. L. prooem. 1, 3 (VS 2 A 4).
[43] Νύξ bei Orpheus seit der Eudemischen Theogonie, Orph. frg. 28, vgl. Aristot. metaph. Λ 6, 1071 B 26. N 4, 1091 B 4 (F 24), weitere Belege Kern, Orph. frg. S. 380 s. v. νύξ; bei Musaios Philod. de piet. 137, 5 (VS 2 B 14), vgl. A. Henrichs, GRBS 13, 1972, 77.

überliefert [44]. Musaios nennt zwei Generationen von Musen, die eine unter der Herrschaft des Kronos, die andere unter derjenigen des Zeus [45], Orpheus kennt in verschiedenen Stadien der Weltentwicklung zwei Aphroditen [46]; und die Kosmogonie von Derveni läßt das dahinterstehende Prinzip – von Diogenes Laertios aristotelisierend nach Musaios so formuliert, daß ‚aus dem Einen alles entstehe und in dasselbe sich wieder auflöse' [47] – schon für eine orphische Kosmogonie des frühen vierten Jahrhunderts erschließen [48].

In einem Atemzug genannt werden Musaios und Orpheus auch an einer vielzitierten Stelle des Platonischen ‚Staates', auf welche wir näher eingehen müssen [49]. In der bis ins zweite Buch fortgesetzten Diskussion um die Gerechtigkeit vertritt Adeimantos die Ansicht, daß Ungerechtigkeit angenehmer und profitabler sei als Gerechtigkeit; sogar die Götter begünstigten Ungerechte, verschmähten Gerechte. Bettelpriester, fährt er fort, und Seher gingen zu den Türen der Reichen und versprächen, die Folgen, welche ungerechtes Tun nach sich zöge, zu heilen. Zum Beweis all dieser Behauptungen würden die Dichter zitiert: Hesiod bezeuge die Ansicht, daß Ungerechtigkeit leichter sei als Gerechtigkeit, den Homer aber zitierten die Wanderprediger, um zu beweisen, daß auch die Götter bei entsprechenden Opfern über ein Vergehen ein Auge zudrücken würden. „Von Musaios und

---

[44] Vgl. Epimenid. VS 3 B 5; Kirk-Raven 21 ff.

[45] Musaios VS 2 B 15 (Schol. Ap. Rhod. 3, 1). – Mimnermos und Alkman liessen die Musen Töchter des Uranos und der Ge sein, Alcm. frg. 5, 2, 28. 67 PMG, Mimn. frg. 13 Bergk. Vgl. K. Ziegler, Theogonien, RL 5, 1537.

[46] Orph. frg. 183.

[47] D. L. prooem. 1, 3 (VS 2 A 4): ἐξ ἑνὸς τὰ πάντα γίγνεσθαι καὶ εἰς ταὐτὸν ἀναλύεσθαι. – Vgl. E. Zeller bei Kern RdGr 2, 174 Anm. 1.

[48] Soweit aus der von M. L. West verfertigten Abschrift des leider immer noch zum größten Teil unpublizierten PDerv., in welche ich durch das Entgegenkommen von Professor W. Burkert Einblick nehmen durfte, hervorgeht, verschlingt Zeus an einem Punkte der Weltgeschichte alles, um es darnach wieder aus sich zu entlassen (?).

[49] Plat. rep. 2, 364 BE (F 3). – Die Literatur über diesen ‚locus classicus des Orphikerproblems' (Kern) ist zu umfangreich, als daß sie hier ausgeschrieben werden könnte. Kurz hingewiesen sei auf die Hauptfrage, ob nämlich die ἀγύρται (dazu Soph. OT 388) καὶ μάντεις die einzigen Ὀρφικοί oder aber degenerierte Orphiker seien. Für die erste Ansicht trat zuletzt Moulinier 34 f. ein, ähnlich etwa schon Rohde 2, 127. Wilamowitz GdH 2, 191 f. Boyancé

Orpheus aber bringen sie einen ganzen Stapel von Büchern vor . . ., nach denen sie opfern"[50]: diese Bücher hätten demnach Ritualvorschriften enthalten[51]. Wenn aber in der Folge diese Riten (τελεταί)[52] vor den Strafen im Jenseits schützen sollen, während vorher allein von den Folgen der Ungerechtigkeit im Diesseits die Rede war[53], müssen die Bücher von Orpheus und Musaios in einer besonderen Beziehung zum Jenseits stehen – dann doch wohl so, daß sie nicht allein Opfervorschriften (für die uns Parallelen fehlen[54]), sondern auch oder vor allem Jenseitsschilderungen enthielten. Unmittelbar vor der bespro-

CdM 14 ff. (darnach Maddalena 320 Anm. 13). Die Ansicht, daß den ‚vile jugglers' noch ein ‚Orphism as such' gegenüberstehe, vertrat Guthrie Orph. 201 f.; ähnlich etwa Nilsson Op. 2, 658. GGrR 1, 696 f. Burkert WuW 102; Linforth 75 ff. behandelt die Stelle zus. mit rep. 2, 363 C (F 4), 364 BC und 366 AB ausführlich, um ihr jeden Hinweis auf eine festumrissene Orphik abzusprechen. – Da kaum anzunehmen ist, daß alle orphische Literatur Werk solcher Wandertelesten war, werden wir noch von ihnen verschiedene theologische Dichter ansetzen müssen; ob sich diese aber durch eine besondere Lebensführung (vgl. Plat. legg. 6, 782 C [T 212]: Ὀρφικοὶ βίοι) auszeichneten, wodurch sie hätten Ὀρφικοί genannt werden können (zum Vorkommen dieses Wortes s. oben S. 8 Anm. 3), ist ungewiß (vgl. aber etwa Boulanger 76. K. Kerényi, Der frühe Dionysos, Oslo 1961, 35).

50 Βίβλων δὲ ὅμαδον παρέχονται Μουσαίου καὶ Ὀρφέως . . . καθ' ἃς θυηπολοῦσιν rep. 2, 364 E 3.

51 Vgl. Adam-Rees 1, 82 (‚Orphic liturgies'). Guthrie Orph. 201 (‚recipes'). Moulinier 35. – Ziegler OrphDicht 1408 vermutet unter diesen Büchern eine Version des Θυηπολικόν (vgl. Kern, Orph. frg. S. 299), wogegen sich Moulinier 80 f. wendet; Linforth 94 f. denkt als einziger, soweit ich sehe, an Jenseitsbeschreibungen.

52 Zur Wortbedeutung s. I 3 Anm. 48; die Orpheotelesten verbanden es mit τελευτᾶν (wie noch Plut. frg. 178, unten III 1 Anm. 4).

53 Platons Formulierung – τι ἀδίκημά του . . . ἢ προγόνων . . . ἀκεῖσθαι 364 C – gehört gedanklich etwa zu Solon 1, 29 ff. (vgl. zur Einordnung F. Wehrli, Hauptrichtungen des griechischen Denkens, Zürich/Stuttgart 1964, 88 f.), wo davon gesprochen wird, daß die Folgen einer üblen Tat (zu ἀδίκημα als bewusstes übles Tun vgl. Aristot. EN 5, 8, 1135 B 20) den Täter oder seine Nachkommen (jedenfalls aber im Diesseits) treffen werden.

54 Die Hymnen, in denen Kern, Herm. 52, 1917, 150 das Θυηπολικόν sah (berechtigte Skepsis bei Keydell 1321. Ziegler OrphDicht 1408), enthalten nur sehr kurze Opferanweisungen; der PGurob (F 31) ist ausführlicher, doch nicht hexametrisch und keineswegs sicher orphisch (gegen Krüger 62 ff. mit Ziegler OrphDicht 1414, vgl. Fauth 2257 f. mit weiterer Lit.).

chenen Stelle hat Platon denselben Adeimantos eine Jenseitsschilderung nach Musaios und seinem Sohn geben lassen in einer Partie, welche der unsrigen parallel gebaut ist; dichterische Gewährsleute waren auch dort Hesiod und Homer für das Diesseits, Musaios und sein Sohn für das Jenseits [55]. Von dorther kommend, mußte Platons Leser beim unüblich, also betont vorangestellten Namen des Musaios an jene Jenseitsbilder erinnert werden [56]. Und wenn derselbe Adeimantos in der Fortsetzung seiner Rede die „Söhne der Götter, die Dichter und Propheten der Götter sind", zitiert als Gewährsleute dafür, daß die Riten (τελεταί) vor der Strafe im Jenseits schützen können [57], dürfen wir auch hier erwarten, daß diese Göttersöhne, in denen wir Musaios und Orpheus, „Abkömmlinge der Selene und der Musen", erkennen [58], auch von den Strafen, nicht allein von den Mitteln zu ihrer Verhütung gesprochen haben. Die Orpheotelesten hätten also mit Jenseitsschilderungen – noch Diodor zitiert Orpheus und Musaios als Gewährsleute dafür [59] – die Notwendigkeit ihrer Riten gezeigt: so wirbt der Orpheotelest Philippos in einer bekannten Anekdote um Kunden [60], und noch Plutarch verbindet an einer Stelle, die von der unsrigen abhängt, solche Riten und Jenseitsschilderungen [61].

So scheinen sich denn die Orpheus und die Musaios zugeschriebenen Dichtungen in vielem zu decken. Aber nicht nur die Dichtungen, auch die Legenden der beiden stimmen in manchem überein. Beide

[55] Plat. rep. 2, 363 CD (F 4), vgl. unten III 2.
[56] Vgl. Nilsson Op. 2, 660. Boyancé CdM 22. Linforth 86. – Gegen die Einwendungen von Thomas 30 f. F. Pfister BphW 1940, 545 f. vgl. Boyancé REG 55, 224 f.: die Einführung eines ἄλλο εἶδος λόγων (363 E fin.) ändert die dichterischen Gewährsleute nicht; es soll im Gegenteil gezeigt werden, daß mit Zitaten aus denselben Dichtern zwei gegensätzliche Thesen gestützt werden können.
[57] αἱ τελεταὶ αὖ μέγα δύνανται καὶ οἱ λύσιοι θεοί, ὡς αἱ μέγισται πόλεις λέγουσι καὶ οἱ θεῶν παῖδες ποιηταὶ καὶ προφῆται τῶν θεῶν γενόμενοι Plat. rep. 2, 366 AB (F 3 S. 82); vgl. P. Tannery RPh 25, 1901, 317; Kern, Orph. frg. loc. cit.; Boyancé CdM 14; Linforth 91 ff.; Dodds 234 Anm. 81.
[58] Vgl. 364 E Μουσαίου καὶ Ὀρφέως, Σελήνης τε καὶ Μουσῶν ἐκγόνων (Adam-Rees 1, 87), vgl. auch Tim. 40 D (F 16).
[59] Diod. 1, 96, 4 ff. (F 293), Musaios 96, 2 genannt.
[60] Plut. apophth. Lac. 224 E (T 203); vgl. unten III 2 S. 95.
[61] Plut. non posse s. v. s. E. 27, 1105 B, vgl. unten III 1 Anm. 45.

nämlich sind Hexameterdichter und konkurrenzieren sich schon im fünften Jahrhundert als Ahnen Homers [62], beiden wird schon zur selben Zeit die Erfindung des epischen Maßes [63], später gar der Buchstabenschrift beigelegt [64]. Beide verfügen über magische Kräfte, welche sie zu Orakeln und Krankenheilungen befähigen [65]. Beide auch sind Thraker: Orpheus war es wohl schon immer, Musaios wird es spätestens am Ende des fünften Jahrhunderts, wohl durch Einfluß eben des Orpheus [66].

Hier freilich zeigt sich ein Unterschied. Musaios ist wohl ursprünglich Athener, Eleusinier, und behält seine Verbindung mit Eleusis immer bei. Aristoxenos kennt zwei Überlieferungen über die Herkunft des Musaios: die eine macht ihn zum eleusinischen Autochthonen, die andere zum eingewanderten Thraker [67]: nicht der Wirkungsort, nur der Herkunftsort ist verschieden. Die Genealogien machen

[62] Orpheus als Ahne Homers: Hellanikos FGrHist 4 frg. 5 b (T 7), Pherekydes FGrHist 3 frg. 167 (ib.; die Nennung des Damastes FGrHist 5 frg. 11 in derselben Tradition ist fehlerhaft, vgl. Rohde KlSchr 1, 6 Anm. 1 = RhM 36, 1881, 384 Anm. 4. Jacoby, FGrHist Ia² 476 f.). – Musaios als Ahne Homers: Gorg. VS 82 B 25, Damastes l. c.

[63] Orpheus: einen Hexameter zitieren zuerst Platon und der Autor des Dervenipapyrus, oben Anm. 3; Erfinder des Hexameters nennt ihn Kritias VS 88 B 3, vgl. Kern Orph. frg. S. 31. – Musaios: ἐποποιός Suid. s. v. Μουσαῖος (T 166), einen Hexameter zitiert zuerst Aristot. hist. an. Z 6, 563 A 18 (VS 2 B 3), seinen Erfinder nennt ihn Demokrit VS 68 B 16.

[64] Orpheus: Alcidam. Ulix. 24 (T 123); Musaios: Schol. Vat. in Dion. Thrac. art. gramm. p. 183, 10 Hilg. (T 172 = VS 2 A 10).

[65] Orpheus als Chresmologe seit Philochor. FGrHist 328 frg. 76 (T 87). 77 (F 332), vgl. Kern Orph. frg. S. 26. 330 ff.; als ‚magus et medicus‘ seit Eur. Alc. 962 ff. (T 82), vgl. Kern Orph. frg. S. 25, wo Paus. 9, 30, 4 zu ergänzen ist. – Zu Musaios als Chresmologen oben Anm. 16 (seit Onomakritos), als Heiler Ar. ran. 1033 (T 90).

[66] Orpheus als Thraker seit Eur.Alc. 967 ff. (T 82). frg. 1032, 10 Mette (T 78) bezeugt, vgl. Kern, Orph. frg. S. 10 ff. Ziegler Orph. 1228 ff.; die möglichen Varianten (Olymp: Eur. Bacch. 560; Strab 7, 330 frg. 18; Pierien: Ap. Rhod. 1, 34; Makedonien: Conon FGrHist 26 frg. 1, 45; mehr bei Kern T 38–40) weisen in etwa dieselbe Richtung. Bemerkenswert ist freilich, daß er auf den Vasen griechische Tracht trägt, C. Watzinger FR 3, 357. – Musaios als Thraker seit der Pelike des Meidiasmalers, vgl. Anm. 71.

[67] Aristoxen. frg. 91 (VS 2 A 1 a). Vgl. Paus. 1, 38, 2. Strab. 10, 17, 471; Rzach 762.

ihn entweder zum Vater oder zum Sohn des Eumolpos, des Ahnherrn des Hierophantengeschlechts und mythischen Hierophanten, somit des Vertreters der Mysterien schlechthin [68]: Vater nennt ihn Andron [69], Sohn – eine nachweislich sekundäre Tradition – Philochoros [70]: Vater des Eumolpos ist Musaios schon auf dem Bild einer Pelike des späten fünften Jahrhunderts [71]. Hier ist er zum erstenmal in thrakischer Tracht abgebildet, neben sich die Gattin Deiope und den Sohn Eumolpos; die Benennungen sind inschriftlich gesichert. Daß das Thrakertum des Musaios seine Verbindung zu Eleusis nur modifiziert, nicht aufhebt, daß also diese Verbindung fest ist, zeigt sich auch in der ihm beigegebenen Gattin: Deiope ist dadurch eng mit den eleusinischen Mysterien verbunden, daß angeblich beim Bau des Eleusinions ihre eherne Grabstele gefunden, das Eleusinion also über ihrem Grab erbaut wurde [72]. Wenn eine andere Überlieferung als Gattin des Musaios

---

68 Zu Eumolpos und den Mysterien vgl. Hom. h. Cer. 154. 475; POxy 32, 2622 frg. 1, 6 (wohl Pindar, vgl. Lloyd-Jones, Maia 19, 206 ff.); Andron FGrHist 10 frg. 13. MPar FGrHist 239 ep. 15. Istros FGrHist 334 frg. 22. Akestodoros FHG 2, 464. Paus. 1, 38, 3. Luc. Dem. 34, 387 (vgl. Plut. de exil. 17, 607 B). Hsch. s. v. Εὐμολπίδαι. Phot. = Suid. s. v. Εὐμολπίδαι. Schol. Aeschin. 3, 18. Tzetz. in Ar. Plut. 842. – Die hier verankerten Ansprüche der Eumolpiden sind im ersten erhaltenen Myterienreglement IG I² 6 (= LSS 3) C 16 ff. (gegen 460) bereits fest (vgl. auch LSS 1 [510/480]), somit bedeutend älter. – Vgl. Toepffer 24 ff., Jacoby MPar 72, P. McKendrick, De gente Attica Eumolpidarum, Diss. Harvard 1937, vgl. HStClPh 49, 1938, 271.

69 Andron FGrHist 10 frg. 13 (VS 2 A 3 a). MPar FGrHist 239 ep. 15 (VS 2 A 8). Suid. s. v. Μουσαῖος (VS 2 A 1). Schol. Aeschin. 3, 18 (S. 319 Sch.).

70 Philochor. FGrHist 328 frg. 208 (VS 2 A 6). D. L. prooem. 1, 3 (VS 2 A 4). Eus. chron. a. Abr. 752. – Zur Frage nach dem zeitlichen Verhältnis der beiden Traditionen vgl. Jacoby, FGrHist III b (Suppl.) 1, 576 (,on account of the pedigrees of the Eleusinian clans' sei die Philochoros-Version entstanden). Demgegenüber ist Rohde KlSchr 1, 6 Anm. 2 (= RhM 36, 1881, 385 Anm. 1), der die durch Philochoros repräsentierte Überlieferung die gewöhnliche nennt, überholt.

71 Pelike des Meidiasmalers in New York, ARV² 1313, 7. Vgl. Jacoby FGrHist III b (Suppl.) 1, 574 ff. (zu gewagt nach Nilsson GGrR 1, 688 Anm. 4; doch zeigt gerade Plat. rep. 2, 363 C [F 4], daß diese Genealogie im Athen des frühen 4. Jh. so bekannt war, daß die Andeutung verstanden wurde, vgl. Boyancé CdM 23).

72 [Aristot.] mirab. 131, 843 B 1 (VS 2 A 3). Der hier verwendete Ausdruck (τὸ τῆς Δήμητρος ἱερὸν τῆς ἐν Ἐλευσῖνι) ist allerdings unscharf, die Deu-

eine Antiope nennt, wird sie als Hierophantin ebenso eng mit den eleusinischen Mysterien verbunden[73].

Wenn sich so die Dichtungsinhalte decken, die ἔπη der fiktiven Dichter aber konkurrenzieren, liegt der Gedanke nahe, diese Dichtungen seien entstanden in zwei eng verwandten Kreisen theologisch-spekulativer Dichtung, deren einer sich unter Orpheus, der andere unter Musaios gestellt hätte. Angesichts der eben konstatierten Verbindung des Musaios zu Eleusis kann weiter der Gedanke aufkommen, die Dichtung des Musaios sei im nahen Umkreis der eleusinischen Mysterien[74], die orphische aber in einem weiteren Abstand entstanden.

Nun wird zwar diese Verbindung der Dichtung des Musaios mit Eleusis noch dadurch verstärkt, daß Eumolpos, schon genealogisch verbunden mit Musaios, auch als Dichter in ihren Bannkreis gezogen wird. Wir haben oben Platons Verweis auf Musaios und seinen Sohn erwähnt. Die Identität des Sohns gab Anlaß zu regen Diskussionen[75], doch hat die schon vor langer Zeit vorgebrachte Erklärung, es sei Eumolpos gemeint[76], eine an Sicherheit grenzende Wahrscheinlichkeit für sich, nachdem sich diese Tradition durch die erwähnte Pelike schon im fünften Jahrhundert belegen läßt, die rivalisierende Version einzig die als spätere Konstruktion erkannte Abfolge Eumolpos-Musaios ist. Eumolpos gehört also zu den Autoritäten für eschatologische Mythen,

---

tung auf das Eleusinion wird aber gestützt durch Paus. 1, 14, 3 (Jacoby FGr-Hist III b (Suppl.) 2, 473 Anm. 18).

[73] Hermesianax frg. 2 Diehl = 7 Powell, 15 ff. (= VS 2 A 2). – Gehört auch die in dionysischer Umgebung dargestellte Antiope eines Wandbildes einer Grab-tholos der Isola Sacra bei Ostia hierher (U. von Wilamowitz-Moellendorf, SIFC 7, 1929, 96 [= KlSchr 5, 1 Berlin 1937, 529]')?

[74] Vgl. Rzach 762 f. Huxley 114 (‚Mousaian poetry‘).

[75] Orpheus nannte ihn Dieterich Nek. 72 (ohne antike Parallelen); auf eine Be-nennung verzichteten Kern, Orph. frg. S. 83. Nilsson Op. 2, 659 Anm. 103, GGrR 1, 688 Anm. 4. Linforth 86. Doch hat schon immer die Deutung auf Eumolpos Oberhand gehabt, Lobeck 2, 806. Welcker 2, 524. Rohde 2, 129 Anm. 3. Maass 111. Wilamowitz GdH 2, 58. Thomas 31. Boyancé CdM 22 f. REG 55, 220 f. (darnach Moulinier 106). 75, 478. Keydell, Musaios, KIP 3, 1479; fragend auch Guthrie Orph. 191 Anm. 2.

[76] Lobeck 2, 806.

mithin in die Nähe der eschatologischen Dichtung, der Musaios und Orpheus angehören.

Nun sind wirklich Eumolpos auch hexametrische Dichtungen zugeschrieben worden. Von einem Epos eleusinischer Thematik ist schon im 3. Jh. v. Chr. die Rede[77]; Diodor zitiert einen wohl jungen Vers aus den ‚Bakchika‘[78]. Die enge Verwandtschaft dieser Dichtungen mit denen des Musaios wird durch ein Detail aus einem wohl theogonischen Gedicht bestätigt, das Philodem dem Eumolpos oder „dem Dichter, der das schrieb", ein Pindarscholion dem Musaios zuschreibt[79]. Einen Versuch, solche Übereinstimmungen zu erklären, stellt wohl die Nachricht des Marmor Parium dar, Eumolpos habe die Dichtungen seines Vaters Musaios ediert[80].

Ob man aber orphische und musäisch-eumolpische Dichtung als Gegensätze auffassen darf, ist fraglich. Zwar ist die seit dem späten Hellenismus faßbare Tradition, Eumolpos sei Schüler des Orpheus[81], wohl eher darauf zurückzuführen, daß sich hier ein Ausgleich zwischen zwei sich konkurrenzierenden Ansprüchen auf die Mysteriengründung fassen läßt, als auf Übereinstimmungen der Dichtungen[82]; immerhin schrieb auch Orpheus ‚Bakchika‘[83]. Wichtiger ist, daß sich

---

77 Suid. s. v. Εὔμολπος (ἔγραψε τελετὰς Δήμητρος καὶ τὴν εἰς Κελεὸν ἄφιξιν καὶ τὴν τῶν μυστηρίων παράδοσιν τὴν ταῖς θυγατράσιν αὐτοῦ γενομένην, ἔπη τὰ πάντα τρισχίλια); auf Lobon von Argos zurückgeführt durch W. Crönert, Charites F. Leo, 1911, 132. Vgl. O. Kern, Eumolpos, RE 6, 1117 f.

78 Diod. 1, 11, 3 (vgl. Kern, Orph. frg. S. 250): Εὔμολπος . . . ἐν τοῖς Βακχικοῖς ἔπεσί φησι· ᾽ἀστροφαῆ (ἀστροφανῆ CD) Διόνυσον ἐν ἀκτίνεσσι πυρωπόν'. Die beiden preziösen Attribute, erst recht die Gleichsetzung von Dionysos mit Helios, die in der Kaiserzeit beliebt wird, vor Diodor aber, soweit ich sehe, nicht belegt ist (vgl. O. Jessen, Helios, RE 8, 76), weisen auf späte Abfassungszeit; bei Orph. findet sich diese Gleichsetzung frgg. 207 (Procl.). 212 (Olympiodor.). 236, 3 f. (Macrob.). 239 (id.). vgl. 297 (Ioann. Diac. Gal.).

79 Philod. de piet. 1 S. 31 Gomperz. Schol. Pi. O. 7, 66 (beide VS 2 B 12).

80 MPar FGrHist 239 ep. 15 (VS 2 A 8).

81 Ov. met. 11, 92 f. (T 160). Pont. 3, 3, 41 (T 162). Suid. s. v. Εὔμολπος (τινές).

82 Immerhin ist merkwürdig, daß Clem. protr. 2, 13, 3 Midas, nach Ov. l. c. Mitschüler des Eumolpos bei Orpheus, Dionysosmysterien einrichten läßt.

83 Βακχικά Kern, Orph. frg. S. 248 ff. (‚liber serioris aetatis‘ 249), der Titel Suid. s. v. ᾽Ορφεύς (T 223 d).

auch die Dichtungen des Orpheus mit Eleusis in Beziehung setzen lassen. Daß Pausanias in den Versen des Orpheus eine auf das eleusinische Ritual beziehbare Nachricht fand, wurde erwähnt [84]; ähnlich zitiert
Clemens zum Beweis für die Unanständigkeit der ‚geheimen Mysterien der Athener‘ fünf Hexameter des Orpheus [85]. Ein Papyrus des
ersten vorchristlichen Jahrhunderts überliefert die Trümmer eines Gedichts vom Raub der Kore und vom Aufenthalt Demeters in Eleusis,
in welchem die schon im homerischen Demeterhymnus berichtete Demophonepisode wichtig war; in der Einleitung ist Orpheus als Dichter,
Musaios als Schreiber und Herausgeber des Gedichtes genannt [86]. Die
parische Marmorchronik läßt auf die Erzählung, wie Demeter nach
Athen kam und das Getreide brachte, und wie Triptolemos die erste
Ernte auf dem Rharischen Feld hielt, den Bericht über das Gedicht
des Orpheus folgen, in welchem der Raub der Kore, das Suchen Demeters und die Verbreitung des Getreides durch Triptolemos erzählt
waren [87].

So steht die Dichtung des Orpheus zumindest im Bereich der Demeterdichtung Eleusis mindestens ebenso nahe wie diejenige des
Musaios und Eumolpos; ob wir mit mehreren rivalisierenden, ob wir
mit einem einzigen, alle Dichter für sich beanspruchenden Kreis theologisch-spekulativer Dichtung rechnen müssen, kann so nicht geklärt
werden. Deutlich aber zeichnen sich die Themen dieser Dichtung ab:
einmal die Eschatologie, sollen doch Musaios und sein Sohn Eumolpos
davon gehandelt haben, dann die Demetermythen, im Umkreis der
eleusinischen Mysterien ja zu erwarten, und schließlich, angesichts der
‚Bakchika‘ des Eumolpos, die Mythen um Dionysos.

---

[84] Paus. 1, 37, 4 (T 219), oben Anm. 4.

[85] Clem. prot. 2, 20, 1 ff. (F 52). – Vgl. Exkurs III.

[86] PBerol 44 (F 49).

[87] MPar FGrHist 239 ep. 14 (T 221): [ἀφ' οὗ Ὀρφεὺς ...] ΥΙΟ ... [τ]ὴ[ν
ἑ]αυτοῦ πο⟨ί⟩ησιν ἐξέθηκε, Κόρης τε ἁρπαγὴν καὶ Δήμητρος ζήτησιν
καὶ τὸν αὐτου[ργηθέντα ὑπ' αὐτῆς σπόρον καὶ τὸ πλῆ]θος τῶν ὑποδεξαμένων τὸν καρπὸν. Text nach FGrHist; Ὀρφεύς seit H. Prideaux, Marmora
Oxoniensia, Oxford 1676, sicher zutreffend, vgl. Jacoby MPar 69 ff. FGrHist II
D 677; αὐτου[... σπόρον von Diels, καὶ τὸ πλῆ]θος von Wilamowitz
(πλῆ]θος auch Diels) zumindest dem Sinne nach sicher zutreffend ergänzt, vgl.
Jacoby FGrHist II D 677.

Zuvor aber soll als wohl wichtigste, zugleich aber umstrittenste Verbindung des Orpheus mit Eleusis jene von Lobeck abgelehnte Tradition untersucht werden, daß der thrakische Sänger die eleusinischen Mysterien gegründet hätte.

§ 3 Orpheus als Gründer der eleusinischen Mysterien

In der ersten Hälfte des fünften nachchristlichen Jahrhunderts verfaßte der syrische Bischof Theodoret seine apologetische Schrift von der ‚Heilung der heidnischen Krankheiten‘; Orpheus, ‚den ersten Dichter‘, nennt er darin mehrmals [1]. Er habe auch, neben den Dionysien, Panathenäen und Thesmophorien, die eleusinischen Mysterien aus Ägypten gebracht [2]; das bezeugten Plutarch, Diodor und Demosthenes. „Perverse ille veterum testimonia interpretatus", urteilt Lobeck [3].

Die Stelle in Plutarchs Werk, auf die sich Theodoret beruft, ist uns verloren [4], Diodor hingegen und Demosthenes erhalten; schon Lobeck hat sie angemerkt. Trifft auch sein vernichtendes Urteil zu?

Der Passus im ersten Buch des Diodor, den Theodoret (wohl nach Eusebios, dessen ‚Praeparatio Evangelica‘ er öfter benutzt hat) anzieht, steht in einem der Schlußkapitel der ‚Aigyptiaka‘, in denen Diodor katalogartig jene Griechen aufzählt, welche ihre in der Heimat hervorragende Weisheit durch einen Besuch in Ägypten erworben

---

[1] Ὀρφεύς, τῶν ποιητῶν ὁ πρῶτος Theodoret. graec. aff. cur. 2, 47 (T 15); weitere Erwähnungen 1, 21 (T 103); 1, 114 (T 100); 2, 95; 3, 29; 11, 42; zitiert 2, 30 (F 247 S. 264); 3, 44. 54 (F 302).

[2] Id. 1, 21 (T 103) ὅτι δὲ καὶ τῶν Διονυσίων καὶ τῶν Παναθηναίων, καὶ μέντοι καὶ τῶν Θεσμοφορίων καὶ τῶν Ἐλευσινίων τὰς τελετὰς Ὀρφεύς ... εἰς τὰς Ἀθήνας ἐκόμισε ... διδάσκει μὲν Πλούταρχος ... καὶ ... Διόδωρος, μέμνηται δὲ καὶ Δημοσθένης. – Die Ungenauigkeit, die Mysterien mit Ἐλευσίνια zu bezeichnen (die Eleusinien sind ein anderes Fest, Deubner 91), findet sich in der Spätzeit sehr häufig, z. B. Lucian. catapl. 23, 644; Tert. adv. Valent. 1; Schol. Eur. Phoen. 854 etc.; sie hält sich bis in die wissenschaftliche Terminologie des 19. Jh., vgl. Lobeck 1, 238; Rohde 1, 282.

[3] Lobeck 1, 240; vgl. demgegenüber Linforth 195 („the writer ... states explicitely that Orpheus instituted the Eleusinian mysteries").

[4] Plut. frg. 212.

haben (96–98). An ihrer Spitze steht Orpheus, welcher die τελεταί von Osiris und Isis, die Namen in Dionysos und Demeter ändernd, aus Ägypten gebracht habe [5]. Können wir, mit Theodoret, die Δήμητρος τελετή als die eleusinischen Demetermysterien verstehen? [6]

Seit Eduard Schwartz nimmt man an, die fraglichen Kapitel seien zusammen mit einem großen Teil des ersten Buches, insbesondere der Theologumena, von Diodor aus den ‚Aigyptiaka' des Hekataios von Abdera exzerpiert worden [7]; die uns interessierende Tradition würde sich damit schon am Ende des vierten Jahrhunderts fassen lassen.

In den Theologumena wird unter anderem berichtet, daß zur Zeit einer Hungersnot in Attika der Ägypter Erechtheus der saitischen Kolonie Athen Getreide und die Mysterien gebracht habe und dafür König über Athen geworden sei [8]. Diese Erzählung steht im Rahmen zweier Kapitel (24/25), in denen die Theorie ausgeführt wird, alle Kulturvölker seien Kolonien Ägyptens, und die nach rückwärts, wo diese Kolonisationstheorie angekündigt wird, verklammert sind [9]. Wenn sich nun auch diese Kapitel mit Kapitel 96 durch die gemein-

---

[5] Diod. 1, 96, 4–6 (T 96).

[6] Kern, Orph. frg. S. 28 (T 96) führt die Stelle allein unter den Zeugnissen für Orpheus als ‚Bacchi mysteriorum auctor' an (mit der irrigen, schon T 95 ausgeschriebenen Quellenangabe ‚ex Hecataeo Milesio' statt ‚H. Abderita').

[7] E. Schwartz, RhM 40, 1885, 223 ff., ders. RE 5, 670 f. F. Jacoby, RE 7, 2750 ff. (bes. 2758 ff.), ders. FGrHist 264 frg. 25 mit dem Kommentar S. 75 ff. W. Jaeger, Diokles von Karystos, Berlin 1938, 123 ff. Gegen die Zuschreibung an Hekataios (allerdings nur betr. Kapp. 7/8 und 11–13) wendet sich W. Spoerri, Späthellenistische Berichte über Welt, Kultur und Götter. Untersuchungen zu Diodor von Sizilien, Basel 1959, 201 ff., vgl. A. D. Nock CR 12, 1962, 50 f. O. Gigon Gn 33, 1961, 771 ff. W. Burkert AGPh 51, 1969, 293 f.; Skepsis gegenüber einer zu engen Abhängigkeit von Diod. 1 von Hekataios auch bei A. Burton, Diodorus Siculus, book I: a commentary (Et. prél. 29), Leiden 1972, 3 ff.

[8] Diod. 1, 29, 1 ff.

[9] Die Kapp. 23/24 werden von Jacoby dem Hekataios abgesprochen, FGrHist 264 frg. 25 S. 27; doch ergeben sich Verbindungen zu 28/29 auch außerhalb der ἀποικία-Theorie: die bedeutendsten Heroen und Götter der Griechen stammen aus Ägypten, exemplifiziert an Dionysos und Herakles 1, 23, 8 ff., die athenische Politeia und die eleusinischen Mysterien ebenso 1, 29; Athen ist eine Kolonie Ägyptens 1, 23, 8. 28, 1; die Griechen sind sich dieser Herkunft nicht bewußt 1, 23, 2. 28, 7.

same, Ägypten auf Kosten Griechenlands, besonders Athens hervor-
hebende Tendenz zusammenschließen, sich vielleicht auch in einem
weitern Punkt berühren[10], steht doch die Theorie einer Kolonisation
(28/29) im Widerspruch zu derjenigen eines Imports durch Griechen
selber (96/98): hat Diodor neben Hekataios einen weitern Gewährsmann benutzt?

Dem steht entgegen, daß die Quellenangabe in 1, 96, 2 (οἱ ἱερεῖς
τῶν Αἰγυπτίων ἐκ τῶν ἀναγραφῶν τῶν ἐν ταῖς ἱεραῖς βίβλοις) nach
E. Schwartz sozusagen Leitfossil für Hekataios ist[11], während sich
Diodor auch für die Kolonisationstheorie (28/29) auf die Αἰγύπτιοι
beruft, die Theorie zudem so gut wie gesichert ist für Hekataios[12].
Und die an beiden Stellen faßbare antiattische Tendenz führt ebenso
auf den Abderiten: die Atthiden des vierten Jahrhunderts hatten besonderen Wert darauf gelegt, Athen als Urheimat von Kultur und
Zivilisation darzustellen[13]; sucht man einen Schriftsteller womöglich
nicht allzu lange nach der Blütezeit der Atthidographie, der Athen zu-
gunsten Ägyptens herunterspielt, kommt man auf Hekataios von Abdera, der am Hofe von Ptolemaios I. Lagou lebte, eines Fürsten, der
mit Griechenland, besonders mit Athen, wetteiferte[14]. Wir werden

---

[10] Außer der gemeinsamen Methode, Griechisches aus in Ägypten Gesehenem zu
erklären, die Gründung der Dionysosmysterien durch Orpheus 1, 23, 2. 96, 5.

[11] E. Schwartz, RE 5, 671.

[12] Hekataios FGrHist 264 frg. 6 berichtet, wie Juden, Thebaner und Argiver
(geführt von Moses, Kadmos und Danaos) aus Ägypten auszogen, da sie für
eine Pest verantwortlich gemacht wurden. Es ergeben sich zwischen diesem
sicher bezeugten Fragment und den Kolonisationskapiteln Diodors Wider-
sprüche (nicht wahrgenommen von W. Jaeger, op. cit. [s. Anm. 7] 134
Anm. 2), da die Vertreibung von Fremden einer Pest wegen etwas Anderes ist
als bewußte Kolonisation, um der Überbevölkerung Herr zu werden; man wird
mit Jacoby, FGrHist III a 49 f. zwei Versionen, eine gemäßigte und eine
nationalistisch-ägyptische, annehmen müssen. – Wenn A. Burton op. cit.
(s. Anm. 7) 18 die Kapp. 28/29 dem Hekataios besonders deshalb abspricht,
weil nach 1, 28, 7 die Griechen von diesen Dingen nichts wissen, also die
Quelle nicht griechisch sein kann, so beachtet sie m. E. die Tendenz des Hekataios nicht.

[13] Auch wenn die ‚Protogonia‘ des Kleidemos nicht beweisbar ist, bleiben genügend Zeugnisse für diese Tendenz, vgl. Jacoby, Atthis 134 f. 139. 143.

[14] Vgl. die Berufung des Eumolpiden Timotheos als Berater in religiösen Fragen,
Tac. hist. 4, 83. Plut. de Is. 28, 362 A; vgl. O. Weinreich, RE 6 A, 1341 f.

also annehmen müssen, Hekataios sei Autor beider Berichte, habe in
seinem Werk zwei verschiedene Theorien unverbunden nebeneinander
gestellt, eine national-ägyptische [15] und eine gemäßigtere, im Rahmen
griechischer Vorstellungen verbleibende [16]; eine ähnliche Doppelspurig-
keit hatte F. Jacoby auch innerhalb der Kolonisationstheorie festgestellt [17]. Auf die Frage allerdings, ob Hekataios-Diodor in Kapitel 96
auf die eleusinischen Mysterien anspiele, erhalten wir so keine eindeu-
tige Antwort.

Schon Herodot hat indessen die ägyptische Herkunft der griechischen τελεταὶ Δήμητρος behauptet; er identifiziert jedoch dann die
Thesmophorien damit, welche, von den Danaiden in die Peloponnes

Wilamowitz, GdH 2, 336 f. Nilsson, GGrR 2, 156; die Gründung von Museion
und Bibliothek, Müller-Graupa, RE 16, 801 ff. H. Volkmann, RE 23, 1640.
In dieselbe Richtung geht die Gründung des ἀγὼν ἰσολύμπιος durch Ptolemaios II. Philadelphos a. 279, Nilsson, GGrR 2, 159. – Jeanmaire 362, der die
pro-ägyptische Tendenz ebenfalls notiert, schlägt einen ‚servilen Ägypter‘ unter
Ptolemaios III. Euergetes vor. Doch hat sich Diodor meist an wenige bekannte alte Autoren gehalten, vgl. E. Schwartz, RE 5, 669; in Frage kommt so
eigentlich nur Hekataios. Ihm werden mindestens die athenerfeindlichen Partien (Kapp. 16. 28. 77/79) und die damit verbundenen (23/24) zu geben sein,
während 11/15, eine in sich geschlossene Partie, welche nur ganz allgemein mit
dem Folgenden verbunden ist (bes. mit 96 f.: 96, 7 Nil. 97, 7 Homer. 97, 7
und 45, 4 Theben als Διὸς πόλις), wegen des für Hekataios schwerlich anzu-
nehmenden fünften Elementes πνεῦμα (11, 5 f.) mit Spoerri (op. cit. [s. Anm.
7] 186 ff.) dem Hekataios abgesprochen werden kann (vgl. W. Burkert AGPh
51, 1969, 293).

15 Bemerkenswert ist, daß sich die von Diodor vertretene ἀποικία-Theorie auch
in ägyptischen Texten des Neuen Reiches findet, angewandt auf Theben als
Metropolis (PLeiden I 350 II 12; vgl. ZÄS 42, 1905, 20 f. 91, 1964, 39.
S. Morenz, Gott und Mensch im alten Ägypten, Heidelberg 1964, 16 f.): sollte
Hekataios mit solchen Theorien (eine Sonderform der sog. Urhügeltheorie, wie
mich Prof. P. Kaplony freundlichst belehrte) in Alexandria bekannt geworden
sein? – Zum Ethnozentrismus der Ägypter allgemein S. Morenz, Ägyptische
Religion, Stuttgart 1960, 44 ff.

16 Angelegt schon bei Hdt. 2, 4, 2 (nach ägyptischer Tradition; 2, 51 polemisiert
er dagegen), geht diese Tendenz soweit, daß Homer in der Spätzeit Ägypter
wird, Heliod. Aegypt. 3, 14. – Die Nachrichten über Orientreisen griechischer
Philosophen bei T. Hopfner, Orient und griechische Philosophie, Beihefte zum
AO, 4, 1925, 1 ff., vgl. noch S. Morenz, Die Begegnung Europas mit Ägypten,
Zürich/Stuttgart 1969, 71 f.

17 S. Anm. 12.

gebracht, sich nach der Einwanderung der Dorer besonders in Arkadien gehalten hätten [18]. Der Einfluß Herodots nun ist in Kapitel 96 gut faßbar [19]: hatte Diodor (bzw. Hekataios) nicht nur an die eleusinischen Mysterien, sondern auch an die Thesmophorien gedacht? In dieselbe Richtung kann jedenfalls auch deuten, daß Diodor Isis besonders der Demeter Thesmophoros gleichsetzt [20]; auch Theodoret bezeichnete neben den ‚Eleusinien' die Thesmophorien als Schöpfung des Orpheus. Zurückhaltung, wie sie Lobeck empfiehlt, erscheint also am Platz.

Die betrachtete Stelle ist nicht die einzige in Diodors Werk, wo Orpheus als Mysteriengründer genannt ist [21]. Wichtig sind noch zwei Passagen aus dem fünften Buch. An der einen wird Orpheus ‚der Mysteriengründer' ausdrücklich auf Eleusis und Samothrake bezogen in einem Kontext, in den dies gar nicht paßt [22]; der Gedanke an Orpheus als Gründer von Mysterien widerspricht der hier vertretenen These, daß alle Weihen aus Kreta stammten: es scheint, Diodor hat

---

[18] Hdt. 2, 171; vgl. W. Burkert, CQ 20, 1970, 12.

[19] Außer der seit Herodot gängigen Gleichung Demeter = Isis, Dionysos = Osiris: βᾶρις Diod. 1, 96, 8 / Hdt. 2, 96, 5; Solon in Ägypten Diod. 1, 98, 1 / Hdt. 2, 177; der Widerspruch zwischen 1, 23, 2 und 97, 4 (Orpheus bzw. Melampus hat den Dionysoskult gegründet) löst sich, wenn wir 1, 97, 4 als schlecht eingebaute Herodotreminiszenz betrachten (vgl. Hdt. 2, 49).

[20] Diod. 1, 14, 4. 25, 1. In der lat. Version des Triptolemosmythos, welche bei Serv. Verg. georg. 1, 19. Hygin. fab. 147. Lact. Placid. ad Stat. Theb. 2, 382. Mythogr. Vat. 2, 99 faßbar ist, heißen sogar die von Triptolemos gegründeten ‚sacra Cereris' Θεσμοφόρια. – Andererseits setzt der Isis-Osiris-Mythos so, wie ihn Plut. de Is. 12, 355 Dff. erzählt, besonders in der Byblosepisode (15, 357 Aff.) Hom. h. Cer. voraus, wenn auch gewisse Anhaltspunkte schon in ägyptischer Tradition gegeben sein mögen (vgl. die Kommentare von T. Hopfner, Prag 1940, 1, 50 ff. und J. Gwyn Griffiths, Univ. of Wales Press 1970, 319 ff.); damit wird die Identifikation der Isis mit der eleusinischen Demeter vorausgesetzt. Falls alle Details der Plutarchischen Fassung auf Eudoxos von Knidos zurückgehen (F. Gisinger, Die Erdbeschreibung des Eudoxos, Leipzig/Berlin 1921, 47 ff. F. Lasserre, Die Fragmente des Eudoxos, Berlin 1966, 248 ff.), wäre diese Identifikation am Ende des 4. Jh. vollzogen.

[21] Diod. 1, 23, 2 f. 96, 4 ff. 4, 25, 1 ff. (T 95–97). 5, 75, 4 (F 303). 3, 65, 6 (T 23).

[22] Diod. 5, 77, 3 τήν τε γὰρ παρ᾽ Ἀθηναίοις ἐν Ἐλευσῖνι γινομένην τελετὴν ... καὶ τὴν ἐν Σαμοθράικηι καὶ τὴν ἐν Θράικηι ἐν τοῖς Κίκοσιν, ὅθεν ὁ καταδείξας Ὀρφεὺς ἦν, μυστικῶς παραδίδοσθαι.

hier, weil Orpheus für ihn der Gründer aller möglichen, also auch der eleusinischen Mysterien war [23], durch einen eigenen Zusatz einen fremden Zusammenhang gestört.

Im selben Buch nennt Diodor den Orpheus Schüler der idäischen Daktylen auf Samothrake; als solcher habe er den Griechen τελεταί καί μυστήρια gebracht [24]. Ephoros, dem Diodor diese Notiz verdankt, erzählte auch, daß auf Samothrake Harmonia von Kadmos geraubt worden sei; zur Erinnerung daran würde noch in seiner Zeit eine rituelle Suche abgehalten [25]. O. Kern hat danach ein samothrakisches Ritual erschlossen, das Raub – Suche – Hieros Gamos umfaßt [26] und sich mindestens in der Suche mit Eleusis berührt [27]. Nimmt man die sonstigen Gemeinsamkeiten zwischen Samothrake und Eleusis dazu, die Fackeln, die Handlungen bei Nacht, das Widderopfer, sogar eine gewisse Ähnlichkeit der Weihehäuser [28], die sicher nicht nur mit einem

[23] Vgl. Diod. 1, 96, 4 (T 96).

[24] Diod. 5, 64, 4 = Ephoros FGrHist 70 frg. 104 (T 42). – Vgl. Lobeck 2, 1176; Kleingünther 148.

[25] Ephoros FGrHist 70 frg. 120: eine Suche ἐν ταῖς ἑορταῖς.

[26] O. Kern, Kabeiros und Kabeiroi, RE 10, 1428.

[27] Vgl. Tert. adv. nat. 2, 7. Lact. inst. epit. 18, 7. Clem. protr. 2, 12, 2; vgl. Mylonas 262. – Allerdings ist die rituelle Suche nicht auf Eleusis beschränkt, vom Demeterkult in Megara berichtet sie Paus. 1, 43, 2 (so daß Aug. civ. 6, 7 nicht sicher Eleusis meinen muß); auch der Ariadnekult kannte den Ritus (Jeanmaire 223), ebenso der Kult des Hylas in Prusias, Strab. 12, 4, 3 (Jeanmaire 181) und der böotische Dionysoskult (Jeanmaire ibid.).

[28] B. Hemberg, Die Kabiren, Uppsala 1950, 107–110. Rubensohn, JdI 70, 37. Vgl. A. D. Nock, AJA 45, 1941, 577. – Fackeln in Samothrake: Nonn. Dion. 4, 184 f. 13, 400 ff. 29, 213 f. IG XII 8, 188. Vgl. die Zeichnung des Cyriacus von Ancona, Rubensohn 166 (der auch noch Münzen aus Kyzikos heranzieht, 169 ff.); Hemberg, op. cit. 108; in Eleusis s. Anm. 37. – Nachtfeier: Lampenfunde im Anaktoron von Samothrake K. Lehmann-Hartleben, AJA 44, 1940, 348, im Arsinoeion ibid. 341. ders. Hesp. 19, 1950, 14 f. Hemberg 108; Nachtfeier in Eleusis (abgesehen von den literarischen Zeugnissen) IG II² 3411, 1. 3811, 2. 4058, 10 vgl. 1363, 16. – Widderopfer für Samothrake durch Münzen mit Widderkopf nahegelegt, Fritzsche ZN 24, 1904, 111 f.; für die Eleusinien gesichert durch den Nikomachoskalender, LSS 10, 63 (vgl. R. F. Healey HThR 57, 1964, 153 ff.; S. Dow, Historia 9, 1960, 288), vgl. IG II² 1673, 62; für die Mysterien nahegelegt durch die Reliefs des Sarkophags von Torre Nova und der Urna Lovatelli, Mylonas Abb. 83 f.; Widderköpfe schmückten das peisistratische Telesterion, Mylonas Abb. 21; ein Widder-

Einfluß durch Eleusis [29], sondern auch mit einer gemeinsamen Herkunft zu erklären sind, scheint die Annahme recht plausibel, Ephoros
habe, diese Berührung zwischen Samothrake und Eleusis feststellend,
sie durch eine Vermittlung des Orpheus zu erklären versucht, zumal
dessen Heimat nicht weit abliegt [30]. Wir gewinnen so bereits in der
Mitte des vierten Jahrhunderts einen Beleg dafür, daß Orpheus als
Gründer von Eleusis hat betrachtet werden können; hat sich Ephoros,
vielleicht Isokratesschüler und als solcher Athen verbunden [31], auf
einen athenischen Gewährsmann gestützt?

Wohl etwa in dieselbe Zeit wie Ephoros führt uns ein weiteres
Zeugnis, einige Verse aus dem ‚Rhesos‘, den schon die antike Kritik
dem Euripides abgesprochen hatte [32]. Zumindest scheint sich eine Da-

opfer erschließt Burkert HN 311. – Den Weihehäusern gemeinsam ist die
Aufteilung in Hauptraum mit teilweise umlaufenden Zuschauerrampen und
Anaktoron, Mylonas Abb. 26. K. Lehmann-Hartleben, Samothrace, Locust
Valley N. Y. 1966, 32 f., Abb. 18. 25. – Auch in Samothrake spielten Demeter
und Kore eine Rolle, Artemid. ap. Strab. 4, 4, 6. vgl. Hemberg, op. cit. 106 f. –
Funde aus dem samothrakischen Anaktoron können vielleicht als cunni und
Phallen gedeutet werden, Hemberg, op. cit. 106, während Phallen für Eleusis
durch Tert. adv. Valent. 1, cunni durch Theodoret. graec. aff. cur. 7, 11 schein-
bar bezeugt werden; zu letzterem Zeugnis s. aber unten IV 2 Anm. 67.

[29] Samothrake gehörte seit etwa 470/60 dem attischen Seebund an, die Weihen
kennt Aristophanes, Pax 277 ff.; im Jahre 404/3 ließen sich die spartanischen
Eroberer Lysander und Antalkides weihen (O. Kern, Kabeiros und Kabeiroi,
RE 10, 1436). Der eleusinische Einfluß machte sich aber erst nach Alexander
geltend, Kern l. c., ihm ist vielleicht die Klassierung der Mysten in μύσται
und ἐπόπται zuzuschreiben, Hemberg, op. cit. 116. – Vgl. noch A. D. Nock,
Mnem. 5, 1952, 181.

[30] Ephoros, kaum schon Hellanikos, dem Jacoby, FGrHist I² a 442 f. die Lokali-
sierung von Harmonia und Kadmos auf Samothrake zuschreibt. Schon Hdt. notiert Gemeinsamkeiten zwischen Samothrake und Athen (nicht aber Eleusis),
2, 51, 2 f., führt diese auf die Pelasger zurück.

[31] Zum Schülerverhältnis FGrHist 70 T 1–5; 8; 24–27. Man wollte es erklären
als aus den Zeugnissen der Rhetoren über stilistische Verwandtschaft heraus-
gesponnen, E. Schwartz, Ephoros, RE 6, 1. H. Gärtner, Ephoros, KlP 2, 299;
für die Richtigkeit der antiken Angaben Jacoby, FGrHist II C 22 f., vgl.
Lesky, GGrL 674. – Zum Verhältnis von Ephoros zu Athen Jacoby, Atthis
130.

[32] Vgl. die Hypothesis des Stücks: τὸ δὲ δρᾶμα ἔνιοι νόθον ὑπενόησαν. G. Hermann, De Rheso tragoedia dissertatio, Opusc. 3, Leipzig 1828, 262 ff. – Vgl.

tierung dieses Stücks ins vierte Jahrhundert aufzudrängen; zwingend scheinen sowohl die sprachlichen Argumente E. Fraenkels[33] – daß der Rhesosdichter den Euripideischen Tragödien entlehnte Ausdrücke mosaikartig zusammengesetzt habe, und daß erstaunlich viele auffallende Ausdrücke sich nur im Alterswerk des Euripides fänden – wie die Feststellungen H. Strohms, der in der dramatischen Technik den Zusammenhang mit der Euripideischen Spätkunst herstellt, aber an Einzelheiten doch einen zeitlichen Fortschritt gegenüber Euripides zeigt[34].

Orpheus, so sagt die Muse, Mutter des toten Rhesos, zu Athena, habe die ‚Fackelleuchten der geheimen Mysterien' gezeigt[35]. Allein schon das Wort μυστήρια weist im Athen des vierten Jahrhunderts auf Eleusis; dies bezeugt der Sprachgebrauch der Rhetoren, bei denen es beinahe wie ein Festname, derjenige des eleusinischen Festes der beiden Göttinnen, behandelt wird[36]. Fackeln sind im eleusinischen

zuletzt Lesky TragDicht 527; mehr bei W. Ritchie, The authenticity of the Rhesos of Euripides, Cambridge 1964 (der selber für Echtheit eintritt; vgl. aber die Besprechung durch E. Fraenkel, Gn 37, 1965, 228 ff.).

[33] E. Fraenkel l. c. 233 ff.
[34] H. Strohm, Herm. 87, 1959, 257 ff. Unmittelbar vor ihm war G. Bjoerck, Eranos 55, 1957, 7 ff. von andern Ansätzen her zu einer Datierung ins vierte Jahrhundert gelangt. – Interessant wäre es, die Beziehung zu Senecas Tragödien zu untersuchen: in der Art, stimmungsvolle Tableaux zu zeigen, stehen sich etwa die Einleitungen von ‚Rhesos' und ‚Phaedra' nahe.
[35] Rhes. 943 f. μυστηρίων τε τῶν ἀπορρήτων φανὰς/ἔδειξεν Ὀρφεύς (T 91).
[36] Vgl. etwa Isocr. 16, 6. Aeschin. 2, 134. 3, 130. Demosth. 3, 5 (Zeitangabe). 12, 4. – Zu weit geht K. Kerényi, Eranos-Jb. 11, 1944, 13 ff., wenn er das Wort μυστήρια mit Festnamen wie Ἀνθεστήρια, Σωτήρια zusammenstellt und Großschreibung verlangt; Bedenken machen Stellen wie Demosth. 59, 21 B εἰς τὴν ἑορτὴν καὶ τὰ μυστήρια, wo wir doch εἰς τὴν (τῶν) Μυστηρίων ἑορτήν erwarten würden, vgl. Hsch. s. v. ἡγητηρία· ἐν τῆι ἑορτῆι Πλυντηρίοις. Mit den Festnamen stimmt das teilweise Fehlen des Artikels, bes. im Dativ der Zeitangabe, überein, vgl. J. Wackernagel, Vorlesungen über Syntax 2, Basel 1924, 149. E. Schwyzer, Griechische Grammatik (Hdb. d. A.wiss. II 1), 2 (verv. und hrsg. von A. Debrunner), München ³1966 (¹1950), 158. Doch zeigen Heraklit VS 22 B 14. Hdt. 2, 171, 1, daß μυστήρια nicht auf eine bestimmte Gottheit beschränkt waren; auch in Athen kann der Name der Gottheit noch angefügt werden, Soph. frg. 736 (anderseits beruht der Witz Ar. Pax 420 gerade darauf, daß der Name des Hermes unerwarteter-

Kult bildlich, literarisch und epigraphisch gesichert [37]. Ἀπόρρητα sind
die Mysterien in einer Inschrift des zweiten nachchristlichen Jahrhunderts [38], ἄρρητα, in dieser Sphäre beinahe synonym dazu [39], in einer
attischen Inschrift des Jahres 455, bei Aristophanes und in der Rede
des Daduchen Kallias bei Xenophon [40]. Und auch der Kontext erlaubt
kaum, an etwas anderes als an Eleusis zu denken: die Muse klagt
Athena an, welche die Ermordung des Rhesos gefördert hat, obschon
Orpheus, Cousin des Ermordeten, sich mit der Gründung von Mysterien um Athen verdient gemacht hat [41].

Wohl ins späte vierte Jahrhundert führt der dritte Gewährsmann,
auf den Theodoret sich beruft, Demosthenes. Es handelt sich freilich
nicht um ein echtes Werk des Rhetors, das der Apologet heranzieht:
die betreffende Stelle findet sich in der ersten Rede gegen Aristogeiton,

---

weise zugefügt wird). Außerdem ist die Beziehung zum Verbum μυεῖν dem
Griechen bewußt, Plat. Men. 76 E. Schol. Ar. ran. 456; daß die Möglichkeit,
μυστήρια übertragen für ‚secret things' (LSJ) zu gebrauchen, naheliegt (vgl.
Ar. nub. 143. Plat. Theaet. 156 A), zeigt ebenso die Sonderstellung den richti-
gen Festnamen gegenüber.

[37] Vgl. etwa den rotfig. Stamnos in Eleusis, ARV[2] 1052, 23 (Kerényi [1962]
T. 29) oder den Triglyphenfries römischer Zeit vom Eleusinion, wo unter den
dargestellten eleusinischen Emblemen (zum emblematischen Charakter des
Frieses Kerényi, SO 36, 15) auch Fackeln figurieren (Kerényi [1962] T. 1 a). –
Epigraphisch: δαιδοῦχος seit IG I[2] 76 (LSCG 5), 25 (a. 422/1), vgl. δαιδη-
φόρος IG II[2] 4058, 9 (1./2. Jh.). – Literarisch seit Eur. Ion. 1076, vgl. noch
besonders Aristid. or. 22, 11. Clem. protr. 2, 22, 7; aitiologisch vorgegeben
wohl schon Hom. h. Cer. 48. – Vgl. Rubensohn 178 f.

[38] IG II[2] 1110, 8; vgl. Aristot. EN 3, 2, 1111 A 10.

[39] Vgl. Eur. Bacch. 472 ἄρρητ᾿ ἀβακχεύτοισιν εἰδέναι βροτῶν mit Ar. eccl. 442
τἀπόρρητα . . . ἐκφέρειν; Hdt. 6, 135, 2. Ar. nub. 302 ἄρρητα ἴρα (bzw. ἱερά)
mit Eur. IT 1331 ἀπόρρητον φλόγα. – M. H. N. Van den Burg, Ἀπόρρητα,
δρώμενα, ὄργια, Diss. Amsterdam 1939, geht, soweit ich sehe, auf das Verhältnis ἄρρητον zu ἀπόρρητον nicht ein.

[40] Ar. nub. 302 (Eleusis). Xen. hell. 6, 3, 6 (ebenso), beidemale ἄρρητα ἱερά,
SEG 10, 321, 1 (a. 455) ἀρρήτου τελετῆς.

[41] Das hat schon Lobeck 1, 239 gesehen, der dann aber nicht Eleusis, sondern
‚sacra lustralia in universum' als Gründungen des Orpheus bezeugt sah.
Gruppe RL 1096 schließt Eleusis ein, Kern Orph. frg. T 91 schließt es aus,
Nilsson Op. 2, 641 ist merkwürdig unbestimmt. Vgl. jüngst Guépin 237, der
auf Moulinier 17 und Linforth 64 verweist.

welche dem Demosthenes abgesprochen wird[42]. Sie viel nach 324, dem Datum des Prozesses gegen Aristogeiton, anzusetzen, erscheint unnötig, auch wenn der erste Autor, der sie zu kennen scheint, Satyros im dritten Jahrhundert ist[43]. Hier wird Orpheus bezeichnet als ὁ τὰς ἁγιωτάτας ἡμῖν καταδείξας τελετάς, ein Ausdruck, den Theodoret aufnimmt[44], und der letztlich ein Zitat aus den ‚Fröschen' des Aristophanes ist[45]: so führt uns diese Stelle weiter ins Jahr 405.

Der komische Dichter läßt seinen Aischylos gegen die modernen Dichter wie Euripides die Taten der ‚guten alten Dichter' wie Orpheus ins Feld führen: Ὀρφεὺς μὲν γὰρ τελετάς θ' ἡμῖν κατέδειξε φόνων τ' ἀπέχεσθαι[46]. Τελετὰς καταδεῖξαι ist beinahe Fachausdruck für die Institution von Kulten: so ‚zeigten' Eumolpos oder Erechtheus die eleusinischen, Zeus oder Orpheus die samothrakischen Riten, so ‚zeigten' Isis und Hermes-Thoth die τελετή des Osiris, Orpheus diejenige des

---

[42] Ihre Unechtheit wird heute vom überwiegenden Teil der Forscher anerkannt, zuletzt R. Sealey, REG 80, 1967, 253 ff.; für eine kurze Übersicht vgl. M. Gigante, Nomos Basileus, Neapel 1956, 268 f. Die Datierungen schwanken allerdings zwischen 324, dem Jahre des Prozesses gegen Aristogeiton (G. Mathieu, Démosthène, Les plaidoyers politiques, Paris, 4, 1947, 134 ff.) und der ersten Hälfte des dritten Jh. (Gigante op. cit. 268 ff. aufgrund feststellbarer stoischer Elemente, wogegen sich Guthrie HGrPh 3, 75 wendet). – Die zuerst von Rohde 1, 314 Anm., dann von Dieterich Nek. 139 aufgestellte Behauptung, der Verfasser der Rede sei ein Orphiker gewesen, ist glücklicherweise heute aus der Diskussion verschwunden.

[43] Vit. Eur. in POx 11, 124 ff. col. VIII, M. Pohlenz, GGN 1924, 21 Anm. 1 (KlSchr, Hildesheim 1965, 2, 316 Anm. 1). – Der von Pohlenz in diesem Aufsatz aus der Rede gewonnene ‚Anonymus περὶ νόμων' ist von M. Gigante, Nomos Basileus, Neapel 1956, 268 ff. überzeugend widerlegt (darnach Guthrie, HGrPh 3, 75; vgl. Burkert WuW 96 Anm. 58): die von Pohlenz ausgezogenen Stellen sind aus dem Ganzen nicht auslösbar, zudem finden sich platonische Reminiszenzen.

[44] [Demosth.] 25, 11; Theodoret. graec. aff. cur. 1, 21 Δημοσθένης ὁ ῥήτωρ ... φησὶ τὸν Ὀρφέα τὰς ἁγιωτάτας αὐτοῖς τελετὰς καταδεῖξαι.

[45] Vgl. R. Schlaefke, De Demosthenis quae dicuntur adversus Aristogitonem orationibus, Diss. Greifswald 1913, 93. Der Verf. führt 92 f. noch weitere 7 Zitate in der ersten Rede auf, davon 5 aus Tragikern; dabei sind allerdings 25, 24 = Ar. Plut. 11, und 41 = Eur. Hec. 1168 fraglich, da sie zu allgemein gehalten sind.

[46] Ar. ran. 1032 (T 90).

Dionysos[47]. Freilich bezeichnet τελετή nicht den eigentlichen Mysterienkult, sondern (mindestens noch in klassischer Zeit) jede kultische Feier[48]; bezeichnend sind drei Verse im ‚Frieden‘ des Aristophanes, wo Panathenaia, Mysterien, Dipolieia und Adonia unter den Oberbegriff τελετή subsumiert werden[49]. Καταδείκνυμι seinerseits heißt nicht etwa ‚offenbaren‘[50], sondern ‚erfinden und das know-how lehren‘[51]: in der Fortsetzung der Aristophanesstelle ‚zeigt‘ Musaios Orakel und Krankenheilungen, und auch eine τέχνη, wie die Arzneikunst, kann man καταδεῖξαι[52]. Wenn der Ausdruck so nicht eindeutig ist, kann doch das Verbum für Eleusis besonders gut passen: dem ‚Sehen‘

---

[47] Akestodor. FHG 2, 464 (= Schol. Soph. OC 1053), Diod. 1, 29, 2 (Eleusis); ibid. 3, 65, 2 (Dionysos), vgl. 4, 3, 2 (θυσίας); ibid. 1, 20, 6 (Osiris), vgl. 1, 22, 6; Hipp. ref. 5, 20, 4 (F 243) (Orpheus). – Vgl. Clem. protr. 2, 13, 3 Δάρδανος ὁ Μητρὸς θεῶν καταδείξας τὰ μυστήρια; Orph. h. 24, 10 ὑμεῖς (sc. Nereides) γὰρ πρῶται τελετὴν ἀνεδείξατε ..., ähnlich 76, 7 (Musen).

[48] Vgl. C. Zijderveld, Τελετή, Diss. Utrecht 1934. F. Sokolowski, in: Charisteria G. Przychozki, 1934, 272 ff. (‚religious performance‘) (non vidi). Des Places 379; des weiteren Foucart 356. J. E. Harrison, CR 28, 1914, 36 (durch Zijderveld überholt). Boyancé, CdM 42 ff. (in Polemik gegen H. Bolkestein, Theophrastos' Charakter der Deisidaimonia, RGVV 21, 2, Gießen 1929, 53 ff.). A. D. Nock, Mnem. 5, 1952, 185 f. – Die häufig vertretene Ansicht, τελετή bezeichne die zweite Stufe der Weihe, sci also zwischen μύησις als vorbereitender Zeremonie (diese Bedeutung richtig erkannt von Pringsheim 39 ff., vgl. Körte, ARW 18, 119 Anm. 3 [‚Taufe‘], doch ist das Wort nicht immer so prägnant gebraucht, vgl. G. Bornkamm bei G. Kittel, Theologisches Wörterbuch zum Neuen Testament 4, Stuttgart 1942, 811 Anm. 16) und ἐποπτεία einzustufen, (so Körte l. c. P. Roussel BCH 54, 1930, 51. 67. Nilsson Op. 2, 601 Anm. 141; E. des Places, AnnFacLettrAix 38, 1964, 11), unterlegt dem Wort einen zu prägnanten Sinn: SEG 10, 321, 1 (a. 455); Andoc. de myst. 111; Isocr. 4, 28; IG II² 1304, 28 (211/10) bedeutet es deutlich die gesamten Mysterienzeremonien, Plut. Demetr. 26, 900 E sogar ἀπὸ τῶν μικρῶν ἄχρι τῶν ἐποπτικῶν, Plut. quaest. conv. 8, 2, 3, 718 D ist die Epoptie ebenso einbegriffen(vgl. C. Zijderveld op. cit. 99); demgegenüber besagt Theo Smyrn. de util. math. S. 14, 26 Hiller, der als zweite Stufe der Weihung nennt ἡ τῆς τελετῆς παράδοσις (worauf die ἐποπτεία folgt), nur wenig.

[49] Ar. Pax 417 ff.

[50] So aber C. Zijderveld, op. cit. 45 Anm. 1.

[51] Vgl. J. Gonda, Δείκνυμι, Diss. Utrecht 1929, 111 f. (τελετὰς καταδείκνυμι heißt ‚instellen ... von godsdienstige instellingen, riten‘).

[52] Plat. rep. 3, 407 D, vgl. Isocr. 11, 22. Antiphanes frg. 123, 1.

des Mysten, auf dem hier das Hauptgewicht liegt[53], entspricht das
‚Zeigen' dessen, der die Weihen einrichtet, sozusagen als ‚erster Sicht-
barmacher der heiligen Handlungen' amtet[54]: schon Demeter ‚zeigte',
dem homerischen Hymnus zufolge, den eleusinischen Fürsten ‚die Aus-
führung der heiligen Riten'[55].

Eindeutigkeit freilich ist so nicht zu gewinnen. Immerhin hat jedenfalls der Verfasser der Rede gegen Aristogeiton die Aussage des
Aristophanes auf Eleusis bezogen; das zeigt das Attribut, das er den
Weihen verleiht, ἁγιώταται: derselbe superlativische Ausdruck findet
sich für Eleusis auch sonst belegt[56], und nahe kommen die σεμνὰ τέλη
bei Sophokles und die ἅγιαι τελεταί bei Aristophanes[57] – auch hier
Plurale für die eine Institution. Und auch der Redner bezieht diese
‚allerheiligsten Riten' auf seine Zuhörerschaft, er will diese aufrütteln
durch Berufung auf sie[58].

Wenn so ein doch wohl attischer Autor den Vers des Aristophanes
auf Eleusis beziehen kann, wenn zwei andere Autoren des vierten
Jahrhunderts ebenso Orpheus als Gründer der heiligsten Riten Athens,
also der Feier in Eleusis, ansprechen: sollte dann Aristophanes, trotz
der nicht eindeutigen Formulierung, anders zu verstehen sein? Andere
bedeutende athenische Feste jedenfalls scheinen kaum in Frage zu
kommen. Nach Theodoret hat zwar Orpheus auch Dionysien, Panathenäen und Thesmophorien gegründet, doch gehen die Thesmophorien wohl auf eine Verbindung der bekannten Herodotstelle mit Dio-

---

[53] Vgl. III 1 Anm. 12.
[54] Vgl. Schol. Aeschin. 3, 18; Suid. s. v. Εὐμολπίδαι.
[55] Hom. h. Cer. 473 ff. (ἡ δὲ ... θεμιστοπόλοις βασιλεῦσι δεῖξε ... δρη-
σμοσύνην θ᾽ ἱερῶν καὶ ἐπέφραδεν ὄργια πᾶσι).
[56] Procl. theol. Plat. 6, 11 (vgl. F 195. T 102).
[57] Soph. OC 1050. Ar. nub. 304. – Vgl. Diod. 13, 27, 1. OGIS 721, 1 f. – Im
Gegensatz zu μυστήρια, das in vorchristlicher Zeit nur pluralisch verwendet
wurde (vgl. G. Bornkamm bei G. Kittel, op. cit. 809 ff.), wird τελετή auch
singularisch gebraucht, wenn es sich um ein einziges Fest handelt, vgl. Isocr.
4, 28 (Δήμητρος ... διδούσης δωρεὰς διττάς ... τούς τε καρπούς ... καὶ
τὴν τελετήν) oder Paus. 2, 30, 2. Bei Aristoph. bezeichnet ran. 342 (lyr.) der
Sing., nub. 304 (lyr.) der Plur. die eleusinischen Mysterien.
[58] [Demosth.] 25, 11 ὁ τὰς ἁγιωτάτας ἡμῖν τελετὰς καταδείξας Ὀρφεύς, vgl.
Maass 77 f. (es sei ein ‚Staatskult' gemeint); vgl. die Adaptation bei Theodoret.
graec. aff. cur. 1, 21 (oben Anm. 44).

dors besprochener These, daß Orpheus die τελετὴ Δήμητρος aus Ägypten gebracht habe [59], zurück, die Dionysien aber scheinen Theodorets verkürzter Ausdruck für die in Anlehnung an dieselbe Diodorstelle ausgesprochene Theorie zu sein, wonach Orpheus die Osirisweihen, ‚den Namen ändernd in Dionysos‘, aus Ägypten gebracht habe [60]. Die Nachricht über die Panathenäen schließlich ist völlig singulär [61]. Am ehesten also hat, soweit wir sehen, ein Athener jene Anspielung in den ‚Fröschen‘ auf Eleusis bezogen.

Nun ist es aber seit M. Pohlenz allgemein anerkannte Einsicht, daß die betreffende Stelle des Aristophanes zusammen mit mindestens der ganzen Würdigung der alten Dichter aus sophistischer Tradition stammt [62]; F. Heinimann hat nachgewiesen, wie wichtig der Sophistik das Kriterion des χρήσιμον – ὠφέλιμον, wie es Aischylos hier vorbringt, war [63]: die Dichter nützen, indem sie für die Kultur wichtige Errungenschaften erfanden.

Des Orpheus kulturhistorische Tat war die Einführung von τελεταί und die Beendigung von φόνοι. Man hat in dieser zweiten Tat einen Hinweis auf orphischen Vegetarismus gesehen [64] – aber diese Lehre des Thrakers dürfte wenig Menschen so wichtig gewesen sein, daß sie hier als Argument für die Bedeutung der Dichter dienen könnte, und das Wort φόνος verbietet eine solche Beziehung; φόνοι sind Morde an Menschen [65]. Orpheus beendete also einen Kulturzustand, in welchem

---

[59] Hdt. 2, 171, 3; Diod. 1, 96, 4 f. (T 96).

[60] Diod. 1, 96, 4 τὴν μὲν γὰρ ’Οσίριδος τελετὴν τῆι Διονύσου τὴν αὐτὴν εἶναι ... τῶν ὀνομάτων μόνων ἐνηλλαγμένων.

[61] Vgl. immerhin Sidon. Apollinar. carm. 6, 1 (T 104): Pallados armisonae festum dum cantibus ortum personat Hismario Thracia vate chelys – von einer Gründung durch Orpheus freilich ist nicht gehandelt.

[62] M. Pohlenz, GGN 1920, 150. – Vgl. zuletzt C. O. Brink, Horace on poetry. The Ars Poetica, Cambridge 1971, 385.

[63] F. Heinimann, MH 18, 1961, 177 f.; vgl. Guthrie HGrPh 3, 169.

[64] Rohde 2, 125 Anm. 3; Kern Orph. frg. S. 61 (T 212); J. Haussleiter, Der Vegetarismus in der Antike, RGVV 24, Gießen 1935, 84 Anm. 1; Guthrie Orph. 196 f.; Dodds 154, vgl. Anm. 121 S. 175; Nilsson GGrR 1, 687 f. (vgl. Op. 2, 656); wiederholt jüngst C. O. Brink op. cit. 387. – Vgl. demgegenüber Lobeck 1, 247 „Aristophanes ... ambigue loquutus est.“

[65] Das Töten von Tieren bezeichnet φόνος nur dichterisch, ohne Attribut Hom. Il. 17, 757, immer mit Attribut in der Tragödie, μήλειος φ. Eur. El. 92,

Morde ungleich häufiger waren als heute. Eine solche Vorzeit des Menschen nun ist griechischem Denken, ist gerade der Sophistik vertraut[66].
Es war dies die Zeit vor Einführung des Getreidebaus, als sich die
Menschen aus Hunger gegenseitig umbrachten und auffraßen; damals
lebten die Menschen wie Tiere[67]. Herodot nennt Stämme am Pontos,
wo Kannibalismus, Nomadentum (das heißt Fehlen von Ackerbau[68])
und Gesetzlosigkeit noch zu seiner Zeit vorkamen[69]. Wie eng und
ursächlich für diese Auffassung Kannibalismus und Fehlen des Ackerbaus zusammenhängen, zeigt ein von Pausanias überliefertes Orakel
an die Phigalioten, in welchem Demeter den unter Getreidemangel
Leidenden droht, sie ganz zu Kannibalen und ‚Kinderverspeisern‘ zu
machen[70].

Hat also Orpheus auch den Ackerbau eingeführt? Aristophanes
schweigt sich darüber aus, ebenso Horaz, der, die Aristophanesstelle

ταύρειος φ. Hel. 1591, vgl. Aesch. Sept. 44 (vom Blut des Opferstieres). –
Πολυκέρων φ. Soph. Aias 55, ἄρνειος φ. ibid. 309 meint die Wahnsinnstat
des Aias, die als Mord an Menschen gemeint war. – Gegeninstanz ist scheinbar
Empedokles VS 31 B 136, 1, doch ist das aus der Emphase des Vegetariers
heraus gesprochen; die Athener waren keine Vegetarier, auch Aischylos nicht.
Die Βουφόνια, in denen der Ochsentöter als Mörder behandelt wird, sind
demgegenüber uraltes Relikt, vgl. Burkert HN 154 ff.

66 Vgl. F. Heinimann, Nomos und Physis, Basel 1945, 147; Guthrie HGrPh 3,
60 ff.; Belege bei A. J. Festugière HThR 42, 1949, 218, vgl. noch Plat. legg.
6, 782 B.

67 Deutlich etwa Moschion frg. 6 (= 97 frg. 6 TrGF), 4 θηρσὶν διαίτας εἶχον
ἐμφερεῖς βροτοί.

68 Den Zusammenhang zeigt Paus. 8, 42, 6: Demeter droht die Arkader durch
Getreidemangel wieder zu Nomaden zu machen.

69 Hdt. 4, 106; der Terminus θηριώδης bei Aristot. NE 7, 5, 1148 B 24; pol. 8,
4, 1338 B 29.

70 Paus. 8, 42, 6. H. W. Parke – D. E. W. Wormell, The Delphic oracle, Oxford
1956, 2, Nr. 493. Den Verlust der Kultstatue, weswegen Demeter die Phigalioten heimsuchte, datiert Paus. zwei Generationen nach 490, Onatas von
Aigina habe die neue Statue hergestellt, die zu Paus. Zeiten nicht mehr zu
sehen war. Onatas arbeitete von 490 bis mind. 467 (G. Lippold, Hdb. d. Arch.
III 1, München 1950, 98): geht das zusammen? Wilamowitz GdH 1, 396
hält das Orakel für eine Fälschung; immerhin ist die sich darin spiegelnde Kulturtheorie um 430 durchaus möglich, Euripides spielt Suppl. 201 ff. (a. 424
Lesky TragDicht 360 nach G. Zuntz, The political plays of Euripides, Man-
chester 1955, 88 ff.) darauf an.

im Ohr, von Orpheus' Beendigung des Kannibalismus spricht [71]. Wohl aber sagt genau dies der Rhetor Themistios in einer Preisrede auf den Ackerbau: aus derselben allegorischen Auslegung des Orpheusmythos wie bei Horaz – daß der Sänger durch die Macht seiner Musik die Tiere besänftigt habe, bedeute in Wirklichkeit, daß er das Tierhafte im Menschen (τὸ ἐν ταῖς ψυχαῖς θηριῶδες) vertrieben habe – liest er des Orpheus Bedeutung für die Kulturgeschichte und begründet sie damit, daß der Sänger den Ackerbau eingeführt habe, darnach aber, ,wegen der aus dem Ackerbau resultierenden guten Dinge', den ganzen Götterkult mit allen Opfern und Riten [72]; daß erst durch den Ackerbau die Religion möglich geworden sei, behauptet er nach Prodikos [73].

So findet sich hier also dieselbe Theorie, welche wir schon bei Aristophanes nach sophistischer Quelle sehen wollten, ausführlicher wieder, indem ein kausaler Zusammenhang zwischen den beiden dem Orpheus zugeschriebenen Taten hergestellt wird. Der Name des Prodikos, der als Gewährsmann für die eine Hälfte der Theorie zitiert wird, weist auch hier auf die Sophistik: sollte Prodikos überhaupt hinter dieser Kulturtheorie mit ihrer allegorischen Deutung des Orpheusmythos stehen? [74]

---

71 Hor. ars 391 f.: silvestris homines sacer interpresque deorum caedibus et victu foedo deterruit Orpheus. – Bereits von Rohde 2, 125 Anm. 3 auf die Beendigung des Kannibalismus gedeutet; vgl. C. O. Brink, op. cit. 387 mit früherer Literatur.

72 Themist. or. 30, 349 B (T 112). – Linforth 255 sieht hier nicht Zivilisation von wilden Urmenschen, sondern Zähmung von wilden Tieren (['Ορφέα] πᾶσαν ἡμερῶσαι φύσιν καὶ θηρίων δίαιταν: „that he tamed all nature and animals"); doch gebraucht Themistios kurz darnach, 349 D 5, δίαιτα θηρίων eindeutig für das Leben der Urmenschen.

73 Prodikos VS 84 B 5 = 6 B 5 S. 194 bei M. Untersteiner, Sofisti, Florenz 2, 1949; vgl. jüngst Guthrie HGrPh 3, 239.

74 Freilich scheint Prodikos Demeter als Getreidebringerin angesehen zu haben, Philodem. de piet. 9, 7 S. 75 Gomperz (= VS 84 B 5 = 6 B 5 S. 190 Untersteiner, op. cit.; zur Diskussion um die Zugehörigkeit auch dieser Partie des Zitates bei Philodem zu Prodikos vgl. die Zusammenfassung bei Untersteiner, op. cit. 191; Guthrie HGrPh 3, 239). – Daß jedenfalls die Allegorese nicht erst stoisch sein muß (Kiessling-Heinze ad loc.; vgl. Ziegler Orph. 1308 ff.), zeigen Hekataios FGrHist 1 frg. 27; Hdt. 7, 129; Eur. Troad. 963 ff., wo dieselbe rationalistische Erklärung von Einzelheiten des Mythos ohne die Zerstörung des Gesamtzusammenhangs sich findet; vgl. auch F. Solmsen, Herm.

Bei Aristophanes freilich wird die kulturgeschichtlich zentrale Tat des Orpheus nicht durch Allegorese des Mythos bewiesen. Hier werden die Dichter zu Kulturheroen, indem man das, wovon sie in ihren Werken handelten, ihnen als ihre Erfindungen zuschreibt: Homer lehrte ‚Kriegstugend und Wappnung der Männer‘, Themen der Ilias, Hesiod ‚zeigte Ackerbau und Erntezeiten‘, wovon die Erga handeln, und Musaios Orakel und Krankenheilungen: eine Sammlung von Musaiosorakeln legte Onomakritos an[75]. Wird die Analogie weitergeführt, hätten wir mit einem Werk des Orpheus zu rechnen, in welchem von der Einführung von Riten und der Beendigung des Urkannibalismus die Rede war; Umdeutung dieses Werkes hätte Orpheus zum Kulturstifter gemacht.

Bemerkenswert ist nun, daß die Verbindung zwischen Einführung von bestimmten Riten, nämlich Mysterien, und Beendigung des Urkannibalismus durch Erfindung des Getreidebaues in bestimmter Umgebung fest ist. So findet sie sich in den Isisaretalogien[76]: im memphitischen Text (M), dem Archetyp der verschiedenen erhaltenen aretalogischen Inschriften[77], preist Isis sich in zwei unmittelbar aufeinanderfolgenden Versen, dem Kannibalismus ein Ende gemacht und Mysterien ‚gezeigt‘ zu haben[78]. Daß diese Vorstellung rein ägyptisch sei, wird man nicht annehmen wollen, auch wenn vielleicht eine ägyptische Entsprechung geltend gemacht werden kann[79]: die Bezeichnung

67, 1932, 154; C. O. Brink, Horace on poetry. Prolegomena to the literary epistles, Cambridge 1963, 133 Anm. 2.

[75] Hdt. 7, 6, 3 (T 182).

[76] Grundlegend ist R. Harder, Karpokrates von Chalkis und die memphitische Isispropaganda, Abh. Preuß. Akad. 1943, 14; vgl. W. Peek, Der Isishymnos von Andros und verwandte Texte, Berlin 1930; D. Müller, Ägypten und die griechischen Isisaretalogien, Abh. Sächs. Akad. 53, 1, 1961; J. Bergman, Ich bin Isis. Studien zum memphitischen Hintergrund der griechischen Isisaretalogien, Acta Univ. Upps., Hist. Rel. 3, 1968. – L. Vidman, Sylloge inscriptionum religionis Isiacae et Sarapiacae, RGVV 28, Berlin 1968, verzichtet auf die Aretalogien.

[77] R. Harder op. cit. 18 ff.

[78] M 21 f. Ἐγὼ μετὰ τοῦ ἀδελφοῦ Ὀσίριδος τὰς ἀνθρωποφαγίας ἔπαυσα. / Ἐγὼ μυήσεις ἀνθρώποις ἐπέδειξα.

[79] Bergman op. cit. 212 ff. plädiert für ägyptische Herkunft (zu M 21; die ἀνθρωποφαγία soll Zeichen sein für jede chaotische Zeit, besonders der

der Isis als Thesmophoros, die im selben Text sich findet [80], deutet doch – auch wenn ein ägyptischer Ritus im Hintergrund stehen kann [81] – nach Griechenland, auf Herodots Identifikation von Isis mit Demeter, wie sie von da an üblich war [82]. So scheint sich dieser Passus der Aretalogie mit seiner Verbindung von Einführung der Mysterien und Beendigung des Urkannibalismus durch den Getreidebau [83] vom griechischen Demeterkult herzuleiten [84].

Tatsächlich ist gerade in athenisch-eleusinischer Umgebung diese Verbindung fest: die Gaben der Mysterien und des Getreidebaus, welcher das tierhafte Leben der Menschen beendete, gelten als zivilisatorische Grundtaten Demeters. Die Spuren dieser Überlieferung finden sich noch bei einem so späten Autor wie dem Scholiasten zu Clemens' ‚Protreptikos' [85]; viel wichtiger aber ist eine Inschrift der Amphiktyonen aus dem Jahr 117/6, in der Athen das Verdienst zugeschrieben wird, daß es das tierhafte Leben (θηριώδης βίος) zur Kultur gewandelt habe, indem es die Mysterien, welche Vertrauen unter den Menschen verbreiteten, die Gesetze und das Getreide allen Griechen zur Verfügung gestellt habe [86]. Und schon Isokrates führt unter Berufung auf eine mythische Überlieferung (εἰ μυθώδης ὁ λόγος γέγονεν) zum Preis Athens an, Demeter habe in Attika das Getreide, welches das tierhafte Leben (τὸ θηριωδῶς ζῆν) verhindere, und die Mysterien ein-

---

Epagomenentage; die 213 Anm. 1 f. herangezogenen Parallelen reflektieren aber historische Ereignisse, nicht mythologische Vorstellungen); vgl. 230 Anm. 2 (zu M 22). Harder op. cit. 28 ff.; für einen rein griechischen Ursprung der betreffenden Partien aber A. J. Festugière, HThR 42, 1949, 216 ff. Müller op. cit. 48 ff.

[80] M 52 Ἐγώ εἰμι ἡ θεσμοφόρος καλουμένη (zur Deutung als ‚Gesetze gebend' vgl. Diod. 1, 14, 4. Bergman op. cit. 206 Anm. 3); vgl. M 16. 28. 34 f. 37 f.

[81] Bergman 205 ff. (der Ritus des ‚Tragens der Maat').

[82] Hdt. 2, 171; vgl. I. M. Linforth, UCP 9, 1, 1926, 1 ff. G. Vanderbeek, De interpretatio Graeca van de Isisfiguur, Stud. Hell. 4, Louvain 1946, 107 ff. und zu Isis = Demeter Thesmophoros Müller op. cit. 26.

[83] M 7 Ἐγώ εἰμι ἡ καρπὸν ἀνθρώποις εὑροῦσα. Die Verbindung ausgesprochen bei Diod. 1, 14, 1; vgl. Vanderbeek, op. cit. 96 ff.

[84] So auch Vanderbeek op. cit. 11. 111 ff.

[85] Schol. Clem. protr. 2, 19, 2 (S. 303, 13 St.).

[86] IG II² 1134, 16 ff., vgl. W. Burkert, AGPh 51, 1969, 297.

geführt [87]. Derselbe athenische Anspruch, welcher übrigens auch
in dem oben angeführten ägyptisierenden Bericht des Hekataios über
die Mysterienstiftung durch den saitischen Erechtheus sich niederschlug [88], steht hinter der Aufforderung an alle hellenischen Städte, sie
sollten den Getreidezehnten nach Eleusis abliefern. Diese erstaunliche
Forderung steht im ersten Aparchedekret, führt so in die Zeit des
Nikiasfriedens [89], das Orakel, auf dessen Autorität sich Athens Anspruch stützte, wohl vor den Ausbruch des Peloponnesischen Krie-
ges [90]. Athens Anspruch auf die Stiftung der Kultur durch Eleusis wird
so um 420 zum erstenmal offiziell erhoben; anderthalb Jahrzehnte
später schreibt Aristophanes die Stiftung von Mysterien und Kultur
dem Orpheus zu, den Inhalt eines orphischen Gedichtes so umdeu-
tend. Orpheus' Dichtung und Athens Ansprüche scheinen sich zu
decken, die Dichtung scheint Sprachrohr athenisch-eleusinischer Ansprüche zu werden.

Wieweit dies wirklich zutrifft, ist vorläufig noch offen. Zwei Er-
gebnisse aber können schon jetzt festgehalten werden: die Assoziation
von Orpheus und Eleusis geht bis ins spätere fünfte Jahrhundert zurück, und in doppelter Weise sind dabei sophistische Motive im Spiel:
die Lehre von der Kulturentstehung aus tierhaft-kannibalischen An-
fängen, und diejenige von der Nützlichkeit der Dichtung; ein Name,
der mit einiger Wahrscheinlichkeit genannt werden kann, ist Prodikos.

---

[87] Isocr. 4, 28; vgl. Cic. legg. 2, 36; Aristid. or. 22, 4.
[88] Diod. 1, 29 = Hekataios FGrHist 264 frg. 25 S. 28, 25.
[89] IG I² 76 = LSCG 5; zur Datierungsfrage vgl. R. Meiggs – D. Lewis, A
	Selection of Greek historical Inscriptions to the end of the fifth cent. B. C.,
	Oxford 1969, 222 f. (mit Verweis auf die Darstellung von M. Guarducci,
	RivFil 89, 1961, 283 ff.). – Völlige Sicherheit ist nicht zu gewinnen, doch
	scheint, wenn Thuk. 2, 17, 1 einen Ansatz vor dem Peloponnesischen Krieg
	unwahrscheinlich macht, 419/8 (A. Körte bei Noack 313 ff.) ausgeschlossen
	ist (Meiggs – Lewis l. c.), ein Ansatz um 422 am wahrscheinlichsten.
[90] F. Sokolowski, LSCG S. 11.

II. Eleusis und Dionysos

§ 1 Die Parodos der Aristophanischen ‚Frösche'

Der Mystenchor der an den Lenäen des Jahres 405 aufgeführten ‚Frösche' des Aristophanes, welchem Dionysos und sein Sancho Pansa Xanthias in der Unterwelt begegnen, preist seinen Gott Iakchos, den Geleiter der Mysten, in deutlich dionysischen Farben; mit einem Lied aber, welches die Freuden des seligen Jenseits in oft orphisch genannten Ausdrücken schildert, verläßt er die Szene. Könnte dem Scholiasten, der in den seligen Choreuten eleusinische Mysten sieht[1], geglaubt und daraus abgeleitet werden, daß die Parodos im Wesentlichen Einzelheiten abbildet, welche mit eleusinischen Vorstellungen sich vertragen, so hätten wir hier einen Beleg für die Amalgamierung von Dionysischem, Eleusinischem und Orphischem im Rahmen eleusinischen Rituals des späteren fünften Jahrhunderts vor uns.

Leider wird der Aussagewert dieses Textes von der modernen Forschung stark angezweifelt[2]. Während die einen dem Scholiasten Glauben schenkten, auch durch verschiedene, sonst für Eleusis bezeugte Einzelheiten in ihrer Ansicht bestätigt wurden[3], hatte schon E. Gerhard in der Mitte des letzten Jahrhunderts die Parodos als Zeugnis

---

[1] Schol. vet. in Ar. ran. 314 wird die αὔρα μυστικωτάτη als τῶν ἐν ᾽Ελευσῖνι μυστορίων bezeichnet, was das weitere Vorkommen von μυστήρια und Verwandten definiert.

[2] Lit. bei T. Gelzer, Aristophanes, RE Suppl. 12, 1488, der selber sehr vorsichtig vermittelnd Stellung zum Problem nimmt (1487 f.). – Vgl. noch G. W. Elderkin, Mystic allusions in the Frogs of Aristophanes, Princeton 1955 (weitgehend spekulativ).

[3] Das war lange communis opinio, vgl. etwa Dieterich Nek. 66 Anm. 2. 71 f. (der freilich auch Orphisches annimmt, 72 ff.); Pfuhl 40 ff. Foucart 325. Wilamowitz, GdH 2, 59. Tierney 199; in jüngster Zeit J. Duchemin, Et. Class. 25, 1957, 282; J. A. Haldane, CQ 14, 1964, 207 (mit kurzer Übersicht über die Forschung ibid. Anm. 1); Lloyd-Jones, Maia 19, 219 Anm. 25. Des Places 232 f. Simon 102.

lediglich für die Kleinen Mysterien beanspruchen wollen, eine Ansicht, welche, von T. G. Tucker und J. E. Harrison aufgenommen, bis heute vertreten wird[4]. Andere sahen überhaupt keine Hinweise auf Eleusis, so F. Adami, für den Aristophanes orphische Mysten persifliert[5], und M. Tierney, der das Lenäenfest dargestellt sieht, eine These, die nicht ohne Nachhall geblieben ist[6]. Am meisten Echo, mindestens in der deutschen Forschung, hat jedoch die von L. Radermacher in seinem Kommentar zu den ‚Fröschen' vertretene Meinung gefunden, daß Aristophanes zwar eleusinische Elemente benutzte, die ganze Szene jedoch sehr frei und unter Beimischung anderer, besonders aus dem Dionysoskult stammender Vorstellungen ausgestaltet habe[7].

Bei einer Interpretation des Textes muß natürlich seine literarische Eigenart beachtet werden. Die dramatische Fiktion ist diejenige eines Mystenchores im Hades; Elemente, die zu dieser Szenerie gehören, sind von vornherein als unabhängiges Zeugnis für eleusinisches Ritual auszuschalten. Dazu gehört der Hinweis auf den λειμών (v. 326)[8], ebenso die spöttische Erwähnung der ‚Leichen dort oben' (v. 420 ἐν τοῖς ἄνω νεκροῖσι[9]). Auszuscheiden sind auch Einzelheiten, die zwar

---

[4] E. Gerhard, Philol. 13, 1858, 210 ff.; T. G. Tucker, CR 18, 1904, 416 ff. und, in einem Zusatz zu diesem Artikel, J. E. Harrison ibid. 418; G. T. W. Hooker, JHS 80, 1960, 112 ff.

[5] F. Adami, De poetis scaenicis Graecis hymnorum sacrorum imitatoribus, Jb. f. class. Phil. Suppl. 26, 1901, 244 ff.; vgl. auch R. Ganschinietz, Katabasis, RE 10, 2412. Pettazzoni 52; Luria, Eos 51, 35 (Parodie orphisch-pythagoreischer Unterweltslehren).

[6] Tierney 199 ff., vgl. die Rez. von W. K. C. Guthrie, CR 49, 1935, 203 (ablehnend aber L. Deubner, Gn 12, 1936, 506); W. B. Stanford in seiner Ed. der ran., London 1958, xix.

[7] Radermacher 184 f. („Das Lied, wie es sich als Ganzes darstellt . . . eine freie Phantasieschöpfung . . . zu der Eleusis ein Stück des Rahmens lieferte" 185). – Ähnlich jüngst W. Horn, Gebet und Gebetsparodie in den Komödien des Aristophanes (Erlanger Beitr. 38), Nürnberg 1970, 121 ff. („Der Nutzen dieser Parodos für die Religionswissenschaft . . . mehr als zweifelhaft" 122, siehe aber 137).

[8] Die Wiese in der Unterwelt ist verbreitetes Motiv schon bei Homer, vgl. Od. 11, 539. 573; 24, 13 usw. – Zu weit geht Tucker, CR 18, 1904, 217, der nach einer Wiese beim athenischen Iakcheion sucht.

[9] Dodds 152 und Anm. 110 S. 173 sieht hier, wie in ran. 1477 f., die Lehre vom Körper als Grab der Seele parodiert. C. P. Segal, HSCP 65, 1961, 227 stellt

aus der dramatischen Fiktion hinausweisen, jedoch auf die Situation der Komödienaufführung Bezug nehmen, so die Inhalte von Prorrhesis und Skommata, die sich mit dem Kompliment an Kratinos [10] und der Kritik an den athenischen Honoratioren ganz im Rahmen dessen bewegt, was wir auch in anderen Aristophanischen Komödien besonders in der Parabase finden. Die Prorrhesis bemüht sich dabei allerdings um mystisches Kolorit [11], die Spottlieder berühren sich mit den Gephyrismen insofern, als auch jene εἰς τοὺς ἐνδόξους πολίτας [12] gerichtet waren. Hier einzureihen ist wohl auch Vers 377, in dem auf das übliche Frühstück der Choreuten angespielt wird [13]. Diese Wendung ans Publikum steht am Ende eines Abschnittes, genau wie am Ende des folgenden die Spitze gegen Thorykion (v. 382) die szenische Fiktion verläßt.

Über das für Mysten im Hades zu Erwartende geht auch das Demeterlied hinaus, in dem die Göttin um Sieg im Komödienagon angefleht wird [14]. Daß dabei aber nicht reinlich geschieden ist (ἡ σὴ ἑορτή v. 391

dazu die Szene mit dem Leichnam, 171 ff., als „perhaps symbolic of the spiritual death of the Athenians".

[10] Tierney 215 f. vermutet, das Kompliment gelte dem Dionysalexandros des Kratinos, wo zum erstenmal Dionysos als komischer Held aufgetreten sei.

[11] ran. 354 εὐφημεῖν: vgl. Dodds Eur. Bacch. 68 S. 75. – ran. 355 ὅστις ... γνώμηι μὴ καθαρεύει: vgl. Liban. decl. 13, 19. Philostr. Apoll. 4, 18. – ran. 356 ὄργια Μουσῶν: vgl. Hom. h. Cer. 476. Ar. ran. 384; M. H. N. van den Burg, op. cit. (I 3 Anm. 39) 97. – ran. 357 βαχχεῖ' ἐτελέσθη: vgl. Plat. Phdr. 249 C, Ar. nub. 258. – ran. 362 τἀπόρρητα: vgl. oben I 3 Anm. 39, M. H. N. van den Burg, op. cit. 5 ff. (wonach der nichtsakrale Wortgebrauch in vorhellenistischer Zeit überwiegt, die Verbindung mit Eleusis aber durchaus hergestellt wird, etwa Lys. 6, 51 f.; unscharf Kerényi [1962]' 37 f.). – ran. 368 τελεταί: vgl. oben I 3 Anm. 48. – ran. 369 f. τούτοις αὐδῶ κτλ.: vgl. Eur. Ion 156, H. Kleinknecht, Die Gebetsparodie in der Antike, Tüb. Btr. z. A.wiss. 28, 1937, 40 (behandelt 38 ff. die ganze Prorrhesis).

[12] Hsch. s. v. γεφυρισμοί.

[13] So mit F. H. M. Blaydes ad loc., der Athen. 11, 13, 464 F (= Philoch. FGrHist 328 frg. 171) heranzieht. – Eine Beziehung auf das Fastengebot ist trotz Radermacher 194 zu gesucht; vollends abwegig ist die Änderung des überlieferten Textes (ἠγίστευται Kock).

[14] So Foucart 336. Deubner 73. W. Horn, op. cit. (Anm. 7) 133 f. – Radermacher 196 nimmt an, der Chor flehe Demeter um Schutz der Prozession an (πανήμερον 386/παννυχίς 446), „der Preis freilich, den er erwartet, ist die Belohnung des komischen Dichters."

ist natürlich Demeters Fest, nicht der Lenäenagon im Theater [15]) er-
mahnt uns zu vorsichtigem Vorgehen bei der Aufgabe, einzelne Elemente zu trennen.

Es bleiben nach dieser Auslösung der Details noch genügend Einzelzüge, welche die Frage nach dem rituellen Vorbild eindeutig beant-
worten lassen. Um das Resultat gleich vorwegzunehmen: es scheint
ausgeschlossen, andere attische Feiern als den Zug der Mysten nach
Eleusis als Vorlage der Parodos anzusehen, und es wird sich zeigen,
daß Aristophanes dieser Vorlage recht eng gefolgt ist. Die einleitenden
Verse (313–318, vgl. 158 f.) mußten von einem Athener des fünften
Jahrhunderts auf Eleusis bezogen werden, und es folgte nichts, was
ihn hätte von dieser Deutung abbringen können. Οἱ μεμυημένοι (318)
evozieren τὰ μυστήρια (158 f.), so aber, ohne nähere Spezifizierung,
werden in Athen allein die eleusinischen Mysterien genannt [16]. Fackeln
spielten an den eleusinischen Mysterien eine hervorragende Rolle,
wenn sie auch in andern Kulten ebenfalls verwendet wurden [17]. Ferkel
opferte man nicht nur an den Mysterien, doch bezeugt Aristophanes
andernorts die enge Verbindung zwischen beiden [18]; literarische, epi-
graphische und archäologische Zeugnisse kommen dazu [19]. Iakchos
schließlich gehört allein zum Zug der Mysten von Athen nach Eleusis,
entwickelte er sich doch aus dem dabei ausgestoßenen Kultruf [20]: im
zweiten Iakchoslied nennt ihn Aristophanes selbst Erfinder des jetzt

---

15 F. Lenormant, Gephyrismi, DS 2, 1549 und Pfuhl 41 lesen daraus Gephyris-
   menagone, dagegen zurecht Foucart 336.
16 Vgl. oben I 3 Anm. 36.
17 Vgl. oben I 3 Anm. 37.
18 Ar. Pax 374. Ach. 747.
19 Plat. rep. 2, 378 A; Plut. Phoc. 28, 754 C. Münzen aus Eleusis mit dem Bild
   eines Ferkels bei J. N. Svoronos, Les monnaies d'Athènes, München 1924,
   T. 103, vgl. Harrison 153 Abb. 13, Mylonas 223. Weihegeschenke in Gestalt
   eines marmorenen Ferkels Mylonas 201 ff. und Abb. 66. Ferkelopfer an den
   (kleinen) Eleusinien LSS 10, 78. – Vgl. Foucart 294. Harrison 153 („the
   cheapest and commonest of sacrificial animals"). Mylonas 340 (Index s. v. pig);
   Burkert, HN 283 ff.
20 S. unten II 2 Anm. 19.

gesungenen Liedes (397 f.) [21], er gab auch dem 19. Boedromion, an
welchem die Mysten auszogen, seinen Namen [22]. Wenn er gebeten
wird, als Demonstration seiner Macht zu zeigen, ὡς ἄνευ πόνου πολλὴν
ὁδὸν περαίνεις (401/2), bezeichnet der weite Weg die Strecke von
Athen nach Eleusis [23], dessen Ziel ἡ θεός ist (v. 400), dieselbe Göttin,
welcher das ganze Fest gewidmet ist, Demeter. Der Refrain des Liedes
aber – Ἴακχε φιλοχορευτά, συμπρόπεμπέ με (403.408.412) – stellt sich
zu den Ephebeninschriften, nach denen die Epheben προέπεμψαν αὐτὰ
(sc. τὰ ἱερὰ) καὶ τὸν Ἴακχον ὡσαύτως [24].

Wenn sich so eine ziemliche Dichte von Details zeigt, die eindeutig
dem Iakchoszug zuzuordnen sind, fügen sich auch die weniger deut-
lichen Hinweise ein. So die Prorrhesis, welche, wie oben erwähnt, sich
um mystische Sprache bemüht. Zwar galt das am Anfang geäußerte
Gebot des εὐφημεῖν natürlich vor vielen rituellen Handlungen [25], die
Verbindung aber mit dem Ausschluß von μὴ καθαρεύοντας gehört
besonders nach Eleusis [26]. Auch die Myrtenkränze (v. 330), welche
nicht nur in den eleusinischen Kultus gehören, werden so eindeutig
fixiert; sie sind in den Mysterien überreich bezeugt [27].

---

[21] μέλος codd.: τέλος Meinecke, von Tierney 217 aufgenommen, aber unnötig.
Vgl. Aristid. or. 22, 6, wo neben Iakchos τὸ μέλος τὸ μυστικόν genannt wird.
[22] Phot. Hsch. s. v. Ἴακχος.
[23] Vom langen Weg nach Eleusis spricht auch Max. Tyr. 39, 3. Vgl. V. Coulon in
seiner Ed. der Frösche, Paris 1928 (Bd. 4 der Gesamtausgabe), 105 Anm. 1
(Athen-Eleusis 18, 5 km). T. G. Tucker, CR 18, 1904, 418. Tierney 217. –
Gerade diese Aufforderung zeigt, daß der rituelle Hintergrund der Parodos
nicht die ὑποδοχὴ τοῦ Ἰάκχου in Eleusis sein kann, wie Kern RE 1228 f. mit
Hinweis auf die Fackeln annimmt.
[24] IG II² 1006, 9, vgl. 1008, 8. 1011, 8. 1028, 9. 1078, 13.
[25] Vgl. Dodds Bacch. S. 75.
[26] Die Zeugnisse bei Lobeck 1, 14 ff.
[27] Die Zeugnisse bei Deubner 76. Wichtig noch Istros FGrHist 334 frg. 29. –
Zur Myrte außerhalb von Eleusis W. J. W. Koster zu Tzetz. ad Ar. ran. 330 a
(Scholia in Aristophanem IV 3, Groningen/Amsterdam 1962), 790; jüngst
P. G. Maxwell-Stuart, WSt 6, 1972, 145 ff. (Aufgrund einer Verbindung der
Myrte mit Dionysos [Tzetz. l. c., vgl. Schol. ad Ar. ran. 330] in ran. 330 eine
Anspielung auf die Katabasis des Dionysos zu sehen [J. Duchemin, EtCl 25,
1957, 279], geht wohl zu weit.)

Daß die Mysten zerschlissene Kleider tragen, läßt sich mit den überlieferten Kleideranathemata zusammenbringen [28]. Auch wenn die von Aristophanes geäußerte Begründung die ist, daß auf der übermütigen Reise keine guten Kleider zerrissen werden sollen (v. 407 f.), widerspricht dies einer zweiten, daß ungern neue Kleider als Anathemata verwendet werden, in keiner Weise [29]; im Hintergrund steht der Kleiderwechsel, welcher die Initiation als rite de passage begleitete [30].

Die Spottverse schließlich (416 ff.), deren Inhalt wie derjenige der Prorrhesis über Eleusis hinausgeht und dem komischen Dichter zentrale Anliegen behandelt, dürfen nach all dem Gesagten mit den γεφυρισμοί zusammengebracht werden [31]. Der Einwand, an den Gephyrismen würden die Mysten von andern verspottet, spotteten nicht selber [32], wiegt nicht allzu schwer: wenn Aristophanes die γεφυρισμοί auf der Bühne wiedergeben wollte, war die vorliegende Szene die wohl einzige Möglichkeit dazu; einen Spötter oder gar einen neuen Spottchor einzuführen, hätte das dramatische Gefüge gestört. Allerdings ist die Zuordnung der γεφυρισμοί zu den eleusinischen Mysterien erst spät bezeugt, die Zeugnisse auch nicht über allen Zweifel erhaben [33]. Doch wenn Strabon auf die γεφυρισμοί als auf etwas offenbar gut Bekanntes hinweist [34], so ist der Zug der Mysten nach Eleusis der ein-

[28] Vgl. Deubner 79 Anm. 7, problematisch seine Heranziehung der ἱματοθῆκαι IG II² 1672, 229.

[29] Diskussion der Stelle bei V. Coulon, op. cit. (Anm. 23) 105 Anm. 2, der die oben vertretene Ansicht darlegt; ebenso W. B. Stanford op. cit. (Anm. 6) 109, der (mit Tzetz ad loc.) außerdem einen Hinweis auf die Sparsamkeit des Choregen sieht.

[30] Vgl. van der Leeuw 191 f.

[31] Gegen eine solche Verbindung Foucart 335, der überhaupt die Zugehörigkeit der γεφυρισμοί zu eleusinischem Ritual in Frage stellt (darnach Deubner 73, vgl. Nilsson GGrR 1, 658), ebenso Tierney 200 f., für diese Verbindung u. a. O. Kern, Γεφυρισμοί, RE 7, 1229. Wilamowitz GdH 2, 52. Fluck 52 ff. De Martino SMSR 10, 64. Des Places 210.

[32] Tierney 200 f.

[33] Gesammelt bei Fluck 52 ff. Vgl. auch de Martino SMSR 10, 64 ff. Kerényi SO 36, 11 ff. – Ob hier wirklich eine der Quellen der Komödie liegt (Kern, Gr-Myst 76 [ElBtr. 14]), muß offen bleiben.

[34] Strab. 9, 1, 24 (Fluck 53 Nr. 27) verlegt ἡ γέφυρα καὶ οἱ γεφυρισμοί an den athenischen Kephisos, Hsch. s. v. γεφυρισταί (Fluck 52 Nr. 25) an den eleusinischen. Strabon folgen etwa Foucart 335, Deubner 73 (aber beide, ohne

zige uns bekannte Anlaß, an welchem ein solcher Ritus mit der Brücke über den Kephisos hätte verbunden werden können.

Betrachten wir nach den Einzelheiten den Aufbau der ganzen Szene [35]. Das erste Iakchoslied setzt ein mit einer Anrufung des Gottes; er soll aus seinem Tempel ‚hier‘, unmittelbar bei den Anrufenden, zum Tanz erscheinen: Ἴακχε . . . ἐνθάδε ναίων . . . ἐλθέ . . . χορεύσων (324 ff.); seine Erscheinung als dionysischer Tänzer wird beschrieben. In der zweiten Strophe kommt der Gott: ἐγείρων . . . λαμπάδας . . . ἥκεις [36] (340), der Chor fordert ihn nun aber nicht zum Tanz auf, sondern zum Zug nach dem ‚blumigen, sumpfigen Grund‘:

προβάδην ἔξαγ' ἐπ' ἀνθηρὸν ἕλειον δάπεδον (352).

Dann stockt die lebhafte Bewegung, der Chorführer spricht die Prorrhesis, in welcher wir einen Reflex der kultischen Realität gesehen haben. Mit der Aufforderung zu Tanz und Pannychis schließt die Rede des Chorführers, der Chor drängt zum Zug in die ‚schönblumigen Wiesentäler‘ –

χώρει νυν πᾶς ἀνδρείως
εἰς τοὺς εὐανθεῖς κόλπους | λειμώνων,   (372/4)

eine Beziehung zum Mystenzug herzustellen). Bölte, Kephisos (3), RE 11, 246. De Martino SMSR 10, 65. Kerényi SO 36, 13 f. id., (1962) 76. Hesych folgen O. Kern, Γεφυρισμοί, RE 7, 1229 (vgl. id., Iakchos 617. RdGr 200). Mylonas 256 (vgl. 280). Des Places 210. – Als fehlerhaft läßt sich eher Hsch. erklären, wo ἐν Ἐλευσῖνι als ungeschickte Verkürzung von ἐν τοῖς ἐν Ἐλευσῖνι μυστηρίοις entstanden sein könnte. Allgemeine Überlegungen helfen kaum weiter; als kritischer Punkt, der durch einen solchen Ritus (kein bloßer Scherz, wie Deubner 73. Des Places 210 wollen) zu überwinden wäre, kann sowohl die Brücke beim Verlassen des alten athenischen Stadtgebietes (Deubner 48) wie die beim Eintritt in dasjenige von Eleusis empfunden worden sein.

[35] Tierney 213 sieht im Handlungsablauf eine Feier von zwei Nächten und einem Tag reflektiert. Doch deuten die Fackeln zu Beginn der Parodos nicht primär auf die Nacht, sondern auf die Situation in der Unterwelt (273 σκότος: 293 πυρὶ λάμπεται), sind außerdem eine Art Embleme der Mysten, vgl. oben I 3 Anm. 37; daß aber der Chor 387 πανήμερον tanzen will, weist auf die Aufführung im Theater, s. oben S. 42.

[36] So mit H. Erbse Gn 28, 1956, 276 (nach Meineke), die Hss. bieten ἔγειρε φλογέας λαμπάδας (λ. def. Σᵛ in lemm.) ἐν χερσὶ γὰρ ἥκει (RV: ἥκεις AM cett. Σᵛ) τινάσσων (om. nonnulli). Auf jeden Fall wird ἔγειρε wie 326 ἐλθέ

ruft Soteira[37] an um Schutz des Landes, Demeter um Sieg im Komödienagon, in auffallend ruhigem Ton. Dann bricht die Ungeduld wieder durch: ἄγ᾿ εἶα ... τὸν θεὸν παρακαλεῖτε δεῦρο ... τὸν ξυνέμπορον τῆσδε τῆς χορείας (394 ff.). Noch einmal wird Iakchos angerufen, deutlich in seiner Funktion als Geleiter der Mysten und ihres Zugs:

συνακολούθει
πρὸς τήν θεὸν
καὶ δεῖξον ὡς ἄνευ πόνου
πολλὴν ὁδὸν περαίνεις.   (399 ff.)

und 351 ἔξαγε auf den immer wieder angerufenen Iakchos gehen, eine solche Aufforderung an die Choreuten hat erst in der Antistrophe auch keinen rechten Sinn. Somit fallen Radermacher und Coulon (ἔγειρε· φλογέας ἐν χερσὶ γὰρ ἥκει τινάσσων), deren Vers nicht völlig respondiert; auch ist *φλογεύς ‚Brenner‘ unbezeugt, die Ellipse φλογέας ⟨λαμπάδας⟩ (so Radermacher 188) sehr künstlich. Es bleiben Hermann, Dindorf, van Leeuwen, Blaydes, welche γὰρ ἥκει(ς) unterdrücken, was unserer im Text vorgetragenen Deutung noch entgegenkäme, indem die Iakchosstatue ja wirklich erst am Iakcheion aufgenommen wurde; doch ist die Lesung ἐγείρων für ἔγειρε und die Unterdrückung des nicht überall überlieferten τινάσσων (aus 328?) wohl weniger schwerwiegend; γὰρ ἥκεις kann nicht, wie Blaydes 48 fragend vorschlägt, aus dem Scholion gekommen sein, dieses versucht vielmehr, mit dem langen Text fertig zu werden. – Vgl. auch W. Horn, op. cit. (Anm. 7) 130 Anm. 256.

37 Allgemein wird Σώτειρα auf Kore gedeutet, gestützt auf das Vorkommen einer Κόρη Σώτειρα in Kyzikos, Tegea, Sparta und im Piraeus, O. Höfer, Soteira, RL 4, 1244 ff., und das Zeugnis des Aristot. rhet. 3, 1419 A, der einen Geheimkult der Soteira kennt (vgl. etwa F. H. M. Blaydes ad Ar. ran. S. 277, J. van Leeuwen ad Ar. ran. S. 69; in jüngster Zeit W. B. Stanford in seiner Ed. S. 108. C. H. Whitman, Aristophanes and the Comic Hero, Cambridge 1964, 247). Bedenken macht die bloße Epiklese und die Funktion als ἣ τὴν χώραν σώσειν φῆσ᾿εἰς τὰς ὥρας 380 f., indem es in IG II² 661, 18, 847, 10 ff., 1304, 27 immer beide Göttinnen sind, denen gemeinsam ein Opfer περὶ τῆς τοῦ δήμου σωτηρίας gebracht wird; auch ist in Eleusis Demeter wichtig, Ar. ran. 886 f. Schol. Ar. Plut. 845. Schol. Ar. ran. 338 (vgl. immerhin unten II 4 Anm. 68). Deshalb nimmt Tierney 205 (gefolgt von C. P. Segal, HSCP 65, 1961, 218) die beiden Lieder zusammen zu einem einzigen Hymnus auf Demeter Soteira, was aber durch die Aufforderung des Koryphäen zu einer ἑτέραν ὕμνων ἰδέαν 382 f., auf welche der Demeterhymnus folgt, ausgeschlossen wird; ein Beiname Soteira für Demeter fehlt zudem (PGurob [F 31] I, 5 f. σῶισομ με Βριμώ με/...]Δημήτηρ τε ῾Ρέα ist natürlich kein Beleg, gegen Fauth 2258). Letzthin wurde die schon vom Schol. vorgetragene Deutung

In der Folge singt der Chor in Prozessionsrhythmen [38], gibt ein Stim-
mungsbild des Zuges und geht, nach der Intervention von Dionysos
und Xanthias, welche bei so reizenden Aussichten sich nicht mehr still
halten können, zu den Skommata über (416 ff.). Nach den Auskünften
an Dionysos folgt die Aufforderung, in den blumigen Hain der Göttin
(440 f.), auf die ,rosenreichen, blumigen Wiesen' zu ziehen: das Ziel
ist noch nicht erreicht. Es schließt der Preis des seligen Lebens an; die
Mysten ziehen sich zurück.

Dieser Ablauf nun entspricht etwa dem Ablauf der Iakchosprozession, ohne daß man aber die Einzelheiten pressen kann; doch äußert
sich diese Beziehung schon darin, daß der Chor nicht bloß an Ort und
Stelle tanzt, trotz der entsprechenden Aufforderung (v. 326. 370),
sondern ein bestimmtes Ziel vor Augen hat, die blumigen Wiesen,
welche uns auch für Eleusis bezeugt sind [39]. Daß die Entsprechung
noch genauer ist, wird deutlich, wenn wir uns den Ablauf der Prozession vorstellen. Auf der Agora und den anliegenden Straßen war-
teten die Menschen, festlich gestimmt, mit ihrem Bakchos ausge-

auf Athena wiederaufgenommen, J. H. Haldane, CQ 14, 1964, 207 ff. A.
Soteira wurde wirklich mit Zeus Soter im athenischen Kult verehrt, Deubner
174 ff., der Priester der beiden Gottheiten hatte einen eigenen Sitz im Dio-
nysostheater, IG II² 5063, Hsch. s. v. Σώτειρα gibt die Epiklese allein Athena,
die Bedeutung der A. Soteira zeigt die bei Deubner 236 erzählte Ehrung
der Iulia Domna. Auch hatte A. Verbindung zu den Eleusinierinnen: sie hatten
Kultgemeinschaft in zwei Tempeln an der Hiera Hodos, Paus. 1, 37, 2. 6;
Athena erhielt neben den Gottheiten des eleusinischen Pantheons Opfer aus
der Aparche, IG I² 76 (LSCG 5), 36 ff. II² 140 (LSS 13), 20 ff.; sie findet
sich auch auf Vasen im Kreis der eleusinischen Götter und Heroen, auf der
Reliefhydria aus Cumae in Leningrad, Metzger Rech. 40, 36 u. T. 22, auf der
polychromen Lekythos im Louvre, Kerényi (1962) T. 40 ff. u. Abb. 14 S. 151
(Metzger Rech. 36, 16, auf T. 15 ist Athena nicht zu sehen), auf einem
schwarzfig. Amphorenfrg. in Reggio, Metzger Rech. 8, 2 u. T. 1, 2. Es ist also
sehr wohl möglich, daß Σώτειρα in diesem Zusammenhang für den Athener
Athena darstellte.

[38] Radermacher 199 hält das Lied ansprechend für eine Nachbildung des Pro-
zessionsliedes des 19. Boedromion.

[39] Vgl. Philodam. 29 f. ἔμολες μυχοὺς ['Ελε]'υ/σῖνος ἀν' [ἀνθεμώ]δεις; auch
auf der Niinnionpinax sind Blumen dargestellt, vgl. Pringsheim 65 mit Anm. 4.
Mylonas, AEφ 1960, 85, der sie ἐμβληματικὰ τῆς Ἐλευσινιακῆς λατρείας
nennt.

rüstet[40]. Die eleusinische Priesterschaft brachte die Hiera, welche im Eleusinion unterhalb der Burg aufbewahrt worden waren[41], über die Agora (δι' ἀγορᾶς[42]) bis zum Iakcheion in der Nähe des Heiligen Tores am Kerameikos[43]. Dort wurde, vielleicht unter verschiedenen Riten, die Iakchosstatue an die Spitze der Prozession genommen. Soweit entspricht die Parodos bis zur wiederholten Anrufung des Iak-

[40] Nur hier war genügend Platz für diese große Menschenmenge, vgl. Foucart 326, Pfuhl 39; das Telesterion perikleischer Zeit faßte etwa 3000 Menschen, vgl. Noack 235. A. D. Nock, Mnem. 5, 1952, 180. Zu der großen Zahl der wandernden Mysten vgl. Hdt. 8, 65, 1 (nicht wörtlich zu nehmen, vgl. Pfuhl 40 Anm. 33. B. A. van Groningen in seinem Kommentar, Leiden 4, 1955, 129; wörtlich nimmt Hdt. H. Stein in seinem Komment., Berlin 5, 51895, 47). Aristid. or. 22, 9.

[41] IG II² 1078, 14 f. – Zur endgültigen Klärung des Problems, wo das Eleusinion genau lag, vgl. Mylonas 246 f. (Bibl. 247 Anm. 114), Travlos 198 f.

[42] Ar. ran. 320 spielt wohl nicht darauf an, es wird mit Aristarch, dem Ravennas und den codd. minn. Διαγόρας zu lesen sein, was die meisten modernen Edd. außer Radermacher und Coulon in den Text aufnehmen; vgl. F. Jacoby, Diagoras ὁ ἄθεος, Abh. Berlin 1959 Nr. 3, 1, der diese Lesung (wenn auch mit Reserven) annimmt. Die eigentliche Prozession begann wohl erst am Iakcheion am Heiligen Tor und passierte die Agora nicht mehr, vgl. die folgende Anm.

[43] Zum Iakcheion vgl. Plut. Aristid. 27, 335 D. Alciphr. 3, 23, 1. Paus. 1, 2, 4 (der einen Tempel von Demeter, Kore und Iakchos nennt, der wohl mit dem I. identisch ist, vgl. Hitzig-Blümner 1, 129. Frazer ad Paus. l. c. 2, 46. Pfuhl 40 Anm. 29). W. Judeich, Topographie von Athen (Hdb. d. A.wiss. III 2, 2), München 21931 (11905) 363 f. Hier begann wohl die Prozession, Schol. Ar. ran. 399 (Schol. Ar. ran. 320 [vgl. Hsch. s. v. Διαγόρας] ist wohl Autoschediasma), Foucart 326. Deubner 73. Mylonas 252. – Das I., dessen Alter ungewiß ist (Paus. l. c. erwähnt Kultstatuen von Praxiteles, vgl. Clem. protr. 4, 62, 3), stand in der Nähe (πλησίον Paus. l. c.) des Pompeion, welches seit dem Anfang des 4. Jh. auf dem früher unbebauten Raum zwischen Dipylon und Eridanos/Hiera Hodos stand (Judeich op. cit. 360 ff.; zu den neuen deutschen Grabungen D. Ohly, AA 1965, 286 ff. G. Gruben, AA 1969, 31 ff. und Abb. 2. 12. M. Ervin, AJA 74, 1970, 261 ff. Travlos 477 ff.), aber nicht an der Prachtstraße (vgl. Paus. l. c., Judeich op. cit. 363 [dessen Vermutung, daß es im Tor stand, durch die neuen Grabungen nicht bestätigt wurde]); also entweder jenseits des Dipylon oder wahrscheinlicher entweder vor dem Pompeion stadteinwärts oder noch eher jenseits von Eridanos und Hiera Hodos, sodaß das Heilige Tor von I. und Pompeion (welches zu verschiedenen πομπαί diente, Paus. l. c., aber durch Funde der früheren Grabungen mit der eleusinischen Religion verbunden werden kann, Judeich, op. cit. 364 Anm. 1, A. Brueckner, AM 56, 1931, 25) flankiert war.

chos: Anrufen des Gottes bei seinem Tempel, dem Iakcheion, erste
Steigerung der Spannung, Zäsur und Aufbruch dürften etwa den Stimmungsablauf der Menge wiedergeben, die ungeduldig wartete, die
Priesterschaft mit den Hiera erscheinen und zum Iakcheion gehen sah,
durch dort sich abspielende Riten nochmals aufgehalten wurde (natürlich nicht durch die Prorrhesis, doch kommt sie Aristophanes gelegen,
die Zäsur zu markieren [44]) und schließlich, nach Gebet und Anrufung
des Iakchos, aufbrach. Es folgte die Prozession mit dem Ritardando
der Gephyrismoi an der Brücke über den athenischen Kephisos [45]. Von
den Vorgängen in Eleusis selber hören wir nichts: es sind ἀπόρρητα;
angedeutet sind sie aber durch den Hinweis auf den Kern der Weihen,
die Jenseitshoffnungen [46]. Dem Schweigegebot war damit Genüge getan, den Zug der Mysten, welchen man nicht geheimhalten konnte,
durfte auch der Komiker darstellen [47].

[44] Vgl. aber T. G. Tucker, CR 18, 1904, 417.

[45] Vgl. oben Anm. 34.

[46] Ganz ähnlich schließt Hom. h. Cer. 473 ff. an die Erzählung, daß Demeter die
Mysterien zeigte, den Preis der durch diese bewirkten Jenseitshoffnung an.

[47] Schweigepflicht auch für den Iakchoszug Kerényi SO 36, 13, wiederholt (1962)
74 f.; vgl. aber die Vasen bei Metzger Rech. 28 f. – Dem grundsätzlichen Einwand gegen die vorgetragene Deutung, daß nämlich Aristophanes kaum eine
Prozession auf die Bühne gebracht hätte, welche außer der 407 durch Alkibiades erzwungenen Durchführung (vgl. Xen. hell. 1, 4, 20. Plut. Alc. 34, 210
C) seit 10 Jahren nicht mehr habe stattfinden können (E. Gerhard, Philol. 13,
1858, 211; T. G. Tucker, CR 18, 1904, 417), kann entgegnet werden, daß er
mit einer Darstellung des Iakchoszuges den Athenern gerade zeigen wollte,
was sie durch den Krieg verspielt hatten (vgl. U. von Wilamowitz, Herm. 64,
1929, 471. Segal, HSCP 65, 237 Anm. 44), wie er im J. 425 mitten im Krieg
Dikaiopolis die ländlichen Dionysien feiern läßt (anders E. Lapalus, REG 47,
1934, 19. J. A. Haldane, CQ 14, 1964, 207, welche eine bewußte Parodie der
eleusinischen Feier annehmen; doch hatte Aristophanes 405 wohl andere
Sorgen). Der weitere Einwand, Aristophanes hätte nicht im Anthesterion ein
Herbstfest auf die Bühne bringen können (T. G. Tucker l. c., Tierney 203),
erledigt sich mit dem Hinweis auf andere Stücke, wo Ähnliches geschieht;
wenn auch die ländlichen Dionysien der Acharner im Posideon, nur einen
Monat vor den Lenäen, gefeiert wurden, spielen die Thesmophoriazusen am
Herbstfest der Thesmophorien.

§ *2 Iakchos und Dionysos*

Diese Deutung der Parodos der ‚Frösche' führt zur Feststellung
ihrer sehr weitgehenden Abhängigkeit von der Prozession des 19. Boedromion nach Eleusis. Wie geht das aber zusammen mit dem ausge-
prägt dionysischen Charakter des Aristophanischen Iakchos, den zu
zeigen nach den Untersuchungen von Adami, Radermacher und Tierney[1] kaum mehr nötig sein wird? Haben wir mit diesen Gelehrten
darin nicht mindestens einen Einfluß des im fünften Jahrhundert
mächtig um sich greifenden Dionysoskultes[2] oder gar der orphischen
Dionysosverehrung[3] auf Aristophanes zu sehen?

Doch werden Iakchos und Dionysos schon vor den ‚Fröschen' miteinander identifiziert. In seiner im Jahre 442 aufgeführten ‚Antigone'[4]
bezeichnet Sophokles als Herrschaftsbereich des Semelesohnes Dionysos außer Theben auch Eleusis, nennt ihn, der nachts mit den Thyia-
den tanze, auch Iakchos; in einem Fragment läßt er Iakchos, der das
Attribut βουκέρως führt, so die typische Stiergestalt des Dionysos
annehmend[5], in Nysa aufwachsen[6]. Nach Euripides tanzen dem
Ἴακχος Βρόμιος, dem Zeussohn, die thebanischen Mänaden[7]. Die Erwähnung des Iakchos im Paian des Philodamos von Skarphos macht
beinahe den Eindruck, theologische Normierung vorauszusetzen[8]:
unter den zahlreichen Kultorten des Dionysos wird auch Eleusis genannt, wo die Gläubigen den Gott Iakchos nennen – Iakchos ist hier
die eleusinische Sonderform des Dionysos. Das gilt noch am Ende der
Antike im Epos des Nonnos von Panopolis[9]: den Sohn von Dionysos

[1] F. Adami, op. cit. (II 1 Anm. 5) 248 ff. Radermacher 184. 185 f. 197. Tierney
213 ff.
[2] So etwa Farnell 3, 148 f. Tierney 213 ff. Segal, HSCP 65, 219 ff. vgl. auch
H. Herter, Vom dionysischen Tanz zum komischen Spiel, Iserlohn 1947, 31.
[3] F. Adami, op. cit. 249 ("qui dubitat quin Orphicos irriserit Aristophanes
mystas?"). 252 f.
[4] Vgl. Lesky TragDicht 194.
[5] Vgl. Farnell 3, 150. Harrison 431 ff. Dodds Bacch. xxvii.
[6] Soph. Ant. 1146 ff., frg. 874.
[7] Eur. Bacch. 725 f.
[8] Philodam. P. 32 ff. (2, 6 S. 122 Diehl = S. 166 Powell). – Vgl. Rohde 1, 284
Anm. 1 (‚historisierende Construktion').
[9] Nonn. Dion. 48, 966 ff.

und Aure, den Βάκχος Ἴακχος, gibt sein Vater den eleusinischen
Bakchen zur Pflege: Athen tanzt von nun an für drei Dionysoi,
Zagreus, Bromios, Iakchos. Daneben setzen besonders die römischen
Dichter, doch auch die Redner Aristeides und Libanios, Dionysos und
Iakchos unbedenklich und ohne feste Regel einander gleich [10].
Aus dieser schon im fünften Jahrhundert einsetzenden Identifika-
tion [10a] werden wir eine Wesensverwandtschaft von Dionysos und
Iakchos erschließen dürfen, sei sie nun ursprünglich, sei sie durch Ein-
fluß des Dionysoskultes entstanden, wie ihn von anderem Ausgangs-
punkt her etwa H. Metzger postuliert [11]. Auf eine tiefer gehende Ver-

[10] Die Dichter seit Catull. 64, 251, besonders instruktiv Claud. rapt. 1, 16, vgl.
auch Myth. Vat. 3, 12, 2. – Die Rhetoren: Aristid. or. 41, 10. Liban. or. 14, 7
(hier holt Iakchos seine Mutter Semele aus dem See von Lerna, was Paus. 2,
37, 5 Dionysos tut; vgl. Kern, Iakchos 620). – Aristid. l. c. wurde benutzt, um
einen eleusinischen Dionysos als Paredros der Demeter zu belegen, Foucart
Mem. 45. Metzger, BCH 68, 324. Repr. 248; die Widerlegung durch Mylonas,
AEφ 1960, 70 ff. ist zu künstlich: Aristid. wirft, was beim Weiterlesen deutlich wird, einfach Dionysos und Iakchos durcheinander (Farnell 3, 152 Anm. a.
Kern RE 1260). – Derselben Konfusion unterliegt offensichtlich Schol. Ar. ran.
338, ebenso wohl Hipp. ref. 5, 20, 5 (F 243) πρὸ τῆς Κελεοῦ καὶ Τριπτολέμου
καὶ Δήμητρος καὶ Κόρης καὶ Διονύσου ἐν Ἐλευσῖνι τελετῆς (beide ange-
führt von Metzger Repr. 248). Pi. I. 7, 3 ff. gehört nach Theben, Callim. h.
Cer. 70 f. braucht nicht nach Eleusis zu gehören (beide angeführt von Mylonas, AEφ 1960, 69), ebensowenig wie Ampel. 9, 11 (Metzger Repr. 248). –
Bemerkenswerterweise nennt Cic. Iacchus allein legg. 2, 35 in eleusinischem
Kontext.

[10a] Schon in die Zeit um 500 führten die beiden sich bis in kleinste Einzelheiten
gleichenden sf. Lekythen Berlin, Antiquarium F. 1961 (ABV 379, 273) und
Rom, Villa Giulia 42884 (H. S. Versnel, Talanta 4, 1972, 32 ff. und T. 3/5),
auf denen im Kreis anderer Götter ein bärtiger Dionysos mit der Beischrift
IAKXNE dargestellt ist. Das Römer Exemplar ist gefälscht (mündl. Mit-
teilung Prof. P. Mingazzini nach erneuter Untersuchung), auf dem Berliner
Stück – Vorlage des Fälschers wohl durch Vermittlung von E. Gerhard, Aus-
erlesene Vasenbilder, Berlin 1, 1840 T. 69/70 – ist die Beischrift modern,
A. Furtwängler, Beschreibung der Vasensammlung im Antiquarium, Berlin
1885, 416 Nr. 1961.

[11] Metzger, BCH 68, 323 ff. („pénétration des éléments dionysiaques dans la
tradition éleusinienne' 335). Repr. 248 ff. Rech. 49 ff.; gegen einen solchen
Einfluß Mylonas AEφ 1960, 68 ff. – Vgl. schon Foucart 106 ff. („parmi les
divinités des mystères, il faut compter Dionysos" 106), der aber, getreu seiner
Ableitung der Mysterien von Ägypten, diese Anwesenheit für alt erklärt, be-

wandtschaft führt auch die Feststellung, daß die dionysischen Züge des Aristophanischen Iakchos sich nicht auf das äußerliche Dekor beschränken, sondern auch und besonders die psychischen Phänomene des dionysischen Taumels umfassen. Der Mystenchor singt von der Last der Jahre, welche durch die Erscheinung des Gottes abgeschüttelt wird – dasselbe erfahren Teiresias und Kadmos in den Euripideischen ‚Bakchen‘, wie sie auf Geheiß des Gottes in die Berge ziehen: sie ‚vergessen, daß sie Greise sind‘, werden jung und tanzen[12]. Die eleusinischen Mysten beten, Iakchos möchte ihren Zug mühelos nach Eleusis bringen: der Gott, verspricht Teiresias dem zagenden Kadmos, werde sie ohne Anstrengung ins Gebirge führen[13].

Dieser fast völligen Identifikation steht nun aber gegenüber, daß Iakchos und Dionysos im Kult immer getrennt sind[14]. Noch dem Lexikographen Hesychios und einem Scholiasten zu den ‚Fröschen‘ ist Iakchos in seiner Sondergestalt bekannt, ersterem bezeichnenderweise als kultisch verehrter Heros[15]. Strabon setzt ihn von Dionysos ab als den ἀρχηγέτης μυστηρίων und Demeter zugehörig[16]; die eleusinischen Inschriften nennen im Zusammenhang der Prozession allein

---

dingt durch die Identität von Dionysos und Osiris (46. 98; für alt in Eleusis hält ihn auch Kerényi, der Iakchos und Dionysos völlig identifiziert ([1967] 64 „Iakchos was an alter ego of Dionysos“).

[12] Ar. ran. 346 f. ~ Eur. Bacch. 188 ff.

[13] Ar. ran. 401 f. ~ Eur. Bacch. 194, vgl. Dodds Bacch. 93 – Vgl. aber Hom. h. Ap. 520.

[14] Mit zwei Ausnahmen: Luc. de salt. 39 und Schol. Ar. ran. 479, beides wohl Auswirkungen der dichterischen Identifikation von Dionysos und Iakchos; im zweiten Falle – an den ‚Lenäischen Agonen‘ (ἐν τοῖς Ληναϊκοῖς ἀγῶσι; vgl. Deubner 125 Anm. 6) habe der Daduch den Semelesohn Iakchos gerufen – steht dahinter eine Verbindung der eleusinischen Funktionäre mit den Lenäen (wie mit den Dionysien im Piräus), wie sie auch für Epistaten und Epimeleten belegt ist, IG II² 1469, 74; 1672, 106, 182; Aristot. rep. Athen. 57; vgl. P. Foucart, REG 6, 1893, 340; Deubner 125 f.

[15] Hsch. s. v. Ἴακχος· ... καὶ ἥρως ⟨οὗ⟩ καὶ ναὸς ἐν τῆι Ἀττικῆι καὶ ἄγαλμα (nach Paus. 1, 2, 4?). Schol. vet. in Ar. ran. 324 (vgl. Tzetz. in Ar. ran. 316) ἄλλοι δὲ ἕτερον Διόνυσον (Διονύσου Dobraeus) εἶναι τὸν Ἴακχον, οἱ δὲ τὸν αὐτόν.

[16] Strab. 10, 3, 10, vgl. Arrian. anab. 2, 16, 3, der den Dionysos, den Sohn von Zeus und Persephone, welchem der ἴακχος gesungen wird (also das Lied, Foucart Mem. 57 f.) scharf vom thebanischen Sohn der Semele trennt.

Iakchos [17]. Das sollte uns warnen, einen allzu großen Einfluß des Dionysoskultes auf die Gestaltung des Iakchos anzunehmen. Es ist wahrscheinlicher, daß die scheinbar dionysische Gestalt des Iakchos schon immer zu seinem Wesen gehörte, daß sie ein Reflex einer im Prozessionsritus erlebten Erfahrung ist, derjenigen einer Erregung, welche sich bis zu ekstatischen Zuständen steigern konnte. Daß ein solcher Charakter dem Iakchoszug wohl schon seit seiner Einsetzung innewohnt, soll im folgenden gezeigt werden [18].

Iakchos ist entstanden aus dem ἴακχος [19], dem Kultruf, welcher bei der Prozession des 19. Boedromion ertönte [20]. Deshalb erschöpft er

[17] Zuerst im Opferkalender von Phrearrhioi, Mitte 3. Jh. v. Chr.: E. Vanderpool, Hesp. 39, 1970, 48, vgl. F. Sokolowski, GRBS 12, 1971, 217 ff.: Z. 26:]ς καὶ τοῦ Ἰάκχου ἱ[ερ ...? Vgl. IG II² 847, 21. 1006, 9. 1008, 8. 1011, 8. 4788, 5. LSS 15, 42 (SEG 21, 494) – IG I² 5 (LSCG 4), 5, wo Farnell 3, 345 Ref. 176 δ[ὲ Ἰάκ]χωι liest, wird mit H. von Prott, AM 24, 1899, 253. Foucart 112 in IG und LSCG als Δ[ολί]χωι gelesen. – Ob mit Strab. 10, 3, 10 sich der Ἀρχηγέτης im Opferkalender LSS 10, 67 (Ende 5. Jh.) als Iakchos deuten läßt (so nach J. H. Oliver, Hesp. 4, 1935, 27 alle Autoren; Boyancé, CdM 26 Anm. 3. REG 75, 480 f. wollte darin gar den offiziellen Titel des Iakchos sehen), scheint mir zweifelhaft; Ἡγεμὼν Ἀρχηγέτης heißt auf einem Weihrelief aus Athen, jetzt in Berlin (Beschreibung der antiken Skulpturen, Berlin 1891, 314 Nr. 819. IG II² 4686, 3. Jh. v. Chr.) der bärtige Gott mit dem Trinkhorn auf der Kline, der eine Form des Unterweltsgottes ist (vgl. das Lysimachidesrelief, Kerényi [1962] T. 34); ebenso ist der Ἡγεμών von Epigr. 588 Kaibel (3. Jh. n. Chr., Rom), genannt im Kultverein mit Rhea-Kybele und Dionysos, keineswegs sicher Iakchos, wie G. Kaibel ad loc. Kern Iakchos 618 vorschlagen.

[18] Vgl. Rohde 1, 284 f. Pfuhl 42. Foucart Mem. 57 f. O. Höfer, Iakchos, RL 2, 1 ff. Farnell 3, 146 ff. Foucart 324 ff. (darnach Radermacher 184). Kern Iakchos 613 ff. Nilsson Op. 2, 547 f. 3, 237 Anm. 18. GGrR 1, 664. Jeanmaire 437 f. Kerényi (1962) 145. Mylonas 238 u. pass. (die Definition S. 318 ist insofern irreführend, als Iakchos nicht erst in römischer Zeit mit Dionysos/Bakchos identifiziert wurde). – Vgl. außerdem H. J. Rose, Griechische Mythologie, München 1955 (engl. ¹1928), 95 Anm. 1, wo Iakchos Gott oder Heros des Ackerbaus genannt wird; Diod. 3, 64, 1 bezieht sich jedoch allein auf Dionysos.

[19] Vgl. Hdt. 8, 65, 1. Arrian. anab. 2, 16, 3, sowie die bei O. Höfer, Iakchos, RL 2, 10 zusammengestellten Lexikographen, zu denen Hsch. Suid. s. v. Ἴακχος. Hsch. s. v. Διαγόρας zu ergänzen wären.

[20] O. Höfer l. c. Farnell 3, 148 wollen nach Bergk bei J. S. Ersch – J. G. Gruber, Allgemeine Encyklopädie der Wissenschaften und Künste I 81, Leipzig 1863,

sich in der Funktion des Geleiters der Mysten nach Eleusis: der 19. Boedromion ist der Tag, ἐν ἧι τὸν Ἴακχον ἐξάγουσιν [21]. Tempel und Kultbild hat er, wenn uns unsere Überlieferung nicht täuscht, allein in Athen [22]; es ist auch bezeichnend, daß keine Berichte über eine feierliche Rückführung der Mysten durch Iakchos bekannt sind [23].

Das Substantiv ὁ ἴακχος, zu welchem sich Iakchos also verhält wie Apollon Paian zum Kultlied ὁ παιάν, Linos zum Linoslied [24], bezeichnet

315 A Anm. 88 (weitere Belege bei Höfer l. c.) Ἴακχος aus redupliziertem *βίβακχος zu Βάκχος, Eisler 192 Anm. 1 aus Βάκχος = Ϝάκχος (mit ‚kanaanitischem und aramäischem [!] Lautwandel‘ von Ϝ›ϳ) ableiten, was beides wohl nur Kuriositätswert hat. – Der auf einem mykenischen Täfelchen erscheinende Personennamen I-wa-ko KN As 1516 und der damit verbundene Eigenname, I-wa-ka KN V 60. Uf 120. PY Jn 310, welche alle als Ἴακχος bzw. Ἰάκχας gelesen werden (vgl. M. Ventris – J. Chadwick, Documents in Mycenaean Greek, Cambridge 1956, 171 Nr. 38. 353 Nr. 253. O. Landau, Griechisch-mykenische Personennamen, Göteborg 1958, 59. 196. M. Gérard-Rousseau, Les mentions religieuses dans les tablettes mycéniennes, Rom 1968, 75) und mit dem minoischen Dionysos zusammengebracht werden (T. B. L. Webster, Cl&M 17, 1956, 158 f. K. Kerényi, Der frühe Dionysos, Oslo 1962, 18. Fauth 2230; vorsichtig W. K. C. Guthrie, BICS 6, 1959, 44), gehören beide etymologisch nicht zu Iakchos, dessen Name mit ἰαχή, ἰάχω ‹ *ϜιϜαχ- zusammenhängt, myk. also *Wi-wa-ko heißen müßte (vgl. P. Chantraine, Grammaire homérique 1, Paris 1942, 139 f. H. Frisk, Griech. etym. Wörterbuch 1, Heidelberg 1960, 706. P. Chantraine, Dict. étym. de la langue grecque 2, Paris 1970, 454; s. auch unten Anm. 28). Diesem mykenischen Eigennamen könnte höchstens der Φιλώτας Ἰάκχου IG IX 1, 708, 2 (Korfu, wohl 2. Jh. v. Chr.) zugeordnet werden.

21 Plut. Cam. 19, 138 D. Phoc. 28, 754 B. Schol. vet. Ar. ran. 324. Hsch. s. v. Ἴακχος.

22 Nämlich im Iakcheion, oben II 1 Anm. 43. Die einzige Dedikation an Iakchos, IG II² 4680 (3. Jh. v. Chr.), stammt aus Athen, vielleicht vom Iakcheion (vgl. A. Brueckner, AM 56, 1931, 25); die Nennung im Opferkalender von Phrearrhioi (oben Anm. 17) bezieht sich vielleicht auf einen Ritus im athenischen Eleusinion (vgl. Z. 22) oder auf die Teilnahme des Demos am Iakchoszug, vgl. E. Vanderpool, l. c. (Anm. 17) 49.

23 Vgl. gegenüber Kern Iakchos 618, der das Fehlen solcher Nachrichten merkwürdig findet, Foucart 334. – Mylonas 280, der sich auf dieser Heimkehr (von ‚small groups‘ und ohne ‚organized pompe‘) die von Strab. 9, 1, 24 (vgl. oben II 1 Anm. 34) erwähnten Gephyrismen vorstellt, ist ohne Rückhalt in den Zeugnissen.

24 Vgl. Harrison 436. T. Gaster, Thespis. Ritual, myth and drama in ancient near East, New York ²1961, 32. H. S. Versnel, Triumphus, Leiden 1970, 27 ff.

nicht allein den spezifisch eleusinischen Kultruf, sondern findet sich (allerdings allein bei Euripides) auch in weiterer Bedeutung, derjenigen von Klagelied, von dionysischem Lied, gesungen von den nysäischen Satyrn zu Ehren Aphroditens, und als Bezeichnung des Klanges von Tympana [25]. Daß dieser Iakchos enthusiastische, ekstatische Züge aufweist, ist bei den zuletzt genannten Stellen direkt gegeben, doch ist auch der Klagegesang so aufzufassen: στέναζε ἴαχον, fordern die Choreutinnen und singen den folgenden Vers in Dochmien [26], genau wie in Dochmien gesungen wird

πό|τερον ἄρα νέκυν ὀλόμενον ἰαχήσω; [27]

Ähnlich verhält es sich mit den verwandten Wörtern ἰάχω und ἰαχή, ἰαχέω [28]. In der Ilias bezeichnen sie häufig den Lärm, welchen eine erregte, schreiende Menge verursacht – einmal heißt es Ἀργεῖοι δὲ μέγ᾿ ἴαχον, ὡς ὅτε κῦμα / ἀκτῇι ἐφ᾿ ὑψηλῇι, ὅτε κινήσηι νότος ἐλθών, / προβλῆτι σκοπέλωι [29]. Grund der ἰαχή ist oft Furcht; die Verbindung ἰαχή τε φόβος τε ist in der Ilias häufig [30], im Demeterhymnus schreit (ἴαχησε) die von Pluton ergriffene Kore [31]. ἰαχή ist der Klang der Trompeten, von Flöten und Tympana [32], doch auch derjenige von freudigen Kultgesängen –

πάντες δ᾿ ἄνδρες ἐπήρατον ἴαχον ὄρθιον
Πάον᾿ ὀνκαλέοντες ἑκάβολον εὐλύραν

heißt es bei Sappho [33].

Einen solchen, in seiner Bezeichnung schon seit jeher angelegten erregten Charakter fordern wir also auch für das eleusinische Lied.

[25] Eur. Troad. 1229 t. (Klagelied), Cycl. 68 ff. (für Aphrodite), frg. 586, 4 (Tympana).
[26] Vgl. Dodds Bacch. 198 (‚the metre of maximum excitement‘).
[27] Eur. Phoen. 1295.
[28] Vgl. H. Frisk op. cit. (Anm. 20) 1, 703. P. Chantraine, Dictionnaire etc. (s. Anm. 20) 2, 452; schon Eustath. Il. 13, 834 bemerkte diese Verwandtschaft.
[29] Hom. Il. 2, 394 ff. Vgl. 2, 333. 4, 506. 13, 822. 834. 14, 421. 17, 317. 723. 23, 766; bezeichnend auch 18, 228 (der rufende Achill).
[30] Hom. Il. 4, 456. 12, 144. 15, 396. 16, 366. 373.
[31] Hom. h. Cer. 20, vgl. Il. 20, 62.
[32] Trompete Hom. Il. 18, 219. Tympana Hom. h. 14, 3. Flöten Lyr. adesp. 1009, 3 PMG.
[33] Sappho 44, 31 f. L-P, vgl. Pi. P. 3, 17. Theogn. 779.

Wirklich redet Himerios von τὸν ἴακχον ἠχεῖν; ἠχεῖν wird meist für
Lärm, von Metallen verursacht, für Klagelieder und ganz selten für
Kulthymnen verwendet [34]. Für den Daimon aber haben wir denselben
Charakter schon in seiner Gleichsetzung mit Dionysos angedeutet gefunden, es sprechen weitere Indizien dafür. Strabon nennt ihn zusammen mit Demeter in einer Reihe von Göttern, denen er das ὀργιαστικόν zuteilt [35]. Libanios heißt ihn den βακχεύων μυστικὸς θεός [36], Plutarch stellt dem schweigenden Zug der Mysten des Jahres 407, welchen
Alkibiades ermöglicht hatte, die θυσίαι καὶ χορεῖαι καὶ πολλὰ τῶν
δρωμένων καθ᾽ ὁδὸν ἱερῶν gegenüber [37]. Euripides spricht von bakchi-
schen Phänomenen in der Nacht des 20. Boedromion [38], welche zur
ἐξαγωγὴ Ἰάκχου gerechnet wurde [39]: der Zug nach Eleusis fand wohl
seinen Abschluß in einer nächtlichen Feier bei Tanz und Fackelschein.
Mehrere Zeugnisse sprechen von Flötenmusik im Zug [40], der Flöte
aber ordnet Aristoteles das ὀργιαστικόν zu [41].

[34] Himer. 69, 7. – Vgl. LSJ s. v. ἠχέω: Aesch. Sept. 869 τὸν δυσκέλαδον ὕμνον
Ἐρινύος ἀχεῖν. Soph. Trach. 866 κωκυτόν. frg. 480 γόους. Eur. Ion 883
Μουσᾶν ὕμνους (alle Belege für eine solche Verbindung); vgl. daneben
Theocr. 2, 36 χαλκέον.
[35] Strab. 10, 3, 10.
[36] Liban. decl. 12, 28.
[37] Plut. Alc. 34, 4, 210 C. – Im 1. Jh. v. Chr. wurde der Zug streng geregelt,
um einen würdigen Ablauf zu sichern, LSS 15; diese auffallend strenge Rege-
lung (welche also nötig war, was unsere Auffassung der Prozession bestätigen
kann) steht vielleicht im Zusammenhang mit dem steigenden Gefühl für die
Würde der Mysterien, welches sich auch in der Hieronymie des Hierophanten
äusserte, die sich auch erst im späten Hellenismus durchsetzte, Foucart 174,
Nilsson GGrR 1, 470 f. 2, 349 f.
[38] Eur. Ion 1074 ff., vgl. Soph. Ant. 1146 ff.
[39] Vgl. Foucart 338 f. Deubner 72 Anm. 7.
[40] Ar. ran. 313; im Giebel der Niinnionpinax ist ein Flötenspieler abgebildet, vgl.
Mylonas Abb. 88; ein Flötenspieler ist zusammen mit Demeter und Kore auch
abgebildet auf einem in der Zeichnung Fra Giocondos erhaltenen Relief, AM
17, 1892, 134; ebenso nimmt er teil an der Ernteprozession der fragmentier-
ten schwarzfigurigen Lutrophoros Eleusis 837, ABV 309, 97.
[41] Aristot. pol. 1341 A 21; vgl. Eur. Bacch. 128. 160. Die Stelle bei Aristoteles –
man müsse Flötenmusik anwenden, ἐν οἷς ἡ θεωρία κάθαρσιν δύναται
μᾶλλον ἢ μάθησιν – erinnert an frg. 15, wo von den eleusinischen Mysterien
(vgl. Boyancé REG 75, 463) gesagt wird, sie vermittelten kein μαθεῖν τι, sondern ein παθεῖν καὶ διατεθῆναι.

Aus diesen Zeugnissen geht hervor, daß dem Zug nach Eleusis eine enthusiastische, den Dionysosfeiern ähnliche Stimmung innewohnte[42]: man sang, schwang Fackeln, tanzte; typisch dionysische Phänomene, welche auf eine leichte Trance hindeuten (was nach dem langen Fasten und der anstrengenden Wanderung in einer erwartungsvollen Menschenmenge nicht verwunderlich wäre), wie das Mittanzen der Umgebung und die Mühelosigkeit großer Anstrengungen, haben auch dazu gehört.

Die eingangs festgestellte Identifikation von Dionysos und Iakchos ruht damit auf einer rituellen Grundlage. Da aber nicht einzusehen ist, wieso dieser ekstatische Zug sich erst im Laufe der Zeit hätte entwickeln sollen (zumal dem mit ἴαχχος verwandten ἰαχή schon immer eine ähnliche Bedeutung innewohnte), ist es unnötig, einen Einfluß des Dionysos auf Iakchos anzunehmen – es sei denn höchstens, daß Iakchos zur selben Zeit entstanden wäre, als Dionysos aus Eleutherai Einzug hielt[43]. Das dionysisch anmutende Iakchoslied der ‚Frösche‘ aber ist keine bloße Dichterschöpfung in abgegriffener poetischer Sprache[44], die unverbindlich Iakchos dem Theatergott angleicht, sondern ein Reflex dessen, was der Myste auf der Pompè nach Eleusis erlebte.

[42] Vgl. schon Foucart 388. Boyancé CdM 26 Anm. 3. Jeanmaire 437 („Iacchos était ... l'expression de l'enthousiasme dont était saisie, comme avant-goût de l'initiation, la foule en marche des pèlerins"). – Natürlich galt das nicht für alle Teilnehmenden, sonst wären nicht seit dem späten 5. Jh. reiche Damen zu Wagen gefahren, Demosth. 21, 158, IG I² 81, 12. Ar. Plut. 1013 f. Plut. vit. X orat. 842 A (Lykurg) vgl. Pringsheim 47. – Im 1. Jh. v. Chr. war die Wagenfahrt bis zu einem bestimmten Punkt (Rheitoi?) im Interesse der würdigen Gestaltung des Zuges obligatorisch, LSS 15, 35 f. (vgl. den Kommentar von F. Sokolowski).
[43] Eine neue Ausrichtung des eleusinischen Heiligtums nach Athen liest jedenfalls Mylonas 103 f. aus der Umorientierung von Temenoseingang und Tanzplatz in Peisistratischer Zeit. – Ein Entstehen des Iakchos erst nach dem Eingreifen bei Salamis (Hdt. 8, 65; weitere Belege bei Lobeck 1, 58), wie es Kern Iakchos 614 f. annimmt (vgl. id., AM 17, 1892, 138 f. Foucart 110), scheint trotz Hdt. l. c., der von einem Daimon Iakchos kein Wort sagt, angesichts von Soph. Ant. 119 f., wo die Identifizierung mit Dionysos bereits vollzogen ist, nicht wahrscheinlich: Hdt. schrieb etwa, als die ‚Antigone‘ aufgeführt wurde. Rätselhaft (besonders auch angesichts von 8, 109, 3) bleibt das Schweigen Herodots.
[44] So aber Radermacher 356 (Nachtrag zu S. 185).

§ 3 Iakchos, Dionysos und Eumolpos

Dem Ineinanderfließen von Iakchos und Dionysos aufgrund der rituellen Gegebenheiten (zu denen kommt, daß Dionysos teilweise auch Iakchoscharakter hat, indem in Spuren seine Funktion als Geleiter und Führer faßbar ist [1]) scheinen nun aber die Vasenbilder eleusinischer Thematik zu widersprechen, auf welchen seit dem Beginn des vierten Jahrhunderts Dionysos und, deutlich von ihm unterschieden, eine allgemein als Iakchos gedeutete Gestalt nebeneinander stehen [2]; allerdings ist man bei dieser Deutung gezwungen, diese nicht seltene Anwesenheit des Dionysos zu erklären [3]. Als Iakchos wird dabei ein seit dem späten fünften Jahrhundert dargestellter Jüngling mit meist schulterlangem Haar interpretiert, welcher mit einem bunten, knielangen Chiton mit breiten Ziersäumen, meist auch mit bestickten Ärmeln und mit oft bunten Laschen- oder Schnürstiefeln bekleidet ist. In der Hand trägt er meistens eine oder zwei Fackeln, seltener ein Szepter. Er führt entweder Mysten zu Demeter und Kore ein oder nimmt an der ‚sacra conversazione‘ der eleusinischen Götter teil, wobei er das Szepter nur in dieser Rolle gelegentlich trägt [4].

Die Deutung auf Iakchos wurde, nach einigem Suchen am Ende des letzten Jahrhunderts, bedingt vor allem durch die damals noch kleine Zahl der Darstellungen [5], durch G. H. Pringsheim in die Wissenschaft

[1] Er ist Führer des Thiasos, vgl. Eur. Bacch. 140. Diese Funktion ist nach F. Cumont, AJA 37, 1933, 238 Anm. 6 möglicherweise uralte Erinnerung an den stiergestalten Dionysos als Führer der Herde (F. Cumont verweist auf SIG³ 1003, 21, wo καθηγεῖσθαι vom Leiter einer Isisprozession gesagt wird; vgl. den Διόνυσος Καθηγεμών, dessen Belege bei Farnell 5, 292 R. 56 gesammelt sind).
[2] Es sind dies: Hydria aus Kreta in Athen (2), Reliefhydria aus Cumae in Leningrad (10), Pelike aus Kertsch in Leningrad (11), Hydria Tyskiewicz in Lyon (13), Lekythos in Sofia (15), Schalendeckel in Tübingen (16), Pelike Sandford-Graham (17). – Die Zahlen verweisen auf den Katalog im Exkurs I.
[3] Die hauptsächlichsten Arbeiten dazu sind Metzger BCH 68, 323 ff., id. Repr. 248 ff. Mylonas ΑΕφ 1960, 68 ff.
[4] Vgl. Pringsheim 81.
[5] Als Eumolpos deutete ihn A. Furtwängler, FR 2, 56, Eubuleus id., RL 1, 2185 (u. pass. in seinen Werken). O. Rubensohn, AM 24, 1899, 57 f.

eingeführt[6] und ist bis heute fast einhellig anerkannt geblieben[7].
Pringsheims Hauptargument war die Übereinstimmung dieses Darstel-
lungstypus (besonders deutlich auf der Niinnionpinax) mit der Schilderung in den Iakchosliedern der Aristophanischen ‚Frösche'. Die Übereinstimmung erstreckt sich allerdings nur auf drei Punkte: der Gott
ist jung (ran. 395), schwingt Fackeln (340) und trägt (aber nicht auf
allen Bildern) einen Myrtenkranz (330).

Den kurzen Chiton, die langen Haare und die Stiefel trägt nun aber
auf zwei Reliefs des vierten Jahrhunderts, demjenigen von Mondragone in Neapel und demjenigen von Chalkis[8], welche beide dem
eleusinischen Bilderkreis zuzurechnen sind[9], eine durch die um die

---

[6] Pringsheim 78 ff. (allerdings mit der Einschränkung, daß er Eubuleus zu nennen sei, wenn er in Gesellschaft von Theos und Thea sei); angedeutet schon
von A. Furtwängler, Meisterwerke der griechischen Plastik, Leipzig/Berlin
1893, 565.

[7] Vgl. die eingehende Besprechung der eleusinischen Gottheiten bei Nilsson
Op. 2, 542 ff., wo 567 Anm. 76 die Benennung Iakchos gegen Furtwänglers
Eumolpos verteidigt wird. Jüngst Mylonas 211 f., vgl. auch die Arbeit seiner
Schülerin B. G. Grossman, The Eleusinian Gods and Heroes in Greek Art,
Diss. Washington University, Saint Louis (Missouri) 1959, 366 ff. und pass.
– Als Iakchos, Paredros der Demeter Chloe, wurde auch der bärtige Unter-
weltsgott auf dem Krater aus Grab 128 der Valle Trebba aufgrund der In-
schriftenreste gedeutet (abg. in Cavi di Spina I: S. Aurigemma, La necropoli
di Spina in Valle Trebba, I, Rom 1960 T. 20 f.; ebenso N. Alfieri – P. E.
Arias, Spina, München 1958, T. 74 ff. und S. 54 ff. [Bibliogr.]; die erwähnte
Deutung bei S. Aurigemma, Il R. Museo di Spina, Ferrara ²1936, 211. K.
Kerényi, SO 30, 1953, 82 ff.); dagegen hat J. D. Beazley schon JHS 56, 1936,
91 die Inschriften als ΚΑΛΟΣ und ΚΑΛΗ gelesen, was durch die eingehende Untersuchung von P. E. Arias, ArchClass 10, 1958, 21 ff. bestätigt
wurde. Vgl. auch Guépin 310, der dieselbe Vasendarstellung auf die Initiation
in Agrai bezieht. – Ebenso wurde der junge Gott, dessen Anodos auf einem
Glockenkrater des Brit. Mus. dargestellt ist, als Iakchos gedeutet von A. Furtwängler, JdI 6, 1891, 120. Metzger Repr. 264 f., was literarisch keinen Rückhalt hat; Harrison 405. E. M. W. Tillyard, The Hope Vases, Cambridge 1923,
98. Nilsson Op. 2, 613 deuten ihn denn auch als Dionysos.

[8] Relief von Mondragone: Metzger Rech. 36 Nr. 14 (Bibliogr.). Mylonas ΑΕφ
1960, 105 ff. – Relief von Chalkis: G. Daux, BCH 88, 1964, 433 ff. (Bibliogr.).
G. Mylonas ΑΕφ 1965, 1 ff.

[9] Für das Relief von Chalkis ist diese Zuordnung allerdings umstritten, vgl.
G. Daux, l. c., Mylonas l. c. lehnt jede Beziehung ab. Fest ist immerhin die
Weihung TOIN ΘEOIN.

Hüfte geschlungene Nebris, auf dem Chalkisrelief außerdem durch
Thyrsos und Kantharos einwandfrei als Dionysos gekennzeichnete Gestalt; angesichts der im vorigen Kapitel konstatierten Identifikation
von Dionysos und Iakchos liegt es nahe, sie Iakchos zu nennen. Be-
stätigend tritt ein Relieffragment aus Eleusis dazu, auf welchem neben
Demeter und Kore eine Gestalt steht, von welcher nur die Nebris
deutlich erhalten ist: es ist Iakchos[10]. Damit fällt die strenge ikono-
graphische Trennung zwischen Iakchos und Dionysos, auf der die
gängige Interpretation beruht. Aufgrund der Reliefs aber das Kostüm
des Jünglings der Vasenbilder (ohne die spezifisch dionysischen Merk-
male also) als typisch für Iakchos zu bezeichnen, indem man für den
Iakchos der Reliefs mit einer Kombination der Iakchos- und Dionysos-
tracht rechnet, erscheint unmöglich, weil dasselbe Kostüm auf den
Vasenbildern des vierten Jahrhunderts auch von Dionysos getragen
wird[11], die Iakchosgestalt der Reliefs daher allein aus der dionysischen
Ikonographie abzuleiten ist.

Schwer zu erklären sind zudem bei der Pringsheimschen Interpretation jene Vasenbilder, auf welchen die Jünglinge im kurzen Chiton,
mit Stiefeln und Fackeln zu zweit auftreten[12]. Wenn Pringsheim den
zweiten Jüngling Eubuleus nennt[13], vermag das angesichts der nirgends klar definierten Rolle des Eubuleus nicht zu überzeugen; wir
werden unten sehen, daß Eubuleus nicht mit Iakchos, sondern mit
Triptolemos zusammenzugehen scheint[14].

Deshalb wurde durch Frau Simon die schon von A. Furtwängler
vorgebrachte Deutung des ‚Iakchos‘ auf Eumolpos erneut verfochten[15].
Diese Interpretation stützt sich auf eine fragmentarisch erhaltene Darstellung des eleusinischen Kreises[16], auf der unter anderem der fackel-

---

10 Vgl. Metzger, Rech. 35 Nr. 9.
11 Vgl. Schefold, UKV T. 28 (AntKu 9, 1966, 81 Abb. 2). Metzger Repr. T. 2, 5.
   11, 3. 4. 15, 2. 25, 3.
12 Es sind dies: Reliefhydria aus Cumae in Leningrad (10), Pourtalèskrater (12),
   Schalendeckel in Tübingen (16); vgl. das Lakrateidesrelief (Bibliogr. Mylonas
   197 Anm. 32; abg. ibid. Abb. 71. Kerényi [1962]′ T. 36).
13 Pringsheim 79 f. 81.
14 Unten IV 2 Anm. 29.
15 A. Furtwängler, FR 2, 56. Simon AntKu 9, 72 mit Anm. 3, 89 f. vgl. Kerényi
   (1962) 150.
16 Fragment eines Stamnos (?), vgl. Metzger, Rech. 16 Nr. 31 (7).

tragende, gestiefelte Jüngling im buntgesäumten Chiton abgebildet ist, neben dem die Inschriftenreste ΠΟΣ [17], die sich in diesem Kontext wohl allein zu Εὐμολ]πος ergänzen lassen, zu lesen sind. Dazu stimmt, daß die Tracht dieses Eumolpos auf den Vasen des vierten Jahrhunderts auch zu Thrakern und zu Schauspielern gehört [18], wobei die Bühnentracht nach der bekannten Athenaiosnotiz mit derjenigen von Hierophant und Daduch übereinstimmt; sie steht so Eumolpos, dem Ahnherrn der Hierophanten [19], der seit dem Ende des fünften Jahrhunderts als Thraker galt [20], wohl an. Die Athenaiosnotiz läßt zudem eine Benennung als Keryx, Ahnherr der Daduchen und Keryken [21], ebenso möglich erscheinen, was die Deutung der auf mehreren Vasen doppelt dargestellten ‚Iakchoi' auf Eumolpos und Keryx nahelegt [22].

Diese Interpretation bestätigen seit Pringsheims Untersuchung neu gefundene Darstellungen eleusinischer Funktionäre, deren Gewand mit demjenigen des ‚Iakchos' gut zusammenstimmt. Ein rotfiguriger Stamnos im Museum zu Eleusis [23] zeigt den Daduchen mit zwei Fakkeln als Führer einer Prozession, das lange Haar durch ein Band zu-

---

[17] A. Furtwängler, FR 2, 56 las nach Hill ΠΟΣ. Nilsson, Op. 2, 568 Anm. 76 und Metzger, Rech. 16 Nr. 31 lesen nach einer neuen Untersuchung durch J. L. Caskey ΠΟΣ; ΡΟΣ, das auch möglich wäre, scheidet im eleusinischen Kreis aus.

[18] Vgl. Metzger Repr. T. 19, 1 (Sabazios). 21, 2 (Oklasmatänzer). 37 (Paris). 39, 4 (Pelops). G. Nicole, Meidias, Genf 1908, T. 7, 4 (Thamyris). A. Pickard-Cambridge, The dramatic festivals of Athens, Oxford ²1968, Abb. 47. 49. 60 b (Schauspieler).

[19] Athen. 1, 39, 21 E. Vgl. Pringsheim 7 ff. und die kühnen Spekulationen von G. E. Rizzo, RM 25, 1910, 156 ff.

[20] Seit dem ‚Erechtheus' des Euripides, vgl. frg. 360, 58 (a. 422 nach W. M. Calder, GRBS 10, 1969, 147 ff., vgl. Lesky TragDicht 368). Darnach Plat. Mx. 239 B und wohl auch Isocr. 4, 68. 12, 193. [Demosth] 60, 8. Andron FGrHist 10 frg. 13. Istros FGrHist 334 frg. 22. Sicher: Aristoxen, frg. 91 W²; Plut. de exil. 17, 607 B. Luc. Demon. 34, 387. Alcidam. Ulix. 23. Paus. 1, 38, 2. Suid. s. v. Εὐμολπίδαι. Schol. Soph. OC 1053. Eur. Phoen. 854. Vgl. Toepffer 31 f. O. Kern, Eumolpos, RE 6, 1119 f.

[21] Vgl. W. Quandt, Keryx (1), RE 11, 348 f.

[22] So auch Simon, AntKu 9, 89 f.

[23] Publiziert von K. Kuruniotes, AEφ 1937, 1, 223 ff. ARV ²1052, 23. Metzger Rech. 29 Nr. 68. Kerényi (1967) 78 Abb. 25.

sammengehalten (dasselbe Band trägt auch der Hierophant [24]), bekleidet mit einem bis unter die Knie reichenden Chiton und einem bunten
Überwurf, der von einem breiten Gürtel zusammengehalten wird. Ein
ähnliches, allerdings unbesticktes Gewand, dazu ein Paar Laschenstie-
fel, trägt ein fackelhaltender Satyr, welcher auf dem Bild eines An-
thesterienskyphos die Basilinna zum Hieros Gamos im Bukoleion
führt [25] (die Fackeln sind dementsprechend Hochzeitsfackeln) – eine
Aufgabe, welche in Athen wohl einem Keryken oblag [26]. Denselben
gut knielangen Chiton, darüber einen Mantel, dazu ein Szepter und
ein Paar buntbestickte Stiefel trägt der inschriftlich bezeichnete Hierophant auf einem vor wenigen Jahren in Athen gefundenen Weihrelief,
dessen Vorbild ins fünfte Jahrhundert zurückgeht [27].

Kann so der gestiefelte Jüngling im bunten Chiton als Eumolpos
oder Keryx identifiziert werden, so bietet es sich geradezu an, den im
Kreise der Eleusinier dargestellten Dionysos Iakchos zu nennen und
im Bereich der Ikonographie dieselbe Identifikation festzustellen, welche wir schon in der Literatur antrafen [28]; angesichts der von der
Tracht der eleusinischen Funktionäre abgeleiteten Darstellungsweise
der beiden Mysterienheroen Eumolpos und Keryx griff der Vasenmaler
zur eindeutigen Kennzeichnung des Atheners Iakchos auf die ihm sehr
geläufige Ikonographie des Dionysos zurück, ein Vorgehen, zu dem
ihn die religiöse Erfahrung der Iakchosprozession berechtigen konnte.

Mit dieser Deutung wirken nun besonders die vielfigurigen Darstellungen des eleusinischen Kreises sehr geschlossen. Der Tübinger
Schalendeckel (16) [29] stellt neben die thronende Demeter mit dem Plutosknaben links Iakchos mit Thyrsos und Panther, rechts Kore, an-

---

24 Vgl. Pringsheim 8.
25 Publiziert von E. Simon, AntKu 6, 1963, 6 ff., T. 2; ARV² 1676 (zu 974, 37),
   vgl. Simon 279 Abb. 269.
26 Wir wissen, daß der Keryx der Basilinna bei der Vereidigung der Gerairai im
   Limnaion behilflich war, [Demosth.] 59, 78. Deubner 100; eine Ausdehnung
   seiner Aufgaben auf die Begleitung der Basilinna zum Bukoleion scheint also
   möglich.
27 Vorläufig publiziert von E. Vanderpool, AJA 64, 1960, 268 und T. 73, 17;
   gefunden in einem Wohnhaus beim Olympieion und nach V.s Vermutung nie
   in Eleusis aufgestellt.
28 So schon O. Rubensohn, AM 24, 1899, 57 (ohne weitere Begründung).
29 Die eingeklammerten Ziffern verweisen auf den Katalog im Exkurs I.

schließend Eumolpos mit Szepter. An Iakchos schließen Herakles und
Athena an, der Rest des Bildes ist gefüllt mit den beiden berittenen
Dioskuren, welche von Keryx mit brennender Fackel vor den ihnen
entgegenblickenden Eumolpos geleitet werden [30]. Die Tyskiewicz-Vase
in Lyon (13) stellt (ähnlich wie eine Hydria aus Kreta in Athen [2])
Eumolpos mit Szepter, die thronende Demeter, Kore mit zwei Fackeln
und den mit dem Thyrsos auf einem Omphalos sitzenden Iakchos dar;
die Nebenfiguren entziehen sich einer Deutung [31]. Auf der einen Seite
der Kertscher Pelike in Leningrad (11), deren Gegenseite uns im folgenden Kapitel beschäftigen wird, sind hinter der Hauptgruppe, welche als Aphrodite und Eros, Demeter und Plutos, Rhea und Kore zu
deuten sind, Herakles, Eumolpos, Triptolemos auf dem Schlangenwagen und Iakchos mit dem Thyrsos abgebildet. Eine heute verschollene Pelike aus der Sammlung Sandford-Graham (17) zeigt zur Linken
der thronenden Demeter mit dem Plutosknaben Iakchos mit dem
Thyrsos und Eumolpos mit der Fackel, zur Rechten Kore und Hermes,
den die Keryken neben Keryx als ihren Ahnherrn betrachteten [32]. Die
Reliefhydria aus Cumae in Leningrad (10) stellt, von den beiden
schwer deutbaren Sitzenden ganz am Rande abgesehen [33], um Demeter
und Kore als Zentrum von innen nach außen jeweils symmetrisch Iakchos (auch hier mit Thyrsos) und den Protomysten Herakles mit Ferkel und Bakchoi, die sitzenden Triptolemos und Athena, schließlich
(aber ohne daß die genaue Benennung evident wäre) [34] Eumolpos und
Keryx einander gegenüber; wiederum, wie auf den meisten Bildern,
ist Iakchos, ὁ Δήμητρος δαίμων, neben Demeter gestellt. Wenn auf
der Lekythos in Sofia (15) die thronende Demeter, ihre wiedergefun-
dene Tochter auf den Knien, auf der einen Seite von deren Geleiter
Hermes, auf der andern von Eumolpos, Triptolemos mit Getreide-

---

[30] Nilsson GGrR 1, 318 Anm. 2 nennt richtig den Sitzenden mit dem Szepter
   Eumolpos; Iakchos bringe die Dioskuren.
[31] Zu den Nebenfiguren Metzger Repr. 244; zum Omphalos H. V. Herrmann,
   Omphalos, Münster 1959, 104.
[32] Zu Hermes als Ahnherrn der Keryken (via Keryx) vgl. W. Dittenberger, Herm.
   20, 1885, 2. Toepffer 82.
[33] Vgl. Metzger, Rech. 40 f., der von unbestimmten ‚déesses‘ spricht.
[34] Pringsheim 83 denkt an eine ‚Vielheit von Mysteriendämonen, die man sich
   dem Iakchos (i. e. dem Eumolpos) ähnlich vorstellte‘.

halmen in der Hand und Iakchos mit dem Thyrsos flankiert wird, so läßt sich diese Szene auf das versöhnliche Ende des Demeterhymnus beziehen: Hermes geleitet Kore zur Mutter zurück; sie wird nun die Mysterien einrichten und Triptolemos mit dem Getreide in die Welt senden. Schließlich finden sich auf der Darstellung einer rotfigurigen Hydria des Athener Nationalmuseums (3) Demeter, Kore, Herakles und Eumolpos (nicht Iakchos) vereint, wodurch die Anspielung auf die Einweihung des Herakles deutlicher wird, als wenn der Fackelträger Iakchos zu benennen wäre [35].

Bei dieser Übersicht ist besonders klar hervorgetreten, wie stark Iakchos mit Dionysos identifiziert wurde: er hat seine eigene Individualität aufgegeben, ist zur eleusinischen Spielform des Dionysos geworden. Das entspricht dem Befund in der Dichtung. Umso erstaunlicher ist – darauf muß noch einmal hingewiesen werden – das fast völlige Fehlen des Dionysos in den eleusinischen Inschriften [36]. In Verbindung mit der Prozession findet er sich überhaupt nicht; mit den beiden Göttinnen wird er, von zwei späten kaiserzeitlichen Beispielen abgesehen [37], allein in einer Inschrift genannt, welche sich auf die

[35] Demgegenüber sind die frühen Vasen, auf denen Dionysos (zusammen mit andern Olympiern) im eleusinischen Kreis dargestellt wird, wenig bedeutsam. Es sind: Skyphos des Hieron, BritMus, ARV² 459,3. Mylonas AEφ 1960, 90 ff., zwei Thymiterienständer in Eleusis, K. Kuruniotes, in: Classical Studies presented to E. Capps, Princeton 1936, 204 ff. Mylonas l. c. 88 ff. und drei schwarzfigurige Vasen, auf denen Dionysos mit zwei Frauen, vielleicht den beiden Göttinnen, zusammen abgebildet ist, Metzger, Rech. 19 Nrn. 38–40 (sicher zu benennen nur Nr. 38), vgl. id., Repr. 250. – S. II 2 Anm. 102.

[36] Hinzuweisen, aber ohne des trümmerhaften Zustandes der Überlieferung wegen weitere Schlüsse zu ziehen, ist auf das Fehlen des Dionysos in den beiden Opferkalendern zu den Eleusinien, IG I² 5 (LSCG 4) und LSS 10 (hier hatte allerdings J. H. Oliver, Hesp. 4, 1935, 21 in Z. 86 Δ[ιονύσωι(?) οἷς zu lesen versucht, während F. Sokolowski in den LSS Δ[ὶ οἷς liest), sowie in der Aparcheinschrift IG I²76 (LSCG 5), vgl. Mylonas AEφ 1960, 79 ff.

[37] CIL 6, 1779 a 5 f. sacratus | Libero et Eleusiniis (a. 368 oder kurz darnach); 1780, 4 sacratae apud Eleusinam Deo Iaccho (v. l. Baccho), Cereri et Corae (vgl. 1779 a 20, wo dieselbe Fabia Aconita Paulina ,sacrata Cereri et Eleusiniis' ist); beide aus Rom. Vgl. Farnell 3, 152 Anm. a. – Der Vollständigkeit halber ist noch anzufügen der Thymiterionständer aus Eleusis aus dem 3. Jh. n. Chr. mit der Dedikation Διονύσωι παραπαίζοντι (ΑρχΔελτ 8, 1923, 171 ff.). – Das sind wohl spätere Einflüsse, bedingt durch die Identifikation von Iakchos und Dionysos.

Dionysien von Eleusis bezieht[38]; wenn dazu eine in Eleusis aufbe-
wahrte Dedikation an Dionysos aus dem Ende des vierten Jahrhunderts tritt, ist doch ungewiß, ob diese vereinzelte Inschrift nicht aus
dem Dionysion von Eleusis stammt[39]. Bezeichnend für das Verhältnis
von Dionysos zu den Göttinnen scheint vielmehr eine zu den Dionysien gehörende Inschrift zu sein, die Ehrenurkunde für den thebanischen Musiker Damasias aus der Mitte des vierten Jahrhunderts.
Damasias hatte an den Dionysien zwei Chöre für Demeter, Kore und
Dionysos (in dieser Reihenfolge genannt) aufgestellt und wurde dafür
geehrt ‚wegen seiner Frömmigkeit gegenüber den beiden Göttinnen'[40]: Die in Eleusis allgegenwärtigen Göttinnen machen Dionysos
selbst an seinem eigenen Fest den ersten Platz streitig[41]. Diesem Zu-
rücktreten des Dionysos zusammen mit seiner eigenen, eng begrenzten
Funktion im Ritual wird Iakchos, trotz der Wesensverwandtschaft und
der daraus resultierenden Identifikation mit Dionysos in Literatur und
bildender Kunst, die Bewahrung seiner Eigenständigkeit bis fast ans
Ende der antiken Welt verdanken.

§ 4 Dionysosgeburt in Agrai?

Wird so deutlich, daß von einem frühen Einfluß des Dionysoskultes
auf die großen Mysterien – sei es direkt, sei es durch orphische Vermittlung – zumindest auf der Ebene des Rituals keine Rede sein kann

---

[38] IG II² 1186 (vor Mitte 4. Jh.).
[39] IG II² 4604 Δημονίκη Αἰσχραίου Πιθέως | θυγάτηρ Διονύσωι ἀνέθηκεν.
   Als Fundort wird Eleusis ohne weitere Spezifikation angegeben. – Das Dionysion in Eleusis ist, soweit ich sehe, IG II² 1186, 32 (vor Mitte 4. Jh.) zuerst
   bezeugt; zu den Dionysien in Eleusis vgl. Deubner 137.
[40] IG II² 1186, 23 f.
[41] Vgl. P. Foucart, REG 6, 1893, 340. Deubner 137 („Es war sehr nahe liegend,
   daß man beim Feste des Dionysos auch den Hauptgottheiten des Ortes Re-
   verenz erwies"). – Die Verbindung von Daduch, Epimeleten und Epistaten
   mit den Lenäen (oben II 2 Anm. 14), von Epimeleten und Epistaten mit den
   Dionysien im Piräus (ibid.), des Hierokeryx mit den Anthesterien ([Demosth.]
   59, 78) und des Dionysos mit den beiden Göttinnen an den Haloen (Schol.
   Luc. dial. meretr. 2, 1; vgl. aber IG II² 949, 7; 1299, 9) erlauben keine Rückschlüsse auf die Mysterien.

(womit freilich nichts für oder gegen späte derartige Einflüsse gesagt
sein soll[1]), so wurde jüngst für die kleinen Mysterien zu Agrai eine
rituell dargestellte Geburt des orphischen Dionysos-Zagreus postuliert.
Frau Simon, welche diese Hypothese aufstellte[2], stützte sich dabei auf
die Darstellung der bekannten attisch-rotfigurigen Pelike des Kertscher
Stils, welche, in Südrußland gefunden, sich heute in Leningrad befindet[3]. Die auf der einen Seite dieses Gefäßes gemalte Szene (das
eleusinische Bild der andern Seite beschäftigte uns im letzten Ab-
schnitt) spielt um eine mit goldenen, sternförmigen Blumen bewachsene Grotte, auf der eine Frau im langen Himation sitzt, die linke
Brust entblößt, auf dem reichen Haar einen Blätterkranz; in jeder
Hand hält sie senkrecht eine brennende Fackel. Aus der Grotte taucht
eine junge Frau auf, sichtbar bis unter die Knie, deren linkes in Schritt-
bewegung abgewinkelt ist; sie trägt einen reichen ärmellosen Chiton,
Goldschmuck und im langen Haar einen Efeukranz. Mit beiden Händen reicht sie dem von rechts zugreifenden Hermes, kenntlich an
Chlamys und Petasos, ein in eine Nebris eingewickeltes Kind, das mit
Efeu bekränzt ist[4]. Neben Hermes steht Athena in Helm und Aegis,
die Rechte mit dem Speer hinter dem Bruder ausgestreckt, mit dem
Schild in der Linken sich nach rechts deckend. Rechts oben steht auf
einer zweiten Bildebene Hera neben dem thronenden Zeus; eine Nike
fliegt von Zeus zu Athena und Hermes, in der ausgestreckten Rechten
einen jetzt nicht mehr sichtbaren Kranz. Vor dem Herrscherpaar, aber
auf der unteren Bildebene, sitzt auf einem mit einem Tuch bedeckten

---

[1] Als Beispiel solchen Einflusses kann vielleicht an die Inschriften CIL 6,
1779 f., oben II 3 Anm. 37, sowie an den an derselben Stelle zitierten Thymia-
terionständer erinnert werden. Zu möglichen Veränderungen im Eleusis der
Spätzeit vgl. Wilamowitz GdH 2, 472. Nilsson GGrR 2, 348 ff.

[2] Simon AntKu 9, 78 ff., wiederholt Gn 42, 1970, 710, aufgenommen von Kann-
nicht 2, 332; Beazley Par. 496. Vgl. Guépin 280 ff.

[3] Leningrad, Ermitage 1792 St. Bibliographie bei J. N. Svoronos, JIAN 4,
1901, 311 ff. Metzger Repr. 244 Nr. 11 (bis 1951). J. Zwicker, Plutos, RE 21,
1049 f. Beazley ARV² 1476, 1. Par. 496; dazu Schefold UKV 40 Nr. 368 und
pass., T. 35, 2. FR T. 70. Neue Aufnahmen Simon AntKu 9 T. 18. – In den
Bibliographien zu ergänzen Farnell 3, 253 ff.

[4] Der Kopf des Kindes ist sehr undeutlich, da die weiße Farbe abgesplittert ist
bis auf einige Reste; doch hat der Maler weiß außer für Marmor allein für
entblößte Körperteile verwendet, vgl. L. Stephani, CR Petersburg 1859, 53.

Omphalos eine tympanonschlagende junge Frau in reicher Gewandung. Ganz links, neben der Sitzenden mit den beiden Fackeln, lehnt eine weitere weibliche Gestalt, in ihr Gewand gehüllt, die Haare durch ein Band zusammengehalten.

Frau Simon deutet dieses isolierte Bild [5] als Darstellung der Geburt des Dionysos-Zagreus, von dessen Leben und Leiden die orphische Dichtung erzählte. Indem sie dann aus der Nachricht des Stephanos von Byzanz, die kleinen Mysterien seien ein μίμημα τῶν περὶ τὸν Διόνυσον [6], einen Hinweis auf die rituelle Darstellung der Dionysospassion in den kleinen Mysterien herausliest, diese Deutung auch durch die Prädominanz von Persephone, der Mutter des Dionysos-Zagreus, in Agrai bestätigt sieht, verbindet sie das Bild der fraglichen Pelike mit den kleinen Mysterien, dasjenige auf der andern Seite derselben Vase, welches uns oben kurz beschäftigte, mit den großen. Diese Deutung, welche die weitgehende Abhängigkeit eines Rituals im Umkreis der eleusinischen Mysterien von orphischer Dichtung voraussetzt, verdient eine eingehende Prüfung.

Allerdings wird die Interpretation des zur Diskussion stehenden Vasenbildes durch verschiedene Einmaligkeiten erschwert. Zur Singularität der Darstellung tritt, daß im Gegensatz zu dem sonst auf Vasen des Kertscher Stiles Üblichen beide Seiten der Pelike ein ausgefeiltes vielfiguriges Bild tragen, so daß sich keine Vorder- und Rückseite bezeichnen läßt, während auch auf der andern bekannten Pelike desselben Malers, der sogenannten Themispelike [7], die Rückseite mit einer höchst geläufigen dionysischen Szene bemalt ist [8]. Auch unterscheiden sich das Hauptbild der Themispelike und die eleusinische Darstellung unseres Gefäßes dadurch von gleichzeitigen Vasenbildern, daß es nicht bloße Daseinsbilder sind [9], sondern Szenen, die sich auf eine bestimmte literarische Vorlage zurückführen lassen: das Hauptbild der Themispelike wurde schon von Strube auf den Anfang der ‚Kyprien‘, die Unterredung Zeus-Themis, welche dem trojanischen

---

5 Zu einer möglichen, heute allerdings verschollenen, verwandten Darstellung unten Anm. 29.
6 Steph. Byz. s. v. ῎Αγρα.
7 Beazley ARV² 1476, 2. 1695. Par. 496; beste Abb. FR T. 69.
8 A. Furtwängler, FR 2, 46, vgl. Abb. 21 auf S. 47.
9 Vgl. jedoch A. Furtwängler, l. c. 55.

Krieg vorausgeht, gedeutet [10]; die Gegenseite unserer Vase ist durch
Frau Simon überzeugend als Darstellung der Unterredung Demeter-
Rhea interpretiert worden [11], in deren Verlauf dem homerischen Demeterhymnus zufolge Demeter veranlaßt wird [12], von ihrem Groll ab-
zulassen, das Getreide keimen zu lassen (repräsentiert durch Triptolemos), und die Mysterien einzusetzen (repräsentiert durch Eumolpos,
den Protomysten Herakles [13] und, möchten wir hinzufügen, durch
Iakchos, den Geleiter der athenischen Mysten). Als letzte Besonder-
heit kommt dazu, daß die Funde aus den südrussischen Gräbern meist
repräsentativ sind für Glaubensvorstellungen der Begrabenen [14], in
unserem Fall einer reichen Dame [15]. Die eleusinische Szene der einen
Seite unserer Pelike stellt sich zu den andern zahlreichen Belegen für
eine außerordentliche Beliebtheit der demetrischen Kulte in Südrußland [16]; ob das auch für die andere Seite, die uns jetzt beschäftigende,
gilt – das ist die Ansicht von Frau Simon – wird sich in der Interpretation erweisen müssen.

Da die Darstellung seit der Erstpublikation der Pelike im Jahre
1859 [17] Gegenstand zahlreicher Arbeiten und Objekt von meist sehr

10 C. Strube, Studien über den Bilderkreis von Eleusis, Leipzig 1870, 86 Anm.;
vgl. A. Furtwängler, l. c. 46 ff. Simon AntKu 9, 73 f.
11 Simon AntKu 9, 72 ff. – Demgegenüber hatte es Mylonas 210 f. AEφ 1960,
98 f. wenig überzeugend auf die Initiation des Herakles bezogen.
12 Hom. h. Cer. 459 ff. – Angefügt wäre die Triptolemosepisode, die im Hymnus
ohne Vorbild ist, ebenso der Hinweis auf die Initiation des Herakles und
auf Iakchos.
13 Haben die bosporischen Fürsten in Herakles, dem ersten eingeweihten Nicht-
Athener (Xen. hell. 6, 3, 6. Aristid. or. 22, 4. vgl. Apollod. 2, 5, 12 [122].
Plut. Thes. 33, 16 A), wohl ihren mythischen Vorgänger gesehen? Das würde
das Vorkommen der Trias Demeter-Kore-Herakles auf den Brustplättchen der
,Demeterpriesterin‘ von Taman (CR Petersburg 1865, 50) erklären.
14 Schefold UKV 148 f. A. A. Peredolskaja, Attische Tonfiguren aus einem südrussischen Grab, AntKu, Beiheft 2, 1964; vgl. R. Lullies, Gn 38, 1966, 402 ff.
15 L. Stephani, CR Petersburg 1859, 11 f. M. Rostowzeff, Skythien und der Bos-
porus, 1, Berlin 1931, 178 ff.
16 Hdt. 4, 53, 6 bezeugt ein Demeterheiligtum in Olbia, Münzen dieser Stadt
führen Demeter im Bild. Die Funde der letzten Zeit bestätigen Demeters Beliebtheit in der Kornkammer Südrußlands, vgl. APh 30, 1959, 323. 324 f. 31,
1960, 451. 35, 1964, 361. 39, 1968, 463.
17 L. Stephani, CR Petersburg, 1859, 32 ff. id., Die Vasensammlung der kaiser-

scharfsinnigen Konstruktionen gewesen ist, sei es erlaubt, die früheren
Deutungen vor der eigentlichen Besprechung Revue passieren zu lassen. Gerade an ihrer Diversität zeigt sich nämlich, wie problematisch
die Interpretation solch isolierter Zeugnisse ist, eine Problematik, wie
sie den Themenkreis um die eleusinischen Mysterien und die Orphik
immer wieder belastet[18].

Ausgehend von den unübersehbaren Hinweisen auf Dionysisches
einerseits, anderseits von der Hypothese, daß sich die Darstellung auf
den eleusinischen Kult beziehen müsse, da auf der Gegenseite eleusinische Thematik behandelt sei, hat L. Stephani, dem das Verdienst der
umsichtigen Erstveröffentlichung zukommt, das vorliegende Bild als
Darstellung des Anodos der Kore mit dem Iakchoskind gedeutet; ähnlich sahen E. Gerhard, A. Furtwängler und K. Schefold im Kind den
eleusinischen Iakchos, in der auftauchenden Frau hingegen Gaia[19]. Als
Beleg für das Vorkommen des Dionysos in Eleusis beanspruchten
H. Metzger und K. Kerényi die Kertscher Pelike, wobei ersterer darin
ein Zeugnis für das Eindringen dionysischer Elemente in den eleusinischen Kult des vierten Jahrhunderts, letzterer für die ursprüngliche
Anwesenheit des Dionysos in Eleusis sehen wollte[20]. M. P. Nilsson
schließlich bezeichnet die Darstellung als Resultat einer Kontamination
zwischen der Vorstellung der Plutosgeburt und derjenigen des Dionysos Liknites, nachdem er ursprünglich die Plutosgeburt dargestellt gesehen hatte[21]; seiner modifizierten Deutung folgte H. Möbius[22].

Demgegenüber völlig von Dionysischem absehend, hatte schon
O. Kern das Bild als Darstellung der Plutosgeburt bezeichnet; ihm

---

lichen Ermitage, Leningrad (St. Petersburg) 1869, 2, 320 ff. Nr. 1792.

[18] Angesichts der Diversität der Ansichten kann man Foucart Mem. 4 verstehen:
„Il faut écarter résolument cette classe de documents (die bildlichen Darstellungen), sous peine d'encombrer la science d'erreurs et de rêveries sans
consistance".

[19] L. Stephani, 1. c. E. Gerhard, Über den Bilderkreis von Eleusis, Abh. Ak.
Berlin 1862, 267 f. (KlSchr 2, Berlin 1868, 330 f.) A. Furtwängler, JdI 6, 1891,
121 f., id. FR 2, 51 ff. Schefold UKV 41.

[20] Metzger BCH 68, 331 ff. id., Repr. 244. Kerényi (1962) 148 ff.

[21] Kontamination: Nilsson Op. 2, 568 f. Die Antike 18, 1942, 224. GGrR 1, 318.
– Plutos: id., The Minoan-Mycenaean Religion, Lund ²1950, 559 ff.

[22] H. Möbius, AM 60/61, 1935/36, 255 Anm. 6.

folgten M. P. Nilsson, C. Picard, O. Walter und F. Wehrli [23]. Umgekehrt jede Verbindung mit Eleusis ablehnend, hatte C. Robert die
Szene als Überreichung des Semelesohnes Dionysos an Hermes durch
die Nymphe Dirke bezeichnet; ihm schloß sich H. Philippart an [24].
G. Mylonas bezeichnete sie als Dionysosgeburt, ohne aber eine Beziehung zu Eleusis herzustellen [25]. C. Strube schließlich deutete das
Bild auf die Geburt des Erichthonios [26], J. N. Svoronos gar sah kein
Kind, sondern einen Sack in den Armen der auftauchenden Frau und
deutete die Darstellung als Überbringung der Hiera durch die Orts-
nymphe Eleusis [27].

Keinem Zweifel sollte es unterliegen, daß das Hermes überreichte
Kind wirklich Dionysos ist. Das bezeugt schon das Rehfell, worin es
eingewickelt ist; ein Panther- oder Rehfell hält Hermes über den
Armen auf einer Darstellung der Schenkelgeburt des Dionysos, eine
Nymphe aber auf derjenigen der Übergabe des Dionysoskindes an die
Nymphen, bereit, den Säugling darin einzuwickeln [28]; auf dem Innenbild einer heute verlorenen Schale überreicht eine Nymphe dem Hermes ein in eine Nebris gewickeltes Kind [29]. Dionysisch ist auch der
Efeu, den Kind und Überbringerin im Haar tragen: ähnlich bekränzt
sind Nymphe und (diesmal) Satyrkind auf einem rotfigurigen Stamnos
in Warschau [30]. Die tympanonschlagende Frau weist zwar durch ihren

---

[23] Kern, GrMyst 67 (= ElBtr 9). C. Picard, BCH 55, 1931, 35. O. Walter,
OeJh 30, 1937, 65. Wehrli, ARW 31, 93; zu Nilsson vgl. Anm. 21.

[24] C. Robert, Archäologische Märchen, Berlin 1886, 184 f. H. Philippart, RBPh
9, 1930, 16 f.

[25] Mylonas 211 f., id. AEφ 1960, 110 ff.

[26] C. Strube, op. cit. (s. Anm. 10), 79 ff.

[27] J. N. Svoronos, JIAN 4, 1901, 312 ff. Vgl. Farnell 3, 253 ff., der geneigt ist,
Svoronos zu folgen.

[28] Dionysosgeburt: Relief im Vatikan, Helbig – Speier 1 Nr. 91; Cook 3, 84
Abb. 27. – Überreichung: Reliefvase in Neapel, H. Heydemann, HWPr 10,
1885, 25. – Vgl. Nonn. Dion. 48, 864.

[29] Gezeichnet bei W. Tischbein, Collection of engravings from ancient vases 3,
Neapel 1795, T. 8 (S. Reinach, Répertoire des vases peints grecs et étrusques 2,
Paris ²1924 [¹1900], 310, 5).

[30] Stamnos Warschau 142. 465, ARV² 1019, 82; abg. u. a. bei Deubner T. 21, 2,
der das Kind S. 130 irrtümlich als Liknites bezeichnet: Stumpfnase und Spitz-
ohren des Satyrs sind deutlich.

Sitzplatz, einen Omphalos[31], in die Kulte der Großen Mutter[32], das
Instrument ist aber in den Händen der Mänaden ebenso verbreitet wie
in denen der Rhea-Kybele[33].

Crux der Interpretation ist die Benennung der auftauchenden Frau.
Kaum ist es Gaia[34], welche viel matronaler und häufig im Vergleich zu
den übrigen Figuren größer dargestellt ist[35]; auch der Efeukranz im
Haar verbietet eine solche Deutung. Vielleicht darf an Persephone gedacht werden (die strenge Gewandung könnte dafür sprechen), jedenfalls erscheint die Zuordnung zu chthonischen Mächten gegeben[36]: so
tauchen auf den Vasenbildern des fünften und vierten Jahrhunderts
Gaia[37], Persephone[38], Pandora[39], die Giganten[40] und Erinyen[41] aus

31 Vgl. H. V. Herrmann, Omphalos, Münster 1959, 112 (nicht mit Sicherheit);
   bestimmt Simon AntKu 9, 76 nach neuen Aufnahmen.
32 H. V. Herrmann, op. cit. 100 ff. – Vgl. aber H. Bielefeld, Wiss. Ztschr. Univ.
   Greifswald 1, 1951/52, 2/3, 10, der den Omphalos Hestia als einziger weiblichen Göttin geben wollte.
33 Tympana im Kybelekult: vgl. die Weihreliefs klassischer Zeit in Berlin,
   K 106–110, C. Blümel, Katalog der griechischen Skulpturen des fünften und
   vierten Jahrhunderts (Staatl. Museen zu Berlin III), Berlin 1928, K 106 ff.
   (id., Die klassisch-griechischen Skulpturen der staatlichen Museen zu Berlin,
   Berlin 1966, führt nur zwei Exemplare an, Abb. 118. 128); im Dionysoskult
   häufig, vgl. die Vasen bei Schefold UKV T. 2, 1. 27, 3. 31, 4. 37, 1; die Einführung des Tympanon aus dem Kult der Großen Göttin in denjenigen des
   Dionysos erzählt Eur. Bacch. 120 ff., vgl. Dodds Bacch. 83 f. – Merkwürdig
   ist die der Tympanonspielerin der Kertscher Pelike verwandte der Tyskiewicz-
   Hydria, Kat. Exkurs I Nr. 13.
34 Gaia nach C. Strube, op. cit. (s. Anm. 10) 88. Nilsson GGrR 1, 318 (vgl.
   Op. 2, 568). Kerényi (1962) 148. (‚mit Blumen bekränzt‘). – Nach C. Robert
   op. cit. (s. Anm. 24) 184. Metzger Repr. 103 ist es die Nymphe Dirke, nach
   Simon AntKu 9, 80 vielleicht die interirdische Nymphe Styx.
35 Zum Typus der Gaia vgl. die unten Anm. 37 zusammengestellten Bilder.
   L. Stephani, l. c. (Anm. 17) nennt die Auftauchende unserer Pelike ‚jeune
   femme‘.
36 A. Furtwängler, FR 2, 60. Vgl. Simon AntKu 9, 80. – Das schließt Dirke
   (Anm. 34) wohl aus.
37 Vgl. den Kelchkrater Neapel 2883, Frg., ARV² 1338, sowie die Geburtsdar-
   stellungen Anm. 45.
38 Gesammelt und besprochen bei Nilsson, Op. 2, 611 ff.
39 Vgl. Amphora London F 147, Cook 3 T. 34. Volutenkrater Oxford 525,
   ARV² 1562, 4. Vgl. auch Volutenkrater Ferrara T 579, ARV² 612, 1. – Vgl.
   E. Simon, Pandora, EAA 5, 930 ff.; gegen die etwa von Nilsson Op. 2, 620

der Erde. Daß die mit Efeu bewachsene Grotte einen Unterweltsein-
gang bedeuten kann, geht aus Anodosbildern hervor, deren eines zweifelsfrei auf Persephone zu beziehen ist [42]; an die nysäische Grotte zu
denken, macht schon die Handlung – Hermes erhält das Kind, er gibt
es nicht ab – wenig wahrscheinlich [43]. Die Deutung der Grotte als
Hadeseingang erklärt zudem die über der Grotte Sitzende mit den
beiden Fackeln: es ist Hekate, Mittlerin zwischen Diesseits und Jenseits [44].

Dargestellt ist also, wie eine junge, wohl chthonische Göttin das
Dionysoskind Hermes überreicht; daß dieses Bild einem solchen der
Geburt gleichkommt, bezeugen die Darstellungen von Plutos- und
Erichthoniosgeburt [45]. Die Deutung der verhüllten weiblichen Gestalt

ausgesprochene Deutung der Pandora als Erdgöttin wandte sich E. Buschor,
SBMünchen 1937, 22 ff.

[40] Spätrotfig. etwa Kelchkrater Neapel 2883, ARV² 1338. Apul. Krater in Leningrad 523 St., Cook 3 T. 8, in Bari 4399, JdI 55, 1940, 97 Abb. 6 f., vgl. F.
Vian, Giganti, EAA 3, 893 f.

[41] Vgl. die folgenden italischen Darstellungen von Orest in Delphi: Volutenkrater
Leningrad 523 St. (FR 3, 366 Abb. 175). Glockenkrater Louvre K 170 (FR
T. 120, 3). Volutenkrater Neapel H. 3249 (FR T. 179). Auf der Mehrzahl der
italischen und allen attischen Darstellungen des Themas entsteigen die Erinyen
allerdings nicht dem Boden (vgl. die Liste bei Brommer VL² 324 f.).

[42] Krater Dresden, ARV² 1056 (vgl. Nilsson GGrR 1 T. 39, 1). – Daneben Krater
Berlin, ARV² 1443, Metzger Repr. T. 5, 5 (Anodos eines jungen Gottes). Krater Hope, Metzger Repr. T. 35 (Anodos der Aphrodite?).

[43] Zur Grotte des Dionysos vgl. Kallixenos FGrHist 627 frg. 2, 31. Porph. de
antr. 20. Paus. 3, 24, 4 (spartanische Konkurrenzsage). – Eine Reminiszenz an
die Grotte unseres Vasenbildes werden wir auch auf dem Anm. 29 genannten,
verschollenen Schaleninnenbild sehen: der höher stehende Hermes bückt sich
einer aufsteigenden, aber ganz sichtbaren jungen Frau entgegen, welche ihm
ein Kind reicht; hinter ihr bildet eine Efeuranke einen grottenähnlichen
Bogen.

[44] L. Stephani, l. c. (s. Anm. 17) 56. Mylonas 212. id., AEφ 1960, 112. Simon
AntKu 9, 82. Vgl. die Hekatebilder des Krater del Vlasto, New York 28. 57.
23, ARV² 1012, 1, und der Hydria London E 183, ARV² 1191, 1 (Namensbeischrift), Simon l. c. Anm. 54. Zur Problematik der Benennung vgl. T. Kraus,
Hekate, Heidelberg 1960, 92 f. – Kore nannten sie Nilsson Op. 2, 565. GGrR
1, 318. Metzger Repr. 103 (fragend). O. Walter, OeJh 30, 1937, 65. Schefold
UKV 42. Kerényi (1962) 149.

[45] Plutosgeburt: Hydria aus Rhodos in Istanbul, Kat. Nr. 9. – Geburt des Erich-

ganz links, welche auch der Geburt des Plutos beiwohnt[46], als Eileithyia und der Hinweis auf die Funktion Hekates als Geburtsgöttin
erscheinen so naheliegend[47], die Verbindung dieses Kindes mit chthonischen Gottheiten also gerechtfertigt.

Nach griechischer Überlieferung ist der chthonische Dionysos Sohn
von Zeus und Persephone[48]. So erklärt sich die Gegenwart von Zeus,
der allerdings auch Vater des Semelesohnes ist; nicht ohne Bedeutung
ist es auch, daß Athena ihren Schild in Richtung der Stiefmutter
Hera[49] hält, wird diese doch nach allen bekannten Sagen dem Diony-
soskinde nachstellen[50].

Die Annahme, das Bild beziehe sich auf den orphischen Mythos von
Dionysos, hänge mithin von einem Gedicht des Orpheus ab, liegt so
tatsächlich nahe. Eine Alternative scheint unbekannt, und der entsprechende Mythos lag nicht erst Kallimachos und Euphorion[51], sondern
wohl schon dem anonymen Dichter jener dem Orpheus zugeschriebenen Verse vor, welche im Papyrus aus Derveni kommentiert werden[52], und wahrscheinlich schon Pindar[53]. Man mag sich fragen, ob

thonios: die Darstellungen bei Cook 3, 181 ff., vgl. G. Becatti, Erittonio, EAA
3, 419 f.

[46] S. die vorige Anm.

[47] Simon AntKu 9, 82 mit dem Hinweis auf Paus. 1, 18, 5. – Meist wurde sie als
Füllfigur verstanden, vgl. L. Stephani, l. c. (Anm. 17) 65 (Eleusis?); Farnell 3,
253. Nilsson Op. 2, 565, Kerényi (1962) 149 nennen sie Demeter, doch ist sie
m. E. zu wenig matronal.

[48] Hsch. Suid. Phot. Et. M. s. v. Ζαγρεύς; Harpocrat. s. v. λεύκη.

[49] Zur Deutung Nilssons Op. 2, 565 (Theos-Thea) vgl. Simon AntKu 9, 79.

[50] Heras Nachstellung gegenüber Semele braucht wohl keine Belege; gegenüber
dem Persephonesohn vgl. Kern Orph. frg. 107 S. 173 (Olympiod.). 210
S. 230 (Nonn. abb.). 214 S. 234 (Firm. Mat). Nonn. Dion. 6, 171. – Vgl. außerdem die merkwürdigen Nachrichten Eur. Cycl. 3 f. Plat. legg. 2, 672 B.

[51] Callim. frg. 43, 117. 643 (vgl. F 35); Euphorion frg. 13 (vgl. F 35).

[52] Col. 22 (Αρχ∆ελτ 19, 1964, 25) wird nach Orpheus des Zeus Inzest mit
Rhea-Demeter erwähnt, an den sich nach späteren Zeugnissen die Verbindung
von Zeus mit Persephone und die Geburt des Dionysos anschloß: so, nach
Orpheus, Athenag. pro Christ. 32 (p. 42 Schwartz = Orph. frg. 59; vgl. 57 f.),
ohne Nennung der Quelle Clem. protr. 2, 15 f. (vgl. Arnob. adv. nat. 5, 20 f.);
Iulian. ap. Cyrill. cont. Iul. 2, 44 (p. 568 B Migne); Nonn. Dion. 5, 562 ff. et
pass.

[53] Pi. frg. 133. Vgl. H. J. Rose, in: Greek poetry and life. Essays presented

das Vasenbild wirklich auf eine literarische Schöpfung zurückgehe:
doch liegt diese Annahme angesichts der beiden andern Bilder desselben Malers, die beide auf eine homerische Vorlage zu beziehen sind,
eigentlich nahe, und sucht man nach einem Dichter, der Homer an
Autorität gleichkommt, bleibt in diesem Zusammenhang nur Orpheus.
Freilich ist in der für uns faßbaren orphischen Überlieferung die Geburt des Dionysos für den Mythos nicht von derselben zentralen Bedeutung wie das auf der Themispelike und auf der eleusinischen Seite
unserer Pelike dargestellte Geschehen für die Troja- und Eleusis-
mythologie [54], und gerade die auftauchende Frau kann nicht sicher
benannt werden: die im angetönten Zusammenhang geforderte Benennung als Persephone wird durch den Efeukranz gestört, wenn auch
nicht verunmöglicht.

Eine andere Frage ist die Zuweisung dieses von Orpheus dichterisch
geformten Mythos an einen bestimmten Kult, für den er hätte von
Bedeutung sein können. Abgesehen von einem orphischen Dionysoskult, dessen Existenz und Abhebung von einem nichtorphischen Kult
des Dionysos in vorhellenistischer Zeit problematisch bleiben muß [55],
können zwei mögliche Beziehungen angeführt werden: da der Sohn
von Zeus und Kore auch Sabazios [56] und Iakchos [57] heißen kann, sind
der Sabazioskult und die eleusinischen Mysterien denkbar. Doch sind
beide Genealogien wohl kaum mehr als Frucht theologischer Systema-

to G. Murray, Oxford 1936, 79 ff. id., HThR 36, 1943, 247 (Replik
auf die Kritik von Linforth 348 ff.), vgl. weiter Dodds 155 f. Fauth 2238 f.
Guépin 231 f. – Weitere frühe Anspielungen: zu Hdt. Buch 2 vgl. G. Murray
bei J. E. Harrison, Themis, Cambridge ²1927, 342 f.; Plat. Phd. 62 B (vgl.
Crat. 400 C) nach Xenocr. frg. 20, legg. 2, 672 B. 3, 701 B.

54 Es sei denn im Hinblick auf die orphische Anthropogonie, die explizite erst
bei Olympiod. in Plt. Phd. 61 C (F 220) ausgeführt, aber vielleicht schon
Pi. frg. 133 vorausgesetzt ist, vgl. vorige Anm. und die ausgezeichnete Er-
örterung von Dodds 155 f.

55 Oben I 1 Anm. 35.

56 Diod. 4, 4, 1; Lyd. de mens. 4, 51 (der Verweis auf Terpander ist unrichtig,
PMG p. 363); vgl. Clem. protr. 2, 16, 2 mit Schol. (p. 309, 9 Stählin). – Vgl.
aber Cic. nat. 3, 58, demzufolge die Sabazia dem Dionysos, Sohn des Cabirus
(zu dieser alten Emendation vgl. Pease ad. loc. 2, 1122) gefeiert werden.

57 Arrian. anab. 2, 16, 3; noch deutlicher Schol. vett. Ar. ran. 324; Tzetz. Ar. ran.
316 und die Scholien zu Eur. Or. 964, Troad. 1230, Pi. I. 7, 3 (κατά τινας).

tisation: werden Sabazios und Iakchos als Formen des Dionysos verstanden, die aber zugleich von ihm abgehoben werden sollen, bietet sich als Alternative zur thebanischen Genealogie die orphische an [58].

Jedenfalls führt nichts auf eine Beziehung des Mythos zu den Mysterien in Agrai. Der Auffassung der eingangs zitierten Stelle aus Stephanos, daß durch sie pantomimische Darstellungen der Dionysospassion bezeugt würden [59], ist schon in der Mitte des letzten Jahrhunderts eine weit weniger spekulative entgegengesetzt worden: die kleinen Mysterien hätten den Gewährsmann des Stephanos an die dionysischen Riten erinnert, was er im Sinne einer Abhängigkeit Agrais vom Dionysoskult gedeutet habe [60]. Beim Fehlen jedes andern Belegs für Dionysos in Agrai scheint der Aussage des Stephanos gegenüber Zurückhaltung wirklich geboten; es müßte auch erst abgeklärt werden, ob im Metroon von Agrai solche dramatische Darstellungen überhaupt möglich waren [61]. Ob sich eine rituelle Darstellung der Dionysosgeschichte überhaupt mit der Einschätzung der kleinen Mysterien als προκάθαρσις und προάγνευσις [62], ja als διδασκαλία (doch wohl im Gegensatz zum παθεῖν der großen Mysterien) [63] vereinbaren ließe, erscheint auch sehr fraglich.

---

[58] In Umrissen ist noch eine dritte Tradition zu erkennen, die Iakchos zumindest zum Brustkind Demeters machte, siehe Exkurs III Anm. 21.

[59] Steph. Byz. s. v. ῎Αγρα, vgl. A. Mommsen, Feste der Stadt Athen, Leipzig 1898, 409. Foucart 292. Kern RE 1225. Noack 231 Anm. 1. Deubner 70. Guépin 280 ff.; vgl. Kerényi (1962) 65.

[60] E. Gerhard, Abh. Akad. Berlin 1858, 175 (= KlSchr 2, Berlin 1868, 175 f.); vgl. H. Möbius, AM 60/61, 1935/36, 254. Nilsson GGrR 1, 669. M. Jameson, BCH 89, 1965, 162 Anm. 6. – Mylonas 241 denkt nach D. N. Goudis, Τὰ μυστήρια τῆς ᾽Ελευσῖνος, 1935, 29 Anm. 2 (non vidi) an Theateraufführungen „in imitation of the representations held in honor of Dionysos (in his theatre)".

[61] Im ionischen Tempelchen am Hang des Ardettos, in dem die communis opinio das Metroon erkennen will (etwa Judeich, Topographie von Athen, München ²1931, 420 f.), waren sie jedenfalls unmöglich (vgl. Nilsson, GGrR 1, 668 Anm. 10), doch ist die Zuschreibung hypothetisch (vgl. H. B. Dinsmoor, Hesp. Suppl. 5, 1941, 160 Anm. 339). Travlos 112 will dem Metroon ein 1962 entdecktes Fundamentfrg. näher am Ilissos zuschreiben, doch bleiben systematische Grabungen abzuwarten.

[62] Schol. Ar. Plut. 845, vgl. Clem. Strom. 4, 3, 1. 5, 71, 1. Iambl. protr. 2, 20.

[63] διδασκαλία Clem. Strom. 5, 71, 1, demgegenüber Aristot. frg. 15.

Daß anderseits Kore in Agrai die Hauptgottheit war, ist nur Behauptung einer späten, systematisierenden Theologie, welche die Zweiteilung große-kleine Mysterien mit der Zweiteilung Mutter-Tochter zusammenfallen ließ [64]. Auch die kleinen Mysterien werden als die Demeters bezeichnet [65], sie wurden im Heiligtum der mit Demeter gleichgesetzten Μήτηρ ἐν Ἄγρας, im Metroon von Agrai, gefeiert [66], wobei die Priesterin der Demeter eine kultische Funktion ausübte [67]. Wenn umgekehrt laut Duris von Samos Demetrios Poliorketes nach Athen kam, „um die ehrwürdigen Mysterien der Kore zu feiern" [68], wollte er sich nicht nur in Agrai einweihen lassen, Ziel seiner Bemühungen war die Initiation in Eleusis [69].

Eine direkte Beziehung zwischen den kleinen Mysterien, dem Zerreißungsmythos des Dionysos-Zagreus und der Geburtsdarstellung der Kertscher Pelike läßt sich also nicht herstellen: das Vasenbild hängt zwar wahrscheinlich von der orphischen Dionysosdichtung ab, hat aber mit Agrai nichts zu tun. Bemerkenswert aber ist, daß auf einer in Athen hergestellten, in Südrußland gefundenen Pelike einem eleusinischen Bild, das sich als Illustration des homerischen Demeterhymnus verstehen läßt, ein Bild dionysischer Thematik gegenübersteht, welches von einem orphischen Dionysosgedicht abhängt. Das muß nicht mehr bedeuten, als daß der Vasenmaler die beiden Gottheiten, welche beide für die menschliche Zivilisation bedeutsam waren [70], mit den ihnen eigentümlichen Mythen auf derselben Vase vereinen wollte: ein

---

[64] Hipp. ref. 5, 8, 43; Schol. min. Ar. Plut. 845 (vgl. aber Schol. RV und Tzetz. ad. loc.). – An dieser Verteilung halten aber fest noch in jüngster Zeit Mylonas 240. Kerényi (1962) 65. Fauth 2265.

[65] Diod. 4, 14, 3. Himer. 47, 4. Ael. Dion. α 24, Paus. Att. α 20 Erbse.

[66] Vgl. Kleidemos FGrHist 323 frg. 9, Ael. Paus. ll. cc.; wichtig ist H. Möbius, AM 60/61, 1935/36, 234 ff. (vgl. aber Nilsson, GGrR 1, 668 Anm. 10), zur Namensform P. Chantraine, Cl&M 17, 1956, 1 ff., RPh 40, 1966, 37 ff.; G. Daux, BCH 87, 1963, 624 f.

[67] LSS 3 C 5 = IG I² 6, 99.

[68] Τὰ σεμνὰ τῆς Κόρης μυστήρια Duris FGrHist 76 frg. 13.

[69] Vgl. dazu Plut. Demetr. 26, 900 E; Kerényi (1962) 63.

[70] Zu Demeters zivilisatorischer Bedeutung vgl. oben I 4, unten IV 2; zu der des Dionysos Prodikos VS 84 B 5, bes. aber Diod. 4, 1, 6 und pass., vgl. Jeanmaire 363 ff.

solches Gegenüber dionysischer und demetrischer Thematik steht nicht allein[71], singulär freilich ist die enge Abhängigkeit von einer bestimmten literarischen Gestaltung des Mythos. Das aber heißt, daß für den Dionysoskult das Gedicht des Orpheus über Geburt und Zerreißung des Dionysos ebenso repräsentativ sein konnte wie für den eleusinischen Kult dasjenige Homers über Demeters Aufenthalt in Eleusis: von daher kann vielleicht jene Nachricht neu beleuchtet werden, daß Orpheus der Erfinder der dionysischen τελετή gewesen sei[72]. Mit Eleusis freilich hat das nichts zu tun.

---

[71] Vgl. die schwarzfigurige Halsamphora des Priamos-Malers in Compiègne, ABV 331, 13 (Kerényi [1962] Abb. 10/11); von rotfigurigen Gefäßen etwa der Kelchkrater Ferrara T 313, ARV² 602, 24 (Metzger Rech. 15 Nr. 27); die Pourtalès-Vase in London, Exkurs I Nr. 12; die Schale des Kertscher Stils im Vatikan, ARV² 1513, 24; vielleicht auch die Scherbe in Boston, Katalog Exkurs I Nr. 7. – Nicht hieher, sondern zu einem Satyrspiel Triptolemos (vgl. F. Brommer, Satyrspiele, Berlin 1959, 46 f. 79) gehören die Bilder, welche Triptolemos mit Satyrn verbinden, vgl. außer den bei Brommer 79 angegebenen beiden Gefäßen (ARV² 1041, 1 und 1427, 37) den Volutenkrater des Kleophonmalers im Handel, Münzen und Medaillen AG, Basel, Auktion 40 vom 13. XII. 1969 Nr. 108 T. 46 und vielleicht schon den Kelchkrater des Altamura-Malers ARV² 591, 24.

[72] Die Zeugnisse bei Kern Orph. frg. S. 27 ff. T 94–101.

III. Die Jenseitsdichtung

§ 1 Die eleusinische Eschatologie

Von größter Bedeutung für die Bestimmung von Abhängigkeiten zwischen der Orphik und den eleusinischen Mysterien ist die Frage nach dem Verhältnis ihrer Eschatologien. Darüber, was der in Eleusis Eingeweihte nach seinem Tode erwartete, sind vom homerischen Demeterhymnus bis zu Kaiser Julian ‚dem Abtrünnigen‘ eine ganze Anzahl Äußerungen faßbar: freilich sind diese Zeugnisse, deren Einheitlichkeit über lange Zeit hin überrascht, sehr allgemein gehalten [1].

> Selig, wer dies geschaut von Erde bewohnenden Menschen!
> Dem aber, der an der Weihe nicht Anteil nahm, wird nach dem Tode
> niemals das gleiche Geschick widerfahren im Moder der Erde.

Mit diesen Worten hatte der Dichter des homerischen Hymnus auf Demeter den Hoffnungen der Mysten Ausdruck verliehen [2]. Sophokles ergänzt, der Myste habe als einziger Leben im Jenseits [3]: die Initiation ist, das bestätigt Plutarch [4], eine rituelle Vorwegnahme des Todes, auf welche das ewige Leben folgt [5]. Pindars Preis der Mysterien –

> Selig, wer, nachdem er jenes schaute, unter die Erde geht!
> Er weiß des Lebens Ende, er weiß den gottgegebenen Anfang . . .

---

[1] Das Wichtige schon bei Lobeck 1, 69 ff. und Foucart 362 ff.; die frühen Zeugnisse etwa bei Nilsson Op. 2, 588 f. GGrR 1, 673 ff. Sabbatucci 156 ff.; vgl. Mylonas 266 f. (die Abgrenzung von Orphischem ist unbefriedigend). Kerényi (1962) 28 ff.

[2] Hom. h. Cer. 480 ff.

[3] Soph. frg. 753, aus dem Triptolemos nach F. G. Welcker, Die griechischen Tragödien 1, Bonn 1839, 308, den freilich F. Brommer aufgrund der Vasen als Satyrspiel ansieht, Philol. 94, 1941, 336; Satyrspiele, Berlin 1959, 46 f. 79 (vgl. II 4 Anm. 71), vgl. aber Lesky TragDicht 171.

[4] Plut. frg. 178 τότε δὲ (sc. ὅταν ἡ ψυχὴ ἐν τῶι τελευτᾶν γένηται) πάσχει πάθος οἷον οἱ τελεταῖς μεγάλαις κατοργιαζόμενοι. διὸ καὶ τὸ ῥῆμα τῶι ῥήματι καὶ τὸ ἔργον τῶι ἔργωι τοῦ τελευτᾶν καὶ τελεῖσθαι προσέοικε. – Dasselbe vielleicht Plut. de fac. 28, 943 G, vgl. G. Soury, REG 53, 1940, 53.

[5] Vgl. Van der Leeuw 216 f., der als Beispiel die in Form des Totenrituals

ist ebenso zu verstehen: die Einweihung ist der wahre Tod, sie ist aber dadurch auch der gottgegebene Anfang des wirklichen Lebens [6].

Dem stehen bei denselben Dichtern die Andeutungen über das Los der Ungeweihten gegenüber, hinter denen die Mehrzahl der heutigen Gelehrten keine Jenseitsstrafen sehen will [7]: der Aufenthalt im düsteren, freudlosen Hades war schlimm genug — man denke an Achills sattsam bekannten Ausspruch in der Nekyia. Der ‚secret society‘ der Mysteriengemeinde ging es darum, ihren Mitgliedern ihr ausgezeichnetes Los auszumalen: um die Ungeweihten kümmerte man sich nur insofern, als sie als Folie zu den eigenen Vorstellungen dienten. Wurde später diese Haltung anders, konnte in den unbestimmt gehaltenen Ausdrücken der früheren Zeit aber die jeweils eigene Anschauung gelesen werden.

Eine solche bemerkenswert allgemein gehaltene Formulierung der Versprechen wird bis in die Spätzeit durchgehalten: durch die Weihen ist der Tod den Menschen etwas Gutes, kein Übel [8], der Eingeweihte wird auf den Inseln der Seligen sein (was auch andere Tote erhoffen) [9],

durchgeführte Aufnahme der Benediktinernovizen anführt, welche schon A. Dieterich, Eine Mithrasliturgie, Leipzig/Berlin 3 1923, 168 nach dem Caerimoniale Monastico-Benedictinum quo exempta congregatio Bavarica ... uti solet, Tegernsee 1737 kennt; vgl. für das analoge Ritual der Karmeliterinnen Dieterich, op. cit. 252 (Nachtrag zu S. 168) .

[6] Pi. frg. 137, von Clem. Strom. 3, 17, 2 auf Eleusis bezogen; vgl. etwa Kern, ARW 19, 1916, 433 f., wiederholt GrMyst 10. RE 1239 (ebenso Pettazzoni 52. Noack 229 ff.), in enger Verbindung mit der von Körte ARW 18, 118 ff. aufgebrachten Sexualsymbolik, die von Deubner 81. Nilsson Op. 2, 597 ff. (bes. 601 Anm. 143) widerlegt wird; weiter Nilsson Op. 2, 590 ff. GGrR 1, 674 ff. (Unsterblichkeit nicht des Individuums, sondern des Geschlechts; vgl. aber Ar. Pax 374 f. – und schon Hom. h. Cer. 480 f. geht durch Deutung auf individuelle Jenseitserwartung am besten auf). Sabbatucci 159 f.

[7] So schon Rohde 1, 308; jüngst Mylonas 283. Sabbatucci 156 ff. Van Leeuwen 2, 537 Anm. 23. Kerényi (1962) 29 f. – Für Jenseitsstrafen (nach den nicht ganz eindeutigen Aussagen von Lobeck 1, 72 und Foucart 362 f.) Thomas 32. Boyancé REG 75, 474.

[8] IG II2 3661 (GV 879) 5 f., vgl. 4 δεκάτωι (sc. ἔτει) ἦλθε πρὸς ἀθανάτους (Grabepigramm eines Hierophanten, Ende des 2. / Anf. des 3. Jh. n. Chr.).

[9] D. L. 6, 39. IG II2 3632, 12 (nach Mitte 2. Jh. n. Chr.); vgl. für Nichteingeweihte (soweit das ersichtlich) GV 1574 (epigr. 107 Kaibel), 2 (2./1. Jh.). 1830 (649), 2 (3. Jh. n. Chr.). 1932 (473), 2 (2. Jh. n. Chr.). 2061 (648), 9 (3./

er wird zusammen mit den Göttern an den guten Dingen im Hades teilnehmen, die Gaben der Persephone genießen[10]: er wird also mit den Göttern der Unterwelt auf vertrautem Fuß stehen. Kaum ausführlicher ist der Autor des ‚Axiochos‘, der den Eingeweihten eine προεδρία im τόπος εὐσεβῶν verheißt, wo sie ihre Weihen feiern können[11].

Gemeinsam ist allen diesen Zeugnissen auch das eine, daß allein die Einweihung die Zulassung zu diesen Gütern verschafft: das ἰδεῖν, das ‚Sehen‘ der Zeremonien wird hervorgehoben[12]. Gegen diesen Ritualismus der eleusinischen Mysterien[13] wandte sich ja Diogenes der Kyniker in einer mehrfach bezeugten Anekdote, die man sich am wahrscheinlichsten schon zu Lebzeiten des populären Philosophen entstanden denkt[14]; sein Argument macht sich auch Plutarch zu eigen[15]. Von

4. Jh.); epigr. 366, 6 (spät). 1046, 9 (161 n. Chr.) – Vgl. außerdem GV 973 (epigr. 465), 13. 1562 (423), 2. 1776 (324), 4. epigr. 733, 1.

[10] Iul. or. 7, 25, 238 A; Procl. in Plat. rep. 2, 185, 10.

[11] Axioch. 371 D, den Verweis auf Eleusis gibt 371 E. Denselben Ausdruck προεδρία (eigentlich das Privileg der Frontsitze besonders im Theater, vgl. LSJ s. v., IG II² 1214, 19) gebraucht D. L. 6, 39. – Vgl. außerdem Ar. Pax 375. Isocr. 4, 28. Crinag. epigr. 35. Cic. legg. 2, 36. Aristid. or. 22, 10. Schol. Ar. Pax 374. GV 1029.

[12] ‚Sehen‘: Hom. h. Cer. 480 (ὄπωπεν); Pi. frg. 137, 1 (ἰδών); Soph. frg. 753, 2 (δερχθέντες); Eur. Her. 613 (ἰδών). Hipp. 25 (ὄψις); Andoc. de myst. 31 (ἑοράκατε); Aristid. or. 22, 2 (τὰ ὁρώμενα). 12 (ἰδεῖν); Paus. 1, 37, 4 (εἶδεν). Vgl. Wilamowitz GdH 2, 55 f. Nilsson Op. 2, 602. GGrR 1, 661. Mylonas 299. Boyancé REG 75, 461. Kerényi (1967), 96.

[13] Bezeichnendstes Beispiel dieses Ritualismus ist wohl Ar. Pax 374 f.

[14] Erhalten bei Plut. de aud. poet. 4, 21 F (einzige Nennung des Schuftes Pataikion). D. L. 6, 39. Iul. or. 7, 25, 238 A. – Die Anekdote kann ihrer Tendenz wegen, Unstimmigkeiten der überlieferten gesellschaftlichen und religiösen Normen (hier die für ein geschärftes moralisches Empfinden anstössige Belohnung im Tode ohne Rücksicht auf sittliches Verhalten im Leben) zu entlarven, zu der frühesten, im Kern historischen Anekdotenschicht um Diogenes gehören, vgl. K. von Fritz, Quellenuntersuchungen zu Leben und Philosophie des Diogenes von Sinope, Philol. Suppl. 18, 2, 1926, 45 f. Für eine solche Datierung spricht auch die Nennung von Epameinondas und Agesilaos, die am ehesten am Ende des 4. Jh. noch derart in aller Leute Mund waren, daß sie als Beispiele nichtgeweihter (also nichtathenischer) trefflicher Männer dienen konnten. – Mylonas 266 Anm. 174 bezieht die Anekdote auf orphische Lehren; der Wortlaut Plutarchs ist aber deutlich genug.

ethischen Forderungen im Zusammenhang mit dem eleusinischen Jen-
seitsversprechen ist allein in der Parabase der Aristophanischen ‚Frösche' die Rede, deren Sonderstellung sich unten erklären wird[16].

Die angezogenen Verse aus den ‚Fröschen' heben sich aber auch
sonst von gängiger eleusinischer Eschatologie ab und verdienen deshalb eine eingehende Besprechung. – Bevor er abtritt, entwirft der aus
eingeweihten Jünglingen und Männern bestehende Halbchor ein Bild
der Freuden, die ihn erwarten:

χωρῶμεν ἐς πολυρρόδους
λειμῶνας ἀνθεμώδεις,
τὸν ἡμέτερον τρόπον,
τὸν καλλιχορώτατον,
παίζοντες, ὄν ὄλβιαι
Μοῖραι ξυνάγουσιν.
μόνοις γὰρ ἡμῖν ἥλιος
καὶ φέγγος ἱερόν ἐστιν . . .[16a]   (448–455)

Es ist nicht das einzige Jenseitsbild, welches uns die alte Komödie
erhalten hat[17], ein Vergleich der Motivik wird uns aber seine Singularität innerhalb der Archaia (soweit ein solcher Ausdruck beim trümmerhaften Zustand unserer Überlieferung gestattet ist) aufzeigen. Es
sind neben den ‚Fröschen' zwei Komödien, aus denen uns längere
Bruchstücke solcher Bilder bewahrt sind, die ‚Tagenistai' desselben
Aristophanes und die ‚Metalleis' des Pherekrates[18]. Diese Schilderungen – in den ‚Metalleis' gegeben durch die Silberminenarbeiter von
Laurion, die in Plutons Reich vorgestoßen sind – gehören eng zusammen mit den Berichten über die gute alte Zeit unter Kronos und über

---

15 Plut. l. c., in platonischer Tradition, vgl. rep. 2, 364 E, Kern Orph. frg.
   S. 82.

16 Zur Ablehnung der Vorstellung einer „eleusinischen Moral" vgl. Rohde 1,
   298 f. Wilamowitz GdH 2, 53. Nilsson Op. 2, 607. GGrR 1, 666; auf der
   Gegenseite etwa S. Eitrem, SO 20, 1940, 150.

16a ἱερόν RV, Inschr. aus Rhodos, 1. Jh. v. Chr. (G. Pugliese Caratelli, Dioniso
   8, 1940/41, 119 ff): ἱλαρόν codd. min., Edd. ausser Stanford.

17 Vgl. Gatz 116 f. 119 f. T. Gelzer, ZPE 4, 1969, 127 f. Wüst 675, der die
   Unterweltsbilder der Komödie für frei fabulierende Karikaturen hält, was
   mindestens für Ar. ran. nicht gilt.

18 Ar. frg. 488. Pherecr. frg. 108.

ferne Märchenländer, wie sie in verschiedenen Komödien der Archaia sich fanden [19]; besonders deutlich wird dieser Zusammenhang bei Pherekrates, der in den ‚Metalleis‘ vom Jenseits, in den ‚Persai‘ vom fernen Wunderland der Perser berichten ließ. Im Hades und bei den Persern finden sich Flüsse voller Sauce, in denen gebratene Fleischstücke schwimmen; am Ufer liegen Brote, Wein ist in Menge vorhanden, sei es, daß rosige Mädchen den tafelnden Toten einschenkten, sei es, daß Zeus Wein regnet [20]; die gebratenen Wachteln aber, die einem nur so in den Mund fliegen, gibt es im Jenseits, wie es sie auch unter der Herrschaft des Kronos gab, welche Teklekleides in den ‚Amphiktyones‘ schildert; auch Ströme voller Braten und Sauce fehlten damals nicht [21]. Wenn schließlich in den ‚Tagenistai‘ vom Bankett im Jenseits die Rede ist, schließt das an das Symposion im Hades des Pherekrates an [22]. Wir haben offenbar einen genosinternen Motivkomplex vor uns, der im wesentlichen unverändert auf verschiedene Themen angewandt werden konnte [23].

Die nächsten Parallelen zu dem in der attischen Komödie dergestalt isolierten Bild aus den ‚Fröschen‘ finden sich in dem eschatologischen Bericht, den Pindar in einem Fragment wohl eines Threnos gibt [24]. Die Übereinstimmungen sind teilweise fast wörtlich: die betreffende Partie, der Eingang des Fragments, soll für sich sprechen:

τοῖσι λάμπει μὲν μένος ἀελίου
τὰν ἐνθάδε νύκτα κάτω,

---

[19] Vgl. Gatz 117 ff. 120 f.

[20] Pherecr. frg. 108, 2 ποταμοὶ ... ζωμοῦ μέλανος πλεὼι ... ἔρρεον αὐταῖσι μυστίλαισι / 130 (Πέρσαι), 3 ποταμοί ... μελανὸς ζωμοῦ καὶ μάζαις κοχυδοῦντες ... ῥεύσονται. Vgl. Teleklides frg. 1 (Vorzeit), 8 ζωμοῦ δ'ἔρρει ... ποταμὸς κρέα θερμὰ κυλίνδων. Vgl. auch Pherecr. frg. 108, 28 ff. mit 130, 6 und Tecl. frg. 1, 4.

[21] Pherecr. frg. 108, 23 ὀπταὶ κίχλαι ... περὶ τὸ στόμ'ἐπέτοντο / 130, 10 κίχλαι δ'ἀνάβραστοι. Tecl. frg. 1, 12 ὀπταὶ δὲ κίχλαι ... εἰς τὸν φάρυγγα εἰσεπέτοντο.

[22] Ar. frg. 488, 8 εἰ μὴ καταβάντας εὐθέως πίνειν ἔδει vgl. Pherecr. 108, 31 τοῖσι βουλομένοις πίνειν. – Thomas 33 stellt diese Vorstellung zu Plat. rep. 2, 363 C (F 4) und bezeichnet sie als eleusinisch; s. unten.

[23] Vgl. Gatz 117.

[24] Vgl. aber die Warnung von U. von Wilamowitz-Moellendorff, Pindaros, Berlin 1922, 252.

φοινικορόδοις δ’ ἐνὶ λειμώνεσσι προάστιον αὐτῶν
καὶ λιβάνων σκιαρᾶν ⟨...⟩
καὶ χρυσοκάρποισιν βέβριθε ⟨δενδρέοις⟩ ...   (129, 1–5).

Es folgt eine Schilderung der ἵπποι, γυμνάσια, πεσσοί, φόρμιγγες, mit
denen sich die Abgeschiedenen beschäftigen; dem entsprechen die an
die Iakchosprozession anklingenden Tänze der Aristophanischen Mysten als Wiederholung dessen, was im Leben das höchste Glück darstellte.

Die Eschatologie dieses Threnos muß nun zu jenem eschatologischen Mythos gestellt werden, den Pindar in der zweiten ‚Olympie‘
darstellt [25]. In beiden Fällen wird das Jenseits in drei Bereiche eingeteilt: sofern wir Plutarchs etwas merkwürdiger, vielleicht aus dem
Gedächtnis geschriebener Paraphrase des Threnos glauben wollen, die
er in ‚De latender vivendo‘ gibt (und es spricht eigentlich nichts dagegen [26]), berichtete Pindar von drei Wegen oder Bereichen des Jenseits, von denen derjenige der εὐσεβεῖς und die τρίτη ὁδός, diejenige
derer, welche ein sündiges Leben führten, von Plutarch referiert werden [27]; welches der nicht wiedergegebene Bereich war, wissen wir

25 Schon A. Boeckh, Pindari Opera, Leipzig 1821, II 2, 620 hatte O. 2 und frg.
   129 zusammengenommen; vgl. etwa noch Wilamowitz, op. cit. 499 f., J. Duchemin, Pindare. Poète et prophète, Paris 1955, 326 Anm. 1; G. Méautis, Pindare
   le Dorien, Neuchâtel 1962, 75 f.; van Leeuwen 1, 182. Freilich, das zeigt
   C. M. Bowra, Pindaros, Oxford 1964, 92, stimmen sie gerade in der jenseitigen Sonne nicht zusammen (gegen Méautis l. c., S. Impellizzeri, SIFC 16,
   1939, 106); vgl. auch F. Solmsen, Herm. 96, 1968, 503 ff., gegen dessen Trennung von O. 2 und frg. 129/131 einzuwenden ist, daß sie gerade in der Grund-
   konzeption der drei Wege (welche doch die Seelenwanderung voraussetzt) zu-
   sammenstimmen.
26 Gegen die Annahmen von Farnell, Pi. 434 und J. Bollack, RPh 37, 1963, 254,
   die frgg. 129 und 130 stammten aus verschiedenen Threnoi, spricht die Entsprechung der Gegensätze Tag/Nacht, ποταμοὶ ἄκλυστοι / ποταμοὶ βληχροί,
   vgl. F. Solmsen, Herm. 96, 1968, 505; zudem ist der metrische Anschluß von
   frg. 130 an frg. 129 möglich: 129, 8 entspricht 130, 1 (−D−e). 129, 9
   (−d¹−D−D−) deckt sich in den ersten Silben mit 130, 2 (−d¹−d¹) (‚längst be-
   obachtet‘ U. von Wilamowitz, op. cit. 499).
27 Die alte Teubnered. des Plutarch von G. N. Bernardakis, Leipzig 1895, setzt
   (nach D. Wyttenbach und F. Dübner) in de lat. viv. 7, 1130 C vor ἡ δὲ τρίτη
   ὁδός eine Lücke an, in der die Beschreibung des zweiten Weges gestanden

nicht [28]. Jedenfalls kennt auch die zweite ‚Olympie‘ eine vergleichbare Dreiteilung: außer den Frevlern, die bestraft werden (v. 67), und den Reinen, die ihre Reinkarnation in einem in paradiesischen Farben gehaltenen Ort erwarten (v. 61 ff.), sind jene Seligen genannt, die für immer dem Kreislauf der Geburten entrückt bei den Heroen leben (v. 72 ff.) [29].

Eingeteilt aber ist dieses Jenseits in beiden Fällen nach moralischen Gesichtspunkten: das wird deutlich bei der zweiten ‚Olympie‘, und auch das Threnosfragment 129 wird von Plutarch als Schilderung des τόπος εὐσεβῶν bezeichnet, und zwar an beiden Orten, an denen er es zitiert [30]. Das macht wahrscheinlich, daß nicht erst Plutarch diese ethische Wertung hineingebracht hat, auch wenn sie seinem Anliegen in

hätte; U. von Wilamowitz, op. cit. 499, darnach E. Reiner, Die rituelle Totenklage der Griechen, Tüb. Btr. 30, 1938, 84 f. setzen die Lücke vor den Anfang von Kapitel 7. Die neuern Plutarcheditionen, M. Pohlenz, Leipzig 1952. M. Pohlenz – R. Westman, Leipzig 1959 und B. Einarson – P. H. de Lacy, London/Cambridge Mass. 1967 zeigen keine Lücke mehr an, wohl zu Recht: der den ganzen Traktat beherrschende Gegensatz zwischen bekannt/unbekannt, γνῶσις, δόξα/ἄγνοια, in Kap. 6 metaphysisch artikuliert, wird in Kap. 7 mit den beiden Jenseitsbildern illustriert: der δόξα entspricht der εὐσεβῶν χῶρος, der ἄγνοια und λήθη derjenige der ἀνόσιοι und παράνομοι, welche schon Kap. 2 nebeneinandergestellt hatte; eine Region von μέσως βεβιωκότες konnte Plutarch nicht gebrauchen. – Die Interpretation von J. Bollack, RPh 37, 1963, 250 ff. bringt eine Dreiteilung von εὔδοξοι / ἰδιῶται /ἄδικοι in Plutarchs Abhandlung, welche im Text keinen Rückhalt findet, so daß die Ablehnung der gängigen Deutung nicht überzeugen kann.

[28] Am ehesten vermutet man ein neutrales Zwischenreich, ohne die Freuden des Elysiums, doch auch ohne die Schrecken des Tartaros; vgl. E. Reiner, op. cit. (s. vorige Anm.) 85. F. Solmsen, loc. cit. (s. Anm. 25) 506.

[29] Gegen diese communis opinio versucht J. Bollack, RPh 37, 1963, 234 ff. zu zeigen, daß Pindar nicht in einem Leben nach dem Tode, sondern in einer Reinkarnation ἐσλοί und πονηροί einander gegenüberstellt, daß also allein die μακάρων νᾶσος im Jenseits liege. Diese allzu künstliche Interpretation scheitert an v. 61/2, wo Bollack die Sonne als Metapher für den Reichtum verstehen muß. Vgl. L. Woodbury, TAPA 97, 1966, 601 Anm.; Nilsson, GGrR 1, 866.

[30] Plut. loc. cit. περὶ τῶν εὐσεβῶν ἐν ῞Αιδου, de lat. viv. 7, 1130 C εὐσεβῶν χῶρος, dem in 1130 D die τρίτη τῶν ἀνοσίως βεβιωκότων καὶ παρανόμως ὁδός gegenübergestellt wird.

der ‚Consolatio ad Apollonium', wo der Anfang überliefert ist, ausgezeichnet entspricht [31].

Schließlich stimmt auch die Motivik der zweiten ‚Olympie' mindestens in einem Punkt zum Threnosfragment und zum Jenseitsbild der ‚Frösche': Pindar hebt die goldenen Blumen hervor, aus denen sich die Toten auf der μακάρων νᾶσος Kränze winden (v. 72 f.). Und vielleicht war auch hier ein immerwährender Sonnenschein vorausgesetzt [32].

Die Herkunft der beiden Pindarischen Bilder ist nicht völlig geklärt, wohl nicht völlig abklärbar. Immerhin lassen sie sich in der moralischen Dichotomie, in der sie sich vom Chorlied der ‚Frösche' abheben, wo nicht nur Rechtlichkeit, sondern auch Einweihung nötig ist für den Aufenthalt bei den Seligen [33], zusammenstellen mit den Platonischen Jenseitsmythen von ‚Phaidon', ‚Phaidros', ‚Gorgias' und

---

31 Plut. cons. ad Ap. 35, 120 C – Apollonios' Sohn ist jung gestorben, und gerade jung Verstorbenen versprechen die Grabepigramme den τόπος εὐσεβῶν, GV 48. 231. 1474. 1764. 1771. 1970 (unter insgesamt 16 Belegen dieses Versprechens; zwei weitere, 431, 1967, gehen auf Ärzte). Vgl. Callim. epigr. 10, 4. Rohde 2, 383 Anm. 5. Nilsson GGrR 2, 548 Anm. 2. – Bedenken könnte frg. 131 a machen, das von Snell (nach dem Vorgang von Wilamowitz, Pindaros, Berlin 1922, 498; übernommen Solmsen, Herm. 96, 1968, 505) zum selben Gedicht gezogen wird, aus dem frg. 129 stammt. In 131 a ist die Rede von λυσίπονον τελετάν (so, nicht τελευτάν, alle Hss., wie die neue Teubneriana und die Ed. von J. Hani, Paris 1972, zeigen). Der Text der consolatio gibt es mit 131 b zusammen ausdrücklich einem andern Gedicht, μικρὸν προελθὸν ἐν ἄλλωι θρήνωι – eine merkwürdige Ausdrucksweise, doch versteht man sie, wenn sie auf das Zitieren aus der Buchrolle (Farnell Pi. 434) bezogen wird. Da zudem frg. 131 b allein das, was der Kontext fordert – einen weitern Beleg für Eudaimonie im Jenseits zu geben – nicht leistet, sollte man die Überlieferung nicht antasten (vgl. auch die Ed. des Pindar von A. Turyn, Krakau 1948, 334). Zu fragen wäre auch, ob (mit J. Hani, aber gegen die Hss.) in 131 a nicht doch τελευτάν zu schreiben wäre: ein Verweis auf die Mysterien ist im Zusammenhang der consolatio (vgl. die Einleitung von Kap. 35) unmotiviert.

32 So postuliert von L. Woodbury, TAPA 97, 1966, 602 f. aufgrund der sonst bezeugten Motivik. – In v. 61/2 ist nicht von ewigem Sonnenschein, sondern von immerwährender Tag- und Nachtgleiche die Rede (Doxographie bei van Leeuwen 1, 182 f.), wie neulich auch L. Woodbury l. c. 597 ff. und J. Defradas, REG 84, 1971, 139 zeigten; vgl. aber Solmsen l. c. 504.

33 Ar. ran. 456 ff.

‚Staat': auch in ihnen wird im Jenseits in Gute und Böse, nicht in Eingeweihte und Uneingeweihte geschieden. Die Einteilung in drei Bereiche aber liegt in verwandter Form den Mythen von ‚Phaidon',
‚Phaidros' und ‚Gorgias' zugrunde. Im ‚Phaidon' entspricht einer lokalen Dreiteilung in Tartaros, Gegend am Acheron und wahre Erde eine Vierteilung der Seelen in heilbare und unheilbare Sünder, welche beide im Tartaros büßen, allein aber die unheilbaren auf ewig, in μέσως βεβιωκότες, die am acherusischen See wohnen, und in besonders Reine, welche die wahre Erde bewohnen, deren Ausgestaltung an Elysiumsschilderungen sich anlehnt [34]. Damit ist verwandt der kurze Jenseitsmythos des ‚Phaidros': hier ist getrennt einerseits in Seelen, die mit ihrem Gott in der Höhe ziehen, anderseits in solche, die stürzen und inkarniert werden, nach dem Tod der Inkarnation aber durch ein Gericht einen Platz entweder in einem unterirdischen Gefängnis oder irgendwo am Himmel angewiesen bekommen [35]. Ähnlich, aber weniger kompliziert ist der Schlußmythos des ‚Gorgias', der einteilt in Reine, in heilbare Sünder und in heillos Böse, welch letztere eingekerkert sind [36].

Der Mythos des ‚Phaidros' stellt sich noch in einem weiteren Punkt zu Pindar, zumindest zur zweiten Olympie. Bei beiden ist eine Lösung aus dem Kreis der Einkörperungen nach drei aufeinanderfolgenden reinen Inkarnationen möglich [37]. Die erste Inkarnation war dabei die

---

[34] Plat. Phd. 113 D ff.; die Schilderung der wahren Erde 110 C – 111 C. Die Motive sind: a) prächtige, große Bäume, Früchte und Blüten (110 D), vgl. Pi. O. 2, 72 f. frg. 129, 5 sowie die Belege bei Gatz 229 (Index B I 1 a). – b) Gebirge aus Edelsteinen (110 D), überall Gold und Silber (110 E), vgl. die schon zitierten Pindarstellen. – c) Keine Erosion und Fäulnis (110 E), keine Krankheiten (111 A), vgl. Pi. frg. 143 und Gatz 229 (Ind. B I 4 d). – d) Ideales Klima, vgl. Gatz 229 (Ind. B I 3). – e) Verkehr der Menschen mit den Göttern, vgl. Gatz 230 (Ind. B II a 4; goldenes Zeitalter).

[35] Plat. Phdr. 248 C ff.

[36] Plat. Gorg. 525 B ff. – Daß diese Mythen zusammen mit dem Schlußmythos des ‚Staates' sich ergänzen lassen zu einer einzigen griechischen ‚Divina Commedia' (Dieterich Nek. 113 ff.; A. Döring, AGPh 6, 1893, 475 ff.), wird heute niemand mehr annehmen, vgl. Wilamowitz GdH 2, 194. Thomas 2 (vgl. 27). – Vgl. noch Burkert WuW 343 f.

[37] Pi. O. 2, 68 f.; Plat. Phdr. 249 A. Vgl. in neuerer Zeit D. McGibbon, Phronesis 9, 1964, 6 f.

Folge eines Vergehens im Jenseits[38] – so, wie für die δαίμονες des Empedokles ein solches Vergehen den Sturz auf die Erde bewirkt[39].

Wenn nun auch viele der Einzelheiten gerade der zweiten Olympie singulär und nicht weiter verfolgbar sind[40], kann doch der allgemeine Rahmen, in den beide Pindarischen Gedichte zu stellen sind, etwa abgesteckt werden. Einen ersten Hinweis gibt die Berührung mit Empedokles: wie Theron, der Empfänger der zweiten Olympie, ist er Akragantiner; in den ‚Katharmoi‘ aber spiegelt sich, so die communis opinio, Pythagoreisches[41]. Was weiter die Herkunft der Platonischen Mythen betrifft, so sind sich die meisten Forscher mindestens soweit einig, daß sie im Gefolge neuplatonischer, vielleicht schon früherer Gelehrsamkeit[42] die Vorlagen Platons in einem orphisch-pythagoreischen Bereich ansiedeln – ob sie nun (um die Extreme zu bezeichnen) eine allen gemeinsam zugrundeliegende orphische Katabase (wie A. Dieterich) oder allein pythagoreisches Gedankengut (wie etwa H.

[38] Plat. Phdr. 248 C; bei Pi. wird dies nahegelegt durch O. 2, 57 f. in der Deutung Aristarchs, der A. B. Drachmann, BphW 1901, 646. Nilsson Op. 2, 666 f. E. Thummer, Die Religiosität Pindars (Comment. Aenip. 13), Innsbruck 1957, 126 folgen; vgl. K. von Fritz, Pythagoras, RE 24, 189.

[39] Empedocl. VS 31 B 115 (= frg. 3 Zuntz), 3 ff., vgl. den Kommentar Zuntz 193 ff., der mit Wilamowitz SBBerlin 1929, 634 (= KlSchr 1, Berlin 1935, 484) v. 4 für unecht erklärt.

[40] Betont von Gatz 182 f., der an ein persisches Vorbild, die Sage von Yima, denkt; ähnlich West 191 Anm. 2. – Van Leeuwen 1, 292 f. (daß die Lehren in O. 2 gemeingriechische Weiterentwicklungen homerisch-hesiodeischer Vorstellungen ,onder Orphische, Pythagoreische, Eleusinische en Delphische invloed‘ seien), sagt wenig und schiebt das Problem der Herkunft nur weiter zurück; dasselbe gilt für C. C. van Essen, Did Orphic influence on Etruscan tomb painting exist? Amsterdam 1927, 63 und R. Hampe in: ΕΡΜΗΝΕΙΑ, FS O. Regenbogen, Heidelberg 1952, 46 ff. (Mischung aus Volksglauben und orphischen Elementen). Vollends wenig überzeugend ist der Versuch von G. F. Gianotti, RivFil 99, 1971, 26 ff., jeden Hinweis auf eine nicht-homerische Eschatologie wegzudiskutieren: er geht soweit, in O. 2, 68 f. ein Adynaton, nicht einen Hinweis auf die Seelenwanderung zu sehen.

[41] Es genüge ein Hinweis auf Timaios FGrHist 566 frg. 14. Neanthes FGrHist 84 frg. 26 (beide VS 31 A 1), Theophrast VS 31 A 7 und auf Zuntz 265 ff.

[42] Vgl. Maddalena 317 f.; daß Platon und seine Schüler ,sich in kontinuierlichem Zusammenhang mit den Pythagoreern‘ sahen, hebt Burkert WuW 81 hervor. Zu den Neuplatonikern vgl. etwa (ein Zeugnis unter vielen) Procl. theol. Plat. 1, 5 S. 26, 2 Saffrey-Westrink.

W. Thomas) voraussetzen[43]. In denselben Bereich dürfen wir die beiden Pindarischen Bilder einordnen, zumal gerade die zweite ‚Olympie' schon rein äußerlich mit Sizilien verknüpft ist; auch ist überall eine moralische Dichotomie streng durchgeführt, was sie von der eleusinischen Eschatologie mit ihrer rituellen Dichotomie abhebt.

Wenn auch eingestandenermaßen nicht sämtliche Einzelheiten der Pindarischen Gestaltung aus diesem Gedankenkreis schlüssig sich ableiten lassen, ist doch die festzustellende Übereinstimmung bedeutsam genug. Es wird deutlich, daß in einem geschlossenen Komplex von Jenseitsschilderungen, welche orphisch-pythagoreischen Vorstellungen zuzurechnen sind, eine Detailbeschreibung, diejenige des Elysiums besonders im Pindarischen Threnos, motivisch erstaunlich übereinstimmt mit derjenigen im Chorlied am Ende der Parodos der Aristophanischen ‚Frösche', in welcher, wie oben gezeigt wurde, die Iakchosprozession sich spiegelt[44].

Eine Nachricht Plutarchs bestätigt diese Verbindung. In ‚Non posse suaviter vivi secundum Epicurum' stellt er der von Epikur gelehrten völligen Auflösung des Körpers in seine Atome eine andere Auffassung vom Schicksal des Menschen nach dem Tod entgegen, welche eine Weiterexistenz, Freuden und Strafen im Jenseits kennt[45]. Die Jenseitsstrafen (vom Kerberos gebissen zu werden und in das löcherige Faß zu schöpfen) nennt er ‚Ammenmärchen und erfundene Geschichten'[46]; „und die Leute, die sich davor fürchten, meinen, Riten und Reinigungen könnten helfen; wenn sie dadurch rein geworden seien, könnten sie im Hades spielen und tanzen an Orten voller Licht, reiner

---

[43] Dieterich Nek. 113 f., vgl. Adam-Rees 2, 433. Ziegler OrphDicht 1382. Guthrie Orph. 239 ff., id. GrG 322 f.; Thomas 60 ff., vgl. 156 f., vgl. Wilamowitz GdH 2, 248 Anm. 1. Dodds 148. 209 ff., id. Gorg. 372 ff. (Platon habe pythagoreische und traditionelle Elemente mit viel Eigenem gemischt; das mag für Einzelheiten zutreffen, doch bürgt die mit den Pindarischen Mythen gemeinsame Grundstruktur für Herkunft aus demselben Bereich). – Orphisch-pythagoreisch etwa nach P. Frutiger, Les mythes de Platon, Paris 1930, 260. R. S. Bluck, Plato's Phaedo, London 1955, 195 f. id., Plato's Meno, Cambridge 1961, 275.

[44] Vgl. oben II 1.

[45] Plut. non posse s. v. s. E. 27, 1105 B; vgl. Lobeck 2, 807. J. Dörfler, WSt 33, 1911, 188.

[46] Vgl. Cic. ND 2, 5 mit dem Kommentar von Pease 2, 551 f.

Luft und Sonnenschein (πνεῦμα καθαρόν καὶ φέγγος)". Diese Stelle
lehnt sich an jene Partie des Platonischen ‚Staates' an, wo Platon gegen
die ἀγύρται καὶ μάντεις loszieht, welche die Angst vor möglichen
Strafen im Jenseits mit λύσεις τε καὶ καθαρμούς … ἃς δὴ τελετὰς
καλοῦσιν, vertreiben und sich dabei auf die Bücher von Musaios und
Orpheus berufen [47] (ein weiterer Hinweis, daß sich in diesen Büchern,
wie oben angenommen, wirklich auch Jenseitsschilderungen fanden).
Die Einzelheiten der seligen Erwartungen erinnern an das letzte Lied
der Aristophanischen Mysten [48]: auch hier wird die enge Verbindung
der scheinbar Eleusis zugehörigen Bilder der ‚Frösche' mit ‚Orphischem', hier mit wirklich auf Orpheus und Musaios beziehbaren
eschatologischen Vorstellungen, deutlich.

Eine letzte Verbindung motivischer Art mag dies weiter illustrie-
ren. Von ‚reinen Orten und Wiesen' in der Unterwelt, welche die
Seligen erwarten, spricht Plutarch auch in der nur bruchstückhaft erhaltenen Schrift ‚De anima' [49]. Die betreffende Partie gehört eleusinischen Vorstellungen an: Plutarch vergleicht das Todesgeschehen mit
der Einweihung in ‚große Mysterien' [50]. Blumenwiesen waren schon
bei Pindar und Aristophanes wichtig gewesen. Von ‚Wiesen der Seligen' hat nach Diodor auch Orpheus geschrieben: er nämlich habe ‚die
Jenseitsstrafen der Frevler und die Wiesen der Frommen' aus Ägypten
in Griechenland eingeführt [51]: Es finden sich in einem durch Proklos
überlieferten wörtlichen Fragment aus einem Gedicht des Orpheus
diese Wiesen für die Gerechten wieder; die Verse können durchaus alt
sein [52]. Ähnlich – und das stellt wiederum eine Verbindung mit Unteritalien her – wird auf einem in Thurioi gefundenen Goldblättchen des

---

[47] Plat. rep. 2, 364 E; vgl. Helmbold-O'Neil 60; B. Einarson – P. de Lacy in ihrer
Ed. London/Cambridge Mass. 1967, 136.
[48] παίζοντες καὶ χορεύοντες vgl. Ar. ran. 452. παίζοντες. – φέγγος καθαρόν
vgl. Ar. ran. 455 φέγγος ἱερόν. Vgl. auch Plut. frg. 178.
[49] Plut. frg. 178.
[50] Siehe den Text oben Anm. 4.
[51] Diod. 1, 96, 5.
[52] Orph. frg. 222; das 5. Jh. ist nicht unmöglich: εὐαγέω seit Eur. Bacch. 1008,
vgl. εὐαγής Orph. frg. 32 d 7 (4./3.); οἶτος ‚Geschick' (neutral) ist unhome-
risch, aber Democr. VS 68 B 227 bezeugt. Anstoß bietet nur ὑπὸ πλάκα Κωκυ-
τοῖο (πλάξ wird nur für die Oberfläche eines stehenden Gewässers gebraucht),
was Konjektur Prellers für unverständliches ὑποπτο-κατωκυτοῖο ist.

vierten oder dritten vorchristlichen Jahrhunderts die Seele des Verstorbenen aufgefordert, ‚nach rechts zu den heiligen Wiesen und Hai-
nen der Persephone‘ zu wandern[53]: hier wird sie offenbar, ‚Gott geworden aus einem Menschen‘, die verdiente Belohnung empfangen. Die
‚Haine der Persephone‘ erinnern an den ‚blumentragenden Hain der
Göttin‘, in welchem die weiblichen Mysten der ‚Frösche‘ zu feiern
gedenken[54]. Bemerkenswerterweise hält sich diese Verbindung von
Hain und Wiese bis zu Nonnos von Panopolis[55].

So stimmen Einzelheiten, die eleusinischer Jenseitshoffnung ange-

[53] F 32 f 5 = A 4, 5 Zuntz; mit der von Zuntz 332 (nach Plat. rep. 10, 614 C)
vorgeschlagenen Ergänzung ὁδοιπόρ[ει. – In der Diskussion, ob die Blättchen
orphisch (die verbreiteteste Ansicht, die sich schon in den Publikationstiteln
niederschlug: D. Comparetti, Laminette Orfiche, Florenz 1910; A. Olivieri,
Lamellae aureae Orphicae, Bonn 1915; Kern, Orph. frg. 32 S. 104 ff.; vgl. etwa
noch Harrison 572 ff.; Guthrie Orph. 171 ff.), pythagoreisch (Thomas 166 ff.;
Zuntz 340 ff.) oder orphisch-pythagoreisch (Ziegler OrphDicht 1386 ff.; F.
Cumont, Lux perpetua, Paris 1949, 406; vgl. Wilamowitz GdH 2, 200 f.) seien,
wurde die schon von Boyancé CdM 79 f. vertretene These, sie seien eleusinisch, jüngst wieder zur Sprache gebracht (C. Picard, RevArch 42, 1953,
19 ff.; Boyancé REG 75, 476 ff.) – zumindest dies trifft wohl nicht zu: daß
die Seele von göttlicher Herkunft sei (F 32 a 6 = B 1, 6; b 3 = B 3, 4;
c/d/e 3 = A 1/2/3, 3; B 2, 6) und erst nach Verbüssung einer Strafe für
ungerechte Handlungen vor Persephone erscheinen könne (F 32 d/e 4 = A
2/3, 4), so wohl einem Kreis von Einkörperungen entfliehend (F 32 c 6 =
A 1, 5), findet in Eleusis nichts Entsprechendes; daß der Eubuleus der Blättchen (F 32 c/d/e/g 2 = A 1/2/3/5, 2) ein anderer sei als der eleusinische
(gegen Boyancé REG 75, 477; vgl. Zuntz 311), wird unten IV 2 zu zeigen
sein.
[54] Ar. ran. 445 f.
[55] Nonn. Dion. 19, 190 f., vgl. Axioch. 371 C. Verg. Aen. 6, 638. Ov. am. 2, 6,
49. Lucian. v. h. 2, 6, 109; 13, 112; 14, 112. Claud. de rapt. 2, 287. GV 1830
(epigr. 649), 2. CLE 1233, 18. Ob auch Pherecr. frg. 109 eine Jenseitsschilderung enthält, ist ungewiß. – Zu den Wiesen vgl. Dodds Gorg. 375, der richtig
auf den Unterschied zwischen Plat. Gorg. 524 A und den andern Belegen hinweist, in seiner Ablehnung eines ‚orphisch-pythagoreischen‘ Charakters dieser
andern Stellen m. E. aber zu weit geht: eine Ableitung von Hom. Od. 11, 539;
24, 13 ist noch kein Gegenargument, zumal zwischen den Wiesen voller Rosen
der Seligen bei Pi. und Ar. und den Wiesen von ‚traurigernstem‘ Asphodelos
(Wagler, Asphodelos, RE 2, 1732), welcher später den Chthonischen heilig
(Suid. s. v.) und Grabpflanze war (Porph. ap. Eustath. Od. 11, 538 S. 1698,
24), ein Unterschied besteht. Anderseits ist Böhme 93 zu kritiklos.

hören, mit solchen aus dem orphisch-pythagoreischen Bereich überein. Sonne im Jenseits, Blumenwiesen, Festfreuden genießen die Mysten der Aristophanischen ‚Frösche‘ und die Toten der Pindarischen Lieder; die Blumenwiesen verweisen Plutarch nach Eleusis, Diodor und Proklos an Orpheus, die Goldblättchen nach Unteritalien. Eleusinisches und Orphisch-Pythagoreisches ist scheinbar identisch, hebt sich andererseits von den eingangs aufgezählten, recht summarischen eleusinischen Hoffnungen durch farbige Ausführlichkeit ab.

Orphisch-Pythagoreisches dabei noch weiter zu trennen, erscheint unmöglich und wohl auch unnötig. Daß nämlich „zwar Pythagoras als greifbare Persönlichkeit historischer Zeit im Unterschied zu Orpheus galt, daß aber ihre Lehren als zusammengehörig, ja identisch empfunden wurden" [56], ergibt sich aus verschiedenen Zeugnissen seit dem fünften, vielleicht schon seit dem sechsten Jahrhundert [57]. Denn möglicherweise hat schon Heraklit des Pythagoras Weisheit von orphischen Büchern abgeleitet [58]; umgekehrt erklärte Ion von Chios einige der unter Orpheus' Namen umlaufenden Schriften als Werke des Pythagoras [59]. Ein Zusammengehen von Orphik und Pythagoreertum im rituellen Bereich bestätigt Herodot an einer vielbehandelten Stelle [60];

[56] Burkert WuW 108.

[57] Neulich zusammengestellt bei Burkert WuW 103 ff., vgl. E. Frank, Plato und die sogenannten Pythagoreer, Halle 1923, bes. 67 ff., 356 ff. Dodds 149. Maddalena 325 (‚troppo poco‘ für die Behauptung von Gemeinsamkeiten).

[58] Heraklit VS 22 B 129, vgl. Burkert WuW 107 f. (nach Rathmann 93).

[59] Ion VS 36 B 2 (T 248). Maddalena 329 will hier Gedanken sehen, die erst zu einem alexandrinischen Gelehrten passen; die Triagmoi bezeugt aber schon Isocr. 15, 268 (VS 36 A 6), Burkert WuW 105 nach E. Zeller, SBBerlin 1889, 991; daß um Orpheus als Autor der orphischen Schriften schon im 5. Jh. diskutiert wurde, beweist Hdt. 2, 53, 3, vgl. Ziegler Orph. 1212 – und auch Homer sprach das 5. Jh. gewisse Gedichte ab, vgl. R. Pfeiffer, History of classical scholarship, Oxford 1968, 44. – Vgl. jüngst West 214. 230.

[60] Hdt. 2, 81 (T 216). Soviel gibt der Text auf jeden Fall her, vgl. Burkert WuW 105 (außer in der extrem kurzen Lesart von Maddalena 326 ff., der nach Ὀρφικοῖσι καλεομένοισι die drei andern Namen fallen läßt, was nicht überzeugt). Zur Diskussion um die Lesarten Linforth 38 ff., der (wie nach ihm H. S. Long, A study of the doctrine of metempsychosis in Greece from Pythagoras to Plato, Diss. Princeton 1948, 24. M. Timpanaro Cardini, Pitagorici: Testimonianze e frammenti, Florenz, 1, 1958, 22 Anm.) die kürzere, und Burkert WuW 103 ff., der (wie Moulinier 9 f. Dodds 169 Anm. 80. Des

dieses Zusammengehen wiederholt sich etwa beim Bohnentabu [61]. Speziell für die Eschatologie, in der vielleicht auch diese rituellen Einzelheiten verankert waren, bezeugt wiederum Ion von Chios die Lehre des Pythagoras, daß Tugend im irdischen Dasein nach dem Tode im Jenseits belohnt würde [62]: dasselbe berichtet Adeimantos im Platonischen ‚Staat‘ nach Musaios und Eumolpos, und die bei Proklos aufbewahrten Hexameter des Orpheus, die wir eben erwähnten, sprechen dieselbe Erwartung aus [63]. Iamblich schließlich setzt bei den alten Pythagoreern die Kenntnis des Sparagmosmythos in seiner eschatologischen Verwendung voraus, was allgemein als orphisch bezeichnet wird [64]; auf denselben Mythos geht vielleicht das Akusma zurück, welches verbietet, Herz zu essen [65]. Daß zu diesen Gemeinsamkeiten auch die Lehre von der Seelenwanderung gehörte, ist wahrscheinlich: daß der Pythagoreismus sie lehrte, ist praktisch einhellig anerkannt, für

Places 199) die längere Version bevorzugt; das von Dodds l. c. (nach A. D. Nock, Conversion, Oxford 1933, 277) angeführte Argument, daß ὄργια auf vorangehendes Βακχικά (nur in der längeren Version) weise, und Burkerts Hinweis auf das Fehlen von frühen Belegen für Ὀρφικοί (Burkert WuW 104, vgl. oben I 2 Anm. 3) geben den Ausschlag.

[61] Pythagoreer: Aristot. frg. 195. Callim. frg. 553. Cic. div. 1, 62 (vgl. A. S. Pease ad loc.); Orphik: Orph. frg. 291 (vgl. Kern ad loc.), Heracleid. frg. 41, vgl. F. Boehm, op. cit. (unten Anm. 65) 14 Nr. 11. – Vgl. Empedocl. VS 31 B 141; Paus. 1, 37, 4; Kultgesetz aus Smyrna, LSAM 84, 15 (hexametrisch, 2. Jh. n. Chr.), wo auch vom Verbot, Herz zu essen, und von den Titanen die Rede ist. – Vgl. Burkert WuW 164 ff.

[62] Ion VS 36 B 4. – Auch hier zweifelt Maddalena 348 f. die Echtheit an, vgl. aber Burkert WuW 100 Anm. 12.

[63] Plat. rep. 2, 363 C (F 4). Orph. frg. 222. – Ob auch der ἀσεβῶν χῶρος der Pythagoreerin Periktione bei Stob. 4, 25, 50 = H. Thesleff, The Pythagorean texts of the Hellenistic period, Åbo 1965, 147, 17 (4./3. Jh. nach dems., An introduction to the Pythagorean writings of the Hellenistic period, Åbo 1961, 113; 1. Jh. v. Chr. / 1. Jh. n. Chr. nach K. von Fritz, RE 19, 795; 2. Jh. n. Chr. nach F. Wilhelm, RhM 70, 1915, 223; severisch (?) W. Burkert, in: Pseudepigrapha I [Entretiens sur l'antiquité classique 18], Vandœuvres-Genève 1972, 55) zum alten Pythagoreismus gehört, wie Eisler 117 Anm. 5 anzunehmen scheint, ist bei der späteren Verbreitung der Vorstellung zweifelhaft.

[64] Iambl. vit. Pyth. 240, vgl. Dodds 178.

[65] Nr. 15 bei F. Boehm, De symbolis Pythagoreis, Diss. Berlin 1905; Aristot. frg. 194. – Vgl. Burkert WuW 166 f., mit Skepsis aufgenommen von J. S. Morrison, Gn 37, 1965, 349.

die Orphik umstritten. Ein entscheidendes Argument gegen eine Zuweisung auch an die Orphik existiert nicht [66], Platon aber zitiert im ‚Menon‘ jene Pindarverse, die wohl den Sparagmosmythos und die durch ihn bestimmte Eschatologie voraussetzen [67], sich anderseits in der Liste der höchsten Inkarnationen der Seele mit Empedokles berühren [68], als offenbar gültige Dokumentation der Seelenwanderungslehre [69], die Xenophanes' bekannte Verse für Pythagoras bezeugen [70].

So erscheint es gerechtfertigt, den eleusinischen eschatologischen Aussagen einen geschlossenen und nicht weiter differenzierten Komplex orphisch-pythagoreischer oder, lokal definiert, großgriechisch-sizilianischer Vorstellungen gegenüberzustellen. Übereinstimmungen fanden sich bisher besonders in dem einen Lied der Aristophanischen Mysten, doch auch bei Plutarch; die Singularität des Aristophanischen Liedes innerhalb der sonst für Eleusis bezeugten Jenseitshoffnungen macht wahrscheinlich, daß in ihm nicht der Ursprung, sondern der Empfänger dieser Vorstellungen zu sehen sei: ihr Ausgangspunkt war Unteritalien. In welchem Rahmen aber hat man sich diese Übernahme nach Athen vorzustellen?

§ 2 Orpheus und Musaios über Lohn und Strafe im Jenseits

Weiter hilft die Betrachtung jener Motive, welche tatsächlich unter den Namen des Orpheus und des Musaios überliefert werden. Auf das einzige wörtliche Fragment aus einer Dichtung des Orpheus, welches Jenseitsschilderungen enthält, wurde schon hingewiesen: es ist

[66] Pythagoreer: vgl. Long, op. cit. (Anm. 60) 14 ff., Guthrie HGrPh 1, 157. 186. Burkert WuW 98 ff.; dagegen etwa Maddalena 321 ff., der sie dafür der Orphik geben muß (319 f.). Zur Frage einer orphischen Seelenwanderungslehre vgl. das kurze Referat der hauptsächlichen Meinungen bei Burkert WuW 103 Anm. 35, der selber dafür eintritt (103).

[67] Plat. Men. 81 B; Pi. frg. 133, zu ihrer Deutung oben II 4 Anm. 53.

[68] Empedocl. VS 31 B 146, zur Verbindung mit Pi. frg. 133 jüngst Zuntz 232 („the reproduction of some older doctrine, presumably Pythagorean, has to be acknowledged": wäre dann auch der Sparagmosmythos pythagoreisch?). – Vgl. auch III 2 a.

[69] Vgl. D. McGibbon, Phronesis 9, 1964, 11.

[70] Xenophanes VS 21 B 7, vgl. Burkert WuW 98.

nicht nur kurz – sechs Hexameter – sondern auch sehr allgemein gehalten; Einzelheiten werden nicht geschildert. Festzuhalten ist aber die
nach rein moralischen Kriterien durchgeführte Trennung von Frevlern
und Frommen[1]. Dazu treten die ebenfalls schon erwähnten Stellen
aus Platon und Diodor über Orpheus und Musaios als Autoritäten für
Jenseitsgedichte[2]. An Platons Bericht über das Treiben der Orpheotelesten ist beachtenswert, daß aus ihm eine merkwürdige Durchdrin-
gung von rituell und moralisch bedingter Dichotomie im Milieu der
Orpheotelesten deutlich wird: das Jenseits ist für Gerechte und Ungerechte verschieden, durch Riten, „die sie heilige Handlungen
(τελεταί) nennen", wird aber ein Übergang von den Verdammten zu
den Seligen ermöglicht. Das ist anders als in Eleusis, wo allein die
Weihe den Unterschied bewirkt, anders auch als in den Jenseitsmythen
von Platon und Pindar, denen zufolge in Gerechte und Ungerechte getrennt wird, deckt sich aber mit dem, was über den Orpheotelesten
Philippos berichtet wird[3]. Da die Grundfrage dieser Anekdote – wieso weiterleben, wenn das Jenseits besser sein wird als das Diesseits? –
auch in andern Zusammenhängen auftaucht[4], läßt sich ihre Entste-
hungszeit nicht sicher angeben. Falls sich hinter Philippos eine historische Person, Zeitgenosse des Königs Leotychides, der von 491 bis
461 regierte, verbirgt, ist sie aber kaum nach dem fünften Jahrhundert
entstanden[5].

Von zentraler Bedeutung für unser Problem ist aber die kurz vor
der eben erwähnten Platonstelle ausgeschriebene Nachricht über Jenseitsschilderungen von Musaios und seinem Sohn[6]. Sokrates hatte sich

---

[1] Orph. frg. 222 (III 1 Anm. 52), es werden gegenübergestellt οἱ μέν κ'εὐαγέ-
ωσι ... οἱ δ'ἄδικα ῥέξαντες ὑπ'αὐγὰς ἠελίοιο.

[2] Plat. rep. 2, 364 E (F 3), vgl. I 2 Anm. 50; Diod. 1, 96, 5, vgl. III 1 Anm. 51.

[3] Plut. apophtegm. Lac. 224 E (T 203), vgl. Nilsson Op. 2, 657. Burkert WuW
109 Anm. 74.

[4] D. L. 6, 1, 4 (T 203) von Antisthenes, wo μυούμενός ποτε τὰ 'Ορφικά be-
fremdlich anmutet: hätte sich Antisthenes in Winkelmysterien einweihen lassen, wenn er nicht daran geglaubt hätte?

[5] Jedenfalls hat sich das Problem schon den Pythagoreern (vgl. Plat. Phd. 61 D,
wo Burkert WuW 454 ein Akusma, J. C. G. Strachan, CQ 20, 1970, 216 ff.
Orphisches als Quelle vermuten) und ihren Geistesverwandten am Ende des
5. Jh. v. Chr. gestellt; vgl. noch Clearch. frg. 38.

[6] Plat. rep. 2, 363 CD (F 4), vgl. I 2 Anm. 55. 76.

den Brüdern Platons, Glaukon und Adeimantos, gestellt, welche den
von Thrasymachos aufgegebenen Logos gegen die Gerechtigkeit er-
neuern wollten. Adeimantos zählt zuerst die Folgen der Gerechtigkeit
auf, wie Hesiod, Homer und schließlich Musaios sie darstellen:

> Musaios aber und sein Sohn geben den Gerechten noch prachtvollere Dinge
> von den Göttern. Denn sie führen sie in ihrem Reden (τῶι λόγωι) in den
> Hades und lassen sie auf Klinen sich lagern und bereiten ein Gastmahl der
> Reinen, und bekränzt lassen sie sie die ganze Zeit zubringen, im Trunk, weil
> sie meinen, der schönste Lohn für Tugend sei ewige Trunkenheit. Andere aber
> lassen die Gerechten noch länger dauernde Belohnungen von den Göttern er-
> halten [7]: denn von dem Gerechten und treu Schwörenden, sagen sie, würden
> Kinder und Kindeskinder und das ganze nachfolgende Geschlecht bleiben. Da
> durch und durch anderes derartiges loben sie die Tugend; die Unfrommen
> aber und Ungerechten graben sie in den Schlamm ein im Hades und zwingen
> sie, in einem Sieb Wasser zu tragen, und schon zu Lebzeiten bringen sie sie in
> üblen Ruf.

Wie vorher auf Hesiod und Homer, beruft sich Adeimantos nun
auf Musaios und seinen Sohn, Eumolpos [8]. Darf die Analogie zu
Hesiod und Homer streng durchgeführt werden, denkt Adeimantos
auch hier an hexametrische Dichtungen. Zwar bezeichnet die Wendung
τῶι λόγωι, oft als adverbieller Ausdruck erstarrt, etwas, das nicht tatsächlich ist, sich nur in Sprache konkretisiert hat [9]: im Falle von
Musaios und Eumolpos dann aber doch wohl in hexametrischer Poesie.
Zugleich aber – das schwingt hier wohl mit – bezeichnet λόγος bei
Platon mehrmals den eschatologischen Bericht [10], παλαιὸς λόγος nimmt
Bezug auf einen Vers des Orpheus [11], und ἱεροὶ λόγοι werden spätestens seit dem Hellenismus als Dichtungen des Orpheus bezeugt [12].

---

[7] ἀποτείνουσι vulg.: ἀποτίνουσι Monac. B, Adam-Rees, Diels (VS 1 B 4), Kern
(F 4), zu verstehen wie κατακλίναντες, ἀναγκάζουσι, κατορύττουσι; die
Auffassung Stallbaums, der μακροτέρους ἀποτείνουσι μισθούς mit μακρο-
τέρους λόγους ἀποτείνουσι περὶ μισθῶν paraphrasiert, zurückgewiesen von
Adam-Rees 79.

[8] Siehe oben I 2 Anm. 76.

[9] Vgl. R. Kühner – B. Gerth, Ausführliche Grammatik der griechischen Sprache
2. Satzlehre, Hannover 1, 1898, 438; E. des Places, Lexique de la langue
philosophique et religieuse de Platon (Platon, Oeuvres Bd. 14), Paris 1964,
311.

[10] Plat. Gorg. 523 A, vgl. epist. 7, 335 A.

[11] Plat. legg. 4, 715 E, unten III 2 Anm. 132.

[12] Hdt. 2, 81 (T 216) nennt einen ἱρὸς λόγος in wohl orphisch-pythagoreischer

Adeimantos verweist für die Belohnung der Gerechtigkeit auf zwei Gruppen von Gewährsleuten, auf Musaios und Eumolpos für den Lohn im Jenseits, auf Ungenannte für denjenigen im Diesseits [13]. Dieselbe Trennung in Jenseits und Diesseits begegnet bei den Strafen der Ungerechten, hier fehlen jedoch genaue Quellenangaben. Die Verteilung wird analog zu denken sein: Musaios und sein Sohn stecken die Übeltäter in den Schlamm und lassen sie in Sieben Wasser tragen. Da aber die eine Strafe die andere eigentlich ausschließt, hat man entweder zwei Kategorien von Büßern oder aber zwei verschiedene Überlieferungen (einmal nach Musaios, ein andermal nach Eumolpos?) vor sich.

Eumolpos nun weist allein nach Eleusis, Musaios gehört auch zu Orpheus [14]. Demzufolge haben moderne Erklärer die in diesen Zeilen ausgesprochenen Vorstellungen bald als orphisch, bald als eleusinisch bezeichnet, ohne daß sich je ein Weg fand, eine der beiden Zuschreibungen schlüssig zu beweisen [15]. Daß sich hier Orphisches und Eleu-

Umgebung (s. III 1 Anm. 60), Epigenes (nach Harpocr. s. v. ῍Ιων vor Kallimachos, Zweifel bei Kern, Orph. frg. S. 69 T 229) nennt einen solchen unter den Orpheus zugeschriebenen Werken, Clem. Strom. 1, 131, 5 (T 222); vgl. Philodem. de piet. 51 S. 23 Gomperz (Kern, Orph. frg. S. 143, vgl. Kleidemos FGrHist 323 frg. 25).

[13] Die Identität dieser Anonymoi ist unklar. Platons Formulierung erinnert an Hes. OD 285, ein Vers, der bei Hdt. 6, 86 γ 2 als Orakelvers wiederkehrt und darnach größere Verbreitung gefunden hat, vgl. H. W. Parke – D. E. W. Wormell, The Delphic Oracle, Oxford 1956, 2 Nr. 35; wenn er nach Serv. Aen. 3, 98 auch bei Orpheus zu lesen war (F 4), der ihn vom Orakel des Hyperboreischen Apollo bezogen habe, ist das kein Beweis, daß Platon auf Orphisches anspielt (Kern Orph. frg. S. 83, vgl. Linforth 89 Anm. 80). – Nilsson Op. 2, 659 will unterschiedlos alle von Adeimantos referierten Einzelheiten Musaios und seinem Sohn geben.

[14] Vgl. I 2 Anm. 13; vgl. etwa noch Rohde 2, 129 Anm. 3. Nilsson Op. 2, 641 ff. Moulinier 37 („qui dit Musée dit, presque, Orphée").

[15] Orphisch nach Lobeck 2, 806. Dieterich Nek. 72 f. Adam-Rees 1, 78. Harrison 613 f. F. Pfister, BphW 60, 1940, 107. Rathmann 60 f. Nilsson Op. 2, 659 ff. GGrR 1, 688 f. Guthrie, Orph. 160 sowie den Franzosen A. J. Festugière, REG 49, 1936, 307. Lagrange 165 ff. M. Aubineau, RSR 47, 1959, 186. Des Places 203; auch in auf Breitenwirkung zielenden Werken wie G. Pfannmüller, Tod, Jenseits und Unsterblichkeit, Basel 1953, 28. Norden 275 ist vorsichtig („Persiflage einer besonderen Art orphischer Mysterien'). – Eleusinisch nach Wilamowitz GdH 2, 58. Thomas 28 u. pass.; Boyancé CdM 22 ff.

sinisches überschneiden könnten, wurde selten geäußert[16] – gerade
diese Hypothese aber soll durch eine Untersuchung der einzelnen von
Platon referierten Motive geprüft werden.

a. Das Symposion

Nach Musaios und Eumolpos feiern die Gerechten im Hades ein
Gelage. Daß sie ewige Trunkenheit für den schönsten Lohn der Tugend halten, ist sarkastische Interpretation des Adeimantos[17]: was sie
versprachen, war ein συμπόσιον τῶν ὁσίων, ein Symposion der Reinen.

‚Symposien mit angenehmer Musik und nie enden wollende Ban-
kette' gehören auch zu den Freuden, welche die Frommen im Jenseits
erwarten, welches der pseudoplatonische Axiochos schildert[18]. Bei
Lukian prägen solche Festlichkeiten derart das Bild des Lebens auf den
Inseln der Seligen, daß ‚mit den Heroen sein' identisch ist mit ‚teilnehmen am Symposion'[19]. Daß dabei diese Gelage auf einer blumen-
bestandenen Wiese, der Elysischen Ebene, stattfinden, weist auf Beziehungen zu der im vorherigen Paragraphen abgehandelten Motivik,
in welcher Orphisch-Pythagoreisches und Eleusinisches nicht scharf
geschieden werden kann.

id., REG 55, 220 sieht hier den Beweis, daß Eleusis für Platon orphisch sei.
Linforth 75 ff. bespricht alle fraglichen Stellen aus Plat. rep. mit dem Er-
gebnis, daß nirgends spezifisch Orphisches zu finden sei; Dodds 172 Anm. 102
verzichtet auf eine Einordnung.

16 Vgl. Maass 114, der als einziger, soweit ich sehe, hier eine Übereinstimmung
orphischer und eleusinischer Jenseitsvorstellungen bezeugt sah, ohne wie Boyancé 11. cc. in zu radikale Hypothesen zu verfallen.

17 Vgl. Linforth 87. – Daß Plut. Lucull. 44, 521 B die μέθη αἰώνιος als orphisch
bezeichnet (Πλάτων ἐπισκώπτει τοὺς περὶ τὸν Ὀρφέα), was etwa Harrison
614. Kern RE 1286. Guthrie Orph. 159 (und schon Lobeck 2, 806) aufnahmen,
ist demgegenüber von geringem Wert und vielleicht Autoschediasma Plutarchs:
οἱ περὶ τὸν Ὀρφέα ist bloße Umschreibung des schon ihm unklaren Μουσαῖος
καὶ ὁ υἱὸς αὐτοῦ. – Vgl. Rathmann 59, Linforth 87 f. – Daß auch das von
Cobet athetierte Partizip μεθύοντας (vgl. Maass 112 Anm. 149) zu Adeimantos' Deutung gehört, zeigt Linforth 87, der nach διάγειν interpungiert.

18 Axioch. 371 D συμπόσιά τε εὐμελῆ καὶ εἰλαπίναι αὐτοχορήγητοι.

19 Lucian. v. h. 2, 7, 109, die Elysische Ebene 2, 14, 112. – Vgl. Lucian. Iov.
conf. 17.

Eine besondere Bedeutung scheint diesem Symposion freilich von gewissen Pythagoreern zugemessen worden zu sein. Der Komiker Aristophon verspottet die Pythagoristen, die akusmatischen Pythagoreer seiner Zeit in Athen, damit, daß sie als einzige im Jenseits ihrer Frömmigkeit wegen mit Pluton speisen dürften: „sie essen Gemüse und trinken darauf Wasser" [20]. Kann man schon hinter dieser Parodie, welche sich des Symposions im Jenseits bedient, um den Vegetarismus der Pythagoristen zu geißeln, eine ernsthafte Eschatologie vermuten [21], bestätigt dies die von Herodot erzählte Geschichte von Salmoxis, dem ehemaligen thrakischen Diener des Pythagoras: Salmoxis veranstaltet in seinem Heimatdorf ein Gelage, an dessen Höhepunkt er den Zechgenossen verkündet, sie würden nach dem Tod an einen Ort kommen, „wo sie auf ewig alle nur möglichen guten Dinge haben würden" [22]. Das Naheliegendste ist, anzunehmen, daß dieses Gelage auf Erden eine Kostprobe all dieser guten Dinge gewesen sei. Da nun Salmoxis wohl pythagoreische Tradition reflektiert [23], weist diese Erzählung auf das Vorhandensein der Vorstellung vom ‚Symposion der Reinen' schon bei Pythagoreern des mittleren fünften Jahrhunderts.

Die Pythagoristen des Aristophon feiern nicht nur ein (wenn auch frugales) Symposion, sie haben auch Pluton, den Herrn der Unterwelt, zum Tischgenossen. Wie das wohl zu verstehen sei, lehrt ein Fragment des Empedokles: wer dem Laufe der Einkörperungen entkam und Gott geworden ist, wird ‚den andern Unsterblichen Herdgenosse, Tischgefährte' [24]. Die Intimität mit den Göttern findet, menschliche

[20] Aristophon frg. 13 ἐσθίουσί τε | λάχανά τε καὶ πίνουσιν ἐπὶ τούτοις ὕδωρ. – Zum Spott der Mittleren Komödie über die Pythagoristen vgl. VS 58 E (Bd. 1 S. 478 ff.), Burkert WuW 192 ff.

[21] Burkert WuW 193: Ziel der Askese sei ein bevorzugtes Los im Jenseits gewesen. – Vgl. auch H. Koller, Symbolon 7, 1971, 44 (Spiegelung pythagoreischen Katabasenrituals).

[22] Hdt. 4, 95, 3.

[23] Vgl. Burkert WuW 138 (der auf die Mahlzeit nicht besonders eingeht, vgl. Anm. 267).

[24] Empedocl. VS 31 B 147, 1 ἀθανάτοις ἄλλοισιν ὁμέστιοι, αὐτοτράπεζοι. – αὐτοτράπεζον (sic) Euseb. praep. ev. 13, 13, 49, wogegen die Hauptquelle, Clem. Strom. 5, 122, 3 ἔν τε τραπέζαις hat; Eusebs Text wird allgemein angenommen (mit der nötigen Korrektur), vgl. zuletzt Zuntz 247 frg. 17, 4; aber vgl. Rohde, 2, 182 Anm. 1. – Zur Bedeutung des gemeinsamen Mahles etwa

Verhaltensweisen spiegelnd, ihren vornehmsten Ausdruck im gemeinsamen Mahl. Unmittelbar vor diese Zeilen ist wohl eine Liste zu stellen, welche die höchsten menschlichen Inkarnationen, auf welche die
Vergottung unmittelbar folgt, aufzählt [25]. Diese Liste ihrerseits berührt
sich mit jenem Threnosfragment Pindars, in dem wohl zu Recht die
erste Andeutung des orphischen Dionysosmythos gesehen wurde [26]:
Pindar nennt als höchste menschliche Inkarnationen unmittelbar vor
dem Entrinnen aus dem Kreislauf der Wiedergeburten ,herrliche Könige und an Kräften Reißende und an Wissen Große' [27]. Daß also am
Ende der Metempsychose für den, der sich gänzlich gereinigt hat von
Schuld [28], das Zusammensein mit den Göttern steht, scheint orphisch-
pythagoreisch oder, wieder lokal definiert, großgriechisch-sizilisch zu
sein. Daß der Tote im Text der Goldblättchen von Thurioi sich als
rein und göttlichen Geschlechts rühmt, auch als ,Gott Gewordener'
angerufen wird, stellt sich in denselben Zusammenhang [29].

Daß die Reinen im Jenseits bei den Göttern wohnen würden,
spricht auch Platon im ,Phaidon' aus: er aber meint nicht von alter
Schuld Reine, sondern ,Eingeweihte und Gereinigte'; wer ungeweiht
sei, werde im Schlamm liegen [30]. So sagen diejenigen, „welche uns die
Mysterien eingerichtet haben".

Hdt. 9, 16, 2 (ὁμοτράπεζός τε καὶ ὁμόσπονδος); Plat. Euthyph. 4 C (συνέσ-
τιος καὶ ὁμοτράπεζος).

25 VS 31 B 146, mit 147 verbunden Zuntz 232 ff. 247 frg. 17 nach H. Stein,
    Empedoclis Fragmenta, Bonn 1852, 84; Wilamowitz, SBBerlin 1929, 642
    (= KlSchr 1, Berlin 1935, 495); zurückhaltender VS ad frg. 147.

26 Pi. frg. 133, oben II 4 Anm. 53, vgl. Zuntz 232.

27 In der Übersetzung von F. Dornseiff, Leipzig ²1965, 226.

28 Bemerkenswert ist, daß sowohl bei Pi. frg. 133 (vgl. II 4 Anm. 53) wie bei
    Empedocl. VS 31 B 115 die Verschuldung ein Mord ist (nur der von Zuntz
    194 [vgl. III 1 Anm. 39] athetierte Vers 4 würde noch weitere Vergehen
    hereinbringen).

29 Orph. frg. 32 c–e = Zuntz A 1 – A 3, S. 300 ff.

30 Plat. Phd. 69 C (F 5). Auch hier ist die Herkunft umstritten: orphisch nach
    Lobeck 2, 809. Dieterich Nek. 73. J. Burnet, Plato's Phaedo, Oxford 1911, 45.
    Harrison 614 f. Nilsson Op. 2, 660. GGrR 1, 689. Rathmann 60 f. Guthrie
    Orph. 160. R. Hackforth, Plato's Phaedo, Cambridge 1955, 55 Anm. 4. Des
    Places 202 (mit Hinweis auf die frühere franz. Literatur). Eleusinisch nach
    Maass 109 (,staatliche Weihen'). Wilamowitz GdH 2, 58, Anm. 2, Boyancé

Wiederum also ist ein und dieselbe Vorstellung – daß der Reine
schließlich bei den Göttern wohnen werde – einerseits zusammen mit
Seelenwanderung und ethisch bedingter Dichotomie in einer orphisch-
pythagoreischen, anderseits zusammen mit Einweihung und rituell bedingter Dichotomie in einem Bereich zu fassen, den man gerne mit
Eleusis identifizieren würde: die deutliche Bezugnahme auf Athen –
Sokrates referiert die Ansicht derer, „die uns die Mysterien eingerichtet haben" – verweist wohl auf die eleusinischen Mysterien[31], als
deren Gründer Orpheus im vierten Jahrhundert gelten konnte[32]. Bei
der Wiederholung desselben Gedankens einige Seiten später wird auf
den Glauben der μεμυημένοι verwiesen: auch hier denkt man an die
in Eleusis Geweihten; eine derartige Spezifizierung auch ausdrücklich
zu machen, konnte im damaligen Athen unnötig sein[33]. Ein zwar später Zeuge, Julian, weiß denn auch davon, daß die eleusinischen Mysten
‚mit den Göttern an den guten Dingen im Hades teilhätten‘[34] – es
findet sich zwar in kaiserzeitlichen Inschriften eine Hoffnung auf ein
Leben bei den Göttern oft ohne greifbare Mysterienbindung ausgesprochen[35]. Dabei aber versteht Platon unter denen, „die die Mysterien uns eingerichtet haben", sicher Orpheus und Seinesgleichen: im
folgenden zitiert er als Ausspruch derselben Leute (οἱ περὶ τὰς τελετάς)
die Sentenz von den ‚Vielen, die Narthexträger, den nur Wenigen aber,
die Bakchen‘ sind. Die hexametrische Form dieses Dictums überliefert
Olympiodor als ἔπος Ὀρφικόν, Vers des Orpheus (πολλοὶ μὲν ναρθηκοφόροι, παῦροι δέ τε βάκχοι), verweist auch das im Schlamm Liegen

---

CdM 21 f. Thomas 33 f. – Dodds 172 Anm. 102 verzichtet auf eine Einordnung, Moulinier 69 (vgl. id., Le pur et l'impur, Paris 1952, 349) nennt den
Schlamm ‚rien de spécialement orphique‘, den Vers über die ναρθηκοφόροι,
von P. Tannery, RPhil 25, 1901, 316 Anm. 4. Thomas 33 f. als verblaßtes,
Musaios und Eumolpos (Thomas) untergeschobenes Sprichwort aufgefaßt, bezeichnet er aber ‚emprunté à un poème orphique‘.

[31] Maass 109. Boyancé CdM 21. Vgl. Wilamowitz, GdH 2, 58 Anm. 2. Vgl. Ar.
ran. 1032. [Demosth.] 25, 11.

[32] Oben I 3.

[33] Plat. Phd. 81 A. – Bezeichnend der Wortgebrauch der Redner, oben I 3
Anm. 36.

[34] Iul. or. 7, 238, vgl. die Grabinschrift auf den Hierophanten IG II² 3661, 4
(GV 879).

[35] Vgl. III 1 Anm. 9; dazu noch Dion. Hal. ars rhet. 6, 5.

zur Dichtung des Orpheus[36]. Auch hier wird so eine Überschneidung
von Orphisch-Pythagoreischem und Eleusinischem faßbar in den eschatologischen Lehren derer, „die uns die Mysterien eingerichtet haben"
– in den Versen des Orpheus und Seinesgleichen, Musaios und Eumolpos mit eingeschlossen.

Wenn so das ,Symposion der Reinen' des Platonischen ,Staats'
pythagoreischen Vorstellungen, zugleich aber dem Motivkomplex des
,bei den Göttern Seins' nahesteht, in dem sich Eleusis und Orphik-
Pythagoreertum zu überdecken scheinen, verdeutlicht eine Einzelheit
des von Adeimantos skizzierten Bildes die Überschneidung der Bereiche auch hier. Adeimantos betont, daß die Gerechten bekränzt zum
Symposion kommen, was für einen Athener selbstverständlich war,
also nicht hervorgehoben werden müßte[37], wenn es sich nicht um
einen auffälligen Zug von Platons Vorlage handelte[38]. Bei Pindar bekränzen sich die Seligen bei den Heroen, ohne daß hier von Gelagen
die Rede wäre[39]. Ebenso besteht nach dem Fragment aus Plutarchs
,De anima', dessen Vorstellungsgehalt weitgehend auf die eleusinischen Mysterien zu beziehen ist, das selige Los des Mysten darin, daß
er „bekränzt einen Gottesdienst feiert und mit reinen Männern zusammen ist"[40]. Die hier erfolgte Ersetzung des Gelages durch die
Kultfeier geht zusammen mit derjenigen der Gerechten durch Eingeweihte: beide feiern, was auf Erden ihr schönstes Fest war, im Jenseits weiter. Die Bekränzung des seligen Mysten gehört zusammen mit

[36] Orph. frg. 235 ap. Olympiod. in Plat. Phd. 68 C (S. 48 Norvin).

[37] Vgl. Linforth 87, der in der demgegenüber ,unhaltbar schwachen' Stellung von
μεθύοντας einen Grund sieht, die μέθη dem Musaios abzusprechen. Vgl. des
Places 203.

[38] Ar. frg. 488 ist das Bekränzen ebenfalls betont. Das muß aber nicht Indiz dafür sein, dieses Fragment aus der oben aufgezeigten Topik auszuklammern
(gegen Thomas 33), da in Athen alle Toten bekränzt werden (A. Mau, Be-
stattung, RE 3, 334).

[39] Pi. O. 2, 74.

[40] Plut. frg. 178, vgl. unten III 3. – Iteration einer Kultfeier im Jenseits ist eine
in der Antike gut bezeugte Vorstellung, die ganze Parodos der ,Frösche' beruht darauf, s. auch Pi. frg. 129, 9 f. (Opfer). Axioch. 371 D (Eleusis). Prop.
4, 7, 61 f. (Kybelekult). CLE 1233, 17 ff. (Dionysoskult). Vgl. Nilsson GGrR
1, 674 (wo Eur. Her. 613 zu Unrecht auf das Jenseits bezogen wird, vgl.
Wilamowitz Her. 3, 137). – Ob Orph. h. 77, 9 f. mit Dieterich Nek. 90 auf das
Jenseits zu beziehen sei, muß offen bleiben.

derjenigen des seligen Symposiasten, verweist einerseits auf die eleusinischen Mysterien, anderseits auf die von Pindar aufgenommene. Eschatologie.

Am Grund der Vorstellung vom Symposion der Reinen aber steht ein weitverbreiteter Jenseitsglaube: sowohl die Alte Komödie Athens wie auch außergriechische Kulturen kennen ein solches Gelage im Jenseits[41]; eine Abhängigkeit von der hier zur Diskussion stehenden esoterischen Eschatologie wird man auch für die Alte Komödie nicht annehmen. Vielmehr haben die eschatologischen Dichter eine schon bekannte Vorstellung aufgegriffen und ausgestaltet, vielleicht darin sinnfälligen Ausdruck für ihren Glauben, daß der Eingeweihte oder Gerechte nach dem Tod bei den Göttern sein werde, gesehen.

b. Der Schlamm im Jenseits

Wohl auch nach Musaios und Eumolpos berichtet Adeimantos, daß die Ungerechten im Jenseits im Schlamm zu liegen hätten. Diese Strafe wird bald nach Platons Lebenszeit deutlich mit Eleusis zusammengestellt: die bekannte Anekdote um Diogenes den Kyniker, der eine Initiation in Eleusis mit der Begründung ablehnte, es sei lächerlich, zu glauben, ein eingeweihter Gauner habe es im Jenseits gut, während Epameinondas und Agesilaos im Schlamm lägen[42], wird zu Lebzeiten

[41] Zur Alten Komödie oben III 1 S. 82 f.; Beispiele aus der Kaiserzeit Eisler 174 Anm. 5; Islam: Koran Sure 37, 41 ff. 47, 16. 52, 24. 56, 18 f. 83, 26 ff. 88, 14 ff.; Germanien: J. de Vries, Altgermanische Religionsgeschichte (Grundr. d. germ. Philol. 12), Berlin ²1956, 2, 379, ein besonders schönes Beispiel K. Beth, Jenseits, HDA 4, 1931, 653. Weiteres Dieterich Nek. 69 Anm. 4. – Der früheste griechische Beleg ist vielleicht das Innenbild einer lakonischen Schale des Louvre (E 667, Mitte 6. Jh.; CV Louvre 1 III Dc 3, 11 = CV France T. 25, 11), vgl. G. Weicker, Der Seelenvogel in der alten Literatur und Kunst, Leipzig 1902, 14. Eisler 216 f.; gewichtige Einwände aber bei Lane, BSA 34, 1933/34, 158 f. (vgl. auch Nilsson GGrR 1, 196 Anm. 3): allein die Sphingen haben ,funeral associations‘, die Eroten und die Kylix selber weisen auf irdische Symposiastik.

[42] D. L. 6, 39. Iul. or. 7, 238. – Nicht auszuschließen ist Abhängigkeit Julians von D. L. (Agesilaos und Epameinondas finden sich bei beiden, fehlen aber bei Plut. de aud. poet. 4, 21 F), vgl. allgemein U. Geffcken, Kaiser Julianus, Leipzig 1914, 156 f. R. Hope, The book of Diogenes Laertius, New York 1930, 30.

des Diogenes schon entstanden sein [43]. Für die spätere Zeit sind Plutarch und Aristeides die Zeugen dafür, daß in eleusinischem Glauben der Ungeweihte nach dem Tode in ewigem Schlamme büßen werde [44].

Schwieriger ist die Einordnung des Schlammpfuhls der Aristophanischen ‚Frösche‘ [45]. Aristeides klingt an die Beschreibung des komischen Dichters an [46]: das heißt aber nur, daß seiner Ansicht nach Aristophanes Eleusis meinte – daß der Attizist Aristeides seinen Aristophanes gelesen hatte, ist anzunehmen. Der einzige Grund, Aristeides nicht zu folgen, ist, daß bei Aristophanes im Schlamm Vatermörder, Meineidige und andere ἀσεβεῖς liegen, eine solche Einteilung nach ethischen Kriterien in Eleusis nicht bekannt ist, wohl aber in der orphisch-pythagoreischen Eschatologie; es wird sich aber zeigen, daß auch diese Schwierigkeit gelöst werden kann.

Die zweite Stelle im Werk Platons, wo von der Strafe im höllischen Schlamm die Rede ist, diejenige im ‚Phaidon‘, konnte in zugleich eleusinische und orphisch-pythagoreische Beziehungen eingeordnet werden. Was vom Lohn der Eingeweihten festgestellt wurde, gilt auch für die Strafe der Ungeweihten: auch sie wird Orpheus und seiner Umgebung in den Mund gelegt, auch sie wird zugleich nach Eleusis zu beziehen sein. Letzteres deckt sich mit den bisherigen Feststellungen.

Wo aber liegen die Ursprünge der Vorstellung von einer Strafe im höllischen Schlamm, die für Eleusis bezeugt ist und für Orpheus und Seinesgleichen? Wilamowitz hat darauf aufmerksam gemacht, daß ein griechischer Glaube an eine Unterwelt voll Schlamm greifbar sei in einem Fragment des Asios [47]: ein nicht näher Genannter erscheint zu einer Hochzeitsfeier,

> ἐν δὲ μέσοισιν
> ἥρως εἱστήκει βορβόρου ἐξαναδύς,

---

[43] Oben III 1 Anm. 14.

[44] Plut. frg. 178. Aristeid. or. 22, 10.

[45] Ar. ran. 145 ff. 273 ff. – Die Kommentatoren schwanken zwischen ‚Orphic tradition‘ (B. B. Rogers) und ‚elementi tradizionali e popolari‘ (Cantarella).

[46] Aristeid. or. 22, 10 ἐν σκότωι καὶ βορβόρωι entspricht Ar. ran. 273 σκότος καὶ βόρβορος.

[47] Asios frg. 1 D. – Vgl. U. von Wilamowitz-Moellendorff, Textgeschichte der griechischen Lyriker, Berlin 1900, 60 Anm. 3; E. Maass, Rektoratsprogramm Marburg 1913, 47 Anm. 27 (vgl. Kern, Orph. frg. S. 84).

wie ein Gespenst aus dem unterweltlichen Schlamm. Dieselbe Vorstellung, als Relikt auch in der Homerischen Bezeichnung der Unterwelt als Ἄιδου δόμος εὐρώεις erhalten [48], findet sich gut ausgebildet in Mesopotamien. Von den Toten heißt es dort, sie lebten, „wo Erde ihre Nahrung, Lehm ihre Speise, wo sie Licht nicht sehen, in Finsternis sitzen" [49]. In Mesopotamien und ursprünglich wohl auch in Griechenland ist das aber das Los aller Toten, auch Ereshkigal, Herrin der Unterwelt, ißt ‚Lehm anstelle von Brot‘, trinkt ‚trübes Wasser anstelle von Bier‘ [50]. Wie wird diese Unterwelt zum Strafort der ἀσεβεῖς?

Platon bezeichnet das Liegen im Schlamm als Strafe für ἀμύητοι καὶ ἀκάθαρτοι, Plotin führt diesen Zusammenhang genauer aus [51]: die Unreinen liegen im Schlamm, da Schlamm den Unreinen lieb sei – so sagen die τελεταί. Es herrscht also eine enge Verbindung zwischen πηλός und Katharsis. Nun gibt es im griechischen Schrifttum Belege für eine rituelle Katharsis mit Schlamm [52]. Demosthenes wirft in einer vielbehandelten Stelle der Kranzrede seinem Gegner Aischines dessen leitende Stellung in einem Thiasos von Meter- und Sabaziosmysten vor [53]: Zu den Einweihungsriten gehörte es, die Mysten mit Schlamm

[48] εἰς ᾿Αίδεω δόμον εὐρωέντα Hom. Od. 10, 512. 23, 322; Hes. OD 153; vgl. weiter Soph. Aias 1167 τάφος εὐρώεις, Opp. Hal. 1, 781. 2, 89 (ἰλύς, πηλός). – Dodds 172 Anm. 102, die hier vorgetragene Ableitung von ‚consubstantiality of ghost and corpse and the consequent confusion of Hades and grave‘ muß angesichts der Beziehungen zu Mesopotamien (folgende Anm.) jedenfalls in sehr frühe Zeit gehören.
[49] Höllenfahrt der Ishtar 8 (ANET 106 ff.; H. Gressmann, Altorientalische Texte zum alten Testament, Berlin/Leipzig 1926, 206 ff.), Gilgamesch VII, iv 37 (ANET 87), vgl. Höllenfahrt der Innana 44 (ANET 53). – Beziehungen zwischen babylonischen und griechischen Jenseitsdichtungen sind auch sonst festzustellen, vgl. J. Kroll, Gott und Hölle. Der Mythos vom Descensuskampfe, Leipzig/Berlin 1932. 367 f. Kirk 108. Die schlammerfüllte Unterwelt findet sich auch im Judentum, Eisler 117 Anm. 4.
[50] Höllenfahrt der Ishtar 34.
[51] Plat. Phd. 69 C. Plotin. enn. 1, 6, 6, 5. – Vgl. Guthrie, Orph. 163 f. M. Aubineau, RSR 47, 1959, 188 f.
[52] Vgl. Rohde 2, 406.
[53] Demosth. or. 18, 259 (T 205), schon von Lobeck 1, 646 ff. auf die Mysterien des Sabazios bezogen (vgl. Strab. 10, 3, 18 S. 471), ebenso von Rohde 2, 110 Anm. 1; Harrison 417. – Dieterich Nek. 81 f. und KlSchr. 122 (RhM 48, 1893, 280) nennt den Ritus einen orphischen Sühneritus (allerdings von den Saba-

(πηλῶι) und Spreu einzuschmieren (ἀπομάττειν); auf diesen καθαρμός, wie Demosthenes ausdrücklich sagt, folgte die den Initiationsritus abschließende Formel ἔφυγον κακόν, εὗρον ἄμεινον [54]. – Der Deisidaimon Plutarchs wälzt sich schuldbeladen im Kot und beichtet öffentlich seine Vergehen [55]: auch dies, um sich reinzuwaschen. Verschiedentlich berichten griechische Autoren seit Sophokles vom Ritus des περι- oder ἀπομάττειν, jedoch ohne Angabe dessen, womit ἀπομάττεται [56]; dieser Ritus wird jedoch ausdrücklich als καθαρμός bezeichnet [57]. Er gehört in späterer Zeit ins Milieu von μηναγύρται und βωμολόχοι [58], wird schon von Menander nicht mehr ernst genommen [59]; anderseits machen die Erwähnungen bei Sophokles den Eindruck, er halte ihn für einen alten und ehrwürdigen Ritus [60]. Ein solcher kathartischer Ritus, der

ziosweihen übernommen), gestützt auf die bei Harpocrat. s. v. ἀπομάττων gezogene Parallele zum orphischen Titanenmythos, ihm folgen Eisler 291. Lagrange 176. Kern RE 1281 f. Guthrie Orph. 212. Doch erscheint diese Parallelisierung oberflächlich und spät, höchstens als Beziehung eines (orphischen) Mythos auf einen (deswegen nicht auch orphischen) Ritus verstehbar.

[54] Die übliche Hochzeitsformel, vgl. Suid. s. v. ἔφυγον κτλ. Zenob. 3, 98 (ebenso Apost. 8, 16. Phot. s. v. ἔφυγον κτλ., beide aber ohne Beziehung zur Hochzeit). Lobeck 1, 648. Sie kann aber wohl, da jede Hochzeit eine Initiation ist (vgl. unten Anm. 100), auf jede Initiation angewandt werden; vgl. van der Leeuw 386 („Das letzte Motiv der Reinigung ist ... die Befreiung vom Übel und die Zufuhr des Guten").

[55] Plut. de superst. 7, 168 D.

[56] Soph. frgg. 31. 429. Men. phasm. 50 ff. Körte. Philo de spec. legg. 3, 101 (Bd. 5 S. 178 Cohn). Lucian. necyom. 7, 466. Hsch. s. vv. μάγις, μάγμων. Harpocrat. s. v. ἀπομάττων. – Plut. de superst. 3, 166 A nennt πήλωσις, καταβορβόρωσις.

[57] Soph. frg. 31. Lucian. l. c. Hsch. l. c. vgl. Philo l. c. – Bei Men. l. c. wird der Einzuweihende noch umtanzt wie in der Korybantenweihe Plat. Euthyd. 277 D. Dio Chrys. 12, 33.

[58] Philo. l. c. – Vgl. Nilsson GGrR 1, 103 (‚mystische Winkelkulte').

[59] Men. l. c. (v. 52 κενὸν ... φάρμακον).

[60] Vgl. Harpocrat s. v. ἀπομάττων (fin.). Σοφοκλῆς ἐν Αἰχμαλώτισι (frg. 31) ,στρατοῦ καθάρτης κἀπομαγμάτων ἴδρις‘ καὶ πάλιν ,δεινότατος ἀπομάκτης τε μεγάλων συμφορῶν‘ (Komiker nach Nauck und Pearson). – Vgl. Hdt. 2, 85, 1 (ägyptisches Totenritual). 4, 73, 2 (skythischer Katharmos). – Die Therapie des πηλῶι χρίειν wandten die Mediziner an, Galen. de simp. med. temp. 9, 1, 1 (Bd. 12 S. 176 f. Kühn). Dioscor. 5, 97, 1 f., vgl. E. Maass, ARW 21, 1922, 263.

ursprünglich nichts mit dem Jenseits zu tun hatte, sondern rein magischer Natur war, konnte im Kontakt mit dem Glauben an eine Vergeltung im Jenseits umgedeutet werden als Vorwegnahme des Loses, das alle andern erwartete, welche im Jenseits ewig erleiden müßten, was sie im Diesseits zu tun versäumten [61]. Ein Zusammentreffen mit der schon existierenden Vorstellung eines Jenseits voller Schlamm erleichterte diesen Übergang. Da anderseits eine Assoziation zwischen Schlamm und Unreinheit naheliegt, konnte sich der Glaube an eine Jenseitsstrafe im Schlammloch lösen von der rituellen Unterlage: so deutet ja Plotin das ἐν βορβόρωι κεῖσθαι.

Für unsere Fragestellung ergibt sich daraus, daß wir die Quelle der Vorstellung nicht in Eleusis suchen dürfen: ein Ritus des πηλῶι ἀπομάττειν ist dort nicht bezeugt [62]. Eher deutet die Verbindung dieses merkwürdigen Ritus mit Jenseitsglauben und Initiation in jene Gegend archaischer Religiosität, in welcher auch Orphik und frühes Pythagoreertum wurzeln [63].

c. Sieb und löcheriges Faß

Die Ungerechten, fährt Adeimantos fort, müßten nicht nur im Schlamm liegen, sie hätten auch in einem Sieb Wasser zu tragen. Platon erwähnt diese Jenseitsstrafe noch an einer vielbesprochenen Stelle

[61] Vgl. Harrison 614; dasselbe gilt für die Wasserträger, unten S. 114 f.

[62] E. Maass, ARW 21, 1922, 260 ff. konstruiert als eleusinischen Ritus das Abreiben des Mysten mit einer Erdscholle; das bleibt ohne Rückhalt in den Zeugnissen.

[63] Auf einem andern Weg ist die Untersuchung also zu einem ähnlichen Resultat gelangt, wie es schon A. Dieterich, KlSchr 120 f. (RhM 48, 1893, 279 f.) vorgeschlagen hatte (s. Anm. 53); ob allerdings auch die Initiation des Strepsiades in den ‚Wolken' (Ar. nub. 250 ff., vgl. K. J. Dover, Aristophanes Clouds, Oxford 1968, 130; A. W. H. Adkins, Antichthon 4, 1970, 13 ff. [contra: G. J. de Vries, Mnem. 26, 1973, 1 ff.]; Burkert HN 296 f.) hieher zu ziehen sei (in der H. Koller, Symbolon 7, 1971, 42 eine pythagoreische Mysterienweihe sieht), ist m. E. fragwürdig (vgl. Guthrie, Orph. 212): diese Initiation geschieht durch Bestäuben mit feinem Mehl (Schol. Ar. nub. 260), Harpocrat. l. c. aber sagt ἤλειφον ... τῶι πηλῶι ... τοὺς μυουμένους, worauf eine eingehende Waschung erfolgte (vgl. Lucian. necyom. 7, 466); auf einen relativ konsistenten Stoff führt auch die weitere Bedeutung von ἀπομάττειν ‚abformen, ein Negativ herstellen' LSJ s. v.

des ‚Gorgias': Sokrates erzählt als Mythos, den ein unbenannter σοφός ihm allegorisiert [64], ein ‚geistreicher Mann, einer aus Sizilien wohl oder Italien', jedoch gedichtet habe: im Jenseits müßten die Seelen der Ungeweihten mit Sieben in einen durchlöcherten Pithos Wasser schöpfen. Man hat an den Herkunftsangaben Platons viel herumgerätselt [65]. Deutlich wird jedenfalls, daß er den Mythos mit unteritalisch-sizilischen Mysterien verbindet [66], ihn damit zumindest in die Nähe von Orphisch-Pythagoreischem rückt.

Daß die Verbindung von ‚Wasser im Sieb tragen' und ‚Wasser in einen durchlöcherten Pithos schöpfen' eigentlich ein Unding ist, hat schon Bion der Borysthenite gesehen [67]; sie findet sich denn sonst auch

[64] Pl. Gorg. 493 A ff. – Meist wird Philolaos als der Allegoriker angesehen, so schon von A. Boeckh, Philolaos des Pythagoreers Lehren, Berlin 1819, 139 f. (der aber, wie viele Forscher nach ihm, unrichtig den Mythendichter und den Allegoriker zusammenwirft; vgl. R. Hirzel, in: Commentationes philologicae in honorem Th. Mommsenii, Berlin 1877, 13 ff. Burkert WuW 231 Anm. 54) oder jüngst etwa Moulinier 26. Daneben Archytas (E. Frank, Plato und die sogenannten Pythagoreer, Halle 1923, 90), Antisthenes (F. Dümmler, Akademika, Gießen 1889, 87 ff. K. Joël, Der echte und der Xenophontische Sokrates, II 1, Berlin 1901, 219) oder Platon selbst (I. M. Linforth, UCP 12: 17, 1944, 295 ff.); einen unbekannten Pythagoreer vermutet Dodds Gorg. 297 f., ‚pythagoreischen Ursprung oder wenigstens pythagoreischen Einfluß' nennt Burkert l. c., vgl. ders., Ant. & Abendl. 14, 1968, 100.
[65] Empedokles vermutete schon Olympiod. in Plat. Gorg. 30, 5; ihm folgten W. Nestle bei Zeller I 1, 558 Anm. 2, E. Dörfler, WSt 33, 1911, 186. Letzterer nennt den Mythos ursprünglich orphisch (ibid. 187 f., vgl. Harrison 616), was beinahe die communis opinio darstellt (etwa E. Frank op. cit. 90 f. 298 f.; J. Carcopino, La basilique pythagoricienne de la Porte Majeure, Paris 1926, 282; Rathmann 65 Anm. 68; P. Wuilleumier, Tarente des origines à la conquête romaine, Paris 1939, 571; Guthrie Orph. 161 f., GrG 311); Zeller l. c. nennt ihn orphisch-pythagoreisch (vgl. P. Wuilleumier op. cit. 552), R. Hirzel loc. cit. (s. vorige Anm.) pythagoreisch. Dodds Gorg. 297 denkt vorsichtig an unteritalische eschatologische Poesie, während I. M. Linforth op. cit. (s. vorige Anm.) 298 (‚question open to conjecture') und Burkert WuW 231 Anm. 54 (Mysterienlehre) noch zurückhaltender sind; ‚Orpheus' jetzt W. Burkert, Ant & Abendl. 14, 1968, 100 (nach dem PDerv).
[66] Auch als Anspielung auf Timokreon frg. 6 (732 PMG) (so Hirzel loc. cit. 15) hat Σικελός natürlich noch eigene Aussagekraft, s. Burkert WuW 231 Anm. 54.
[67] Bion ap. D. L. 4, 50; daß Bion sich auf Plat. Gorg. 493 B bezieht, macht die Verbindung von löcherigem Faß und löcherigem Schöpfgefäß wahrscheinlich, die sich nur dort findet.

nicht mehr unabhängig von Platon. Beide Strafen sind ἀδύνατα und als solche im Sprichwortschatz der Griechen vertreten [68], beide sind sich auch inhaltlich verwandt: es geht jedesmal darum, ein Gefäß, das Wasser nicht halten kann, mit Wasser zu füllen. Als Jenseitsstrafe ist nur das ‚Schöpfen in den löcherigen Pithos‘ weiter bezeugt, das ‚Wasser im Sieb Tragen‘, wie es sich im ‚Staat‘ findet, spielt keine Rolle mehr [69]. Wie auswechselbar jedoch die beiden Strafen sind, zeigt Plutarch: er spricht vom ‚Schöpfen in den löcherigen Pithos‘ im Zusammenhang einer Stelle, deren Abhängigkeit von Platons Angriff auf die Bettelpriester und Seher wir oben zeigten [70]. Wenn deshalb im Folgenden die Vorstellung vom Schöpfen in den Pithos weiter verfolgt wird, meinen wir, daraus auch Rückschlüsse für die Stelle im ‚Staat‘ ziehen zu können, von der wir ausgegangen sind.

In einem Kapitel, in welchem er jene ägyptischen Einrichtungen aufzählt, aus welchen Orpheus griechische Jenseitsvorstellungen gesponnen habe, erzählt auch Diodor von der Strafe des Wassertragens: in Akanthopolis schöpften täglich dreihundertsechzig Priester Wasser aus dem Nil in einen löcherigen Pithos [71]. Die runde Zahl von 360 Priestern erinnert allerdings an die ebenso runde von fünfzig Danaiden, zudem umfaßt Diodors Katalog praktisch alle bedeutenden Jenseitsmythologeme der Griechen, nicht allein, was sicher Orpheus

[68] εἰς τετρημένον πίθον ἀντλεῖν Xen. oec. 7, 40; Aristot. oec. 1, 6, 1344 B 25; Suid. s. v. (ει 315; 2, 542, 12 Adler) vgl. ει 321; 2, 542, 28 Adler; Plut. prov. ecl. 4. 46; Zenob. 2, 6; Apostol. 6, 79. – κοσκίνωι ὕδωρ φέρειν Lucian. Demon. 28, 386; Suid. s. v. κοσκινηδόν (κ 2136; 3, 162, 5 Adler); Plut. prov. ecl. 8. 50; Apostol. 9, 91; vgl. Plaut. Pseud. 102. – Adynaton auch bei Dion. Hal. 2, 69, 2. – Vgl. L. Radermacher, RhM 63, 1908, 536 Anm. 1; Schweizerdeutsches Idiotikon 6, 1909, 1726.
[69] Philetaer. com. frg. 18; die Herkunft der parodierten Vorstellung ist ungewiß – darf man an einen Zusammenhang mit den damals gerne verspotteten Pythagoristen (s. Anm. 20) denken? – Von den beiden spätantiken Belegen der Strafe des im Sieb Wasser Tragens, Longin. de invent. 719 (S. 576 Waltz) und Basil. ad iuv. 9 (S. 55, 14 Boulanger), hängt zumindest Longinos direkt von Plat. Gorg. 493 B ab, vgl. Radermacher l. c. (s. Anm. 68) 535 Anm. 2.
[70] Plut. non posse suav. viv. sec. Epic. 27, 1105 B (oben I 2 Anm. 61).
[71] Diod. 1, 97, 2. – Zum ägyptischen Hintergrund vgl. R. W. Sloley, Ann. serv. ant. Egypte 48, 1948, 261; J. Yoyotte, Rev. d'Eg. 13, 1961, 100 f.; A. Burton, Diodorus Siculus, book I (Et. prél. 29), Leiden 1972, 278 f.

zugeschrieben werden kann: es darf auf diese Nachricht nicht zuviel Gewicht gelegt werden.

Zu diesen literarischen Belegen – zu denen noch der gleich zu besprechende Mythos von den Töchtern des Danaos zu stellen ist – treten drei Zeugnisse der bildenden Kunst. Auf dem Nekyiabild, das Polygnot von Thasos wohl zwischen 458 und 447 [72] in der Lesche der Knidier zu Delphi malte, waren ganz links [73] am Hadeseingang Tityos, Oknos, ein Tempelräuber und ein Vatermörder, ganz rechts weitere menschliche Büßer dargestellt, welche Pausanias in zwei Gruppen zerlegt: einerseits zwei Frauen, welche in Vasenscherben Wasser tragen, „gemeinsam aber steht über beiden, daß sie zu den nicht eingeweihten Frauen gehörten" [74], anderseits ein Greis, eine Greisin, ein Kind und eine junge Frau, welche mit Krügen Wasser in einen eingegrabenen Pithos füllen, der wohl zwischen den beiden Grüppchen steht. Daß diese Wasserträger zu einer einzigen Büßergruppe zusammenzufassen sind, wie es C. Robert in seinem Rekonstruktionsversuch vorschlug, hat sich unwidersprochen durchgesetzt [75]. Die erwähnte Beischrift hat wahrscheinlich allein AMYHTOI oder so ähnlich gelautet; Pausanias vermutet darin eine Beziehung zu den Mysterien von Eleusis, in die er wohl eingeweiht war [76], eine Ansicht, welche praktisch unbesehen in die moderne Literatur eingegangen ist [77].

[72] So der übliche Ansatz. Robert, Nek. 76. Frazer, Paus. 5, 359 f.; vgl. aber Meyer Paus. 711 (‚auf Grund nicht wirklich zwingender Argumente' wird dieser Ansatz vertreten). Die Lesche selber wird (unabhängig von der Malerei) in die 1. Hälfte des 5. Jh. datiert, F. Pouilloux, La région nord du sanctuaire, FdD 2, 1960, 134.

[73] Links und rechts nach der Rekonstruktionsskizze von Robert, Nek. nach S. 84; Paus. macht keine genauen Angaben. – Meyer, Paus. 711 stellt sich das Bild gerade umgekehrt vor.

[74] Paus. 10, 31, 9 ἐν κοινῶι δέ ἐστιν ἐπὶ ἀμφοτέραις (sc. ἐπίγραμμα) εἶναι σφᾶς τῶν οὐ μεμυημένων γυναικῶν.

[75] Robert Nek. 52, vgl. etwa Cook 3, 397 f. Guthrie Orph. 162.

[76] Vgl. Paus. 1, 38, 7.

[77] Etwa Robert Nek. 84. Rohde 1, 327. Guthrie Orph. 162. Meyer Paus. 716 f.; vgl. Harrison 619. Wilamowitz GdH 2, 181 (Thasos). Thomas 54 (‚deutlich' thasische Tradition und Beziehung auf Eleusis). Nilsson, GGrR 1, 690 Anm. 3 (Paus. hat Recht, „wenn man von der Spezifizierung auf Eleusis absehen will").

Es scheint jedoch wichtig, diese Vermutung des gelehrten Perihe-
geten auf ihre Richtigkeit hin zu prüfen. Gehen wir vom Bild selber
aus. Auffallend ist das Vorkommen von zwei örtlich getrennten Büßer-
gruppen, einerseits derjenigen am Hadeseingang [78], anderseits derjenigen ganz am andern Bildrand, welcher außer den Wasserträgern Tantalos und Sisyphos angehören. Diese beiden Gruppen bilden die Eck-
pfeiler einer das ganze Bild beherrschenden Symmetrie [79]. In engem
Zusammenhang mit der ersten Gruppe steht aber auch die Darstellung
Charons, der in seinem Nachen Tellis und Kleoboia, die Begründer
der thasischen Demetermysterien (ὄργια), überfährt, ist doch der Vatermörder unter dem Boot, Oknos aber darüber dargestellt: Anfang
und Ende des Bildes weisen also auf Mysterien hin, einerseits auf das
Los der Mysterienverächter, anderseits auf die Demetermysterien von
Thasos, Polygnots Heimat [80]: sollte der Maler da nicht auch für die
Darstellung des Loses der Ungeweihten Vorstellungen aus den thasischen Mysterien verwendet haben? [81]
Beweisen läßt sich das nicht. Über die thasischen Mysterien der
Demeter wissen wir zu wenig: sie sollen aus Paros gebracht worden
sein [82], Inschriften lehren uns die Kulttitel der Δημήτηρ Καρποφόρος
und (wichtiger, da dadurch schon am Ende des fünften Jahrhunderts

[78] Robert Nek. 74 denkt sich am Rande des Acheron Schlamm, in dem die
Büßer liegen, vgl. Verg. Aen. 6, 416. Auch Ar. ran. 271 ff. deutet sich am
besten mit der Annahme, daß die Frevler im Schlamm am Rande des Acheron,
doch abseits der normalen Route der Toten, liegen; nur Xanthias, der zu
Fuß den See umging, sah sie.
[79] Vgl. Robert Nek. 71. K. Lehmann-Hartleben, Hesp. 12, 1943, 129.
[80] Vgl. K. Lehmann-Hartleben, l. c. Meyer, Paus. 711, der im Hinweis auf die
Mysterien einen ‚versöhnenden Abschluß des Bildes‘ sieht (das für ihn bei
den Wasserträgern begann). – Es ist wohl kein Zufall, daß Tellis und Kleoboia nicht in der Unterwelt, sondern im Nachen Charons dargestellt sind:
als μύσται κατ'ἐξοχήν hätten sie sich im Elysion befinden müssen, was für
Polygnot sowohl aus künstlerischen wie besonders aus religiösen Rücksichten
schwer darstellbar gewesen wäre, vgl. Wilamowitz GdH 2, 181.
[81] So bestimmt Wilamowitz GdH 2, 181. vgl. Thomas 54.
[82] Paus. 10, 28, 3. – F. Pouilloux, Recherches sur l'histoire et les cultes de Thasos,
Et. Thas. 3, 1954, 24 f. setzt diese Gründung der Mysterien schon vor der
eigentlichen Gründung der Kolonie und ihrer Sanktion durch den delphischen
Apollon an (Tellis, der Gründer der Weihen, war Vater des Telesikles, Groß-
vater des Archilochos).

eleusinischer Einfluß manifestiert wird) der Δημήτηρ ᾽Ελευσινίη [83]. Die parischen Mysterien sind nur wenig besser bekannt [84]; Hinweise auf das Los der Ungeweihten kennen wir auch von dort keine. – Festzuhalten ist also, daß im Bild des Polygnot ausdrücklich auf die thasischen Mysterien hingewiesen wird, jeder Hinweis auf spezifisch Attisches hingegen fehlt [85]; dieses Zeugnis kann somit erst für Pausanias' eigene Zeit den Anspruch auf volle Aussagekraft für die eleusinischen Mysterien machen.

Früher als Polygnots Gemälde sind zwei attisch-schwarzfigurige Vasen aus Unteritalien, auf denen Unterweltliches dargestellt ist. Auf einer Amphora aus der Zeit um 540/30 in München entleeren in Gegenwart eines steinewälzenden Sisyphos vier geflügelte Wesen Amphoren in einen riesigen eingegrabenen Pithos [86]. Ebenfalls zu einem solchen Pithos, der, wie Oknos und sein Esel zeigen [87], auch in der Unterwelt gedacht ist, tragen auf einer Lekythos aus der Zeit kurz nach 500 in Palermo zahlreiche, deutlich als Männer und Frauen gekennzeichnete Gestalten große Krüge [88]. Die Deutung der beiden Bilder ist kontrovers. Wären die Alternativen lediglich Danaiden [89] oder

---

[83] Καρποφόρος F. Pouilloux, Et. Thas. 5, 1958, 155 Nr. 315 (römisch). ᾽Ελευσινίη ibid. 3, 1954, 330 Nr. 125 A (Ende 5. / Anf. 4 Jh.), vgl. IG XII 8, 363 (5. Jh.).

[84] Vgl. Allen-Halliday zu Hom. h. Cer. 491. Nilsson, GrF 314 Anm. 6. O. Rubensohn, Paros, RE 18, 1842 ff.

[85] Theseus gehört zu den wohl seit der Minyas unabdinglichen Gestalten der Unterwelt, vgl. Huxley 119 f.

[86] ABV 316, 7, aus Vulci; abg. etwa bei Harrison 616 Abb. 164. Guthrie, Orph. 163 Abb. 15. Cook 3, 399 Abb. 262; datiert J. D. Beazley, Etruscan vase-painting, Oxford 1947, 147.

[87] Vgl. Exkurs II.

[88] Bibliographie bei C. H. E. Haspels, Attic black-figured lekythoi, Paris 1936, 66; Schauenburg, JdI 73, 50 Anm. 15; abg. Haspels op. cit. T. 19, 5. Cook 3 T. 36; vgl. J. D. Beazley l. c.

[89] Danaiden: schon E. Gerhard, Abh. Akad. Berlin 1839, 198 (KlSchr 1, Berlin 1866, 162) Anm. 14, dann Bernhard, RL 1, 949 Abb., C. Bonner, TAPA 31, 1900, 34 f. S. Reinach, RevArch 1, 1903, 190. J. E. Harrison, Themis, Cambridge 21927, 529; A. Rumpf, Misc. Acad. Berol. II 2, 1950, 41 f. für die Amphora in München; Reinach l. c. 191 Anm. 3. G. Méautis, L'âme héllenique d'après les vases grecs, Paris 1932, Legende zu T. 44 für die Lekythos in Palermo. – Zurückhaltender (unbestimmte Seelen, jedenfalls keine Ungeweih-

Ungeweihte[90], machte die Deutung wenig Beschwerden: männliche
Danaiden wie auf der Palermitaner Lekythos gibt es nicht, und griechische Vasenmaler stellen nicht bekannte Heroinen als namenlose
Eidola wie auf der Münchner Amphora dar. Nun hat jedoch Erwin
Rohde die Unmöglichkeit gesehen, die Bestrafung der Danaiden, welche einer jüngeren Schicht des Mythos angehört[91] und frühestens im
vierten Jahrhundert belegt ist[92], direkt von derjenigen der Ungeweihten abzuleiten, und er hat als Ausweg eine gemeinsame Vorstufe, die

ten) E. Kuhnert, JdI 8, 1893, 111. Guthrie, Orph. 162. ABV 316, 7. T. Had-
zisteliou-Price, AntKu 12, 1969, 54 (Amphora München); A. Furtwängler,
AA 1890, 25. Haspels, op. cit. 66 (Lekythos Palermo).

[90] Uneingeweihte: Panofka, AZ 2, 1848, 284 ff. (nach Polygnot). Wilamowitz
HomUnters 202 (,aus orphischen Kreisen') für die Amphora in München;
Frazer, Paus. 5, 389. C. Bonner, TAPA 31, 1900, 34 f. Harrison 617. Cook 3,
400 f. Rumpf l. c. 41 für die Lekythos in Palermo; PR 1, 824 Anm. 4. Nilsson
GGrR 1, 196. Schauenburg JdI 73, 50 („es besteht heute Einigkeit") zu beiden.

[91] Das ist fast communis opinio der modernen Forschung, vgl. außer den bei
A. F. Garvie, Aeschylus' Supplices, Cambridge 1969, 234 aufgeführten Autoren
Guthrie Orph. 162 (,at some uncertain but probably post-classical date'),
H. von Geisau, Danaiden, KlP 1, 1379; singuläre Spätansätze bei J. Carcopino, La basilique pythagoricienne de la Porte Majeure, Paris 1927, 288 ff.
(frühe Kaiserzeit), J. Vürtheim, Aischylos' Schutzflehende, Amsterdam 1928,
28 (Axiochos). – Schon zum ursprünglichen Mythos rechnet die Jenseitsstrafe
P. Friedländer, Argolica, Diss. Berlin 1905, 18; eine sehr frühe Weiterent-
wicklung nach F. Duemmler, Delphica, Basel 1894, 17 ff. = KlSchr, Leipzig
1901, 2, 140 ff.; C. Bonner, HSCP 13, 1902, 172 f.; eine Frühdatierung dieser
Entwicklung (vor Aischylos) erwägt A. F. Garvie op. cit. 177. – Zum alten
Bestand gehört das Wassertragen natürlich dann, wenn mit einer ursprünglichen Beziehung der Danaiden zum Wasser gerechnet wird, unten Anm. 119.

[92] Erste literarische Bezeugung vielleicht Hekataios ap. Diod. 1, 97, 2 (oben Anm.
71), dann wohl Axioch. 371 E (späthellenistisch, vgl. außer den bei F. Ueber-
weg – K. Praechter, Die Philosophie des Altertums, 12Berlin 1926 Anh. 89 genannten Arbeiten besonders J. Souilhé in der Platonausg. bei Budé, 13, 3 Paris
1930, 123 ff., weiter L. Alfonsi, in: Studi di filosofia Greca [FS R. Mondolfo],
Bari 1950, 272 f., M. Isnardi, RSF 16, 1961, 33 ff.). Darstellungen seit den
apulischen Unterweltsvasen, vgl. die Listen bei Cook 3, 401 ff. Guthrie Orph.
187 ff. Wüst 682 f. (vgl. J. D. Beazley, Etruscan vase-painting, Oxford 1947,
146 f. A. Rumpf l. c. [s. Anm. 89] 41 f. F. Brommer, Danaidi, EAA 3, 3), zu
denen ein tarentinisches Kalksteinrelief tritt, P. Wuilleumier op. cit. (Anm. 65)
298 f., T. 12, 1; J. D. Beazley, op. cit. 146.

Bestrafung von unverheiratet Gestorbenen, vorgeschlagen[93]. Viele moderne Forscher sind ihm gefolgt[94] und haben zumindest das Bild der Lekythos auf diese Strafe hin gedeutet[95]. Einen Anhaltspunkt hätte eine solche Vorstellung in der athenischen Sitte finden können, unverheiratet Verstorbenen eine Lutrophoros auf das Grab zu geben[96]. Auch kennen andere Völker Strafen für unverheiratet Gestorbene, die an das endlose Wassertragen erinnern[97]. Aus der Verbindung des Wassertragens mit dem in vielen Jenseitsmythen bekannten Gedanken der ματαιοπονία[98] wäre das endlose Wassertragen im Jenseits entstanden. Davon abhängig hätte man sich einerseits die Bestrafung der Danaiden als Verächterinnen des τέλος der Ehe, anderseits diejenige der Verächter des τέλος der Mysterien zu denken: für beides, Ehe und Einweihung, braucht der Grieche dasselbe Wort[99], beides sind Initia-

---

[93] Rohde 1, 328 (vgl. aber die 1. Aufl., Freiburg/Leipzig 1894, 292 Anm. 1); Dieterich Nek. 70 Anm. 1 (vor Rohde). – Die von B. Andreae, Studien zur römischen Grabkunst (RM Erg.-h. 9), Heidelberg 1963, 62 auf drei römischen Denkmälern gesehene Gegenüberstellung der Danaiden mit den ,vorbildlichen Gattinnen' Laodameia und Alkestis kontrastiert Gattenmörderinnen (s. Anm. 117) mit Gattinnen, die aus Liebe in den Tod gingen, gibt also keine zusätzliche Bestätigung für Rohdes These.

[94] Eine Liste bei A. F. Garvie op. cit. 234 f.; vgl. insbesondere Wilamowitz Her. 3, 221; J. Vürtheim, Aischylos' Schutzflehende, Amsterdam 1928, 27 (diese Einsicht scheint ,zu den festen Errungenschaften unserer Philologie zu gehören' – freilich ironisch gemeint).

[95] So E. Kuhnert, JdI 8, 1893, 111. L. Radermacher, RhM 63, 1908, 546. P. Friedländer op. cit. 19; erwogen von Frazer, Paus. 5, 389. – Trotz Pausanias werden die Wasserträger auf Polygnots Bild als unverheiratet Gestorbene bezeichnet von Wilamowitz Her. 3, 221. L. Radermacher l. c. 547.

[96] Demosth. 44, 18. 30; zu Pollux 8, 66, Anecd. Gr. 1, 276, 27 Bekker, Harpocrat. s. vv. λουτροφόρος, λουτροφορεῖν vgl. H. Nachod, Lutrophoros, RE 13, 2098; R. Ginouvès, Balaneutiké. Recherches sur le bain dans l'antiquité grecque, Paris 1962, 257. – Vgl. H. Kenner, OeJh 29, 1935, 148. Cook 3, 372 ff. R. Ginouvès op. cit. 255 ff.

[97] Vgl. O. Waser, ARW 2, 1899, 61 (nach Haberland, Globus 34, 1878, 205): im schweizerischen Kanton Wallis tragen verstorbene Junggesellen in Körben Sand aus der Rhone bergauf. – Weitere Belege der Vorstellung, daß den unverheiratet Gestorbenen Schreckliches droht, bei Frazer, Paus. 5, 389 ff.

[98] Zum Ausdruck vgl. L. Radermacher, RhM 63, 1908, 535, der in der Folge eine reiche Beispielsammlung bringt.

[99] τέλος im Sinne von τελετή, Mysterienzeremonie Aesch. frg. 387. Soph. OC

tionsriten und haben nicht nur die rituelle Waschung gemeinsam [100]. Wie die Unverheirateten das Wasser zum Hochzeitsbad, tragen die Ungeweihten das Wasser zum Initiationsbad.

Nun wird man zwar wirklich die Strafe der Ungeweihten so erklären müssen, daß sie auf ewig Wasser für ihr versäumtes Bad zu tragen hätten: eine durchsichtige Allegorie, die sich zur ebenso durchsichtigen der Strafe im Schlamm stellt. Eine solche Allegorie aber schon in der nach allgemeiner Ansicht viel älteren Bestrafung der unverheiratet Gestorbenen zu sehen, scheint nicht bedenkenlos. Auch hat sich die athenische Sitte, allein solchen Toten eine Lutrophoros aufs Grab zu geben, wohl erst im späteren sechsten Jahrhundert entwickelt [101]. Ewiges Wassertragen ist zudem in den gerne herangezogenen germanischen Sagen keine typische Art der Strafe für alte Jungfern und Junggesellen, sondern gehört in einen ganzen Katalog von ἀδύνατα, unter denen es nur einen bescheidenen Platz einnimmt [102]; auch ist

---

1050. frg. 753. Eur. Hipp. 25. Plat. rep. 8, 560 E; im Sinne von Hochzeit Hom. Od. 20, 74 (τ. γάμοιο). Aesch. Eum. 835 (τ. γαμήλιον). Ap. Rhod. 4, 1202. AP 6, 276 etc., vgl. Pollux 3, 38 τέλος ὁ γάμος ἐκαλεῖτο.

[100] Zur Hochzeit als Initiationsritus vgl. H. Diels, Sibyllinische Blätter, Berlin 1890, 48 Anm. 2. J. E. Harrison, Epilegomena, Cambridge 1921, 16. Van der Leeuw 210, bes. 218 ff.; zum Hochzeitsbad Cook 3, 396. L. Moulinier, Le pur et l'impur, Paris 1952, 64 f. R. Ginouvès, Balaneutikè. Recherches sur le bain dans l'antiquité grecque, Paris 1962, 265 ff. (als Fruchtbarkeitsritus bezeichnet, doch gehört die Reinigung zum rite de passage, Van der Leeuw 212). Nilsson GGrR 1, 102; zum Bad der Mysten vgl. den Tag ἅλαδε μύσται IG I² 94, 35. II² 847, 20, vgl. Foucart 314 ff. Deubner 75. Mylonas 249; vgl. Ginouvès op. cit. 375 ff.; zum ,Taufrelief' Mylonas Abb. 70 vgl. E. Simon, AM 69/70, 1954/55, 45 ff. (keine Taufe, sondern rechter Teil eines Weihreliefs mit Göttin und Opferdiener). – Zur Verbindung von Hochzeit und Myesis vgl. H. Diels l. c., Pringsheim 28 ff.

[101] Lutrophoroi sind seit dem späten 6. Jh. belegt (Liste bei H. Nachod, Lutrophoros, RE 13, 2100); die Form leitet sich zwar wohl von den Dipylonvasen her (A. Milchhöfer, AM 5, 1880, 177; vgl. H. Kenner, OeJh 29, 1935, 147 f. Cook 3, 373. R. Ginouvès, op. cit. 255 f.), war aber hier für alle Toten bestimmt (F. Poulsen, Die Dipylongräber und die Dipylonvasen, Leipzig 1905, 47. H. Kenner l. c. 148. R. Ginouvès op. cit. 239 ff.); zum möglichen Weg der Spezialisierung auf ἄγαμοι vgl. R. Ginouvès, op. cit. 260 f.

[102] Mackensen, HDA 1, 34 ff. s. v. Alte Jungfer, Junggeselle; Mengis, HDA 2, 170 s. v. Danaidenmotiv nennt als einzige ähnliche Strafe der unverheiratet

es hier nicht auf diese eine Klasse von Verstorbenen beschränkt [103]. In griechischer Literatur aber ist nirgends die Rede von einer solchen Bestrafung unverheiratet Gestorbener [104], und von den Werken der bildenden Kunst wurde allein die Palermitaner Lekythos so gedeutet [105]. Schließlich fällt es überhaupt schwer, die Danaiden als unverheiratet Gestorbene zu verstehen [106]. Nach der wohl ältesten Fassung der Sage, die Pindar und, nach einer epischen Vorlage, Apollodor kennen, werden die Mädchen nach dem Mord wieder verheiratet, diesmal ohne gräßliche Konsequenzen [107]: diese Verheiratung, durch welche die natürliche Ordnung, welche der Gattenmord aufgehoben hatte, wiederhergestellt wird, gehört zum Kern des Mythos [108]. So sind die Danaiden nicht grundsätzlich Verächterinnen von Liebe und Ehe, auch wenn in Spuren Amazonenhaftes sich abzeichnet [109]: der Mord an den

Verstorbenen das oben Anm. 97 angeführte Sandtragen der Walliser Junggesellen, das gerade im entscheidenden Punkt, der Beziehung zum sakralen Bad, nicht übereinstimmt.

103 Vgl. Eckstein, HDA 7, 1665 f. s. v. Sieb.
104 Vgl. A. F. Garvie, op. cit. (Anm. 91) 177.
105 Oben Anm. 90.
106 J. Vürtheim, op. cit. (Anm. 91) 28 weist zurecht darauf hin, daß nicht die Heirat der Danaiden, sondern die der Aigyptiden sprichwörtlich wurde für eine ‚nicht konsommierte Ehe'.
107 Pi. P. 9, 112 f.; Apollod. 2, 1, 5 (2, 22); vgl. Paus. 3, 12, 3; Hyg. fab. 170. – Zur epischen Vorlage Apollodors vgl. PR 2, 267 Anm. 3: sowohl die Namensliste der Danaiden und Aigyptiden wie die verbindenden Zwischentexte lassen oft ein hexametrisches Vorbild durchscheinen; A. F. Garvie op. cit. 178 hält freilich auch eine späte Nachahmung Hesiods für möglich.
108 Vgl. K. von Fritz, Philol. 91, 1936, 266 (= Antike und moderne Tragödie, Berlin 1962, 189); W. Burkert, CQ 20, 1970, 12; als sekundär betrachtet von C. Bonner, HSt 13, 1902, 129 ff. (vgl. TAPA 31, 1900, 31). G. Megas, Herm. 68, 1933, 415 ff. aufgrund von Märchenparallelen. – Auch die Frauen von Lemnos, zuerst von G. Dumézil, Le crime des Lemniennes, Paris 1924, 48 ff., dann von U. Pestalozza, in: Studi in onore di A. Calderini e R. Paribeni, Mailand 1956, 1, 13. W. Burkert l. c. mit den Danaiden zusammengestellt, gehen neue Ehen ein. Der Aufsatz von U. Pestalozza jetzt in: Nuovi saggi di religione mediterranea, Florenz 1964, 187 ff.
109 Melanippides frg. 1 (PMG 757) spricht von der Liebe der Danaiden zu Wagenrennen und Jagd. – Danais frg. 1 (Bewaffnung der Danaostöchter) gehört eher zur Vorbereitung einer Schlacht gegen die Aigyptiden (PR 2, 268) als zu einer Schilderung des kriegerischen Charakters der Mädchen; Clem. strom. 4, 120, 3

Aigyptiden wird denn auch außer bei Aischylos – der aber die Mädchen auch nicht durchwegs als ehefeindlich darstellt [110] – überall durch den Befehl des Vaters, nicht durch ‚eingeborene Männerflucht‘ veranlaßt; Danaos aber wurde vielleicht durch ein Orakel dazu getrieben [111]. Im fünften Jahrhundert hören wir, daß er dafür einstehen mußte [112]; die Erzählung vom Prozeß des Aigyptos gegen Danaos ist dabei an einen bestimmten Ort in Argos gebunden [113]. Ortsgebunden ist auch die Sage vom Prozeß des Danaos gegen Hypermestra [114]: hier entfällt, wie bei der Wiederverheiratung, eine Verurteilung der männermordenden Mädchen. Werden sie aber bestraft, so geschieht dies des Verwandten- und Gattenmordes wegen [115]; deshalb auch müssen sie bei Apollodor von Blutschuld entsühnt werden [116]. Als Mörderinnen ihrer

stellt sie den Argiverinnen gleich (τὰ ὅμοια λέγει καὶ ὁ τὴν Δαναίδα πεποιηκώς), die in hoffnungsloser Situation den Männern gegen Kleomenes beistanden und siegten (Plut. mul. virt. 4, 245 C. Paus. 2, 20, 8. Polyaen. 8, 33), aber keineswegs amazonenhaften Charakter trugen.

[110] Vgl. die feinsinnige Untersuchung von K. von Fritz, Philol. 91, 1936, 122. 258 ff. (= Antike und moderne Tragödie, Berlin 1962, 161 f. 182 ff.); mehr bei Lesky TragDicht 104 f. A. F. Garvie op. cit. (Anm. 91) 221 ff. – Vgl. demgegenüber U. Pestalozza l. c. 1 ff., der die Mädchen voller Ehehaß, aber offen für ‚Liebe ohne Joch‘ sieht als Erbinnen der kleinasiatischen Großen Göttin, sie als ‚Piccole Potnie‘ im Kampf mit untergeordneten männlichen Gottheiten deutet. – Die Sonderstellung des Aischylos in der Tradition des Danaidenmythos betonte schon Schol. Aesch. Prom. 856, A. F. Garvie 171.
[111] Befehl des Vaters Paus. 2, 19, 6; Hyg. fab. 168; Apollod. 2, 1, 5 (2, 21); Serv. Aen. 10, 497 (der hier zit. Donat. spricht von Zwang); Scholl. Hom. Il. 4, 171. Eur. Hec. 886. – Orakel in den Scholl. Hom. Il. 1, 42 (Apollod.?). Aesch. Prom. 853. Eur. Or. 872. Stat. Theb. 2, 222 (= Myth. Vat. 1, 134. 2, 103).
[112] Eur. Or. 871 ff. mit Scholl.
[113] Eur. l. c.
[114] Vgl. Paus. 2, 20, 7. 2, 21, 1. – Die Hypermestrasage ist altargivische Tradition: das Königsgeschlecht kommt von Lynkeus und Hypermestra her, Hes. frg. 129, 3. scut. 327; Herodor. FGrHist 31 frg. 63 usw., vgl. besonders das Weihgeschenk der Argiver nach Delphi, Paus. 10, 10, 5. Hypermestra ist dritte Herapriesterin wohl schon bei Hellanikos, Eus. Hieron. a Abr. 582, vgl. Jacoby FGrHist 1, 455.
[115] Tötung durch Lynkeus Schol. Eur. Hec. 886, Versetzung in die Unterwelt Hyg. fab. 168. Serv. Aen. 10, 497. Schol. Stat. Theb. 2, 222 (= Myth. Vat. 1, 134. 2, 103).
[116] Entsühnung auf Befehl des Zeus Apollod. 2, 1, 11 (2, 22).

Bräutigame, nicht als unverheiratet Gestorbene stehen sie in der Antike in schlechtem Ruf [117].

Die besondere Art der Bestrafung im Jenseits aber, die auf jeden Fall erst sekundär ist, denn sowohl die Wiederverheiratung wie die Ermordung durch Lynkeus lassen sie unnötig erscheinen, fügt sich als ματαιοπονία zur Bestrafung des Sisyphos, Tantalos, Oknos und gehört, wie angetönt, zu einem verbreiteten Typus von post-mortem-Strafe [118]. Für die Zuordnung gerade dieser Strafe zu den Danaiden mag es bedeutsam sein, daß sie seit ihrer ersten Nennung in den Hesiodeischen Katalogen in Beziehung zur Wassergewinnung stehen, haben sie doch „Argos, das früher wasserlose, wasserreich gemacht" [119]. Hier, bei der Wassergewinnung, den entscheidenden Ansatz zu sehen, wenn wirklich die Strafe anders als bei Sisyphos, Tantalos und Oknos in einem innern Zusammenhang mit den Bestraften steht [120], empfiehlt sich auch deswegen, weil die Danaiden niemals, wie die deutschen Jungfern und Junggesellen und die griechischen Ungeweihten, mit einem Sieb, sondern immer mit Amphoren oder Hydrien wie irdische Mädchen Wasser

[117] Schon Aesch. Prom. 868 nennt sie μιαιφόνος, Paus. 3, 12, 2 begründet die Art ihrer Wiederverheiratung damit, daß sie anders keine Männer gefunden hätten ihres μίασμα wegen; Danaos muß einstehen wegen Mordes, Schol. Eur. Or. 872. Vgl. noch Eur. Phoen. 1676; Sen. Herc. f. 500. Herc. Oet. 948. – Vgl. J. Vürtheim, op. cit. 27. G. Megas, Herm. 68, 1933, 424 f.

[118] Außergriechisches bei L. Radermacher, RhM 63, 1908, 538. 549. 554 f.; Ranke, HDA 1, 674 s. v. Aufgabe, unlösbare; Cook 3, 448; vgl. Dodds Gorg. 298.

[119] Hes. frg. 128 Ἄργος ἄνυδρον ἐὸν Δανααὶ θέσαν Ἄργος ἔνυδρον (so Strab. 8, 6, 8 S. 371. 8, 6, 7 S. 370; Eustath. Hom. Il. 4, 171 S. 729, 9 Van der Valk ersetzt Δανααὶ durch Δαναός, nennt aber trotzdem die Mädchen als diejenigen, welche in Argos die φρεωρυχία einführten.).

[120] Eine ursprüngliche Beziehung zum Wasser nehmen an Gruppe GrMyth 1023 Anm. 3 (nach F. Duemmler, Delphica, Basel 1894, 18. 21 [= KlSchr, Leipzig 1901, 2, 142. 146]) (Quellnymphen); Cook 3, 370 (Regenzauber); U. Pestalozza, op. cit. (Anm. 108) 1 ff. (nach J. Przyluski, La grande Déesse, Paris 1950, 37 f.); M. C. Astour, Hellenosemitica, Leiden 1965, 73, der das ugaritische Gedicht von Pgt (dem ‚Mädchen') heranzieht, welches, in vielem den Danaiden entsprechend, das Epitheton ‚die, welche Wasser auf den Schultern trägt' hat. – Deutlich ist diese Beziehung bei Amymone, der Poseidon die Quelle von Lerna zeigt, Apollod. 2, 1, 4, ihren gemeinsamen Sohn Nauplios nennen schon die Nosten frg. 1 und der ‚Aigimios', Hes. frg. 297; ebenso bei Automate, Paus. 7, 1, 6. Apollod. 2, 1, 5, die den Namen einer argivischen Quelle trägt, Callim. aet. frg. 65.

holen [121]. Zu überlegen bleibt, ob außerdem eine tiefere Beziehung, die über die Projektion eines in der arbeitsteiligen Gesellschaft verankerten Faktums hinausgeht, zwischen Wassertragen und Jungfrauenschaft aus den germanischen Sagen und der Erzählung von dem Gottesurteil der Vestalin Tuccia abgeleitet werden darf [122]; auf die Danaiden bezogen könnte dies deshalb werden, weil sie nicht allein Aphrodite eine Kultstatue gestiftet [123], sondern auch die Thesmophorien eingeführt haben [124], in denen der Gegensatz zwischen Keuschheit und geschlechtlicher Hingabe von Bedeutung war [125].

Jedenfalls entfällt so bei beiden Vasen die Deutung auf unverheiratet Gestorbene, und diejenige auf Ungeweihte wird unumgänglich. Dazu paßt, daß beide Gefäße in Unteritalien gefunden wurden, wohin der Platonische ‚Gorgias‘ die wassertragenden Ungeweihten verweist. Dazu paßt auch, daß — wenn wirklich der Alte mit dem Esel auf der Palermitaner Lekythos als Oknos zu verstehen ist [126] — hier beide Szenen dieses einen Gefäßes die Bestrafung der uneingeweiht Gestorbenen darstellen: Oknos zielt auf diejenigen, die unschlüssig zögern, sich einweihen zu lassen [127]. So sind beide Szenen abhängig von My-

---

[121] Vgl. die Liste der Darstellungen des 4. Jh. bei J. D. Beazley, Etruscan vasepainting, Oxford 1947, 146 f., aus römischer Zeit Schauenburg JdI 73, 50 Anm. 15, vgl. 66 Anm. 81.

[122] Deutsche und indische Entsprechungen bei Eckstein, HDA 7, 1666 s. v. Sieb, eine Liste wasserschöpfender Mädchen, Jungfrauen und Frauen bei A. Kuhn, Sagen, Gebräuche und Märchen aus Westfalen, Leipzig 1859, 1, 203, eine englische Parallele bei Dodds Gorg. 298. – Zu Tuccia Dion. Hal. 2, 69. Plin. nat. 28, 12. Val. Max. 8, 1, 5. Tert. apol. 22, 12. Aug. civ. 10, 16; herangezogen von Pringsheim 28, J. Vürtheim, op. cit. (Anm. 91) 28.

[123] Paus. 2, 37, 1 f.

[124] Hdt. 2, 171, vgl. jüngst W. Burkert, CQ 20, 1970, 12 (mit weiterer Lit.); zur Herkunft aus Ägypten siehe auch das Referat eines Vortrags von P. Faure, REG 82, 1969, xxvi.

[125] Vgl. das Nebeneinander von νηστεία und Gebrauch des κτείς, Nilsson GrF 317 f. – So sind denn jedenfalls Strafe der Danaiden und der Ungeweihten unabhängig voneinander entstanden, vgl. Harrison, 622 Anm. 3: „each form arose separately, and the point is their ultimate contamination“ (wozu man Plut. conv. sept. sap. 16, 160 B vergleichen kann).

[126] Vgl. Exkurs II.

[127] Zumindest erscheint das als die einzige sinnvolle Erklärung des Namens, unten Exkurs II S. 193.

sterienpropaganda spätestens des frühen fünften Jahrhunderts. Die Herkunft dieser Propaganda freilich kann nicht näher bestimmt werden: sie mag von Athen, Heimat von Töpfer und Maler, oder von Unteritalien, wo die Vasen gekauft wurden und wohin der ‚Gorgias‘ weist, ausgegangen sein.

d. Erste Folgerungen

Wir haben daraus, daß Platon Jenseitsstrafen nach Musaios und seinem Sohn Eumolpos zitiert in einem Kontext, in welchem Musaios eng mit Orpheus zusammengestellt ist, eine Verbindung dieser Strafen mit der Orphik einerseits, mit Eleusis anderseits vermutet. Die Untersuchung der einzelnen Motive hat diese Hypothese weitgehend bestätigt. Platons συμπόσιον τῶν ὁσίων findet sich wieder in der Eschatologie der akusmatischen Pythagoreer und schließt sich in der oben herausgestellten Betonung der Bekränzung an Pindars zweite Olympische Ode einerseits, an eleusinische Vorstellungen anderseits an; Ähnliches gilt für den Glauben, daß die Seligen im Jenseits bei den Göttern sein werden. Eine Strafe im Schlammloch wird spätestens seit dem frühen Hellenismus mit Eleusis in Verbindung gebracht, anderseits von Platon den Leuten um Orpheus in den Mund gelegt; eine solche durch ewiges Wassertragen findet sich in unteritalischen und andern Mysterien ebenso wie (nach Pausanias) in denen von Eleusis. Es lassen sich immerhin zwei Hauptgruppen herausstellen: diejenige, welche die Toten nach moralischen, und diejenige, welche sie nach rituellen Kategorien einteilt. Belohnungen und Strafen sind bei beiden dieselben, mit der einen verständlichen Ausnahme, daß die Mysten im Jenseits ihre Mysterien, die Gerechten aber ein glänzendes Fest feiern dürfen. Die rituell bedingte Dichotomie ist nicht allein auf Eleusis beschränkt, auch wenn die Phaidonstelle (69 C) dahin verwiesen werden kann: im ‚Gorgias‘ (493 C) entstammt sie unteritalischen Mysterien. Die Vermutung, die moralisch bedingte Dichotomie habe sich aus der rituell bedingten entwickelt, liegt nahe; das Lied der Mysten in den ‚Fröschen‘ repräsentierte dann ein Übergangsstadium, in welchem die Moralisierung auch in die eleusinische Eschatologie einzudringen begonnen hätte. Das Endstadium aber wäre durch den Totenrichter Triptolemos markiert, dem wir uns jetzt zuwenden (nicht

ohne die Bemerkung, daß diese Hypothese einer Moralisierung der
eleusinischen Eschatologie, welche mit dem eingangs festgestellten starken Festhalten an rituellen Kriterien im Widerspruch steht, am Ende
dieses Kapitels noch modifiziert wird).

e. Totenrichter und Totengericht

Wenn im Jenseits die Guten und Frommen ein besseres Los erwartet als die Bösen und Ungerechten, so muß bald auch der Wunsch
nach einer Instanz aufkommen, die jedem den ihm zukommenden
Platz zuteilt. Diese Instanz treffen wir in Gestalt der Totenrichter[128],
und zwar zuerst bei Pindar: unter der Erde ‚δικάζει τις'. Wer dieser
Richter sei, ob überhaupt von Pindar an eine bestimmte Person gedacht wurde, hat die moderne Forschung ganz verschieden beantwor-
tet; beim Fehlen von Parallelen für die eschatologischen Vorstellungen
des zweiten Olympischen Gedichts kann keine endgültige Antwort
gefunden werden[129]. Dieses erste Vorkommen belegt immerhin den
Gedanken für Sizilien.

In eine ähnliche Richtung weist Platon, in dessen Werk die Richter
zum erstenmal mit Namen genannt sind. Namenlos sind sie zwar in
den eschatologischen Bildern von ‚Phaidon' und ‚Phaidros'[130], die mit
denjenigen von Pindar auch sonst zusammengehen[131], namenlos auch
im ‚Staat' und im Siebten Brief. An der zuletzt erwähnten Stelle werden diese Berichte παλαιοί τε καὶ ἱεροὶ λόγοι genannt, ein Ausdruck,
der nach Ansicht vieler Forscher auf Orphisches deutet[132]. Die Bezeich-

---

[128] Die Belege zum Totengericht bei L. Ruhl, De mortuorum iudicio (RGVV II
2), Gießen 1905. Siehe weiter Rohde, 1, 310 Anm. 1; Wilamowitz GdH 2,
180 f. Nilsson GGrR 1, 823 ff.; wenig für Griechenland und Rom bei S. G. F.
Brandon, The judgement of the dead, London 1967, 76 ff.
[129] Pi. O. 2, 59, die wichtigste Literatur seit den Scholien bei van Leeuwen 1,
177 f. mit der treffenden Bemerkung „er is sinds der Oudheid vruchteloos en
zonder veel poetisch gevoel speculeerd over de kwestie"; seither besonders
Zuntz 86 f., der in aller Vorsicht an Persephone denkt.
[130] Plat. Phd. 107 D, Phdr. 249 A.
[131] Oben III 1 S. 86 f.
[132] Plat. rep. 10, 614 C, epist. 7, 335 A; zu παλαιὸς λόγος Olympiod. in Plat. Phd.
70 c (S. 70, 8 Norvin), vgl. Boyancé CdM 22; W. K. C. Guthrie, Scientia 6,
1937, 112; ders., Orph. 15. Das ist aber nur bedingt Leitfossil für Orphisches,

nung λόγος für den eschatologischen Bericht [133], streng von μῦθος, dem unmittelbarer Wahrheitsgehalt abgesprochen wird [134], getrennt, gebraucht Platon auch im ‚Gorgias', wo die Totenrichter benannt uns entgegentreten: es sind Minos, Rhadamanthys, Aiakos [135]. Dieselben drei Richter und als vierten Triptolemos, „und sonst alle Halbgötter, die gerecht gewesen sind in ihrem Leben", verspricht sich Sokrates am Ende seiner Apologie im Jenseits anzutreffen [136].

Nach den Zeugnissen Pindars und Platons scheint das Totengericht in dieselbe geistige und geographische Gegend zu gehören wie die andern in diesem Kapitel behandelten Motive, in den orphisch-pythagoreischen Bereich Unteritaliens. Für Pythagoras allerdings wird der Glaube an ein solches Jenseitsgericht explizite erst durch Diogenes Laertios und Jamblich belegt [137]. Doch hat spätestens Hieronymos von Rhodos, eher schon Herakleides vom Pontos ein Katabasengedicht gekannt, in welchem Pythagoras von Jenseitsstrafen berichtete [138]; offen bleibt, ob neben den Strafen auch schon das Gericht genannt war. Dürfte man den Vers des Rhadamanthys, auf welchen Aristoteles sich die Pythagoreer in der Diskussion um die Gerechtigkeit berufen läßt, als Zitat aus einem solchen Gedicht verstehen, wäre damit eine Ge-

---

vgl. A. J. Festugière, REG 51, 1938, 198. Moulinier 75 ff. Des Places 205: auf eine orphisch-pythagoreische Eschatologie weist der Ausdruck Phd. 67 C, 70 C (vgl. 62 C), epist. 7, 335 A, vgl. legg. 9, 881 A; mit einem orphischen Vers verbunden wird er legg. 4, 715 E (vgl. Orph. frg. 21, PDerv col. xv 10), vgl. Rathmann 62. Die übrigen Belege sind ohne Beziehung zu Orphisch-Pythagoreischem.

[133] Vgl. Ruhl op. cit. (s. Anm. 128) 15.

[134] Pl. Gorg. 523 A ἄκουε δή, φασί, μάλα καλοῦ λόγου, ὃν σὺ μὲν ἡγήσηι μῦθον, ὡς ἐγὼ οἶμαι, ἐγὼ δὲ λόγον. – Vgl. Pl. Prot. 320 C. 324 D, 328 C, Tim. 26 E, legg. 9, 872 DE; vgl. Dodds Gorg. 376 f.

[135] Pl. Gorg. 523 E.

[136] Pl. apol. 41 A. – Rohde 1, 310 Anm. 1 will hier Fortsetzung irdischer Tätigkeit wie in Hom. Od. 11, 568 ff. sehen, kein Totengericht; zurückgewiesen von Ruhl op. cit. (s. Anm. 128) 9, Nilsson GGrR 1, 824.

[137] Iambl. v. Pyth. 155. 179 (ἐν ῞Αιδου γὰρ κεῖσθαι τὴν κρίσιν), vgl. D. L. 8, 21 (setzen Strafen den Richter voraus?). 35. – Nilsson GGrR 1, 706 Anm. 11.

[138] Hieron. Rhod. frg. 42, von F. Wehrli ad loc. mit Heracl. Pont. frg. 89 zusammengebracht. Herakleides erwähnt Euphorbos, frühere Einkörperung der Seele des Pythagoras (vgl. Burkert WuW 101), er habe wissen können, ὅσα ἡ ψυχὴ ἐν τῶι ῞Αιδηι ἔπαθε. – Vgl. Burkert WuW 136.

richtsschilderung impliziert [139]. Der Vers wird aber von den spätantiken Gelehrten entweder Hesiod [140] oder dem delphischen Orakel [141]
gegeben. Das schließt eine Verwendung auch in einem pythagoreischen
Katabasengedicht, wo die Nennung des Rhadamanthys am ehesten
vorstellbar wäre, nicht aus; daß diese Art Epik gerne mit traditionel-
lem Versgut wirtschaftete, ist bekannt [142]. Seneca jedenfalls zitiert den
Vers als Richtspruch des Aiakos über den Kaiser Claudius in der
Unterwelt [143].

In jedem Fall gehört die Vorstellung vom Totengericht mit großer
Wahrscheinlichkeit dem orphisch-pythagoreischen Bereich an. Anderseits aber gehört Triptolemos, der als Totenrichter in literarischer
Tradition allein in der ‚Apologie‘ vorkommt [144], herkommensmäßig
nach Eleusis [145], er findet sich jedoch auch auf den Unterweltsdarstel-
lungen dreier apulischer Prachtsamphoren des vierten Jahrhunderts,
auf derjenigen von Altamura in Neapel und dem Fragment in Karlsruhe durch die Namensbeischrift [146], auf derjenigen aus Canosa in München durch einen im Haar getragenen Ährenkranz bezeichnet [147]. Durch

---

139 εἴ κε πάθοι τά τ'ἔρεξε, δίκη κ'ἰθεῖα γένοιτο Aristot. EN 5, 8, 1132 B 27.
   Dieterich Nek. 207 schließt daraus auf ein Jenseitsgericht unter Vorsitz des
   Rhadamanthys.
140 Hes. frg. 286 (Μεγάλα Ἔργα), nach Anonym. in Aristot. EN 5, 8 (Comm. in
   Aristot. Graec. 20, 222, 22) und Michael Ephes. in EN (Comment. in Aristot.
   Graec. 22[3]31, 31).
141 Iulian. conv. 12, 314 A; Suid. αι 165 (2, 167, 25 Adler).
142 Vgl. die Konkordanz bei Kern Orph. frg. S. 398.
143 Sen. apoc. 14, 2.
144 Nilsson GGrR 1, 824 deutet das entwicklungsgeschichtlich: „der Mythos erscheint sozusagen noch in fließendem Zustand".
145 Vgl. Wilamowitz GdH 2, 182. Dodds Gorg. 374 (‚the doctrine was taught at
   Eleusis‘); vgl. aber S. G. F. Brandon op. cit. (s. Anm. 128) 88.
146 Neapel 3222, abg. Wiener Vorlegeblätter (WV) E 2; Karlsruhe 258, Frg., WV
   E 6, 3. CV Karlsruhe II T. 64, 5/7.
147 München 849, WV E 1. FR T. 10. – Die beiden fast senkrecht über der Stirn
   stehenden Ähren erinnern an den Kopfputz der Demeter auf der Urna Lovatelli (Mylonas Abb. 83) und den damit verwandten Campanareliefs (Kerényi
   [1962] T. 12): daß Demeters Kopfputz von demjenigen der Isis sich herleite,
   die Darstellung alexandrinisch und den dortigen Demetermysterien zugehörig
   sei (T. Schreiber, Verh. d. 40. Philologenvers. Görlitz 1889, 130), kann daraus
   nicht abgeleitet werden (vgl. G. E. Rizzo, RM 25, 1910, 140 ff. Deubner 77
   Anm. 9. Kern RE 1238. Burkert HN 295 Anm. 12).

diese italiotischen Vasenbilder wird die Gestalt des Eleusiniers Triptolemos mit der Magna Graecia verbunden, auch, worauf der leierspie-
lende Orpheus dieser Unterweltsbilder führt, der nicht allein des
Eurydike-Mythos wegen hier abgebildet ist[148], direkt mit Orphischem:
es ist dasselbe Ineinander der Bereiche, das wir schon für Lohn und
Strafe nach Musaios und Eumolpos und für das Motiv der Blumenwiesen konstatiert haben[149].

Sokrates sagte, ihre zu Lebzeiten geübte Gerechtigkeit habe Minos,
Rhadamanthys, Aiakos, Triptolemos zu Totenrichtern gemacht[150]. Für
alle vier ist dieser Wesenszug bezeugt[151]; Triptolemos galt im Rahmen
seiner kulturstiftenden Mission auch als Gesetzgeber, von dem drei
Gebote im Eleusis des vierten Jahrhunderts bekannt waren[152]. Das
rückt ihn ein wenig von den Mysterien ab, wie auch die Unterteilung
der Seelen nach moralischen Gesichtspunkten, unabdingbare Voraussetzung des Totenrichteramtes[153], den Mysterien mit ihrer rituell bedingten Dichotomie des Jenseits ferner steht. Der Totenrichter Tripto-

---

[148] Eine Liste der Vasen (nur unteritalische) bei Brommer VL² 358. Eurydike ist
allein auf Neapel SA 709 (Schauenburg, JdI 73, 65, Abb. 10) und den Karls-
ruher Fragg. (vgl. JdI 4, 1889 T. 7) dargestellt. Das zeigt, daß der Eurydike-
Mythos zumindest nicht zentral war, vgl. E. Kuhnert, JdI 8, 1893, 104 ff.
Philol. 54, 1895, 193 ff. (Polemik dagegen J. Milchhöfer, Philol. 53, 1894,
385 ff. 54, 1895, 751 f.). Harrison 602; M. P. Nilsson, The Dionysiac mysteries
of the Hellenistic and Roman age, Lund 1957, 121; Schauenburg JdI 73, 73 f.
– Die Annahme von E. Kuhnert 11. cc. (aufgenommen von Dieterich Nek. 128),
daß Orpheus als ,Stifter der nach ihm benannten Mysterien' dargestellt sei,
ist zu extrem: er ist Dichter eines Katabasengedichtes, wobei der Eurydike-
Mythos das Motiv des Hadesganges abgegeben haben wird.

[149] Oben III 1. 2 a–d. – Es treffen so weder die Position von Rohde 1, 311
Anm. 1 (darnach Schwenn 222: rein attisch) noch von Malten ARW 12, 446
(orphische Erfindung) genau zu.

[150] Pl. apol. 41 A.

[151] Rohde 1, 310 Anm. 1.

[152] Xenocr. frg. 98 Heinze; Porph. de abst. 4, 22, der Xenocr. zitiert, nennt Triptolemos τῶν ᾿Αθήνησι νομοθετῶν παλαιότατον.

[153] Wilamowitz GdH 2, 182 nimmt an, Triptolemos habe ursprünglich die Mysten
von den Ungeweihten gesondert: das ist unbezeugt, ist auch unglaublich: durch
die Einweihung stehen die Mysten in besonderer Hut Persephones, die schon
für sie sorgen wird. – Thomas 18 erkannte die feste Verbindung mit der
moralischen Dichotomie, schloß aber daraus auf das Eindringen ,sittlicher
Wertung' in Eleusis.

lemos leitet sich von der Triptolemosgestalt her, wie sie in der attisch-eleusinischen Propaganda entwickelt wurde, ist mithin frühestens im spätesten sechsten Jahrhundert entstanden [154].

Daß dabei der Mythos von den Totenrichtern ‚vielleicht nicht ohne ägyptischen Einfluß' sich entwickelt habe, deutete schon Erwin Rohde an; Spätere widersprachen [155]. Tatsächlich kennt die ägyptische religiöse Literatur das Jenseitsgericht in den verschiedensten Spielformen [156]; es wären hier also, anders als bei den oben behandelten Strafen, denen im Ägyptischen nichts entspricht [157], Übernahmen durchaus möglich. Die Kenntnis der in der ägyptischen Spätzeit wichtigsten Sammlung von Jenseitstexten, des Totenbuches [158], war einem Nicht-Ägypter, wie von ägyptologischer Seite gezeigt wurde, ohne Weiteres möglich [159]: es kann sogar die Arkesilas-Schale aus dem Kyrene des mittleren sechsten Jahrhunderts von einer Vignette des Totenbuches abhängen [160]. Wichtiger aber ist der in jüngster Zeit geführte Nachweis, daß Einzelheiten der Goldblättchen von der ägyptischen Jenseitsliteratur abhängen müssen [161]: das bezeugt eine Kenntnis dieser

[154] Die Darstellungen von Triptolemos' Aussendung setzen nach der Mitte des 6. Jh. ein und sind zwischen 490 und 440 außerordentlich beliebt, siehe IV 2 Anm. 95.

[155] Rohde 1, 310 Anm. 1 und besonders Luria Eos 51, 21 ff.; dagegen Wilamowitz GdH 2, 182 (vgl. Kern RdGr 3, 8); Nilsson GGrR 1, 823 f. schweigt sich aus.

[156] Vgl. J. Spiegel, Die Idee vom Totengericht in der ägyptischen Religion (Leipz. ägypt. Stud. 2), Glückstadt/Hamburg 1935; H. Bonnet, Reallexikon der ägyptischen Religionsgeschichte, Berlin 1952, 334 ff.; J. Zandee, Death as an enemy, Leiden 1960, 31 ff.; S. G. F. Brandon, The judgement of the dead, London 1967, 6 ff.; E. Hornung, Abh. Akad. Leipz. 59, 3, 1968, 37 f.

[157] Vgl. E. Hornung op. cit., wo Entsprechendes fehlt, die Bestrafung mit Wasser explizite abgelehnt ist (S. 19).

[158] Vgl. E. A. Wallis Budge, The book of the dead, London ²1953; P. Barguet, Le livre des morts, Paris 1967.

[159] S. Morenz, in: Aus Antike und Orient (FS W. Schubart), Berlin 1950, 68 ff.

[160] S. Morenz op. cit. 70; die Vignette abg. bei E. Hornung op. cit. T. 7, die Schale bei P. E. Arias – M. Hirmer, Tausend Jahre griechische Vasenkunst, München 1960, T. XXIV.

[161] Am überzeugendsten das Dialogmotiv, West 65 f., Zuntz 374 ff. (zu zurückhaltend), daneben der Gebrauch von rechts und links, S. Morenz, ZÄS 82, 1957, 67 f. (vgl. aber Zuntz 376 Anm. 1); weiteres bei Zuntz 370 ff., der die Unterschiede hervorhebt und nur zögernd Abhängigkeiten annimmt. – Zum Einfluß Ägyptens auf Griechenland vgl. S. Morenz, Die Begegnung Europas mit

Texte gerade in der orphisch-pythagoreischen Sphäre Unteritaliens, wohin wir auch die Vorstellung von Totengericht und Totenrichtern verwiesen haben; auch die Aischyleischen Belege können sich aus diesem Raum herleiten[162].

Die Einzelheiten des Gerichts sind freilich in Ägypten andere, und die Totenrichter sind bekannte Heroen der griechischen Mythologie: der ‚leichte Schritt', welcher Minos vom bevorzugten Toten zum unterweltlichen Richter machte, ist noch nachvollziehbar[163]. Zudem fügt sich die Vorstellung eines jenseitigen Gerichtes bruchlos in spätarchaisches Denken ein, sie gibt eine befriedigende Antwort auf jene etwa von Solon in dem ‚Musengebet' gestellte Frage nach der Gerechtigkeit der Götter[164]: scheinbar im Diesseits auch nach Generationen nicht bestraftes Unrecht kann nun in der Unterwelt gebüßt werden.

So wird man zwar damit rechnen, daß gerade in Unteritalien der Gedanke an ein Jenseitsgericht aus Ägypten übernommen, daß er aber im Einzelnen griechisch ausgestaltet wurde; denn weil er eine einleuchtende Antwort auf ein Viele beunruhigendes Problem gab, wurde er aufgegriffen und verbreitet, bevor er noch eine kanonische Form gefunden hatte.

§ 3 Zum rituellen Hintergrund

Im vorangehenden Paragraphen ist bereits versucht worden, bestimmte Jenseitsvorstellungen mit einzelnen Riten zu verbinden; es zeigte sich dabei nur im Falle der Wasserträger eine Möglichkeit, eine

Ägypten, Zürich/Stuttgart 1968, 41 ff. und, für eine Einzelheit, W. Burkert, MH 22, 1965, 168. – In der Spätzeit verlief die Abhängigkeit im Bereich der Eschatologie umgekehrt, vgl. Exkurs II Anm. 14.

162 Aesch. Suppl. 230, Eumen. 274, orphisch beeinflußt nach F. Wehrli, Λάθε βιώσας, Leipzig/Berlin 1931, 91; aus homerischen Vorstellungen abgeleitet bei Dodds 137. H. Lloyd-Jones, The justice of Zeus, Berkeley 1971, 87. Anregung durch Unteritalisches liegt jedenfalls sehr nahe, beide Stücke entstanden nach dem Sizilienaufenthalt (vgl. Lesky TragDicht 67 f. zu den Sizilienreisen, 78 f. zum Datum der Hiketiden).

163 Vgl. Rohde 1, 310 Anm. 1.

164 Solon 1, 29 ff., vgl. F. Wehrli, Hauptrichtungen des griechischen Denkens, Zürich/Stuttgart 1964, 88 vgl. 65.

Beziehung zu eleusinischem Ritual, dem Reinigungsbad der Mysten, herzustellen. Nun soll gefragt werden, ob hinter dem ganzen Komplex der eleusinischen Eschatologie die rituelle Darstellung einer Katabase stehe, in deren Verlauf der Eingeweihte etwas erfahren hätte über das Jenseits. Eine solche Katabase hatte P. Foucart postuliert [1], F. Noack jedoch aufgrund der archäologischen Gegebenheiten abgelehnt [2]. Aus einer analytischen Betrachtung der Hekate- und Heliosepisoden des homerischen Demeterhymnus schloß auch F. Wehrli auf eine rituelle Katabase als Darstellung von Tod und Wiedergeburt [3], R. Ganschinietz stellte einen direkten Zusammenhang zwischen Katabasenliteratur und eleusinischem Ritual her [4], und V. Magnien vermeinte, diese Katabase mit vielen Einzelheiten rekonstruieren zu können [5].

Wir stoßen hier auf das wohl faszinierendste, aber auch dornenvollste Problem im Umkreis der eleusinischen Mysterien, die Rekonstruktion der nächtlichen, durch das Schweigegebot streng gehüteten Riten. Sie kann in diesem Rahmen keinesfalls ausführlich versucht werden: es sollen hier lediglich die Möglichkeiten erwogen werden, welche sich einer Darstellung des Loses, das Geweihte und Ungeweihte im Jenseits erwartete, im Rahmen eleusinischen Rituals boten.

[1] Foucart 392 ff. (vgl. 392: „Le voyage des mystes à travers les régions du monde inférieur, figurées dans le télestérion, est un fait généralement admis"); gegen diese von Foucart schon in den Mém. Acad. Inscr. 35, 1895, 56 ff. ausgesprochene These richtete sich Farnell 3, 192 f. Doch ist die Foucart'sche Ansicht, deren Hauptstütze das unten zu besprechende frg. 178 aus Plut. de anima darstellt, die einzig ernstzunehmende Hypothese dieser Art; ihr folgen Pettazzoni 53. Kern GrMyst. 59 ff. id., RE 1242. Sabbatucci 148. C. P. Segal, HSCP 65, 1961, 214.

[2] Noack 235 ff.

[3] Wehrli ARW 31, 83 ff. Eine analytisch erschlossene Stufe des Mythos, in welcher Demeter durch eine Katabase Kore findet, wird dieser Ansicht zufolge in Orph. h. 41 bezeugt und reflektiert aitiologisch eine Katabase des Mysten. Hat aber eine solche Frühstufe des Mythos überhaupt schon zu Eleusis gehört? (Vgl. L. Malten, ARW 12, 1909, 285 ff.).

[4] R. Ganschinietz, Katabasis, RE 10, 2375. Die meisten der hier für den Ritus beanspruchten Einzelheiten finden im eleusinischen Material keinen Anhalt.

[5] Magnien 210 ff. (zu spekulativ).

Am Anfang einer derartigen Überlegung muß, das hat F. Noack eindringlich gezeigt, die Frage stehen, was denn überhaupt von den äußeren, archäologisch dokumentierten Gegebenheiten her möglich war. Durch die intensive Grabungstätigkeit der letzten Jahrzehnte verfügen wir über ausreichendes Material zwar nicht, um zu zeigen, was möglich, aber wenigstens, was unmöglich war.

Das peisistratische Telesterion, um das es hier vor allem geht, war ein nahezu quadratischer Bau von 27,10 auf 25,30 Meter [6]. Im Innenraum trugen fünf Säulenreihen zu je fünf Säulen das Dach. Ihr unterer Durchmesser betrug 1,30 Meter, der freie Durchblick zwischen den Säulen also maximal etwas über drei Meter. Die Südwestecke der Halle nahm das Anaktoron ein, ein fensterloser Bau, dessen Längswand in der Fortsetzung der südlichsten Säulenstellung, beginnend bei der mittleren Säule, verlief; in dieser Wand, nahe bei der nordöstlichen Ecke des Anaktorons, befand sich eine Türe, vor welcher der Thron des Hierophanten in einem Naiskos stand, dessen Rückwand annähernd in der Fortsetzung der Schmalwand des Anaktorons verlief [7]. Der Hierophant war, wenn er auf dem Thron saß, gegen die Tür des Anaktorons gewandt und also höchstens einem Drittel der Gläubigen im Saale sichtbar; etwa die Hälfte konnte wenigstens den Naiskos des Hierophanten sehen. Da in späterer Zeit Anaktoron und Hierophantenthron unverändert ihren Platz behielten, kamen sie fast ins Zentrum des perikleischen Telesterions zu liegen [8], der Hierophant wurde von noch weniger Leuten gesehen.

Ein solcher Innenraum nun, zumal man ihn sich vollgestopft mit Menschen zu denken hat [9], läßt keine szenischen Aufführungen etwa einer Katabasis zu, außer man nähme in Kauf, daß viele der Mysten gar nichts sähen, was aber durch die Bedeutung des Sehens für die Weihen völlig ausgeschlossen ist [10]. Anderseits scheint das Anaktoron

---

[6] Diese und die folgenden Maßangaben nach Mylonas 81 f.

[7] Zu Anaktoron und Hierophantenthron vgl. J. Travlos, AEφ 1951, 1 ff. Rubensohn, JdI 70, 34 ff. Kerényi (1962), 94 ff. Mylonas 83 ff.

[8] Vgl. die Planzeichnung von J. Travlos bei Kerényi (1962) 94 Abb. 6. Mylonas Abb. 26.

[9] Schon Hdt. 8, 65 bezeugt die große Anzahl derer, die sich in Eleusis einweihen lassen wollten; vgl. oben II 1 Anm. 40.

[10] Oben III 1 Anm. 12.

Zentrum des Raums gewesen zu sein [11]: an oder in ihm muß etwas stattgefunden haben, was alle sahen.

Eine weitere Einschränkung betrifft das Personal. Wir wissen aus verschiedenen Berichten einige Einzelheiten über die Imitationen der Mysterien, die man Alkibiades zur Last gelegt hat. Wichtig für uns ist der Text der Eisangelie, den Plutarch aufbewahrt hat [12], und derjenige von zwei der vier Anzeigen, die Andokides referiert [13]. Diese Dokumente, die Eisangelie des Thessalos, die Aussage des Andromachos und diejenige der Agariste, stimmen soweit überein, daß die Haupttäter genannt werden. Andromachos präzisiert, daß allein drei Männer, Alkibiades, Nikides und Meletos, die Mysterien durchgeführt hätten; die andern seien als Zuschauer anwesend gewesen. Thessalos ist noch ausführlicher: Alkibiades habe in einem Gewand, wie der Hierophant es trage, dessen Rolle gespielt, Polytion habe den Daduchen, Theodoros den Keryken nachgemacht, die andern seien Mysten und Epopten gewesen.

Mit aller nur wünschbaren Deutlichkeit bezeugen diese Dokumente vom Ende des fünften Jahrhunderts, daß damals drei Funktionäre – Hierophant, Daduch, Keryx – genügten, um Mysterien so durchzuführen, daß man von ἀπομιμεῖσθαι καὶ δείκνυσθαι [14], von τὰ μυστήρια ποιεῖν [15] sprechen konnte. Das aber schließt aus, daß zu den eigentlichen zentralen Riten der Mysterienfeier ausführliche dramatische Darstellungen, wie man das etwa von einem Hieros Gamos [16] oder der

---

[11] Das zeigt die Baugeschichte, indem später um diesen Kern herum gebaut wurde, s. Anm. 8, zeigt auch die Anekdote um die Freundin des Demetrios bei Athen. 4, 64, 167 F.

[12] Plut. Alc. 22, 202 E. Vgl. J. Hatzfeld, Alcibiade, Paris ²1951 (¹1940), 163 ff. 177 f.

[13] Andoc. de myst. 12 (Andromachos). 16 (Agariste).

[14] So das Eisangeliedekret bei Plut. l. c. ἀπομιμούμενον τὰ μυστήρια καὶ δεικνύμενον.

[15] Andoc. de myst. 11. 16. Thuc. 6, 28. Vgl. Lys. 6, 17 (ἔργωι ἠσέβει). POxy 3, 411, 25 ff.

[16] Postuliert von Foucart 475 f. Noack 241 f. Harrison 548 ff. Deubner 84 f. Kern, RE 1243. Sabbatucci 148. M. Mehauden, in: Initiation, Leiden 1965, 68. Des Places 212; vorsichtig Burkert HN 313. Zweifelnd Nilsson Op. 2, 604 („die Sache ist sehr unsicher"), dagegen Wilamowitz GdH 2, 57 (der jegliche Begehung ablehnt, vgl. ibid. 473). Mylonas 270. – Die Zeugnisse, zusammenge-

oft damit verquickten Geburt des Brimos [17] vermutet, gehört haben
können.

Den aus dem archäologischen Befund sich ergebenden Folgerungen
hat man zu entgehen versucht, indem man ausführliche Begehungen
ins Freie verlegte [18]. Mag das für die Spätzeit etwa für eine postulierte
Darstellung der Demeterpassion zutreffen [19], so ist zumindest in der
vorperikleischen Zeit eine derartige Begehung mit Beteiligung aller
Mysten auch im Temenos nicht möglich. Der heilige Bezirk begann
erst bei den späteren Kleinen Propyläen, von wo der Weg durch nach
rechts steil aufsteigendes, nach links abschüssiges Gelände bis zur
Terrasse vor dem Telesterion führte. Hier war ein Platz in der Form
eines etwa gleichschenkligen Dreiecks mit der Grundlinie von fünf-
unddreißig und der Höhe von zwanzig Metern vor der Hauptfront
des Weihehauses offen und allein von zwei Altären bestanden: Begehungen hätten hier, auf einer Grundfläche von etwa dreihundert-
fünfzig Quadratmetern – gegenüber derjenigen des Telesterions von
über sechshundert Quadratmetern – stattfinden müssen, oder dann am
nicht größeren Abhang zwischen Heiligem Weg und Temenosmauer.
Freilich wird man mit Begehungen außerhalb der Temenosmauern

stellt bei Deubner 84 Anm. 10, sind spät und christlich (vgl. Kern l. c.). Schol.
Plat. Gorg. 497 C beruht auf dem orphischen Mythos vom Inzest Zeus-De-
meter (PDerv col. xxii. Athenag. pro Christ. 20 [F 58]) und braucht keinen
Rückhalt im eleusinischen Kult zu haben; Asterius homil. 10 diskreditiert sich
durch die Erwähnung des καταβάσιον (Mylonas 314, vgl. aber Burkert, HN
313 Anm. 47), Clem. protr. 2, 15 wird von Clemens selber auf den Kybelekult bezogen. Die Schwindelmysterien des Alexander von Abonuteichos sind
demgegenüber von geringer Beweiskraft (herangezogen von Harrison 550.
Deubner 85, dagegen Mylonas 315).

17 Vgl. besonders Deubner 85. Kern, GrMyst 68 (,erstes Weihnachtsspiel');
neuerdings Sabbatucci 147 f. M. Mehauden l. c. 68. Kerényi (1962) 98 ff. Burkert HN 318 f. Sehr skeptisch ist Nilsson, Op. 2, 605 f., ablehnend Mylonas
305 ff. – Aus Hipp. ref. 5, 40, 8 geht auf jeden Fall keine dramatische Geburtsdarstellung hervor; doch kann sich das Ritual auf den Ruf beschränkt
haben; daß sich eine solche Geburt jedenfalls in ein Ritualschema einfügen
kann, zeigt Burkert HN 319.

18 Kern GrMyst 60, ausführlicher RE 1220, 1241 (urspr. alle Dromena im
Freien). Mylonas 262 f.

19 Die Zeugnisse bei Deubner 84; vgl. Foucart 457 ff. Noack 238 f. Nilsson Op.
2, 603 (ohne Raub). Mylonas 261 ff.

rechnen dürfen: so sind Tänze von Mädchen- und Frauenchören am Brunnen Kallichoron bezeugt, dessen sorgfältige Ummauerung in archaischer und Verlegung vor die späteren Großen Propyläen in peisistratischer Zeit die kultische Bedeutung zeigen [20] – zu den ἀπόρρητα freilich konnten solche Riten nicht gehören.

Daß das Wesentliche der Mysterienfeier wirklich im Innern des Weihehauses stattfand, wird bestätigt durch eine Stelle aus Plutarchs Schrift ‚De progrediendo in virtutem' [21]. Plutarch beschreibt den Werdegang eines Philosophen, der vom vorlauten Schwätzer allmählich zum stillen Beschauer wird. Dieser Entwicklung stellt er die Einweihung gegenüber:

ὡς γὰρ οἱ τελούμενοι κατ' ἀρχὰς ἐν θορύβωι καὶ βοῆι πρὸς ἀλλήλους ὠθούμενοι συνίασι, δρωμένων δὲ καὶ δεικνυμένων τῶν ἱερῶν προσέχουσιν ἤδη μετὰ φόβου καὶ σιωπῆς, οὕτω καὶ φιλοσοφίας ἐν ἀρχῆι καὶ περὶ θύρας πολὺν θόρυβον ὄψει καὶ θρασύτητα καὶ λαλιάν, ὠθουμένων πρὸς τὴν δόξαν ἐνίων ἀγροίκως καὶ βιαίως· ὁ δ' ἐντὸς γενόμενος καὶ μέγα φῶς ἰδών, οἷον ἀνακτόρων ἀνοιγομένων, ἕτερον λαβὼν σχῆμα καὶ σιωπὴν καὶ θάμβος ὥσπερ θεῶι τῶι λόγωι ταπεινὸς συνέπεται καὶ κεκοσμημένος.

Die einzelnen Vergleichspunkte entsprechen sich oft fast wörtlich, außer daß der Eintritt in das Zentrum der Philosophie metaphorisch umschrieben ist. Die Herkunft dieser Metaphorik ist klar: sie stammt ihrerseits aus dem Mysterienerlebnis, μέγα φῶς, ἀνακτόρων ἀνοιγομένων sprechen deutlich [22]. Damit erklärt diese Metaphorik auch den

---

[20] Tänze am Kallichoron Paus. 1, 38, 6 (zur Erinnerung an die ersten Tänze der Eleusinierinnen für Demeter); Mädchentänze am Ende der Iakchosprozession Eur. Ion 1074 ff., vgl. Foucart 338. Kern RdGr 2, 202. Ist die Brunnenszene des Hom. h. Cer. – wie das Kallichoron außerhalb des Temenos, liegt der Brunnen im Hymnus außerhalb des Palastes, h. Cer. 177 – Reflex solcher Tänze von Mädchen- und Frauenchören (vgl. zur Beschreibung der laufenden Mädchen h. Cer. 174 ff. die Tanzbilder Bacchyl. 13, 83. Ar. Lys. 1308)? – Ummauerung Mylonas 65, vgl. Abb. 18, Verlegung ibid. 97 f.

[21] Plut. de progr. 10, 81 DE; ausführlich behandelt von L. Deubner, Abh. Akad. Berlin, phil.-hist. Kl. 2, 1945/6, 10 f. (erheblich beeinträchtigt durch seine durch die archäologische Forschung seither überholte Ablehnung eines Anaktoron im Weihehaus).

[22] Plut. Them. 15, 1, 119 D (φῶς ἐκλάμψαι μέγα Ἐλευσινόθεν). Ages. 24, 7, 609 D; daneben Galen. de comp. med. s. loc. 9, 4 (Bd. 13 S. 272 Kühn).

Mysterienvergleich: es ist die Rede vom Gedränge und Geschrei an den Türen des Telesterions und um die besten Stehplätze im Innern; wenn die rituellen Handlungen begonnen haben, herrschen Schweigen und Schrecken: φόβος, das hat W. Schadewaldt gezeigt [23], bezeichnet einen ,aufrührenden Elementaraffekt von unmittelbarer Gewalt'; andere Stellen sprechen von φρίκη, dem Erschauern, einer ebenso starken Gefühlserregung [24].

Wir dürfen aus diesem Zeugnis also lernen, daß derjenige Teil des Ritus, der die eigentliche Initiation vollzog, der φόβος und φρίκη einflößte, im Innern des Telesterions stattfand, was der kaiserzeitliche Rhetor Maximus von Tyrus noch ausdrücklich bezeugt [25]. Diese rituellen Handlungen wurden von den drei Hauptpriestern durchgeführt und bestanden nicht in dramatischen Aufführungen.

Mit diesen Einsichten gerüstet, können wir uns nunmehr dem für uns zentralen Text zuwenden, dem von Stobaios überlieferten Fragment aus Plutarchs Dialog ,De anima', in dem Plutarch Todesgeschehen und Mysterienweihe vergleicht [26]:

τότε δὲ (sc. ὅταν ἐν τῶι τελευτᾶν ἡ ψυχὴ γένηται) πάσχει πάθος οἷον οἱ τελεταῖς μεγάλαις κατοργιαζόμενοι . . . πλάναι τὰ πρῶτα καὶ

Aristid. or. 22, 11. Hipp. ref. 5, 8, 40. Himer 29, 1. 69, 7. Clem. protr. 2, 22, 7. Dio Chrys. 12, 33. PMilan 1, 20 col. i 21. Zu ἀνάκτορα ἀνοιγόμενα Synes. Dion 6, 44 BC. Athen. 5, 51, 213 D. Vgl. IG II² 3811, 1 f.

23 W. Schadewaldt, in: Hellas und Hesperien, Zürich/Stuttgart ²1970, 1, 195 ff.

24 Plut. Ages. 24, 5, 609 D. frg. 178; Procl. in Plat. Alc. 61. Vgl. Xen. Cyr. 4, 2, 15. Hdt. 6, 134; vgl. Rubensohn, JdI 70, 47.

25 Max. Tyr. or. 39, 3 (S. 454, 20 Hobein). Vgl. Kerényi (1962) 95.

26 Plut. frg. 178, von Stob. 4, 52, 49 unter dem Namen des Themistios überliefert, doch hat sich die schon von D. Wyttenbach in seiner Ed. von Plut. de ser. num. vind., Leiden 1772, 129, vorgeschlagene, von Maass 303 ff. (vgl. Nilsson GGrR 2, 680 Anm. 3) heftig abgelehnte Zuschreibung an Plutarch durch die Entdeckung von M. R. James, CR 14, 1900, 23, daß Sätze aus frg. 178 ohne Namen bei Clem. ecl. proph. 34 f. zitiert werden, Themistios also aus chronologischen Gründen ausgeschlossen ist, allgemein durchgesetzt. – Zur Deutung vgl. Foucart 393 ff., der hier eine rituelle Katabase für Eleusis bezeugt sah; umgekehrt nennt Mylonas 265 die von Plut. angezogenen Mysterien wegen des im Text genannten βόρβορος orphisch, doch weist der Ausdruck μεγάλαι τελεταί auf Eleusis, was durch die im Folgenden zitierten Parallelen bestätigt wird.

περιδρομαὶ κοπώδεις καὶ διὰ σκότους τινὲς ὕποπτοι πορεῖαι καὶ
ἀτέλεστοι, εἶτα πρὸ τοῦ τέλους αὐτοῦ τὰ δεινὰ πάντα, φρίκη καὶ
τρόμος καὶ ἱδρὼς καὶ θάμβος· ἐκ δὲ τούτου φῶς τι θαυμάσιον
ἀπήντησεν καὶ τόποι καθαροὶ καὶ λειμῶνες ἐδέξαντο, φωνὰς καὶ
χορείας καὶ σεμνότητας ἀκουσμάτων ἱερῶν καὶ φασμάτων ἁγίων
ἔχοντες· ἐν αἷς ὁ παντελὴς ἤδη καὶ μεμυημένος ἐλεύθερος γεγονὼς
καὶ ἄφετος περιιὼν ἐστεφανωμένος ὀργιάζει καὶ σύνεστιν ὁσίοις καὶ
καθαροῖς ἀνδράσι, τὸν ἀμύητον ἐνταῦθα τῶν ζώντων ⟨καὶ⟩ ἀκάθαρ-
τον ἐφορῶν ὄχλον ἐν βορβόρωι πολλῶι καὶ ὁμίχληι πατούμενον
ὑφ' ἑαυτοῦ καὶ συνελαυνόμενον, φόβωι δὲ θανάτου τοῖς κακοῖς
ἀπιστίαι τῶν ἐκεῖ ἀγαθῶν ἐμμένοντα.

Die hier scheinbar als Mysteriengleichnis gegebene Beschreibung
des Schicksals der Seele nach ihrer Trennung vom Körper – die Seele
irrt umher (πλάναι καὶ περιδρομαί sind Plutarchs Wendungen für sinn-
und zielloses Umhereilen [27]), erlebt kurz vor dem Ziel einen großen
Schrecken, nach welchem sie sich in einem Zustand elysischen Glücks
befindet – findet ihre Entsprechung in Plutarchs Dialog ‚De facie in
orbe lunae' [28]. Die vom Körper befreite Seele, heißt es dort, irre eine
Weile zwischen Erde und Mond umher (πλανηθῆναι), wo sie geläutert
werde, um sich schließlich dem Mond als erstem Hauptziel ihres Auf-
stieges zu nähern. Auf ihm Fuß zu fassen, sei nicht leicht, viele Seelen
würden noch, wenn sie nach ihm griffen, zurückgestoßen; ist die Seele
aber oben, schreitet sie freudig und bekränzt einher [29]. Ihre Empfindungen während dieses Überganges von der sublunaren Sphäre zum
Mond vergleicht Plutarch auch hier mit denen des Mysten während
der Einweihung: bei der Annäherung an den Mond verspürt sie eine
Freude οἵαν οἱ τελούμενοι μάλιστα θορύβωι καὶ πτοήσει συγκεκραμένην
μετ' ἐλπίδος ἡδείας ἔχουσι (28, 943 C); θόρυβος, Lärm, und πτόησις,

---

[27] Πλάναι καὶ περιδρομαί Plut. mor. 135 D. 493 D; vgl. 137 C.

[28] 28, 943 C ff., vgl. H. Cherniss in seiner Ed., London/Cambridge Mass. 1968,
202 Anm. a; eine weitere Entsprechung zwischen de fac. 28, 943 CD und diesmal frg. 177 stellt H. Görgemanns, Untersuchungen zu Plutarchs Dialog De
facie in orbe lunae, Heidelberg 1970, 99 Anm. 30 fest.

[29] Die merkwürdige Bekränzung mit Federn ist wohl ein Reflex der Befiederung
der Seele in Plat. Phdr. 246 BC und stellt sich so zu den unten zu besprechen-
den Abhängigkeiten von Plut. de fac. von Plat. Phdr.; vgl. H. Cherniss op.
cit. 202 Anm. c.

ängstliche Erregung, erinnern dabei an die in ,De progrediendo in virtutem' gegebene Schilderung der Stimmung vor dem Weihehaus.

Beide Plutarchischen Bilder vom Aufstieg der Seele (auch in ,De anima' ist sie schließlich oben und schaut herab, ἐφορῶν[30]) wurzeln letztlich im Platonischen ,Phaidros'[31]. Dort hieß es von den Seelen, welche versuchten, mit ihrem Gespann einen Blick über den Rand des Himmels zu tun, sie vermöchten zwar an die oberen Regionen zu rühren (Plutarch tönt wörtlich daran an[32]), fielen aber wieder zurück; dabei entstehe ,Lärm und Wetteifer und äußerstes Schwitzen': dem entspricht die Angst und das Schwitzen kurz vor dem Ziel in ,De anima'. Auch der Mysterienvergleich ist hier angelegt: die schließliche Seinsschau, derer einige Seelen im Gefolge ihres Gottes teilhaftig werden, bezeichnet Platon als die ,seligste aller Einweihungen', ἣν ὠργιάζομεν ὁλόκληροι μὲν αὐτοὶ ὄντες καὶ ἀπαθεῖς κακῶν ὅσα ἡμᾶς ἐν ὑστέρωι χρόνωι ὑπέμενεν, ὁλόκληρα δὲ καὶ ἁπλᾶ καὶ ἀτρεμῆ καὶ εὐδαίμονα φάσματα μυούμενοί τε καὶ ἐποπτεύοντες ἐν αὐγῆι καθαρᾶι, καθαροὶ ὄντες ... Die Schilderung dessen, was die vom Körper befreite Seele[33] in ,De anima' an Seligkeit empfindet, ist hier vorgegeben: dem φῶς θαυμάσιον entspricht die αὐγὴ καθαρά, die φάσματα kehren wörtlich wieder[34]; παντελής ... ὀργιάζει ist übernommen von ὁλόκληροι ὠργιάζομεν, die ὅσιοι καὶ καθαροὶ ἄνδρες von καθαροὶ ὄντες.

[30] Vgl. frg. 177, ebenfalls aus de an., wo (S. 106, 21 Sandbach BT) ausdrücklich gesagt wird, daß sich die Seele in der Höhe befindet.

[31] Plat. Phdr. 248 ff. – Diese Parallelen zwischen Plat. Phdr. und frg. 178 fehlen bei R. M. Jones, The platonism of Plutarch, Diss. Chikago 1916; vgl. aber Helmbold – O'Neil 59.

[32] Plut. de fac. 28, 943 CD πολλὰς γὰρ ἐξωθεῖ .. γλιχομένας ἤδη τῆς σελήνης gegenüber Plat. Phdr. 248 A αἱ δ'ἄλλαι γλιχόμεναι μὲν ... τοῦ ἄνω. Vgl. G. Soury, REG 53, 1940, 56. H. Cherniss, op. cit. 202 Anm. b.

[33] Zu frg. 178 ἐλεύθερος καὶ ἄφετος vgl. Plat. Phdr. 250 C καθαροὶ ὄντες καὶ ἀσήμαντοι τούτου ὃ νῦν δὴ σῶμα ... ὀνομάζομεν. Plut. de fac. 28, 943 C σώματος ἐκπεσοῦσα. frg. 177 (S. 106, 30 Sandbach BT) ἀπολύεσθαι τὸν ἀποθνήσκοντα ...

[34] φάσματα sind ,Erscheinungen, Visionen', vgl. Hdt. 6, 69, 1; im Zusammenhang mit Eleusis (vgl. Burkert HN 317 Anm. 64) noch Aristid. or. 22, 3 (ἄρρητα φάσματα). 41, 10 (ἱερὰ φάσματα). Porph. de abst. 4, 16 fin. Procl. in Plat. rep. 2, 185, 4 (vgl. 1, 39, 1 ff.) vgl. Plut. Phoc. 28, 2, 754 B (in Salamis hätten

Doch ist Plutarch konkreter; er berichtet Einzelheiten, welche alle in den behandelten Jenseitsschilderungen sich fanden: Bekränzung, Wiesen, Gesang und Reigentanz[35], der Schlamm – wie auch φῶς θαυμάσιον an Aristophanes' φῶς κάλλιστον (ran. 155), φέγγος ἱερόν (ran. 455) erinnert[36]. Daß die Ungeweihten – also die Lebenden, τῶν ζώντων ὄχλος (frg. 178) – für die Geweihten – also die Seelen auf dem Mond – im Schlamm stecken, ist aber ebenso in der Seelenlehre verankert, für welche die Einkörperung ein Eintauchen in Schlamm und Schmutz darstellt[37].

So stellt sich mindestens die zweite Hälfte der Plutarchischen Schilderung dar als eine Mischung von Platonischen Anregungen mit Einzelheiten aus Jenseitsschilderungen, handelt mithin – abgesehen von dem Gefühl befreiter Glückseligkeit – überhaupt nicht vom eleusinischen Ritus, auch wenn Plutarch mit einzelnen Ausdrücken um ein solches Kolorit bemüht ist[38], sondern allein vom Aufstieg der von ihrer Körperlichkeit befreiten Seele. Das bestätigt der Schluß des betrachteten Fragments, wo ein neuer Gedanke anschließt, ohne daß zuerst der Vergleich abgeschlossen würde: es ist eben gar kein Vergleich von Sterben und Einweihung, sondern eine Schilderung des Sterbens unter Verwendung von Mysterienbildern; deshalb auch kann

die μυστικαὶ ὄψεις καὶ φωναί geholfen). – Foucart 395 ff. vermutet ,apparitions' während der rituellen Katabase, doch wird Aristid. or. 41, 10 Iakchos auch zu den φάσματα gerechnet – von der Unmöglichkeit der Katabase überhaupt abgesehen. Kerényi (1962) 101 f., bes. (1967) 95 ff. nimmt eine ,visio beatifica' in der Mysteriennacht an (vgl. W. F. Otto, Paideuma 7, 1959, 19 ff., Sabbatucci 141 f.); doch ist eine über Jahrhunderte sich jährlich wiederholende Massenvision von immer etwa demselben Inhalt schwer vorstellbar, auch wenn Visionen in Dionysosmysterien bezeugt sind, Orig. c. Cels. 4, 10. Galen def. med. 487 (Bd. 19 S. 462 Kühn, vgl. Rohde 2, 17 Anm. 1).

35 Reigentanz und Gesang: Ar. ran. 450 f. (παίζειν). Verg. Aen. 6, 644 (carmina). 657 (choro paeana canentis). Tib. 1, 3, 59 (choreae cantusque). Lucian. v. h. 2, 15, 113 (menschliche und Vogelchöre).

36 Vgl. auch Plat. Phdr. 250 C.

37 Vgl. Plut. de gen. Socr. 22, 591 F (wenn die Seelen sich wieder vom Körper befreien, schütteln sie ἀχλύν τινα καὶ ζόφον ὥσπερ πηλόν ab); schon Plat. Phdr. 250 B assoziiert die Einkörperung mit Verdunkelung.

38 παντελής, μεμυημένος, ὀργιάζει; vgl. τέλος, ἀτέλεστος im ersten Teil. – Zur Mysterienmetaphorik vgl. Boyancé REG 75, 460 ff. E. des Places, Ann-FacLettAix 38, 1964, 9 ff.

Plutarch den selig Feiernden den im Schlamm liegenden Haufen der
Lebenden (ζώντων ὄχλος) gegenüberstellen, die vor dem Tod sich fürchten, da sie nicht an die ‚guten Dinge dort drüben‘ glauben. Und tatsächlich kann man sich die hier geschilderten Erlebnisse auch kaum im
vollgestopften Weihehaus vorstellen: wo sollten Reigentänze, wo Wiesen und Schlamm Platz finden? Und daß ein zweites Geschoß in
irgendeiner Form im Telesterion vorhanden war, von dem die Mysten
hätten herabsehen können (ἐφορῶν), ist wenig wahrscheinlich [39]; in
φῶς θαυμάσιον und σεμνότητες ἀκουσμάτων ἱερῶν καὶ φασμάτων
ἁγίων aber Hinweise auf die Licht- und Toneffekte der Dromena und
Legomena zu sehen, ist deshalb unmöglich, weil man sich diese nicht
am Ende der Feier, sondern in ihrem Ablauf, als wesentliches Mittel
zur Bewirkung von Furcht, Schrecken und Glückseligkeit, zu denken
hat [40].

Ebensowenig läßt sich der erste Teil der Plutarchischen Schilderung,
der von den Empfindungen πρὸ τοῦ τέλους (was mit nur geringfügiger
Übertragung dasselbe heißt wie πρὸ τῆς τελετῆς [41]) handelt, auf die
Einzelheiten der Mysterienzeremonie beziehen. Eine Entsprechung
aber findet die Schilderung im Werk des schon zitierten Maximus von
Tyrus, wo aber nicht Ereignisse in Eleusis, sondern auf dem Weg
dorthin geschildert werden: dieser Weg sei ‚voll von Leuten, die lau-

---

[39] Eine Diskussion der Zeugnisse bei Mylonas 117 ff. – Hauptstelle ist Plut.
Per. 13, 7, 159 F, wo von einem διάζωσμα (so Ziegler mit den recc.: διάζωμα
vett.) die Rede ist, welches Metagenes nach der unteren der beiden auf-
einanderstehenden Säulenstellungen und nach deren Architrav baute; Noack
153 ff. (vgl. Abb. 112) interpretierte dies als umlaufenden Balkon, Mylonas
l. c. zeigt aber, daß διάζωσμα ‚Fries‘ bedeuten muß, vgl. Athen. 5, 38, 205 C.
Und auch die v. l. διάζιωμα gibt die von Noack geforderte Bedeutung nicht
her, bezeichnet es doch wohl ein durchlaufendes Schmuckband aus anders-
farbigem Stein, vgl. Theophr. de lapp. 7 mit dem Kommentar von D. E. Eich-
holz, Oxford 1965, 93.

[40] Besonders deutlich Dio Chrys. 12, 33 (vgl. Deubner 87 Anm. 5). Hipp. ref.
5, 8, 40. – Zu den einzelnen Phänomenen: Licht: Plut. de progr. in virt. 10,
81 E. Ages. 24, 609 D. Clem. protr. 2, 22, 7. Himer. 29, 1. 69, 7. Gong: Apollod. FGrHist 244 frg. 110 b. Stimme IG II²3639. Hipp. l. c.; zu den einzelnen
Gefühlen: Aristid. or. 22, 2. Demetr. de eloc. 101 (ἔκπληξις, vgl. φρίκη
Anm. 24). Aristid. or. 22, 10. Plut. de fac. 28, 943 C. Theo Smyrn. math.
S. 15, 21 (Freude); zum Erlebnisverlauf Plut. de progr. in virt. 10, 81 E.

[41] Zu τέλος in der Bdtg. von τελετή III 2 Anm. 99.

fen, sich drängen, müde werden, ausruhen, umherliegen, vom Weg abkommen, umherirren', und er werde ,mit viel Mühe und Schweiß' endlich zu Ende geführt [42]. Und die nun schon mehrmals erwähnte Stelle aus ,De progrediendo in virtutem' setzt Lärm und Gedränge auch vor dem Eintritt ins Weihehaus, Schreck und Staunen aber als erste Gefühle während der Weihehandlung an.

Damit stellt sich uns der Mysterienvergleich aus ,De anima' dar als eine Schilderung des Aufstiegs der Seele, welche lediglich in dem Sinne auf das Mysterienerlebnis Bezug nimmt, daß der Stimmungsverlauf während der Initiation mit demjenigen während des Todes zusammengestellt wird, ohne daß die einzelnen Riten, welche einen solchen Erlebnisverlauf bewirken, konkretisiert würden. Der erste Teil vergleicht das Irren der Seele mit irgendwelchen Wanderungen außerhalb des Telesterions, vor der Initiation (πορεῖαι ἀτέλεστοι kann als ,Wanderungen in ungeweihtem Zustand' oder als solche ,von endloser Dauer' verstanden werden [43]), vielleicht mit dem Zug des 19./20. Boedromion, dessen Ende in die Nacht fiel, und mit dem Gedränge vor dem Weihehaus; der zweite stimmt vor allem im Gefühl der allgemeinen Glückseligkeit mit dem Mysterienerlebnis überein, lehnt sich sonst stark an Platon und an eschatologische Schilderungen an, trennt also nicht scharf zwischen Mysteriengleichnis und Seelenlehre, was Plutarch umso leichter fällt, als es ihm ja auf letztere ankommt. Ob allerdings noch auf die Initiation folgende Feste in den Wiesen außerhalb des eleusinischen Temenos in diese Schilderung des Glücks hineinspielen, ist schwer abzuschätzen; es muß als Möglichkeit offengelassen werden. Jedenfalls fänden die Reigentänze und das Beisammensein bekränzter ὅσιοι (zumal ὅσιος eigentlich derjenige ist, welcher sich nach einem Ritus in desakralisiertem Zustand befindet [44]) hier einen Platz; Plutarch erwähnt auch andernorts eine πανηγυρὶς μετὰ τὰ

---

[42] Max. Tyr. 39, 3, vgl. Sabbatucci 137, der die Einweihung in Eleusis mit allem Drum und Dran einer Pilgerfahrt vergleicht.

[43] Nach LSJ ist ἀτέλεστος in der Bdtg. ,endlos' besonders homerisch, in Prosa selten, in der Bdtg. ,ungeweiht' z. B. Plat. Phd. 69 C. Plut. Tit. 2 369 E (an beiden Stellen stellt der Kontext – wie in Plut. frg. 178 – die Beziehung zu den Mysterien her) – Harrison 615 f. stellt im Ausdruck ὑδρεῖαι ἀτελεῖς des Axioch. 371 E dieselbe Doppeldeutigkeit fest.

[44] Vgl. des Places 377 (Bibliogr.).

μυστήρια [45]. Andere Einzelheiten sind aber auch hier schwer unterzu-
bringen (Licht, Schlamm); angesichts der Übereinstimmungen mit den
Jenseitsschilderungen und der Platonischen Seelenlehre hätte eine solche Abhängigkeit auch nur nebensächliche Bedeutung.

Wenn aber Plutarch Motive von eschatologischen Bildern, welche
wir oben einem orphisch-pythagoreischen Milieu einerseits, Eleusis
anderseits zugeteilt haben, zur Ausgestaltung der Eudaimonie benutzt,
welche den Mysten nach seiner Initiation und die Seele nach ihrer
Läuterung im Jenseits erwartet, so steht seiner Auffassung nach diese
Motivik Eleusis nicht fern. Gestützt auf die Parallelen mit sicher auf
die eleusinische Jenseitshoffnung Bezogenem dürfen wir im Gegenteil
vermuten, sie entstamme denjenigen Vorstellungen, welche der in
Eleusis Geweihte sich von seinem Leben im Elysion machte. Ob dann
diese Vorstellungen letztlich auf der Realität eines schon immer auf
die Initiation folgenden Festes basieren, von der sie sich emanzipiert
hätten, muß als Frage gestellt bleiben; es kann für die χορεῖαι und das
συμπόσιον τῶν ὁσίων erwogen werden.

Eine rituelle Katabase der Mysten, schon nach den allgemeinen
Überlegungen über die Möglichkeiten eleusinischen Rituals problematisch geworden, wird durch die Passage in Plutarchs ‚De anima‘ also
nicht bewiesen. Ein zweites für eine solche Hypothese beanspruchtes
Zeugnis, jene Stelle aus Asterius, wo von einem καταβάσιον gesprochen wird, einem unterirdischen Raum also, wird durch den archäologischen Befund widerlegt, braucht uns also nicht länger aufzuhalten:
unterirdische Räume, in welche die Mysten hätten hinabsteigen können, fanden sich im Weihehaus nicht [46]. Wie aber dann, wenn eine
solche Katabase entfällt, die ἐλπὶς ἀγαθή [47] dem Mysten vermittelt

[45] Plut. quaest. conv. 2, 2, 635 A; die Übers. von P. A. Clement in der ed. Lon-
don/Cambridge Mass. 1969, 141 ist unscharf.
[46] Aster. homil. 10, akzeptiert von Foucart 496; zur Widerlegung vgl. Mylonas
311 ff. – Der Text des Asterius legt überdies nahe, daß er diese Krypta mit
dem Hieros Gamos, nicht einer Katabase der Mysten, verband. – Lucian.
catapl. 22, 644 gehört zu den Belegen für Dunkel und Fackelgebrauch in
Eleusis und hat mit einer Katabase nichts zu tun (mit F. Lenormant, Eleusinia,
DS 2, 577. Burkert HN 309 Anm. 28 gegen Foucart 401. Magnien 211 f.).
[47] F. Cumont, Lux perpetua, Paris 1949, 401 ff. vermutet in diesem Ausdruck
eine vom Hierophanten ausgesprochene Mysterienformel; gegen eine solche
Annahme hatte sich schon Lobeck 1, 69 Anm. b m. E. zu Recht gewandt.

wurde, bleibt ungewiß. Sicher geschah es durch den Ritus, sei es durch eine rituelle Handlung oder noch eher durch den Ablauf der Zeremonie in ihrer Gesamtheit; eine belehrende Predigt jedenfalls wird durch jenes Aristotelesfragment ausgeschlossen, demzufolge der Myste nichts lernte, sondern ,etwas erlitt und gestimmt wurde' [48]. Wie dieser Ritus im Einzelnen vor sich ging, wissen wir nicht, können wir angesichts des Fehlens direkter Zeugnisse (mit geringfügigen Ausnahmen) nicht wissen: das religiöse Erlebnis, von dem wir Kunde haben, steht in einem rational kaum faßbaren Verhältnis zum zugrundeliegenden Ritual [49].

§ 4 Die epische Gestaltung

Es zeigt sich so, daß wir einer Anzahl von Jenseitsvorstellungen gegenüberstehen, welche sich sowohl mit orphisch-pythagoreischer Eschatologie wie auch mit den eleusinischen Mysterien verbinden lassen, daß aber eine ausführliche Darstellung des Jenseits im Mysterienritual von Eleusis undenkbar ist, dieses vielmehr auf eine nicht mehr erkennbare Weise eine in ihren Einzelheiten wohl sehr vage Hoffnung auf ein besseres Los nach dem Tode evoziert hat. Dazu stimmen die Nachrichten über die eleusinische Eschatologie, welche sich außerhalb des mit Orphisch-Pythagoreischem übereinstimmenden Komplexes finden und sich dadurch auszeichnen, daß ihre Versprechen bemerkenswert allgemein gehalten sind; daß Jenseitsstrafen fehlen, hat seinen Grund ebenfalls darin, daß das Ritual allein Hoffnungen erwecken konnte. Die auf Eleusis bezüglichen, aber nicht aus eleusinischem

---

[48] Aristot. frg. 15, vgl. Psell. in: Cat. ms. alch. gr. 6, 1928, 171; vgl. Procl. in Plat. Alc. 61. – Vgl. Pettazzoni 54 f. F. Cumont, op. cit. 241. Boyancé REG 75, 460 ff. Des Places 213 ff. (der aber keine weiteren Schlüsse zieht). – Schon Lobeck hatte die Bedeutung der seelischen Bewegung durch das Mysterienritual hervorgehoben (1, 71 „vim et dignitatem ... in ipso sacrorum adspectu et perceptione positam fuisse". 1, 145 „sacrorum adspectus ... ad commovendos animos efficacissimus"), ebenso, zu seiner Zeit fast allein, Wilamowitz GdH 2, 56.

[49] Vgl. Nilsson, Op. 2, 611. – Simon 102 sieht keinen Zusammenhang zwischen Jenseitshoffnung und ,handfestem magischem Ritus'.

Ritual ableitbaren Vorstellungen aber sind offenbar nicht weiter redu-
zierbare Mythologeme; daß sie von Platon in Verbindung mit den
Dichtern Orpheus, Musaios und Eumolpos genannt sind, führt zu Annahme einer epischen Dichtung, in denen diese Mythen konkretisiert
wurden. Es hat also in Athen spätestens zu Platons Zeit eine mytho-
logisierende Epik existiert, welche dadurch, daß sie sich unter die
Namen der Eleusinier Musaios und Eumolpos und denjenigen von
Orpheus, des Gründers der Mysterien, stellte, ihre Eschatologie mit
den eleusinischen Mysterien zusammenbrachte, sich als eine Art sakra-
ler eleusinischer Dichtung hinstellte. Dank der so gewonnenen Autorität und dank der Verbreitung, welche schon im fünften Jahrhundert
Schriften von Orpheus und Musaios hatten [1], wird sie in zunehmendem Maße die Vorstellungen beeinflußt haben, welche sich der in
Eleusis Geweihte vom Jenseits machte: es waren dann eleusinische
Mysten, welche auf Sonne im Jenseits hofften und den Verächtern
ihrer Riten drohten, sie müßten auf ewig sich im Schlamm wälzen.
Deshalb können spätere Autoren von detaillierten eleusinischen Jenseitsstrafen sprechen, wogegen die Zeugnisse aus dem fünften Jahrhundert eine Strafe noch gar nicht zu kennen scheinen.

Innerhalb dieser Dichtung zeichnen sich wiederum zwei Richtungen
ab. Die eine versucht, die nur in allergröbsten Umrissen gezeichneten
Jenseitsvorstellungen der eleusinischen Mysterien mit orphisch-pythagoreischen Farben auszumalen; ihr gehört die rituell bedingte Dichotomie an. Diese ist allerdings nicht auf Eleusis beschränkt, wo sie,
von den späten Autoren abgesehen, eigentlich allein im Platonischen
‚Phaidon‘ angedeutet wird; die oft herangezogene Stelle des ‚Gorgias‘
belegt sie für Unteritalien (woraus ein Argument für die Existenz
orphisch-pythagoreischen Mysterienrituals in Unteritalien gewonnen
werden könnte) [2]. Die andere Richtung ist spekulativer, indem sie das
Jenseits nicht nach rituell, sondern nach ethisch bedingten Kategorien
einteilt; auch sie ist nicht auf Eleusis beschränkt. Daß aber diese Richtung mit den eleusinischen Mysterien in enger Verbindung stand, zeigt
die Feststellung, daß sowohl der Dichter Eumolpos wie auch der

---

[1] Vgl. Eur. Hipp. 954 (T 213) (πολλὰ γράμματα). Plat. rep. 2, 364 E (F 3)
(βίβλων ὅμαδος, vgl. Linforth 78). Alexis frg. 135 (T 220).
[2] Plat. Phd. 69 C, Gorg. 493 AB; zu unteritalischen (orphisch-pythagoreischen)
Mysterien oben I 1 Anm. 35.

Totenrichter Triptolemos allein im Zusammenhang dieser Art von Jenseitseinteilung sich findet. Und die besondere Art der Gegenüberstellung in den ‚Fröschen‘, nämlich von Frevlern, also moralisch Schlechten, und von Mysten, die zugleich moralisch gut sind, ist genau diejenige, welche wir erwarten, wenn die beiden Richtungen kontaminiert werden in einer Sphäre, der eine Ausrichtung auf die eleusinische Kultpraxis wichtig ist.

Daraus aber, daß sich in beiden Richtungen dieselben Motive finden lassen, oft sogar mit wörtlichen Anklängen[3], mag ein weiteres Indiz für die Existenz einer solchen Dichtung gewonnen werden, einer Dichtung, in der eine Scheidung der Jenseitshoffnungen nach moralischen Kriterien mit Eleusis zusammengebracht wurde. So nämlich, als allein im Milieu dieser Dichtung sich abspielend, ist die vorgebliche ‚Ethisierung‘ des eleusinischen Glaubens zu verstehen, welche den besten Zeugnissen über die eleusinische Eschatologie offenbar widerspricht.

Fragen wir nach einem bestimmten Werk dieser theologischen Dichtung, in welchem solche eschatologischen Vorstellungen zu finden waren, denken wir natürlich zuerst an eine Katabase[4]. Festzuhalten ist aber, daß wir kaum ein einziges Gedicht als Quelle aller uns bekannten ‚orphisch-eleusinischen‘ Nachrichten annehmen können, sondern mit einer Anzahl mehr oder weniger verschiedener, Orpheus, Musaios oder Eumolpos zugeschriebener Dichtungen rechnen müssen. Schon die bei Platon aufbewahrten Nachrichten führen auf mindestens zwei Werke, indem im ‚Phaidon‘ (69 C) Geweihte und Ungeweihte einander gegenübergestellt werden, von denen die ersten mit den Göttern zusammen wohnen, die Ungeweihten aber im Schlamm liegen werden, während im ‚Staat‘ (363 CD) Gute und Schlechte konfrontiert, den Guten das Symposion versprochen, den Schlechten aber Schlamm und

---

[3] Vgl. Pi. frg. 129, 3 φοινικορόδοις ἐνὶ λειμώνεσσι / Ar. ran. 448 f. ἐς πολυρρόδους | λειμῶνας; Ar. ran. 273 σκότος καὶ βόρβορος / Plut. frg. 178 ἐν βορβόρωι πολλῶι καὶ ὁμίχληι (?). – Daneben ist mit direkten Übernahmen zu rechnen, etwa Aristid. or. 22, 10 aus Ar. ran. 273. Plot. enn. 1, 6, 6, 5 aus Plat. Phd. 69 C. Iul. or. 7, 238 A aus D. L. 6, 39. Jedenfalls läßt sich nicht, wie es Dieterich Nek. 124 ff. versuchte, ein gemeinsames Original hinter diesen übereinstimmenden Formulierungen rekonstruieren.

[4] Vgl. aber Kern Orph. frg. S. 305 „Orphicorum de Inferis doctrina praeterea in multis aliis scriptis tractata erat".

Sieb angedroht werden (wobei das Sieb vielleicht bereits aus einer dritten Quelle stammt). Nehmen wir die Aristophanischen ‚Frösche‘ und den ‚Axiochos‘ dazu, die beide in ihrer Weise einen Ausgleich zwischen dem rein rituell und dem moralisch bedingten Einteilungsprinzip versuchen und in den Details zumindest der Belohnung für Gute oder Mysten stark voneinander und von Platon abweichen, fassen wir vielleicht die Reflexe zweier weiterer, diesmal wohl zeitlich getrennter Vorlagen.

Dem entspricht die Vielfalt der uns bekannten Katabasenliteratur, auch wenn wir uns hier nur auf Katabasen des Orpheus und des Herakles beschränken wollen. Dichterische Gestaltungen von Orpheus’ Jenseitsfahrt kannte wohl schon die klassische Zeit der Griechen mehrere [5], darunter mindestens eine von Orpheus sozusagen autobiographisch verfaßt [6]. Ob allerdings eine Orpheuskatabase allein geeignet war, auf Eleusis bezügliche Anschauungen gültig zu repräsentieren, kann man sich angesichts etwa der Feststellung fragen, daß im Marmor Parium Orpheus nicht im Zusammenhang eines Jenseitsgedichtes [7], sondern eines Demeterliedes genannt ist.

Mindestens so eng mit Eleusis verbunden wie Orpheus ist Herakles. Seine Jenseitsfahrt, um den Kerberos heraufzuholen, die schon in der Homerischen Nekyia vorausgesetzt wird [8] und im Athen des sechsten

[5] Vgl. C. M. Bowra, On Greek Margins, Oxford 1970, 213 ff. (= CQ 2, 1952, 113 ff.), der nach sorgfältiger Sichtung der Zeugnisse zum Schluß kommt „it seems that in the Vth and IVth century more than one poem was known about Orpheus’ descent to Hades“ (227).

[6] Einziger sicherer Zeuge der Ich-form ist allerdings erst Orph. Arg. 40, doch weisen die Berührungen mit Verg. georg. 4, 467. Aen. 6, 119 (vgl. Ziegler OrphDicht 1391) auf zumindest hellenistischen Ursprung der zugrundeliegenden Katabase. Überhaupt aber hat diese Form der Erzählung bei einer Katabase des Sängers Orpheus die größte Wahrscheinlichkeit, und vielleicht läßt sich eine solche auch hinter Diod. 1, 96 f. vermuten und bei der Herleitung dieser Partie aus Hekataios von Abdera ins spätere vierte Jahrhundert datieren.

[7] Vgl. Jacoby MPar 7, gegen Dieterich Nek. 128 Anm. 1.

[8] Hom. Od. 11, 622 ff. – Damit erscheint die von P. von der Mühll, Philol. 93, 1938, 8 ff. (dem F. Duemmler, Delphica, Basel 1894, 19 = KlSchr, Leipzig 1901, 2, 143 voraufgegangen war) postulierte enge Abhängigkeit von Hom. Od. 11, 565–627 von einer epischen Herakleskatabase nicht unwahrscheinlich, vgl. R. Merkelbach, Untersuchungen zur Odysse (Zetemata 2), München 1951,

Jahrhunderts gut bekannt war, wie die vielen schwarzfigurigen Vasenbilder zeigen[9], wurde schon früh mit der Einweihung in Eleusis verbunden. Den frühesten literarischen Beleg stellt ein Dithyrambos wohl
Pindars dar, dessen Anfang auf einem Papyrus gefunden und durch
ein zweites Papyrusbruchstück mit einem Kommentar zum selben Lied
wenigstens in den ersten Zeilen ergänzt wurde[10]. Schon für die zweite
Hälfte des sechsten Jahrhunderts bezeugt diese Vorstellung vielleicht
eine schwarzfigurige Amphora aus dem Kreis um Exekias, deren Scherben in der favissa des lokrischen Persephoneheiligtums sich fanden:
Wenn hier Herakles (neben Athena) Demeters Ausfahrt beiwohnt, tut
er das vielleicht als der Protomystes, der dann doch wohl geweiht
wurde, bevor er den Kerberos holen ging, den er auf dem Halsbild
derselben Amphora gezähmt aus der Unterwelt führt[11]. Auch für den
Euripideischen Herakles ist die Initiation in Eleusis Vorbedingung
eines erfolgreichen Jenseitsganges[12]. Und wenn Timaios in seinem Ge-
schichtswerk berichtete, Herakles habe den Syrakusanern gegen die
angreifenden Athener beigestanden, weil er von Kore den Kerberos
erhalten, Athen aber seine Feinde, die Segestaner, unterstützt habe,
so ist der zugrundeliegende, sonst unbelegte Mythos eine im Zusammenhang der syrakusanischen Koreverehrung geschaffene Version, die

191 (vgl. ders., MH 8, 1951, 3); abgelehnt bei D. L. Page, The Homeric
Odyssey, Oxford 1955, 49 Anm. 7. Daß dieses Katabasengedicht, das an-
scheinend allein die mythischen Frevler vorführt, von dem nach Eleusis aus-
gerichteten des Musaios (?) zu trennen ist, wird nach dem im Folgenden Aus-
geführten deutlich werden.

9 Eine Liste der Vasen bei Brommer VL² 70 ff., der übrigen Darstellungen bei
F. Brommer, Denkmälerlisten zur griechischen Heldensage, Marburg 1, 1971,
92 ff. – Vgl. ders., Herakles, Münster/Köln 1953, 95.

10 POxy 32, 2622 frg. 1. PSI 1391 frg. B col. I; Textkonstitution und grundlegen-
de Besprechung von Lloyd-Jones Maia 19, 206 ff. – Daß in der Herakleia des
Panyassis von Herakles' Weihe durch Triptolemos gehandelt worden wäre,
vermutet R. Rapetti PP 21, 1966, 134; der Beweisgang ist zu hypothetisch.

11 Publ. von G. Procopio ArchClass 4, 1952, 153 ff., T. 30/32. ABV 147, 6. Metzger Rech. 8, T. 1, 2. – Oder soll man annehmen, daß Herakles ursprünglich
ohne jede Rücksicht auf den Unterweltsgang, lediglich als prominenter Nicht-
Athener wie die Dioskuren (Xen. hell. 6, 3, 6) geweiht wurde?

12 Eur. Her. 613; die richtige Deutung Wilamowitz Her. 3, 138. Kerényi (1962)
67. Lloyd-Jones Maia 19, 213 f.; Iteration einer Kultfeier im Jenseits nach
Nilsson GGrR 1, 674.

den athenischen Anspruch, daß Herakles von Kore seiner Initiation in
Eleusis wegen den Kerberos erhalten habe, voraussetzt [13]. Der politischen Umstände wegen werden wir sie uns nicht lange nach 415
entstanden denken. In späterer Zeit ist die Verbindung von Herakles'
Weihe mit seiner Hadesfahrt mehrfach bezeugt, wenn auch verschiedene Überlieferungen über Ort und Zeit der Initiation erhalten sind [14],
von denen scheinbar keine kanonische Geltung erhalten hatte; sogar
die Version, daß Herakles erst nach der Jenseitsfahrt in Eleusis vor-
sprach, scheint bezeugt [15].

Eine solche Buntheit der Einzelheiten wie für die Initiation des
Herakles werden wir uns auch für die Jenseitsfahrt denken, die mit
der Weihe verbunden war. Die einzige etwas ausführlichere Fassung
des Abenteuers hat uns Apollodor erhalten, in großen Zügen angedeutet ist der Ablauf jedoch schon bei Euripides und Diodor [16]. Der
Bericht Apollodors entspricht in den Hauptzügen aber weniger diesen
Fassungen des Mythos als, wie H. Lloyd-Jones darlegte [17], einerseits

---

[13] Timaios FGrHist 566 frg. 102 b. – Die syrakusanischen Koreia waren ,ein
   glänzendes Korefest' Nilsson GrF 358; natürlich wurde auch der Koreraub
   hier, an der Quelle Kyane, lokalisiert, Diod. 5, 4, 2 (dessen ganzer Bericht in
   5, 4 die Rivalität Athen-Sizilien spiegelt).
[14] Eingehend besprochen von Jacoby MPar 81 ff.
[15] P. Milan. 1, 20 col. I 18 ff.; die Folgerungen von W. F. Otto, Paideuma 7,
   1959, 19 ff. Kerényi (1962) 90. Sabbatucci 141 stehen beim Zustand des Textes auf schwachen Füßen; vgl. auch III 3 Anm. 34. – Auch Plut. Thes. 30,
   14 E, wo Herakles Θησέως σπουδάσαντος geweiht wird, setzt Herakles' Ha-
   desbesuch eigentlich voraus.
[16] Eur. Her. 610 ff.; Diod. 4, 25, 1 ff.; Apollod. 2, 5, 12 (2, 124).
[17] Lloyd-Jones Maia 19, 218 ff., nach Norden 5. Die Einwände von R. J. Clark
   Phoenix 24, 1970, 244 ff. und G. Thaniel Phoenix 25, 1971, 237 ff. be-
   treffen nur Einzelheiten; der Verweis von R. J. Clark l. c. 253 auf Ap. Rhod.
   4, 214 ff. stützt im Gegenteil die These von Norden und Lloyd-Jones. – Vgl.
   auch H. Matakiewicz, Eos 33, 1930/31, 599 ff., deren im Anschluß an Norden
   l. c. vorgenommene Rekonstruktion einer Herakleskatabase des 6. Jh., die der
   Homerischen Nekyia zugrundeliege (s. oben Anm. 8), sehr beeinträchtigt wird
   durch die nach R. Ganschinietz, RE 10, 2399 f. vertretene Hypothese, daß
   dieses Gedicht orphisch sei: daß der Nekyia ein orphisches Gedicht zugrunde
   liege, hat Wilamowitz selber widerrufen, GdH 2, 198; das einzige Fragment
   des Orpheus, das man für eine Herakleskatabase in Anspruch genommen hat
   (frg. 296) ist mehrdeutig, vgl. die Übersicht bei Matakiewicz l. c. 609 ff. – Vgl.
   noch Luria Eos 51, 35.

demjenigen von Aeneas' Hadesfahrt im sechsten Buch der Aeneis (abgesehen von den durch die homerische Nekyia und eine von Norden
wahrscheinlich gemachte Katabase des Orpheus beeinflußten Teilen),
anderseits den Anweisungen, welche der Aristophanische Herakles
seinem Halbbruder Dionysos erteilt, wie dieser in die Unterwelt rei-
sen will, um Euripides heraufzuholen. Lloyd-Jones rekonstruierte als
gemeinsame Vorlage aller drei Texte eine epische Herakleskatabase,
die er nach einem ersten Reflex im eingangs erwähnten Pindarpapyrus
und bei Bakchylides in die Mitte des sechsten Jahrhunderts datierte
und als deren fiktiven Autor er Musaios vermutete.

Allerdings unterscheidet sich der Aristophanische Abriß in einem
entscheidenden, von Lloyd-Jones kaum beachteten Punkt von den beiden sonst eng verwandten Katabasen [18]: es sind nicht mehr mythologische Büßer wie Theseus, Peirithoos und Askalaphos, sondern Frevler
wider die menschlichen Ordnungen, denen Dionysos und Xanthias
begegnen, und nicht selige Heroen im Elysium, sondern eleusinische
Mysten, welche ihnen auch den Weg zu Pluton zeigen werden – haben
sie ihn schon Herakles, dem eleusinischen Protomysten, gezeigt?

Es kann eingewendet werden, Aristophanes habe die Gegenüberstellung anonymer Frevler und Mysten selber in die Katabasenerzäh-
lung eingearbeitet, da er für Dionysos, der ausdrücklich nach Herakles
in den Hades reiste, Theseus, Peirithoos [19] und Askalaphos nicht mehr
habe brauchen können, während ihre Ersetzung durch Frevler und
eleusinische Mysten wegen ihres moralisierenden und lokalpatrioti-
schen Kolorits seinem Anliegen gut entsprochen habe [20]. Die Begeg-

---

[18] Ein bezeichnender Zug der Vorlage scheint gewesen zu sein, daß sich Herakles
mit gezückter Waffe auf die Medusa stürzen wollte, Hermes ihn zurückhielt
mit der Bemerkung, es sei ein bloßer Schatten, Bacch. 5, 71 ff. Verg. Aen. 6,
290 ff. Apollod. 2, 5, 12; vgl. Norden 206. Lloyd-Jones Maia 19, 221. Nicht beachtet ist, daß sich auch der Aristophanische Dionysos auf die Empusa stürzen
will – sobald sie die Gestalt eines jungen Mädchens annimmt (ran. 291).

[19] Peirithoos wurde von Herakles befreit im ‚Peirithous‘ des Euripides (oder
Kritias? Vgl. Athen. 11, 93, 496 B = frg. 806 Mette, Lustrum 12, 1967, 203),
vgl. die Hypothesis frg. 807 Mette (l. c.); Diod. 4, 26, 1. 63, 4; Hyg. fab.
79, 2 f.

[20] Noch weiter geht Radermacher 157, der die Anweisungen des Herakles als
‚eine Mischung von volkstümlichen und theologischen Elementen‘ bezeichnet,
welche natürlich auf Ar. selber zurückgeht.

nung des Herakles mit den Mysten im Jenseits schließt aber so ausgezeichnet an seine vorherige Einweihung in Eleusis an, daß wir uns
beide ursprünglich verbunden denken müssen. Aristophanes erwähnt
diese Weihe nicht, kann also nicht Ausgangspunkt dieser Verbindung
sein.

So können wir eine im fünften Jahrhundert bekannte epische Herakleskatabase erschließen, derzufolge der in Eleusis eingeweihte
Alkide auf seiner Fahrt nach dem Kerberos Geweihten und Ungeweihten oder Frevlern begegnete. Als ihr Autor kann Eumolpos, Musaios
oder Orpheus vorgegeben worden sein: möglicherweise muß man, der
Nähe zu Eleusis wegen, wirklich besonders mit Musaios rechnen. Die
Fortsetzung der Pindarischen Schilderung ist ungewiß; bei Apollodor
folgt auf die Einweihung in Eleusis nicht auch eine Begegnung mit den
Mysten im Hades. Freilich stellt man sich Einweihung und Hilfe der
Mysten im Jenseits gerne von Anfang an miteinander verbunden vor,
und es ist nicht auszuschließen, daß die bei Apollodor erhaltene Version der Herakleskatabase eine spätere, zwei Vorlagen kontaminieren-
de Fassung darstellt, dergegenüber sich Aristophanes und Vergil enger
zusammenschließen: der Frevlerkatalog in den ‚Fröschen‘ klingt erstaunlich an den Katalog der anonymen Sünder im Tartaros Vergils
an[21], und es stehen auch beide Kataloge an derselben Stelle der Katabase[22]; die wegweisenden Mysten aber werden vorausgesetzt, wenn
die sonst allwissende Sibylle Musaeus nach dem Weg zu Anchises
fragt[23].

Wenn so schon vor Pindar und Bakchylides eine ‚orphisch-eleusinische‘ Herakleskatabase wahrscheinlich wird, muß ein Name genannt
werden, welcher im Zusammenhang der athenischen Orphica spät-

---

[21] Ar. ran. 149 f. ∼ Verg. Aen. 6, 609 (Gewalt gegen die Eltern), ran. 147 ∼
Aen. 6, 609 (Frevel gegen Fremde), ran. 150 ∼ Aen. 6, 612 f. (Meineidige). –
Vgl. Norden 288 f.

[22] Vgl. Lloyd-Jones, Maia 19, 222 f., der auf die Übereinstimmung zwischen Verg.
Aen. 601. 608 und Apollod. 2, 5, 12 (2, 124) in den heroischen Frevlern The-
seus und Peirithoos verweist. – Sicher nach Eleusis gehört bei Apollod. l. c.
Askalaphos, vgl. 1, 5, 3 (1, 33).

[23] Ar. ran. 161. 431 ff., Verg. Aen. 6, 667; das verweist doch wohl Vergils Vorlage in attisch-eleusinische Umgebung. Vgl. Norden 300. Lloyd-Jones, Maia
19, 223.

archaischer Zeit seit der Antike bekannt ist, derjenige des Onomakritos. Ihm wird gerne ein bedeutender Anteil an der Entstehung einer attischen Orphik, der auch ein solches Heraklesgedicht wohl zuzuordnen wäre, gegeben [24]. Mit Sicherheit wissen wir freilich über diesen ‚berüchtigten literarischen Falschmünzer des Altertums‘ [25] nur, daß er unter den Peisistratiden lebte [26] und eine Sammlung der dem Musaios zugeschriebenen Orakel veranstaltete; daß er in sie selbstverfertigte einschob, kostete ihm, von Lasos von Hermione überführt, die Gunst der Tyrannen [27] — am persischen Hof freilich versöhnten sie sich wieder [28]. Die Zeugnisse, die ihn mit Orphischem zusammenbringen, sind demgegenüber wenig verläßlich. Sextus Empiricus führt zweimal in einer doxographischen Aufstellung Feuer, Wasser und Erde als die ἀρχαί des Onomakritos ‚in den Orphica‘ an [29]: das kann mit der gesamten doxographischen Tradition vom Peripatos ausgegangen sein. Aristoteles selber stimmte (nach Cicero und Johannes Philoponos) der Ansicht zu, daß Orpheus nicht der Verfasser der Orphica sei, was angesichts der Bedeutung des Dichtertums für Orpheus einer Verneinung seiner Existenz gleichkommt [30]; Alternativen zu Orpheus scheint er

[24] Vgl. Rohde 2, 111 („Begründer der orphischen Sekte in Athen‘), Guthrie Orph. 115 („the probability that O. was one of the founders of the (Orphic) movement“); vgl. Kern RE 1287. Nilsson Op. 2, 648. Guépin 227 ff., 317 ff. E. Simon, EAA 4, 1007; zurückhaltend F. Stoessl, Onomakritos, RE 18, 491 ff. Jeanmaire 392, ablehnend Linforth 350 ff. Eine Doxographie zur Rolle des Onomakritos in der Genese des orphischen Zerreißungsmythos (seit Paus. 8, 37, 5 [T 194]', aufgenommen Lobeck 1, 698) bei Fauth 2282 f., vgl. Burkert WuW 107 Anm. 63; K. Kerényi, in: Mythos. Scripta in honorem M. Untersteiner, Genua 1970, 171 ff. – Einen Herakleshymnus, der Quelle für Hom. Od. 11, 602/4 und Hes. frg. 25 geworden sei, schreibt ihm Schwartz 495 ff. (neben der Edition von Orpheus und Musaios) zu.

[25] F. Ritschl, Onomakritos von Athen, Opuscula philologica, 1, Leipzig 1866, 238; eine Replik gibt K. Kerényi l. c.

[26] Hdt. 7, 6 (T 182). Tatian. adv. Graec. 41 (Clem. Strom. 1, 131, 1. Euseb. praep. ev. 10, 11, 30) (T 183, wo auch die wahrscheinliche Verbesserung von Ol. 50 und Ol. 55). Tzetz. in Aristoph. prooem. περὶ κωμωιδίας (T 189).

[27] Hdt. l. c., vgl. Plut. de Pyth. or. 25, 407 B (T 185). Euseb. l. c. Suid. s. v. Ὀρφεύς (T 184). Vgl. G. Privitera, Laso di Ermione, Rom 1965, 47 f.

[28] Hdt. 7, 6, 4.

[29] Sext. Emp. Pyrrhon. hyp. 3, 30. adv. math. 9, 361 (T 191).

[30] Aristot. frg. 7 (Philopon. in Aristot. de anima 1, 5, 410 B 27) (T 188). Cic.

freilich nicht gegeben zu haben. Cicero schlägt den Pythagoreer Kerkops vor, Onomakritos wird von Philoponos genannt [31]; mit ihm stimmen Tatian, Clemens und Eusebios überein [32]. Die restlichen Zitate
aus Schriften des Onomakritos sind alle durch Pausanias überliefert,
der anderseits außer den Hymnen keine Werke des Orpheus als echt
anerkennt [33]: I. M. Linforth hat daraus geschlossen, daß der Perihe-
get in der Meinung, der wahre Verfasser der Orpheus vindizierten Schriften sei Onomakritos, jeweils diesen nenne, wenn ihm in Wirklichkeit
unter dem Namen des Orpheus überlieferte Gedichte vorlägen [34]:
ließe sich trotz Aristoteles' Schweigen die Nennung des Onomakritos
nach Sextus in peripatetische Tradition einfügen, so gewänne diese
Hypothese an Wahrscheinlichkeit. Aristoteles hatte seine Ansicht als
Beitrag zu einer Diskussion um die Authentizität der dem Orpheus
zugeschriebenen Werke ausgesprochen, welche wohl schon seit Herodot, sicher seit Ion von Chios faßbar ist [35]; bemerkenswert und wohl

ND 1, 107 (T 13). So läßt sich die Nachricht bei Cic. („Orpheum poetam . . .
numquam fuisse"; der Kontext schließt eine Ablehnung allein des Dichtertums
von Orpheus aus) mit der bei Philopon. (μὴ δοκεῖ Ὀρφέως εἶναι τὰ ἔπη) vereinen, vgl. Linforth 163. Guthrie Orph. 58 f. Pease ND 1, 489 f. – Daß Aristoteles nur die Zuschreibung von Gedichten, nicht die Existenz des Orpheus
anfechte, nehmen Gruppe RL 1060. Ziegler Orph. 1213. Böhme 461 Anm. 1
zu S. 198 (nach Lagrange 38) an.

31 Daß sowohl Cic. wie Philopon. für die Alternative zu Orpheus auf eine
   andere Tradition ausgreifen müssen (φασί Philopon. [so mit den codd., φησί
   Trinc. Lobeck 1, 348. Rose. Ziegler, Orph. 1213, vgl. Guthrie, Orph. 59]
   ferunt Cic.), daß zudem der Name des Onomakritos, hätte er bei Aristot. gestanden (so Gruppe RL 1060. 1062. Ziegler Orph. 1213. Moulinier 36), viel
   häufiger genannt würde (Rathmann 22) – die moderne Literatur täuscht hier –
   erlaubt wohl den Schluß, daß Onomakritos bei Aristoteles nicht vorkam.

32 11. cc. Anm. 26.

33 Paus. 1, 22, 7. 8, 31, 3. 37, 5. 9, 35, 5 (T 192–195); die Zuschreibung der Hymnen 9, 27, 2 (F 305). 9, 30, 12 (F 304). Vgl. demgegenüber 1, 14, 3 (F 51).
   1, 37, 4 (T 219), ebenso die Skepsis der Orpheuslegende gegenüber 3, 14, 5
   (T 108). 9, 30, 4 (ohne aber die Existenz des Orpheus anzuzweifeln, 9, 30,
   5 ff.).

34 Linforth 350 ff., vgl. Dodds 155; demgegenüber aber Guthrie Orph. 107.
   Guépin 228.

35 Hdt. 2, 53, 3 (vgl. 2, 81: τοῖσι Ὀρφικοῖσι καλεομένοισι [T 216; vgl. oben
   III 1 Anm. 60] stimmt zu Aristot. de anima 1, 5, 410 B 28 [F 27]. de gener.

im Sinne der oben festgestellten weitgehenden Identität von Orphik und Pythagoreertum aufzufassen ist, daß außer Onomakritos nur Pythagoreer als Alternativen genannt sind [36]. Onomakritos' Name ist also Hypothese unter Hypothesen, deren Wert vielleicht aus dem Schweigen des Aristoteles ermessen werden kann. Freilich wäre zu überlegen, ob die schon Herodot bekannte Fälschung von Musaiosorakeln ausreichte, um Onomakritos in den Augen antiker Gelehrter als Verfasser der Orphica möglich zu machen [37], oder ob nicht doch uns nicht mehr faßbare Nachrichten über einen Anteil des Onomakritos an der Entstehung einer attischen Orphik dahinterstehen [38].

Man wird jedenfalls gut daran tun, der Rolle des Onomakritos gegenüber zurückhaltend zu sein. Von größerer Wichtigkeit ist demgegenüber, daß sich als Werk jener eleusinisch-orphischen Jenseitsdichtung, die wir verfolgen, eine Herakleskatabase vielleicht schon des späteren sechsten Jahrhunderts wahrscheinlich machen läßt. Freilich konnte nur das, was sich bei Aristophanes fand, mit einiger Sicherheit auf diese Katabase zurückgeführt werden. Dasselbe für die andern Nennungen der orphisch-eleusinischen Eschatologie, insbesondere bei Platon und im ‚Axiochos', zu leisten, ist durch die spärliche Überlieferung verunmöglicht. Es kann nicht einmal mit Sicherheit vorausgesetzt werden, daß überall eine Katabase zugrundelag: „Orphicorum

an. 2, 1, 734 A 19 [F 26]. Paus. 1, 37, 4 [T 219]ᵎ). Ion von Chios VS 36 B 2 (T 248). Epigenes ap. Clem. Strom. 1, 131, 5 (T 222) (4. Jh. nach West 214 Anm. 4) sind die frühen Zeugnisse; vgl. Lobeck 1, 347 ff. Linforth 155 ff. Burkert WuW 106 f.

36 Pythagoras nach Ion l. c., Kerkops nach Epigenes l. c. Cic. ND 1, 107 (T 13; s. Anm. 30); vgl. Linforth 164, der vermutet, Onomakritos sei erst nach Cicero ins Gespräch gekommen.

37 Vgl. Harrison 472 („If Onomacritus interpolated oracles into the poems of Musaios, why should he spare Orpheus?"). Wilamowitz GdH 2, 198 Anm. 1 („Onomakritos ... war nun einmal ein Fälscher und lebte in Athen").

38 Außerhalb der Betrachtung liegen natürlich so die nur von der Suda bezeugten Τελεταί des Onomakritos (Kern Orph. frg. S. 315 ff.), von der älteren Forschung gern als Hauptwerk des Onomakritos beansprucht (vgl. z. B. Rohde 2, 112 Anm. 3, besonders aber die Arbeit von Krüger, der versuchte, den Inhalt dieses Werks zu bestimmen; vgl. dazu F. Stoessl, Onomakritos, RE 18, 492 f.), vgl. Nilsson Op. 2, 646.

de Inferis doctrina", mußte schon Kern feststellen [39], „praeterea in multis aliis scriptis tractata erat."

---

[39] Kern Orph. frg. S. 305. – Daß wir berechtigt sind, Kerns Orphici in unserem Sinne als die Verfasser der unter den Namen von Orpheus, Musaios und Eumolpos umlaufenden Literatur zu verstehen, zeigt die Fortsetzung des zitierten Satzes, in dem auf F 4/5 (Pl. rep. 2, 363 CD. Phd. 69 C) hingewiesen wird.

IV. Die orphischen Demeter- und Koregedichte

§ 1 Die Fragmente. Maltens Rekonstruktion

Orpheus, so berichtet der unbekannte Chronist des Marmor Parium, habe ein Gedicht verfaßt über den Raub der Kore, Demeters Suchen und die Verteilung des Getreides an die Menschen; da er diese Nachricht auf jene folgen läßt, welche die Einführung des Getreidebaues in Athen berichtet, ist Orpheus' Gedicht für ihn eine Art Chronik eben dieser Ereignisse gewesen [1]. Musaios hat nach Pausanias einen Demeterhymnus für die Lykomiden verfaßt [2]. Eumolpos soll, nach einer hellenistischen Nachricht, ein Epos von dreitausend Versen über Demeters Ankunft bei Keleos und die Übergabe der Mysterien an dessen Töchter geschrieben haben [3]. Demetergedichte, so scheint es, sind in der uns beschäftigenden Dichtung nicht unbeliebt gewesen, was bei ihrer Beziehung zum eleusinischen Kult auch nicht erstaunt. Und gerade aus der Betrachtung der Demetergedichte des Orpheus wurde die Hypothese gewonnen, daß sich ,die orphische Tradition vielfach besonders treu an die Kulttatsachen von Eleusis' halte [4].

Die folgende Untersuchung will diese Hypothese überprüfen. Es sollen, nach einer Rekonstruktion der vorhellenistischen orphischen Demetertradition, die Unterschiede zwischen dem homerischen Demeterhymnus und dieser orphischen Tradition herausgestellt werden, und es soll gefragt werden, ob sich diese Unterschiede durch eine engere Anlehnung der orphischen Dichtung an den eleusinischen Kult erklären lassen.

[1] MPar FGrHist 239 ep. 14 (T 221), vgl. unten S. 161. – Vgl. Orph. Arg. 26, 1195 ff.
[2] Paus. 4, 1, 5 (VS 2 B 20).
[3] Suid. s. v. Εὔμολπος (oben I 2 Anm. 78); vgl. zu einer verwandten parischen Lokalsage Apollod. FGrHist 244 frg. 89.
[4] Wehrli, ARW 31, 80. – Vgl. schon R. Förster, Raub und Rückkehr der Kore, Stuttgart 1874, 40: der orphische Demeterhymnus sei eine ,Frucht jenes orphischen Einflusses auf die Eleusinien'.

Das Kardinalproblem stellt dabei die Rekonstruktion der orphischen Demeterdichtung dar. Der Demetermythos hatte gerade in Attika sehr zahlreiche Ausgestaltungen erfahren [5]; welche der erhaltenen Fragmente solcher Dichtungen orphisch seien, ist oft schwer zu entscheiden [6]. Außerdem präsentiert sich die orphische Tradition selber nicht einheitlich [7]; wir müssen wohl verschiedene Gedichte ansetzen, deren jeweilige Überlieferung zudem sehr im Fluß war (‚still wilder‘ als die wilde Homerüberlieferung, sagt Nilsson [8]). Es können also nur sehr spezifische Einzelheiten zur Bestimmung verschiedener Überlieferungsstränge innerhalb der orphischen Demetertradition herangezogen werden, und ein synchronischer Schnitt durch einen solchen Überlieferungsstrang, was einem einzelnen Gedicht entspräche, wird kaum jemals möglich sein.

Dazu kommt, daß die wirklich in Frage kommenden Fragmente wenig zahlreich sind. In der Sammlung von Abel, der alle nur immer erreichbaren Nachrichten einarbeitete, umfassen sie elf Nummern [9]; daß Lobeck denselben Fragmenten sechzehn Seiten widmen konnte,

---

[5] Zur Verbreitung solcher Gedichte vgl. Menand. de gen. demonstr. 6 (Bd. 3 S. 338 Spengel). Lucian. de salt. 40. IG XII 1, 780 f. 783. – Nicht weiter faßbare Versionen – damit sind der Hymnus des Philikos, Anth. Lyr. II² 6, 158 ff. Diehl und Nonn. Dion. 19, 83 ff. ausgeklammert –: Panyassis frg. 24 (vielleicht reflektiert bei Hygin. fab. 147, vgl. R. Rapetti, PP 21, 1966, 131 ff., wenn auch kaum die ganze fab. 147 allein von Panyassis abhängen wird); – Nicand. frg. 56 Schneider (aus Anton. Lib. 24). Lact. Placid. ad Stat. Th. 2, 382. Cornut. theol. 28. Et. Mag. s. v. Κορύβαντες. – Vgl. L. Preller, Demeter und Persephone, Hamburg 1837, 106 Anm. 71. Baumeister, Hymni Homerici, 1860, 280 (zit. bei Böhme 409 Anm. 3 zu S. 102). O. Kern, Keleos, RE 11, 139 f.

[6] So scheint mir etwa die Aufnahme von Schol. Aristid. panath. 105, 11 (S. 53 Dindorf) als Orph. frg. 51 ungerechtfertigt; zu den Nachrichten über Eubuleus bei Clem. protr. 2, 17, 1 (F 50) und Schol. Lucian. dial. meretr. 2, 1 (S. 275 Rabe) (unter F 50 als Verweis aufgenommen) s. unten.

[7] Die von Kern Orph. frg. S. 116 (vgl. Ziegler OrphDicht 1395 ff.) aufgestellte Liste von vier orphischen Fassungen des Koreraubgedichtes stellt also wohl eine Minimalforderung dar. – Was für ein Gedicht Kallimachos frg. 466 vorgelegen hat, ist unklar, R. Pfeiffer ad loc. hält Benützung eines orphischen für nicht ausgeschlossen.

[8] Nilsson Op. 2, 631 (im Hinblick auf die ganze orphische Überlieferung).

[9] Frgg. 209–219 Abel (Κόρης ἁρπαγή).

wird allein den in ihnen steckenden Schwierigkeiten verdankt [10]. Auf
derselben Basis hatte R. Förster seinen Rekonstruktionsversuch auf-
gebaut [11]; und erst zu Beginn dieses Jahrhunderts erfuhr unser Wissen
einen beträchtlichen Zuwachs durch einen Papyrus der Berliner Sammlung mit den Resten eines Demetergedichtes aus dem ersten vorchristlichen Jahrhundert [12]. Auf seine Publikation reagierte die Fachwelt mit
verschiedenen Rekonstruktionsversuchen des vorliegenden Textes und
des ihm zugrundeliegenden Gedichtes von Orpheus [13], deren wichtig-
ster derjenige von L. Malten über ‚Die altorphische Demetersage‘
war [14]. Ausgehend davon, daß durch den Papyrus das von Kern ausgesprochene Urteil über die bisher bekannten Fragmente einer orphischen Behandlung des Demeter- und Koremythos – daß nämlich „das
orphische Gedicht vom Koreraub … eines der allerspätesten Erzeug-
nisse orphischer Poesie" sei [15] – widerlegt werde, rekonstruierte er ein
altorphisches Lied vom Raub der Kore, dessen erste Spuren er auf
einer Darstellung am Amykläischen Thron und im vierten Stasimon
der Euripideischen ‚Helena‘ (1301 ff.) zu sehen glaubte und dessen
Hauptverdienst die Umformung des eleusinischen Heros Triptolemos
zum Verbreiter des Getreidebaus gewesen sei. Diese Maltensche Rekonstruktion fand weithin Anklang, und Guthrie in seiner Monogra-

10 Lobeck 2, 818 ff. (die Kapitel ‚De Baubo et Cerere‘ und ‚De raptu Proser-
   pinae‘).
11 R. Förster, op. cit. 39 ff.
12 BKT 5, Berlin 1907, 7 ff. (PBerol 44), hrsg. von W. Schubart und F. Bücheler
   = F. Bücheler, KlSchr 3, Berlin 1920, 344 ff. = F 49; im Auszug VS 1 B
   15 a. – Die Datierung BKT 5 S. 8, die Rektoseite bereits aus dem 2. Jh. v.
   Chr., Diels BKT ibid.; VS 1 B 15 a wird auch die Versoseite mit dem vorliegenden Gedicht ins 2. Jh. v. Chr. datiert.
13 Die Literatur bis zu Kern Orph. frg. dort S. 119; dazu Wilamowitz GdH
   2, 47 f. A. Krüger, Herm. 73, 1938, 352 ff. Ziegler OrphDicht 1396. Böhme
   101 ff.
14 Malten, ARW 12, 417 ff.
15 O. Kern, AM 16, 1891, 15; demgegenüber hatten schon Abel S. 237 Anm. 1
   und Förster, op. cit. 49 das 6. Jh. postuliert. – An der Spätdatierung des bei
   Clem. protr. 2, 20 f. (F 52) faßbaren Gedichts hält Kern auch Orph. frg.
   S. 116 fest, wogegen sich Ziegler OrphDicht 1397 mit dem Hinweis auf die
   Urtümlichkeit der Baubo (so schon Dieterich KlSchr 127 Anm. 2; Reinach 4,
   116; Wehrli ARW 31, 80; vgl. Böhme 110) wendet – ist aber Obszönität un-
   trügliches Zeichen für hohes Alter?

phie über Orpheus baut eine Behandlung des orphischen Demeter-
gedichtes allein darauf auf; immerhin konnten aber Kern und darnach
Ziegler neben das Maltensche Gedicht drei weitere Versionen des
Mythos stellen [16].

Nun weist freilich die Rekonstruktion Maltens verschiedene Schwä-
chen auf, und schon Wilamowitz hat zu verstehen gegeben, daß er
zwar mit einem orphischen Gedicht spätestens des fünften Jahrhunderts rechne, welches Triptolemos als Getreidebringer dargestellt
habe, daß aber dieses Gedicht scharf zu trennen sei von demjenigen im
Berliner Papyrus [17]; und daß außerdem die Vorlage des Chorliedes in
der ,Helena' attisch, somit unorphisch, sei [18].

Malten baut seine These auf zwei Voraussetzungen auf: daß die
Anwesenheit von Athena und Artemis beim Raub, wie sie sich im
Berliner Papyrus und schon bei Euripides findet, ein kennzeichnendes
Merkmal orphischer Erfindung sei [19], und daß sich das Papyrusgedicht
in den Hauptzügen mit den bei Pausanias und Clemens aufbewahrten
Nachrichten über ein Raubgedicht der Kore decke, wenn es auch nicht
identisch sei mit dem den Späteren vorliegenden Gedicht [20], wodurch
er im Papyrus fehlende Einzelzüge gewinnen kann. Keine der beiden
Voraussetzungen hält einer kritischen Prüfung stand.

Athena und Artemis sind zwar am Koreraub des Berliner Gedichtes
beteiligt [21], doch ist dieses Motiv zu stark verbreitet, als daß es ein
deutliches ,Leitfossil' für die Herkunft aus einem Gedicht des Orpheus
abgeben könnte. Mag ihre Nennung im homerischen Hymnus (424)

---

[16] Kern Orph. frg. S. 116; Ziegler OrphDicht 1395, vgl. Guthrie Orph. 134 f.
Schwenn 223. Guépin 126. – Böhme baut auf der Maltenschen These seine
Hypothesen auf, vgl. 411 Anm. 5 zu S. 106.

[17] Wilamowitz, GdH 2, 49. – Vgl. aber Schwenn 223. K. Deichgräber, Abh.
Mainz 1950, 6, 523 Anm. 3.

[18] U. von Wilamowitz-Moellendorf, Hellenistische Dichtung, Berlin 1924, 2, 34
Anm. 2.

[19] Malten, ARW 12, 423 ff.

[20] ibid. 428, vgl. aber 442 Anm. 2.

[21] F 49, 40 f. Die Rolle der Göttinnen ist des zerstörten Textes wegen nicht
ganz durchsichtig; A. Ludwich, BphW 1919, 1002 sieht in den schwarzen
Schweinen des Zeus ein Ablenkungsmanöver: die beiden Göttinnen jagen die
Schweine, während Kore weiter Blumen sucht.

interpoliert sein [22], so kann doch weder ihr Vorkommen neben der Trias Demeter-Kore-Pluton in der Darstellung der Himmelfahrt von Hyakinthos und Polyboia auf dem Amykläischen Thron, in welcher nichts auf eine Verbindung mit dem Koreraub deutet [23], noch ihre Nennung als Helferinnen im Chorlied der Euripideischen ‚Helena' (1315 f.), in welchem sich nichts spezifisch orphisch erweist [24], oder bei Diodor (das heißt Timaios), bei Valerius Flaccus, Statius und Claudian [25] (auch wenn bei letzterem vielleicht ein Gedicht des Orpheus

[22] Athetiert von Malten, ARW 12, 423 Anm. 1, gefolgt etwa von P. Maas, Epidaurische Hymnen, Schr. Königsberg 1933, IX 5, 146; gehalten von Allen-Halliday mit dem Hinweis auf die spätere Sage. Kannicht 2, 342 Anm. 30 nimmt die Maltensche Argumentation wieder auf, mit dem überzeugenden Hinweis auf die Funktionslosigkeit des Verses im ganzen Hymnus.

[23] Die bei Paus. 3, 19, 4 gegebene Beschreibung erlaubt die von Malten, ARW 12, 424 f. (vgl. F. Bräuninger, Persephone, RE 19, 953) gegebene Deutung der Darstellung nicht, vgl. Robert, SR III 3, 455 Anm. 1 (vorsichtiger Kannicht 2, 342), ganz zu schweigen von einer orphischen Beeinflussung dieser Darstellung aus dem späten 6. Jh. (vgl. E. Fiechter, JdI 33, 1918, 135), wie sie etwa noch Böhme 411 Anm. 5 zu S. 116 annimmt.

[24] Eine Annäherung von Demeter und Meter (-Kybele) kennt die attische Kultpraxis seit spätestens dem frühen 4. Jh.; das (verlorene) Gesetz des Chairemonides über die Aparche sowie der Zusatz aus 353/2 waren vor dem Metroon aufgestellt, IG II² 140, 34; beim Metroon auf der Agora fand sich ein nach Eleusis weisender Kernos (wohl des späteren 4. Jh., vgl. H. A. Thompson, Hesp. 6, 1937, 208); in der Nähe des Metroon stand der Altar der mit Eleusis verbundenen Heudanemoi (Arrian., anab. 3, 16, 8; vgl. H. Graillot, Le culte de Cybèle, Paris 1912, 504; H. A. Thompson, l. c. 207), umgekehrt stammen aus dem eleusinischen Heiligtum Votivstatuetten an Kybele (vgl. H. Graillot op. cit. 505 und 507 Anm.) eines Typus, der schon im 4. Jh. belegt ist (vgl. die Berliner Kybelevotiva K 107–110, C. Blümel, Katalog der griechischen Skulpturen des fünften und vierten Jahrhunderts [Staatl. Museen zu Berlin, Katalog der Sammlung der Skulpturen III] Berlin 1928, 74 ff.). Literarisch ist die Gleichsetzung im frühen 5. Jh. vollzogen, Pi. I. 7, 3 ff. (Theben), Melanippides frg. 764 PMG; ebenso im Epidaurischen Meterhymnus PMG 935 (Datum unsicher, vgl. Kannicht 2, 330 Anm. 10). Orphisch belegt ist sie zuerst im PDerv. col. 18: sie darf also wohl kaum als spezifisch orphisch angesehen werden. Vgl. Malten, ARW 12, 420 f. Krüger 68 f. Guépin 234 f. Kannicht 2, 329 f.

[25] Timaios FGrHist 566 frg. 164 (Diod. 5, 3, 4). Val. Flacc. Arg. 5, 343 ff. Stat. Achil. 2, 150. Claud. de rapt. 1, 230. 2, 205. Lact. Placid. narr. fab. 5, 6. Hyg. fab. 146.

benutzt wurde [26]) durch den Einfluß einer ,altorphischen' Vorlage erklärt werden. Schon auf dem rotfigurigen, um 430 gemalten Skyphos
mit der Darstellung des Koreraubes, dessen Scherben im heiligen Bezirk von Eleusis gefunden wurden, sind Athena und Artemis in die
Raubhandlung wohl einbezogen [27]; dasselbe gilt für einen bedeutenden
Teil der späteren Darstellungen, angefangen von der unteritalischen
Hydria in New York aus der Zeit um 380 über das eleusinische Giebel-
relief römischer Zeit bis zu den kaiserzeitlichen Sarkophagreliefs [28].
Selbst wenn die Kureten, welche auf der genannten Hydria den Wagen
des Räubers umtanzen, auf ein Gedicht des Orpheus als Vorlage dieses
und zweier verwandter Vasenbilder hinweisen sollten [29], läßt das noch

[26] So E. Bernert, Philol. 93, 1938, 352 ff., nicht immer freilich mit überzeugender
Argumentation: wo Eur. Hel. 1301 ff. als orphisch vorausgesetzt wird, ist der
Ansatzpunkt wacklig; Behauptungen wie 361 „Iakchos, der in der Orphik zu-
hause ist" oder 372 „Pindar aber ist mit der orphischen Lehre sehr vertraut" wirken nicht vertrauenserweckend. Gemeinsam mit Orphischem bleibt
das Weben Kores, ein Zug, der allerdings auch für Timaios l. c. (Diod. 5, 3, 4)
und die parische Demeterlegende (Apollod. FGrHist 244 frg. 89) gesichert ist,
und die mit Diod. 5, 3, 4. Ov. met. 5, 375 f. Stat. Achil. 2, 150. Procl. in Plat.
Crat. 406 B S. 106 Pasquali (zu F 197) gemeinsame Jungfräulichkeit der drei
Göttinnen Kore, Artemis, Athena; einen Hinweis auf orphische Vorlagen
stellt vielleicht der Hymnus auf Orpheus, de rapt. 2, prol. dar.
[27] Jetzt im Museum von Eleusis, Nr. 1244, vgl. ARV² 647. Publ. von P. Hartwig,
AM 21, 1896, 377 ff. T. 12, bibliogr. bei Metzger, Rech. 11, der mit Hartwig
daran zweifelt, ob Athena dargestellt war. Doch schon Robert, SR III 3, 454 f.
identifizierte Athena an einem Lanzenrest; Kannicht 2, 342 bestätigt diese
Interpretation aufgrund einer neuen, noch unpublizierten Aufstellung der
Vase.
[28] Die unteritalischen Darstellungen des Koreraubs sind zusammengestellt bei
Schauenburg, JdI 73, 48 ff., die Sarkophagreliefs bei Robert SR III 3, 450 ff.,
der auch die wichtigsten plastischen Darstellungen später Zeit ibid. 453 f. anführt; vgl. auch F. Bräuninger, Persephone, RE 19, 956 ff.
[29] Hydria New York 07. 128. 1, abg. G. M. A. Richter, A handbook to the
Metropolitan Museum, New York, ²1953, T. 96 f., vgl. Schauenburg, JdI 73,
58. - Krater aus Basilicata im Louvre, abg. bei G. Hafner, Viergespanne in
Vorderansicht, Berlin 1938, T. 3, vgl. K. Schauenburg, Helios, Diss. Berlin
1955, 43 f. - Wohl Korybanten sind anwesend auf der stark zerstörten Raub-
darstellung des Volutenkraters Neapel 3256, abg. bei C. Robert, HWPr 18,
1895, 36 Anm. 47; vgl. K. Schauenburg, op. cit. 42 (mit Anm. 373 S. 74). id.,
JdI 73, 1958, 57. 59.

keine Rückschlüsse auf die Herkunft von Athena zu, die vielleicht auf zweien dieser Bilder Kore beisteht [30]. Natürlich schließt all das nicht aus, daß Athena und Artemis zum erstenmal in einem Gedicht des Orpheus Kore beim Blumenpflücken halfen; es genügt nur nicht zum Beweis: ein Vorkommen von Athena und Artemis beim Koreraub ist kein sicherer Hinweis auf orphische Erfindung.

Das Berliner Papyrusgedicht aber unterscheidet sich schon durch den dargestellten Handlungsabschnitt von der durch Pausanias und Clemens erhaltenen Überlieferung, indem es besonders den Raub der Kore und die Ammendienste Demeters in Eleusis beschreibt, während die später überlieferten Fragmente – soweit die bruchstückhafte Überlieferung solche Schlüsse zuläßt – die Demophonepisode gar nicht kennen, vielmehr Triptolemos und die Einführung des Getreides hervorheben; auch spielt mindestens die Fassung, die Clemens kennt, unter Hirten, das Papyrusgedicht aber an einem Königshof. Dieses steht darin und in der Handlungsauswahl, besonders in der Betonung der Demophonepisode, dem homerischen Demeterhymnus nahe, auch wenn das Eingreifen der Mutter für Demophon nicht bloß Verweigerung der Unsterblichkeit, sondern den sofortigen Tod zur Folge hat. Auch das übrige Personal ist in engem Anschluß an den homerischen Hymnus eingeführt: wir finden drei der vier Keleostöchter (allerdings Damoanassa anstatt Demo), wir finden Keleos selber wieder. Zur orphischen Überlieferung gehört immerhin der Name der Königin, Baubo [31] – diese kann bis ins vierte Jahrhundert zurückverfolgt werden. Da jedoch die Erzählung als Ganzes singulär ist, somit als Zeug-

---

[30] Sicher ist Athena auf der New Yorker Hydria 07.128.1, aufgrund dieser Darstellung erschlossen auf dem Neapeler Krater 3256, Schauenburg JdI 73, 59 (wie schon C. Robert, l. c. 36 Anm. 47), während W. Amelung, RM 13, 1898, 100. O. Walter, OeJh 31, 1939, 79 hier einen weiteren Kureten sahen. – Orphischen Ursprung vertritt K. Schauenburg, Helios (s. die vorige Anm.) 44, nach F 151. 191. 195, ihm stimmt C. Clairmont, Gn 29, 1957, 226 bei. Doch sind die Korybanten spätestens im späten 5. Jh. mit Kybele verbunden, Eur. Bacch. 125. Danais frg. 3, vgl. F. Schwenn, Korybanten, RE 11, 1445, und können über die Einbeziehung der Kybele in den Koreraubmythos (Eur. Hel. 1301 ff. Mel. adesp. 935 PMG) leicht eine Rolle beim Raub spielen, ohne daß orphische Dichtung dahinter stehen muß.

[31] Siehe unten IV 2 und den Exkurs III.

nis des ersten Jahrhunderts vor Christus zu gelten hat[32], muß sie außerhalb unserer Betrachtung bleiben.

§ 2 *Das Gedicht von Demeters Einkehr in Eleusis*

Bei der Erwähnung des Triptolemosbildes im Tempel über der Enneakrounos, dem Eleusinion, erzählt Pausanias eine bemerkenswerte argivische Lokalsage[1]. Demeter, so sagten die Argiver, sei auf der Suche nach ihrer geraubten Tochter in Argos von Pelasgos aufgenommen worden; Chrysanthis habe der Göttin den Räuber ihrer Tochter nennen können. Später sei der Hierophant Trochilos vor Agenor nach Attika geflohen, habe eine Eleusinierin geheiratet und mit ihr die Söhne Eubuleus und Triptolemos gezeugt: diese Sage solle den argivischen Anspruch, zuerst die ‚Gaben der Götter' erhalten zu haben, belegen. Worin diese Gaben bestanden, kann man erschließen: wenn Pausanias im folgenden dem argivischen Mythos den attischen von der ersten Aussaat durch Triptolemos gegenüberstellt, führt das auf das Getreide, der Hierophant Trochilos aber legt die Mysterien nahe[2]. Ist aber die Sage in Argos wirklich als Konkurrenzmythos zu attischen Ansprüchen entstanden, müssen in diesen die beiden Gaben von Getreidebau und Mysterien und in diesem Zusammenhang das Bruderpaar Eubuleus und Triptolemos eine bedeutende Rolle gespielt haben.

---

[32] Wieviel älter das dahinterstehende Gedicht ist, bleibt offen; VS 1 S. 13 wird es als Hymnus des Orpheus für die Lykomiden angesehen, vgl. Paus. 9, 27, 2, eine leider nicht zu verifizierende Hypothese, vgl. Allen-Halliday 110.

[1] Paus. 1, 14, 2. – Zur Topographie Travlos 204, vgl. Abb. 5. – Agenor, nach argivischer Überlieferung jüngerer Bruder des Pelasgos (Hellanikos FGrHist 4 frg. 36. Hyg. fab. 145), ist aus Gründen des Synchronismus erwähnt. Fest steht seine Vaterschaft gegenüber Kadmos (vgl. K. Latte, Kadmos, RE 10, 1461 f.), welcher in den meisten Chronologien zur Zeit von Pandion I, dem Vater des Erechtheus, angesetzt wird (vgl. Jacoby MPar 138 f.); Trochilos floh demnach zwei Generationen vor Erechtheus nach Athen, sein Sohn Triptolemos lebte unter Pandion (so Eus. chron. 1, 184, 30, vgl. Apollod. 3, 14, 7 [3, 191]); unter Erechtheus nach Diod. 1, 29, 3. Iustin. 2, 6, 12. Vgl. Jacoby MPar 141).

[2] Mindestens wird nur so verständlich, wieso gerade der Hierophant floh und eine Eleusinierin heiratete. Merkwürdig ist, daß er einen Vogelnamen (Τρόχιλος ist der Regenpfeifer) trägt wie der Eleusinier Κέλεος, der Specht.

Der attisch-eleusinische Anspruch darauf, Heimat des Getreidebaues und der Mysterien zu sein, ist seit dem späteren fünften Jahrhundert faßbar [3]. Mit Eubuleus und Triptolemos aber wird er allein in
einem von Pausanias in der Folge resümierten Gedicht des Orpheus
verbunden. Die beiden Brüder, Söhne des Dysaules, hätten Demeter
über den Verbleib der Tochter Auskunft geben können: zur Belohnung
hätte die Göttin sie das Säen des Getreides gelehrt [4]. Das entspricht
der Chrysanthis-Episode des argivischen Mythos. Von den Mysterien
freilich ist nicht die Rede, obwohl doch die argivische Sage auch für sie
die Priorität beanspruchte – allerdings geht es Pausanias in seinem
Referat allein um die Gestalt des Triptolemos, nicht um die Einführung der Mysterien.

Dysaules ist nicht erst bei Pausanias bezeugt. Im Umkreis des frühen Peripatos kennt ihn Palaiphatos in einer Rolle, welche derjenigen
des Keleos im homerischen Hymnus entspricht: er habe Demeter ‚zusammen mit seiner Frau' empfangen [5]. Den Namen der Frau nennt wohl
Asklepiades von Tragilos, wenn er von den Autochthonen Dysaules
und Baubo, den Eltern von Protonoe und Mise, spricht [6]. Daß dies
Autochthonentum nach Eleusis gehört, berichten der von Hippolytos
ausgeschriebene Naassener, welcher Dysaules, und Clemens von Alex-
andrien, der Baubo und Dysaules als Ureinwohner von Eleusis bezeichnet [7], und nach Eleusis verwiesen wird Dysaules schon durch die Nennung in einer Rede eleusinischer Thematik des Deinarchos [8]. So wird
der Mythos von den eleusinischen Autochthonen Dysaules und Baubo,
welche Demeter aufgenommen hätten – auch darin stimmt der argivische Mythos dazu, indem dort Demeter vom Autochthonen Pelasgos

---

[3] Seit dem Aparchedekret IG I² 76 = LSCG 5; zur Datierung oben I 3
    Anm. 89.

[4] Paus. 1, 14, 3.

[5] Palaiphatos FGrHist 44 frg. 1.

[6] Asklepiades FGrHist 12 frg. 4. – Überliefert ist Νίοη, die Emendation stammt
    von Müller FGH 2, 339, sie wird allgemein anerkannt (vgl. Nilsson GGrR
    1, 657 Anm. 2).

[7] Hipp. ref. 5, 7, 4 mit der Konjektur von Wilamowitz für überliefertes δίαυλον,
    was in diesem Kontext ohne Parallelen ist (vgl. P. G. Schneidewin, Philol. 1,
    1846, 429). – Clem. prot. 2, 20, 2.

[8] Deinarchos Or. Att. 2 S. 334, 2 Baiter-Sauppe; vgl. Foucart 218 f. Schwenn
    224.

empfangen wird[9] – schon im späteren vierten Jahrhundert faßbar. Pausanias stellt ihn unter den Namen des Orpheus, für Clemens ist er ebenfalls eng mit der Dichtung des Orpheus verbunden: um die Authentizität des von Baubo erzählten Mythos zu beweisen, zitiert er Verse des Thrakers[10]; und auch Mise weist in die Orphik[11]. So erscheint es wahrscheinlich, daß die von Pausanias angeführte Sagenversion in etwa derselben Form bereits im vierten Jahrhundert unter dem Namen des Orpheus bekannt war[12] – eine Version, welche Grundlage einer argivischen Konkurrenzfassung wurde, die man sich am ehesten auch schon im vierten Jahrhundert entstanden denkt[13].

Dysaules, das hat L. Preller erkannt[14], ist ein sprechender Name: er bezeichnet ‚den Mann mit der armen Hürde'[15], der schlechten Hofstatt. Er ist der Ureinwohner von Eleusis aus der Zeit vor der Einführung des Getreidebaus, als die Menschen sich von Eicheln, wenn nicht gar von Menschen ernährten[16]. Erst Demeter stiftete die Kultur.

So deutet schon der Name des Dysaules darauf, daß in dem Gedicht des Orpheus die Kulturstiftung eine Rolle spielte. Nun nennt

---

9 Pelasgos als Autochthone bei Hes. frg. 160 (freilich der arkadische, vgl. frgg. 161/2); als Sohn von Zeus und Niobe und Bruder des Argos bei Akusilaos FGrHist 2 frg. 25; als Urenkel des Argos, Sohn des Triopas Paus. 2, 22, 1: hier wird er als Erbauer des Heiligtums der Demeter Pelasgis mit der Göttin zusammengestellt.

10 Orph. frg. 52 (Clem. protr. 2, 21, 1).

11 Dieterich KlSchr 125 ff. (= Philol. 52, 1893, 1 ff.); vgl. L. Bloch, Philol. 52, 1893, 577 ff.; ders., RL 2, 3023 .; Gruppe GrMyth 2, 1437 Anm. 2; Guthrie Orph. 135 f.; Nilsson GGrR 1, 657 Anm. 2; W. Fauth, Mise, KlP 3, 1346 f.

12 Vgl. aber Dieterich KlSchr 126, der die bei Asklepiades FGrHist 12 frg. 4 faßbare Tradition als attisch-eleusinisch bezeichnet, Jacoby FGrHist I²a 485 (zu Asklepiades ad loc.), der zu orphisch ein Fragezeichen setzt.

13 Zur Existenz einer argivischen Historiographie im 4. Jh. vgl. Jacoby Atthis 59; die Entstehung der Konkurrenzsage zur Blütezeit der attischen Historiographie liegt jedenfalls nahe.

14 L. Preller, Demeter und Persephone, Hamburg 1837, 135; vgl. O. Kern, Dysaules, RE 5, 1889.

15 Malten, ARW 12, 431 nach L. Preller l. c.; P. Kretschmer, Glotta 12, 1923, 52 Anm. 1. – Andere Etymologien bei Malten, ARW 12, 430 mit Anm. 5, dazu Cook 2, 131 Anm. 6 (‚He of the sorry Resting Place': eine Form des Totenherrschers).

16 Urkannibalismus oben I 3 Anm. 66; Eichelessen im Rahmen des Demetermythos Ov. fast. 4, 509. Claud. rapt. 3, 44.

Sextus Empiricus ein kulturtheoretisches Gedicht des Orpheus [17], aus welchem er zwei Verse zitiert; sie beschreiben die menschliche Urzeit in Ausdrücken, deren Herkunft aus sophistischer Kulturtheorie oben berührt wurde:

ἦν χρόνος ἡνίκα φῶτες ἀπ' ἀλλήλων βίον εἶχον
σαρκοδακῆ, κρείσσων δὲ τὸν ἥττονα φῶτα δάιζεν.

Zur Beendigung dieser Mühsal, paraphrasiert Sextus weiter, sandte ,der Gott' die θεσμοφόροι θεαί, hinter welcher Bezeichnung man unschwer Demeter und Kore erkennt [18]; als ihre Gaben werden Getreide und Gesetze genannt, von den Mysterien ist wie im Referat des Pausanias nicht die Rede. Daß außerdem die Kulturstiftung durch das Getreide, welche dem Kannibalismus ein Ende setzte, sehr wichtig war, lassen die erhaltenen Verse, wohl die beiden Eingangsverse, vermuten [19].

Kann bisher das Fehlen der Mysterien immer mit einem unvollständigen Referat erklärt werden, so kreist jenes Gedicht, welches der Verfasser der parischen Marmorchronik anführt, scheinbar eindeutig und unumstößlich allein um die Stiftung des Getreidebaus: nach der Erzählung von Demeters Einkehr in Eleusis, der ersten Aussaat, ersten Feier der Proerosien und ersten Ernte durch Triptolemos berichtet er davon, daß „Orpheus ... sein Gedicht veröffentlichte über den Raub der Kore, Demeters Suchen, das von ihr geschaffene Getreide und die Menge derer, welche das Korn erhielten" [20]. Von einer Stiftung der

---

[17] Sext. adv. math. 2, 31 f. (Orph. frg. 292), vgl. 9, 15, wo dieselben zwei Verse unter dem Namen des Orpheus zitiert werden.

[18] Δημήτηρ θεσμοφόρος Hdt. 6, 91, 2; Κόρη θ. Pi. frg. 37; τὼ θεσμοφόρω Ar. Thesm. 83 etc., αἱ θεσμοφόροι Plut. Dio 56, 982 E. – θεσμοφόρω und metrisch gleichwertige Formen gehen in den Hexameter, wenn das Wort auch bei Sext. in der Paraphrase vorkommt.

[19] „Es war einmal ..."; vgl. als besonders bezeichnend den Anfang des Protagorasmythos, Plat. Prot 320 C (Kern Orph. frg. S. 304). – Freilich hebt Sext. adv. math. 2, 32 besonders die Gesetze hervor, was aber Tendenz sein kann: er zitiert Orpheus zur Rechtfertigung der Gesetze, und die Formulierung legt nahe, daß er einen ihm nicht passenden Anspruch zurückweist.

[20] MPar FGrHist 239 ep. 14 [ἀφ'οὗ 'Ορφεὺς ...] ... [τ]ὴ[ν ἑ]αυτοῦ πο⟨ί⟩ησιν ἐξέθηκε, Κόρης τε ἁρπαγὴν καὶ Δήμητρος ζήτησιν καὶ τὸν αὐτου[ργηθέντα ὑπ' αὐτῆς σπόρον καὶ το πλῆ]ᾖθος τῶν ὑποδεξαμένων τὸν καρπόν ... Zu den Ergänzungen siehe oben I 2 Anm. 88.

Mysterien kann nicht die Rede sein [21]: erst in der folgenden Epoche wird berichtet, daß Eumolpos die erste Mysterienfeier abhielt.

Die beiden von Sextus zitierten Verse des Orpheus lassen sich nicht genau datieren, können aber ohne Weiteres ins fünfte Jahrhundert zurückgehen [22]. Ein solches Datum legen die Anklänge an sophistisches Denken zumindest nahe; sie lassen sich noch um einen Zug vermehren: nach Sextus geschieht das Eingreifen der Göttinnen auf Veranlassung ‚des Gottes‘, wohl des Zeus, zur Rettung der Menschheit – wie im Mythos des Protagoras „Zeus in der Angst, daß unser Geschlecht völlig zugrunde gehe" [23], Hermes mit αἰδώς und δίκη sendet [24]. Man hat zudem im ‚Sisyphos‘ des Kritias Anklänge an die beiden Hexameter festzustellen gemeint [25], was einen terminus ante quem in der zweiten Hälfte des fünften Jahrhunderts ergäbe; freilich müßte es sich dabei um ein nicht unbedeutendes Gedicht gehandelt haben, ansonsten eine Abhängigkeit des anonymen Epikers von Kritias wahrscheinlicher wäre [26].

Das in Umrissen in der Paraphrase des Sextus erkennbare Gedicht stimmt nun nicht übel zu dem von Pausanias skizzierten; daß wir uns dieses nicht unbedeutend vorstellen dürfen, zeigt die argivische Konkurrenzfassung. Ebenso wird man jenes Werk des Orpheus dazustellen, welches dem Verfasser der parischen Chronik und schon der von ihm benutzten Atthis [27] vorlag [28]. In allen drei Referaten wird von

---

[21] „Von Mysterien nichts" Wilamowitz GdH 2, 49.

[22] Vgl. E. Norden, Agnostos Theos, Berlin/Leipzig 1923, 371 Anm. 2, der ihre Herkunft ‚aus der alten orphischen Theogonie‘ und Benutzung durch die ältere Sophistik vermutet; die Zuweisung an die orphische Theogoniedichtung ist aber unverbindlich; es wird zu zeigen sein, daß sich die hier faßbare Demetertradition von sonst Orphischem unterscheidet.

[23] Plat. Prot. 322 C Ζεὺς οὖν δείσας περὶ τῶι γένει ἡμῶν μὴ ἀπόλοιτο πᾶν ...

[24] Plat. Prot. 322 A/D.

[25] Kritias frg. 1 (= VS 88 B 25 = TrGF 43 frg. 19), 1 ff., die Verbindung mit Sextus Maass 77; E. Norden, op. cit. 370 f.; F. Heinimann, Nomos und Physis, Basel 1945, 150 f.; Kern Orph. Frg. S. 303. Gegen die Verbindung wendet sich Rohde 2, 125 Anm. 3.

[26] So B. Snell TrGF S. 180 (zu 43 frg. 19).

[27] Vgl. Jacoby, MPar XII ff.; mehrere Atthiden FGrHist II D 668. Atthis 227 Anm. 5.

[28] Schwenn 225.

einem Gedicht des Orpheus berichtet, in welchem (nach einer Schilderung der voragrarischen Zeit?) von Demeters Einkehr in Eleusis
gehandelt worden ist; Demeters Gabe aber war nicht wie im homerischen Hymnus die Stiftung der Mysterien, sondern die Einführung
des Ackerbaus. Dazu paßt auch, daß Triptolemos und Eubuleus, nach
Pausanias wichtige Handlungsträger im Epos des Orpheus, im eleusinischen Kult besonders mit dem Getreide verbunden zu sein scheinen [29].

Nun haben wir aber im ersten Kapitel bei Aristophanes ein Gedicht
fassen zu können gemeint, in welchem Orpheus von beiden Gaben
der Göttin, von Mysterien und Getreidebau, gehandelt hatte; und
gerade die Beziehung des fraglichen Verses aus den ‚Fröschen‘ auf die
eleusinischen Mysterien wurde durch den unbekannten Redner vom
Ende des vierten Jahrhunderts bestätigt [30]. Noch vor die Zeit der
‚Frösche‘ aber führt wohl, wenn wirklich die Abhängigkeit des ‚Sisyphos‘ von Orpheus zutrifft, das bei Sextus, Pausanias und im Marmor
Parium faßbare Gedicht: haben also im selben Athen etwa gleichzeitig
zwei Gedichte des Orpheus existiert, welche beide in charakteristischer
Weise von sophistischer Kulturtheorie abhängig waren, sich allein
darin merklich unterschieden, daß in dem einen von beiden Gaben der
Göttin, im andern allein von der Gabe des Getreidebaus die Rede
war? Das erscheint wenig wahrscheinlich. Eine einseitige Beschränkung auf das Getreide widerspricht gängiger attischer Tradition, in
der immer von beiden Gaben die Rede ist; und auch die argivische
Konkurrenzsage setzt beide Ansprüche voraus.

Zudem kann im Marmor Parium, dem einzigen Zeugnis, in welchem eindeutig die Einführung des Getreides von derjenigen der
Mysterien getrennt ist, das Gedicht aus Rücksichten auf eine durchgehend stimmige Chronologie nur unvollständig wiedergegeben worden sein. Es wird hier eine Abfolge von Triptolemos über Musaios zu
Eumolpos vorausgesetzt, wobei die letzteren als Vater und Sohn verbunden sind [31]; falls die Mutter des Eumolpos, Deiope, Tochter des

---

[29] Ihnen, zusammen mit Demeter und Kore, Theos und Thea sowie Athena soll
aus der Aparche geopfert werden, IG I² 76 (LSCG 5), 36 ff.
[30] Ar. ran. 1032 und [Demosth.] 25, 11, oben I 3.
[31] MPar FGrHist 239 epp. 12/15.

Triptolemos, auch hier vorausgesetzt ist [32], entsprechen der Abfolge von Triptolemos zu Eumolpos, von der zwölften bis zur fünfzehnten Epoche, drei Generationen. In der Tradition fest vorgegeben ist dabei die Verbindung des Triptolemos mit Demeters Einkehr einerseits, diejenige des Eumolpos mit den Mysterien, deren erster Hierophant er war [33], anderseits: tritt dazu die zeitliche Differenzierung von Musaios und Eumolpos als Vater und Sohn, von Orpheus und Musaios als Lehrer und Schüler, so kann Orpheus gar nicht über die Mysterien gehandelt haben, da sie zu seiner vorgeblichen Lebenszeit nicht existierten.

So kann zur Vermeidung chronologischer Unstimmigkeiten das Gedicht des Orpheus nur unvollständig wiedergegeben worden sein. Voraussetzung dafür ist allerdings, daß dieses Gedicht innerhalb der attischen Demetermythologie einen derart wichtigen Platz eingenommen hätte, daß eine Berücksichtigung anderer, besser in die Chronologie passender Überlieferungen ausgeschlossen war: das scheint gerade für dieses Gedicht des Orpheus von anderer Seite bestätigt zu werden. Außerdem hat einer solchen Verkürzung, wie wir sie im Marmor Parium vermuten, entgegenkommen können, daß das Gedicht des Orpheus die Stiftung der Mysterien wohl, wie zu zeigen sein wird, in den Hintergrund stellte und besonders die Einführung des Getreidebaues hervorhob.

Nicht auszuschließen ist freilich angesichts der nicht kanonisierten Überlieferung orphischer Dichtwerke, daß dem athenischen Gewährsmann des parischen Chronisten tatsächlich eine Fassung vorlag, in welcher die Mysterienstiftung fehlte, ohne daß es sich dabei um ein grundsätzlich anderes Gedicht handeln müßte als das bei Aristophanes reflektierte. Der bedauernswerte Zustand unserer Überlieferung gestattet nicht, hier klarer zu sehen.

---

[32] Eumolpos als Sohn der Deiope und Enkel des Triptolemos Istros FGrHist 334 frg. 22 (wohl aus einer Atthis Jacoby FGrHist III b [Suppl.] 1, 642), Sohn von Deiope und Musaios auf der Pelike New York ARV[2] 1313, 7 (Meidias-Maler), Phot. s. v. Εὐμολπίδαι; vgl. Jacoby MPar 72 ff. – Freilich gehören epp. 12/15 alle zur Regierungszeit des Erechtheus.

[33] Eumolpos als Gründer der Mysterien und damit erster Hierophant seit Andron, FGrHist 10 frg. 13, πρῶτος ἱεροφάντης Schol. Aeschin. 3, 18; Weiteres bei Jacoby, MPar 72; vgl. PR 1, 787.

In jedem Fall aber ist festzuhalten, daß sich seit der zweiten Hälfte des fünften Jahrhunderts im Umriß, seit dem späteren vierten Jahrhundert in einigen Einzelheiten ein Orpheus zugeschriebenes Gedicht fassen läßt, welches zumindest den einen Kernpunkt athenischen Selbstverständnisses – daß nämlich Athen μητρόπολις τῶν καρπῶν sei [34] – in solcher Gültigkeit dargestellt hatte, daß der parische Chronist es anführen, ein argivischer Mythograph eine Konkurrenzfassung dazu schaffen konnte. Es läßt sich in diesem Gedicht wohl der Einfluß sophistischer Kulturtheorie erkennen [35].

Wie weit läßt sich nun in der Rekonstruktion ins Detail gehen? Wie sich der allgemeine Rahmen abstecken läßt, sahen wir: auf der Suche nach ihrer Tochter kehrt Demeter in Eleusis ein und wird von den Autochthonen Dysaules und Baubo gastlich aufgenommen. Die Söhne der Gastgeber, Triptolemos und Eubuleus, können ihr den Räuber der Tochter verraten, die Göttin zeigt ihnen dafür den Getreidebau, setzt so einem kulturlosen Zustand ein Ende – vielleicht war dies alles, Raub, Suche, Einkehr und Gabe des Getreides, von Zeus angestiftet, um die Menschheit von ihrem tierhaften Dasein zu erlösen.

Von Eubuleus berichten Clemens im ‚Protreptikos‘ und der Scholiast zu Lukians Hetärendialogen [36], er habe in jener Gegend Schweine gehütet, in der Pluton mit Kore in die Unterwelt gefahren sei: zusammen mit dem Gespann des Totenbeherrschers seien auch die Schweine versunken. Die Geschichte sei Aition des μεγαρίζειν, des rituellen Versenkens von Ferkeln an den Thesmophorien [37].

Orpheus ist nirgends als Gewährsmann genannt. Doch ist orphische Herkunft nicht unwahrscheinlich: die ganze Partie des ‚Protreptikos‘

---

[34] Aristid. panath. (or. 13) 35, 273.

[35] Vgl. E. Norden, Agnostos Theos, Leipzig/Berlin 1923, 371 Anm. 2; Schwenn 226.

[36] Clem. protr. 2, 17, 1; Schol. Lucian. dial. m. 2, 1 S. 275 Rabe (beide Stellen F 50); beide gehen wohl auf dieselbe Quelle zurück, sind jedenfalls eng verwandt: τὰς ὗς τὰς συγκαταποθείσας Clem. ὗς ... συγκατεπόθησαν Schol. Luc., in beiden τὸ χάσμα (τῆς γῆς Clem.), beide beziehen die Eubuleusgeschichte auf Thesmo-, Skiro-, Arrhetophorien; Jacoby FGrHist IIIb (Suppl.) 2, 204 Anm. 77 erwägt als Quelle Apollodor περὶ θεῶν.

[37] Deubner 42 (darnach Nilsson GGrR 1, 119. 441. 469) verlegt das Hinabwerfen an die Skira, vgl. aber W. Burkert, Herm. 94, 1966, 7 f., HN 284 mit Anm. 5.

berichtet Mythen, die auch oder nur in orphischer Tradition überliefert sind; Orpheus ist zweimal wörtlich zitiert [38]. Auch erklärt sich so, weshalb Eubuleus den Räuber der Kore kennen und verraten konnte. Diese Episode, scheint es, kann der uns beschäftigenden Tradition zugerechnet werden.

In derselben Partie des ‚Protreptikos' erzählt Clemens von der Einkehr Demeters bei Baubo. Diese, ‚erdgeboren' in Eleusis, habe ihr zur Erfrischung den Kykeon gereicht; die trauernde Göttin weist ihn zurück; erst als Baubo verärgert ihren Unterleib entblößt, trinkt die Göttin lachend. Um die Authentizität der Geschichte zu beweisen, werden fünf Verse des Orpheus zitiert [39]. Die Hexameter wirken jung, mehrere kleinere Anstöße – starkes Enjambement zwischen den beiden ersten Zeilen [40], die Verbindung σώματος τύπος [41], ungebräuchliches οὐδέ in adverbiellem Sinn vor einem Adjektiv [42] – deuten auf späte, zumindest nachklassische Entstehung [43]. Wie alt freilich der Mythos selber ist, bleibt offen; er findet sich allein noch (in zumindest teilweiser Abhängigkeit von Clemens) bei Arnobius [44].

Auch wenn so die beiden eben betrachteten Einzelzüge nicht völlig zweifelsfrei dem Gedicht von Demeters Empfang, das uns hier be-

---

[38] Direkte Zitate protr. 2, 17, 2 (Orph. frg. 34). 2, 21, 1 (frg. 52); Übereinstimmungen mit Orphischem finden sich im Detail protr. 2, 15, 1 (vgl. F 58/9, PDerv. col. xxii). 2, 16, 1 (F 58/9. 192. 195) und im Handlungsablauf 2, 16, 1/17, 1 (F 192. 195). 2, 17, 2/18, 2 (F 205/215).

[39] Clem. protr. 2, 21, 1 (Orph. frg. 52), vgl. Exkurs III.

[40] Vgl. U. von Wilamowitz-Moellendorff, Griechische Verskunst, Berlin 1921, 96. M. Parry, TAPA 60, 1929, 200 ff., bes. 204 Anm. 9 und 218. – Eine eingehende Untersuchung des Enjambements von Homer bis Nonnos fehlt, zu Homer, Apollonios und Vergil Vieles bei M. Parry, l. c., zu Homer (Il. 17) vgl. G. S. Kirk, YCS 20, 1966, 105 ff.

[41] σώματος τύπος in der hier geforderten Bedeutung von ‚Körperteil' unbezeugt, ‚Gesamteindruck des Körpers' Aristot. physiogn. 806 A 32 (vgl. LSJ s. v. τύπος). τύπος ‚Form' als ‚geformter Gegenstand' allerdings schon Emped. VS 31 B 62, 4, aber nicht Teil, sondern Ganzes.

[42] Zumindest nachhomerisch, vgl. LSJ s. v.

[43] Alexandrinisch nach Foucart 468, ‚relativamente tardi' de Martino, SMSR 10, 70. – Die Beurteilung der Verse verdankt viel einer Diskussion mit Professor G. S. Kirk.

[44] Arnob. adv. nat. 5, 25; zum Verhältnis von Clemens' und Arnobius' Bezeugung der Geschichte vgl. Exkurs III.

schäftigt, zugeschrieben werden können, steht jedenfalls zumindest
fest, daß außer Triptolemos Baubo, ihr Mann Dysaules und ihr Sohn
Eubuleus darin tragende Rollen spielten. Keiner der drei wird im
homerischen Demeterhymnus genannt: woher kommen sie?

Im korinthischen Keleai, bei Phlius, zeigte und verehrte man das
Grab des Dysaules, ‚des Mannes aus Eleusis‘ [45]. Die zugehörige Legende dreht sich um die Stiftung der dortigen Demetermysterien:
Dysaules sei durch Ion aus Eleusis, wo sein Bruder Keleos herrschte,
vertrieben worden (eine ungereimte Hilfskonstruktion, wie Pausanias
feststellt), habe in Keleai Mysterien nach dem Vorbild seiner Heimat
eingerichtet und den Ort nach seinem Bruder benannt [46]. Der Zweck
dieser Legende ist durchsichtig. Sie soll die keleatischen Mysterien an
die eleusinischen anknüpfen, die erstaunliche Namensverwandtschaft
zwischen Keleos und Keleai erklären und rechtfertigen, wieso der
Eleusinier Dysaules im korinthischen Keleai begraben liege.

Üblicherweise stammt ein Heros dorther, wo sein Grab gezeigt
wird. Dysaules wäre also ein Phliasier, auf einem noch zu erklärenden
Weg in die attische Dichtung geraten [47]. Zwei Möglichkeiten der Erklärung bieten sich an: entweder hatten die Keleaten ihren Heros
Dysaules zum eleusinischen Bringer der Mysterien erhoben, vielleicht
aufgrund von uns nicht mehr faßbaren Beziehungen zu Demeter [48],
und so wäre sein Name den attischen Orphikern bekannt geworden.
Oder aber ein Orphiker sei auf den lokalen, vielleicht in Beziehung
zum agrarischen Kult stehenden Heros mit dem deutbaren Namen aufmerksam geworden (etwa bei einer eleusinischen Umgestaltung der
keleatischen Mysterien? [49]) und habe ihn in die attisch-orphische Dichtung aufgenommen, zum eleusinischen Autochthonen gemacht. Dies

[45] Δυσαύλης ἀνὴρ Ἐλευσίνιος Paus. 2, 14, 4.
[46] Vgl. Paus. 2, 14, 2 ff.
[47] So O. Kern, Dysaules, RE 5, 1888 f. Als Eleusinier beurteilen ihn P. Odel-
berg, Sacra Corinthia, Sicyonia, Phliasia, Diss. Uppsala 1896, 91. Malten, ARW
12, 444, als Erfindung der Orphiker Schwenn 225.
[48] Besteht eine Verbindung mit Trisaules und Damithales, die Demeter in
Pheneos empfingen, Paus. 8, 15, 4? Vgl. PR 1, 770. O. Kern, l. c. 1889.
[49] Nilsson GrF 336 stellt junge, auf Umgestaltung in demokratischer Zeit weisen-
de Züge in den keleatischen Mysterien fest.

scheint plausibler: man macht nicht gern selber einen einheimischen Heros zum Fremden[50].

Baubo ist als kultisch verehrte Gottheit im Kultverein mit Demeter, Kore und Zeus Eubuleus für Naxos im vierten, für Paros im ersten vorchristlichen Jahrhundert bezeugt[51]. Wie ihr sprechender Name andeutet – ἡ βαυβώ und ὁ βαυβών bezeichnen die Sexualorgane, βαυβᾶν heißt (bei)schlafen[52] – vertritt sie die auf die menschliche Fruchtbarkeit bezogene Seite demetrischer Religion, einen Aspekt, den etwa der Demeter Thesmophoros geweihte ‚cunnus‘ aus Epidauros[53], besonders aber die im Demeterheiligtum von Priene gefundenen, einen weiblichen Unterleib mit Gesicht und Beinen zeigenden Statuetten augenfällig dokumentieren[54]. Wenn Diels diese Statuetten, deren Beziehung zu Demeter durch die Attribute Fackel und Kalathos, zur Fruchtbarkeit durch diejenigen verschiedener Früchte verdeutlicht werden, Bau-

---

[50] Vgl. die verwandte Gründungslegende der Mysterien von Andania, Paus. 4, 1, 5, in welcher Kaukon, sonst Eponym der peloponnesischen Kaukonen, Sohn von Poseidon und begraben in Triphylien (vgl. Strab. 8, 16, 345. Paus. 5, 5, 5. Toepffer 215 ff. H. H. Stoll, Kaukon, RL 2, 1005), zum Enkel des Atheners Phlyos, des Eponymen von Phlya, wo die Lykomiden ihre Mysterien feierten (Deubner 69 f.), wird. Die Lykomiden gebrauchten Hymnen von Orpheus (Paus. 9, 27, 3 [F 305]. 30, 12 [F 304]) und Musaios (Paus. 4, 1, 5 [VS 2 B 20]!), standen also in enger Verbindung mit der uns beschäftigenden Dichtung – sollten sie auch die beiden Lokalmythen umgeformt haben?

[51] Naxos, SEG 16, 478 (Dedikation eines Mannes an Demeter, Kore, Zeus Eubuleus und Baubo). Paros: IG XII 5, 227 (Dedikation einer Frau an Hera, Demeter Thesmophoros, Kore, Zeus Eubuleus und Baubo). – Nicht hierher gehört die von Guthrie Orph. 136 erwähnte Βαβώ von CIG 4142 (Galatien): Βαβώ ist ein in jener Gegend häufiger Personenname, vgl. L. Robert, Noms indigènes dans l'Asie mineure gréco-romaine 1, Paris 1963, 367 f.

[52] βαυβώ Emped. VS 31 B 153 (vgl. PPF S. 166). βαυβών Herondas 6, 19 (vgl. den Kommentar von W. Headlam – A. D. Knox, Cambridge ²1966, 288 f.). βαυβᾶν Eur. frg. 694. Trag. adesp. 165. – Vgl. O. Crusius, Untersuchungen zu den Mimiamben des Herondas, Leipzig 1892, 128. Dieterich KlSchr 127 (= Philol. 52, 1893, 3 f.). O. Kern, Baubo, RE 3, 150. – Eine andere Etymologie bei Rohde 2, 408, vgl. Wilamowitz GdH 2, 52 Anm. 1 (‚nur spaßhaft‘).

[53] IG IV² S. 174, 22 (Δήμητρος) [Θεσμο- s. Καρποφ]όρου. Vgl. Kern RE 1239.

[54] F. Winter, Die Typen der figürlichen Terrakotten, Berlin 1903, 2, 223. T. Wiegand – H. Schrader, Priene, Berlin 1904, 161 Abb. 149–154, vgl. S. 162 f. (H. Winnefeld). – Zu ähnlichen Funden im Donauraum vgl. J. Makkay, AArchHung 14, 1962, 1 ff. (non vidi).

bones benennt, ist zumindest der gemeinsame Hintergrund zutreffend gekennzeichnet [55].

Daß die Erzählung vom Gestus der Baubo Aition eines Ritus sei, wurde schon seit langem vermutet; die Einordnung in demetrisches Ritual aber blieb umstritten [56]. Rituelles Anasyrma ist, soweit das Material zu überblicken ist, aus keinem griechischen Kult bekannt [57], findet sich aber in Ägypten am Bastetfest von Bubastis [58]. Wie seine Spiegelung mutet ein Mythos an, welcher durch einen Papyrus aus der Mitte des zwölften Jahrhunderts überliefert ist [59]. Im Laufe des Prozesses, den Horus und seine zauberkräftige Mutter Isis gegen Seth vor einem Göttertribunal um die Königsherrschaft führen, wird Ra-Harachte, Sonnengott und Leiter des Tribunals, von einem andern Gott derart beleidigt, daß er sich grollend zurückzieht. Erst als seine Tochter Hathor vor ihn tritt und ihren Unterleib enthüllt, wird er zu

---

[55] H. Diels, PPF S. 166 (Kommentar zu Emped. frg. 153), ausführlich in Arcana Cerealia (s. Anm. 56) 10 ff.; aufgenommen besonders von C. Picard, RHR 95, 1927, 248 f., jüngst W. Fauth, Baubo KlP 1, 845. Berechtigte Reserven bei Winnefeld l. c. 163. W. Deonna, RHR 69, 1914, 193 ff.

[56] Blosse literarische Angelegenheit nach O. Kern, Baubo, RE 3, 150. id., GrMyst 54. I. Lévy in: Mélanges F. Cumont, Brüssel 1936, 2, 831 f. – Alteleusinisch ist der Ritus nach Reinach 4, 115 f. (darnach Wehrli, ARW 31, 81): ein apotropäischer Gestus vor Einnahme des Kykeon. M. J. Lagrange, RBibl 16, 1919, 157 ff. id., 38, 1929, 76 ff. C. Picard, RHR 95, 1927, 220 ff. (vgl. Deubner 83 Anm. 3). W. Fauth l. c. 843 f. Später eingedrungen ,aus den lasziven Kultgebräuchen der Orphiker' nach Dieterich, KlSchr 127. Eine Form der Gephyrismoi nach de Martino, SMSR 10, 73 ff. Kerényi, SO 36, 1955, 14 ff. – Die Beziehung zu Eleusis wird abgelehnt durch Foucart 467 f. Wilamowitz GdH 2, 52 Anm. 2, auf die Thesmophorien bezog den Ritus schon Lobeck 2, 825, auf Thesmophorien und ihnen verwandte Riten des Demeterkultes H. Diels, Arcana Cerealia, in: Miscellanea A. Salinas, Palermo 1907, 13, dann Wilamowitz GdH 1, 205. Nilsson GGrR 1, 657 f. Vgl. auch M. Delcourt, Hermaphrodite, Paris 1958, 49.

[57] Belege für nichtrituelles Anasyrma Exkurs III Anm. 5.

[58] Hdt. 2, 60, 2, schon von Lobeck 2, 826 beachtet. Vgl. zu einem weiteren rituellen Anasyrma, diesmal im Apiskult, Diod. 1, 85, 3; Weiteres bei U. Pestalozza, Religione Mediterranea, Mailand 1951, 57.

[59] Pap. Chester Beatty 1, publ. von A. H. Gardiner, Late Egyptian Stories (Bibliotheca Aegyptiaca 1) Brüssel 1932, 37 ff., die Datierung ibid. S. ix. – Der Inhalt der Geschichte ist referiert von J. Capart, BAB 17, 1931, 418 ff., worauf sich unser Referat stützt.

ungeheurem Lachen gereizt und erscheint wieder; der Prozeß kann
weitergehen⁶⁰. Wie weit hier tatsächlich Ritus und Mythos voneinander abhängen, vermag ich nicht zu entscheiden; ein Zusammenhang ist
jedoch, angesichts der engen Verwandtschaft zwischen Hathor und
Bastet, nicht auszuschließen⁶¹. Möglicherweise ließe sich auch in den
Kulten der Hathor, deren Beziehung zur menschlichen Fruchtbarkeit
gut dokumentiert ist⁶², ein ähnlicher Ritus finden.

Scheint es angesichts dieser möglichen Verknüpfung von Mythos
und Ritus in Ägypten nicht geraten, die Erzählung von Baubos Anasyrma von dort abzuleiten, etwa so, daß einer in der Demeterreligion
vorgegebenen Göttin Baubo aufgrund ihres Namens das ägyptische
Motiv angedichtet wurde?⁶³ Die Erzählung, wie sie Clemens präsentiert, könnte dann kaum zur ältesten Schicht orphischer Demeterdichtung gehört haben, was die Datierung der erhaltenen Verse vollauf
bestätigt⁶⁴. Doch repräsentiert Baubo einen wichtigen Aspekt demetrischer Religion, einen Aspekt allerdings, der gerade in Eleusis fast
völlig zu fehlen scheint⁶⁵, wo auch die vom Griechen durchaus emp-

60 Steht hinter dieser Erzählung des spätägyptischen Romans ein Mythos, in welchem Verschwinden und Zurückkommen des Re weit wichtiger war? Das
Thema findet sich jedenfalls sowohl im Demeter- wie im Telepinumythos (s.
unten Anm. 91), und daß die Sonne, d. h. Re, vor einem Verschwinden zu
bewahren sei, ist zentrales Anliegen des ägyptischen Sonnenrituals, vgl. den
Ritualtext ‚Zum Niederwerfen des Apophis‘ ANET 6 f., W. Helck in: Wörterbuch der Mythologie 1, Stuttgart 1965, 337 f.
61 Vgl. W. Helck, op. cit. 344. – In später Zeit wurde Bastet als Aspekt der
Hathor von Dendera betrachtet, vgl. H. Bonnet, Reallexikon der ägyptischen Religionsgeschichte, Berlin 1952, 81; zum alten Kultverein Hathor-Bastet
W. Helck, op. cit. 357.
62 Hathor gilt als Spenderin von Kindersegen und als Geburtshelferin, H. Bonnet, op. cit. 282, in ihrem Heiligtum in Dehr el bahri wurden Phallen und
Frauenfiguren (Weihgeschenke) gefunden, H. Bonnet ibid., vgl. auch W. Helck,
op. cit. 356.
63 So I. Lévy, l. c. (Anm. 56) 819 ff.
64 So fände Kerns Spätdatierung (Orph. frg. S. 116), gegen welche sich Ziegler
OrphDicht 1397 wendet, eine Rechtfertigung, vgl. I. Lévy, l. c. 819 ff.
65 Der einzig sichere Hinweis ist Schol. Ar. Plut. 845 (nach Melanthios FGrHist
326 frg. 4? vgl. Jacoby FGrHist III b [Suppl.] 1, 201), daß die Gewänder
der Mysten als Windeln gebraucht würden, mit der Deutung von Deubner
79, vgl. Jacoby l. c. Zu der in diesem Zusammenhang immer wieder herangezogenen Stelle Theodoret. graec. aff. cur. 7, 11 (s. bes. Körte, ARW 18, 123)

fundene Anstößigkeit des Anasyrma schwer vorstellbar ist [66]. An den Thesmophorien jedoch fände ein rituelles Anasyrma durchaus einen Platz, ist ja für dieses Demeterfest die Symbolik der weiblichen Sexualorgane und die Beschäftigung gerade mit der menschlichen Fruchtbarkeit jedenfalls wichtig [67]. Das Zusammengehen von Thesmophorien und ägyptischem Ritual, schon von Herodot bemerkt und genetisch gedeutet (2, 171), wäre dann wohl in den größeren Rahmen einer vorgriechischen, ostmediterranen Religiosität [68], wenn nicht gar einer allgemeinen menschlichen Verhaltensweise geschlossener weiblicher Gruppen zu stellen [69].

Anders als Dysaules und Baubo wurde Eubuleus in Eleusis kultisch verehrt; spätestens im ersten Jahrhundert vor Christus besaß er zu-

vgl. die Kritik von L. Ziehen, Gn 5, 1929, 153. Deubner 79 ff. Nilsson Op. 2, 598 Anm. 136; siehe unten Anm. 67.

[66] Während das Anasyrma eines Mannes vor einer Dame nur Zeichen von βδελυρία ist, Theophr. charact. 11, 2, wendet sich Bellerophon ὑπ'αἰσχύνης ab vor den sich entblössenden Weibern der Lykier, Plut. de mulier. virt. 9, 248 B. Ist ein solcher Ritus mit der von Diod. 5, 4, 4 Eleusis zuerkannten ὑπερβολὴ τῆς ἀγνείας überhaupt vereinbar?

[67] So schon Lobeck 2, 825. – Vgl. den oben Anm. 53 erwähnten cunnus aus Epidauros mit der Weihung an Demeter Thesmophoros (?). An den syrakusanischen Thesmophorien wurden Nachbildungen der weiblichen Organe aus Backwerk herumgetragen und verzehrt, Athen. 14, 56, 647 A (nach Herakleides von Syrakus). Theodoret. graec. aff. cur. 3, 84 bezeugt den Gebrauch der κτείς an den Thesmophorien (wenn er 7, 11 dasselbe Eleusis gibt, handelt es sich wohl um eine Konfusion: er hatte 7, 10 von den Ἐλευσίνια καὶ Θεσμοφόρια geschrieben, war dann 7, 11 mit καὶ γὰρ αἱ τελεταὶ καὶ τὰ ὄργια weitergefahren; daß ihm nach dieser Einleitung die τελεταὶ καὶ ὄργια κατ'ἐξοχήν in die Feder flossen – zumal er vielleicht von Baubo wußte, Nilsson GGrR 1, 658 Anm. 3 – liegt nahe). Schol. Lucian. dial. mer. 2, 1 sagt von den Thesmo und Arrhe(to)phorien ἄγεται ... περὶ τῆς τῶν καρπῶν γενέσεως καὶ τῆς τῶν ἀνθρώπων σπορᾶς. Am Anfang der Thesmophorienversammlung werden Kalligeneia und Kurotrophos angerufen, Ar. Thesm. 297 f., vgl. Plut. quaest. graec. 31, 298 B. – Übrigens spielte die Kteis (neben dem Phallos) auch an den Haloen eine Rolle, Schol. Lucian. l. c.

[68] Vgl. dazu U. Pestalozza, Religione Mediterranea, Mailand 1951, 304 u. pass., W. Fauth, Baubo, KlP 1, 844 f.

[69] In diese Richtung kann deuten, was W.-E. Peukert, Geheimkulte, Heidelberg 1951, 235 f.; Ehe, Hamburg 1955, 51 f. von geschlossenen Frauengesellschaften im Europa des frühen 20. Jh. berichtet.

sammen mit Theos und Thea einen Priester[70]. Der Demeterhymnus allerdings kennt ihn nicht; zuerst tritt er uns als Εὔβουλος in der Aparcheinschrift von 422/1 entgegen, wo er zusammen mit Triptolemos, Theos und Thea von den beiden Göttinnen einerseits, von Athena anderseits abgehoben ist[71]. Das unterscheidet ihn von dem Eubuleus, der besonders auf den Kykladen als Ζεὺς Εὐβουλεύς, mithin als eine Form des Ζεὺς Χθόνιος, Demeter und Kore beigegeben ist[72]. Ihm gegenüber ist der eleusinische Eubuleus in den zweiten Rang gerückt, wird auch kultisch von Pluton, der eine Priesterin hat, getrennt[73]. Dadurch aber, daß er mit Theos und Thea, den beiden Unterirdischen, verbunden ist und am Plutoneion eine Dedikation des vierten vorchristlichen Jahrhunderts an ihn (nun in der Namensform Εὐβουλεύς)[74] gefunden wurde, zeigt sich sein chthonischer Charakter noch deutlich.

Diesen kultischen Gegebenheiten entspricht die Stellung des Eubuleus, wie er uns im Gedicht über Demeters Aufenthalt in Eleusis entgegentritt. Als Sohn des Autochthonenpaares und ‚guter Ratgeber‘ der Demeter[75] ist er ihnen deutlich untergeordnet, als Bruder des Triptolemos aber ebenso mit ihm und dem Getreidebau verbunden wie auf dem Aparchedekret.

[70] IG II² 4701 (Weihrelief des Lakrateides).

[71] IG I² 76 (LSCG 5), 36 ff. θύεν δὲ ἀπὸ μὲν τõ πελανõ ... | τρίττοιαν δὲ βόαρχον χρυσόκερον τοῖν Θεοῖν hεκα[τέρ|αι ἀ]πὸ τõν κριθõν καὶ τõν πυρõν καὶ τõι Τριπτολέμοι καὶ τõι [Θε]|õι καὶ τẽι Θεᾶι καὶ τõι Εὐβόλοι hιερεῖον hεκάστοι τέλεον. – Ebenso im Aparchedekret des 4. Jh., IG II² 140, 21 ff. (ergänzt).

[72] Zeus Eubuleus: Amorgos IG XII 7, 76 f. (4./3. Jh.), Argos BCH 80, 1956, 399 (Fundbericht, Publ. fehlt noch), Delos IG XI 287 A 69 (a. 251 a), Naxos SEG 16, 478 (4. Jh. v. Chr.), Paros IG XII 5, 227 (1. Jh. v. Chr.), Thasos SEG 18, 343, 31 (um die Zeitenwende); ebenso wohl Kyrene, Hsch. s. v. Εὐβουλεύς. Zeus Buleus in Korinth SEG 11, 188 (4./3. Jh.), Mykonos SIG³ 1024 (LSCG 96), 17 (gegen 200ᵃ) – beide im demetrischen Kultverein. Eubuleus auf Syros IG XII 5, 677 (epigr. 272 Kaibel), Zeus Eubulas in Epidauros IG IV² 518 (antoninisch).

[73] IG II² 1363 (LSCG 7) B 22; zum erstenmal herausgestellt von Pringsheim 81.

[74] IG II² 4615, Ende des 4. Jh. Εὐβουλεῖ | Βαυκιδεὺς Ἀπολλοδώρου ἐκ Κεραμέων | Διόφαντος Διοπείθους Μυρρινούσιος | ἀνέθηκαν.

[75] So verstehen wir angesichts der etymologisierenden Tendenz der ganzen Namengebung Eubuleus.

Mit dem Zeus Eubuleus der Kykladen aber verbindet ihn die Geschichte von seinen Ferkeln, dem Aition des μεγαρίζειν an den Thesmophorien. Auf Paros ist Zeus Eubuleus mit Demeter Thesmophoros
verbunden[76], und auf Mykonos wird ihm (als Zeus Buleus) neben
Demeter und Kore an einem Frauenfest mit Mysteriencharakter, welches den attischen Thesmophorien vergleichbar ist[77], ein Ferkel geopfert[78]. Der Unterschied zwischen der Eubuleusgestalt des Empfangs-
gedichtes und derjenigen des Thesmophorienaitions kann aber nicht
soweit herausgearbeitet werden, daß beide zwei verschiedenen Überlieferungen angehören müßten – ganz zu schweigen von der schon
oben erwähnten Begründung, welche das Versinken der Schweine ab-
gibt dafür, daß Eubuleus über den Räuber der Kore Bescheid weiß.
Ebensowenig darf aus den Berührungen mit den Kykladen geschlossen
werden, die Eubuleusepisode sei von dort übernommen worden: der
Ritus des μεγαρίζειν[79] und der Name des Eubuleus sind weiter verbreitet[80]. Die Nähe der Eubuleusgestalt, wie sie Pausanias überliefert,
zur eleusinischen Kultrealität deutet vielmehr darauf, daß sich das
orphische Gedicht an die Kultgegebenheiten von Eleusis anlehnte.
Einen Außeneinfluß, der vielleicht durch die Poesie des Orpheus vermittelt oder verursacht wurde, können wir lediglich im Wechsel der
Namensform auf eleusinischen Dokumenten, von Εὔβουλος im fünften
zu Εὐβουλεύς seit dem Ende des vierten Jahrhunderts, sehen, falls die
erste Form nicht unverbindliche Variante ist; immerhin trennen die
orphischen Hymnen streng den Dionysos gleichgesetzten Eubuleus[81]
von Eubulos, der mit Pluton wesensidentisch oder der in eleusinische
Umgebung gestellte Sohn der Meter Antaia und eines Sterblichen ist[82].
Um den Heroennamen vom gleichlautenden, in Athen verbreiteten

[76] IG XII 5, 227.
[77] Nilsson GrF 328.
[78] SIG³ 1024 (LSCG 96), 17.
[79] Vgl. dazu Nilsson GrF 322. GGrR 1, 119. Burkert HN 284.
[80] Vgl. oben Anm. 72.
[81] Orph. h. 29, 8 (Sohn der Persephone). 30, 6 (Dionysos, Sohn von Zeus und
    Persephone). 52, 4 (Trieterikos). 56, 3 (Sohn der Persephone; von Hermann
    aus überliefertem Εὔβουλε korrigiert). – Eleusis ist immerhin nahe in 42, 2,
    wo er Vater der Mise ist (zu Mise oben Anm. 6).
[82] Orph. h. 18, 12. 41, 8.

Personennamen Εὔβουλος [83] abzuheben, hat der im sonstigen Griechenland verbreitete und von der attisch-orphischen Poesie aufgenommene
Name gedient.

Tritt uns damit eine orphische, vielleicht über Eleusis (dann aber
nur in andere Demeterkulte) hinausgreifende Tradition entgegen, ist
diese scharf von der in der restlichen (späteren?) orphischen Überlieferung, repräsentiert vor allem in den Hymnen, faßbaren Eubuleusgestalt abzuheben. In dieser bezeichnet, wie oben angetönt, Eubuleus
fast immer den chthonischen, von Zeus und Persephone abstammen-
den Dionysos-Zagreus [84], eine Tradition, deren Entstehen kaum mehr
faßbar ist.

Es zeigt sich so, daß die uns beschäftigende orphische Tradition den
durch den homerischen Hymnus allein auf Eleusis und seine Mysterien
beschränkten Bezugsbereich nach mindestens einer Seite durchbricht,
indem Gottheiten anderer demetrischer Kulte – Baubo und teilweise
auch Eubuleus von den Kykladen, Dysaules von Keleai – in die Gestaltung miteinbezogen werden. Werden die spätüberlieferten Baubo-
und Eubuleusepisoden in dieselbe Tradition eingereiht, ergibt sich eine
zweite Erweiterung, indem dann auch andere demetrische Riten in der
Aitiologie berücksichtig werden. Umgekehrt wurde zwar das Trinken
des Kykeon aus der Iambeepisode übernommen, es fehlen aber Vlies
und πηκτὸν ἕδος, deren aitiologische Absicht H. Diels erkannt hat [85];
es fehlt auch die Begegnung Demeters mit den eleusinischen Mädchen,
vielleicht Aition der Mädchentänze am Kallichoron [86].

Zu diesen Feststellungen stimmt die grundsätzlichste Änderung,
welche die orphische Version am Mythos vornimmt, daß nämlich Demeter nicht im Groll das Getreide am Wachstum hindert und dann,
versöhnt, wieder sprießen läßt, sondern daß sie den Getreidebau erst
als Dank für Eubuleus und Triptolemos den Menschen bringt, Eleusis

---

[83] Vgl. den Eigennamenindex von IG I² (6 Träger dieses Namens).
[84] Siehe Anm. 81. – Außerhalb der Hymnen findet sich die Gleichsetzung bei
Orph. frg. 237, 4. Plut. qu. conv. 7, 9, 714 C (Εὐβουλῇ codd., corr. Chatzida-
kis). CIG 1948 (Herkunft unbekannt). Wieder anders, als mächtige Unter-
weltsgottheit (neben Persephone und Eukles) auf den Goldblättchen, Kern
Orph. frg. 32 S. 104 ff., Zuntz 310 f. (vgl. aber Boyancé REG 75, 477).
[85] Vgl. H. Diels, Sibyllinische Blätter, Berlin 1890, 122 f.
[86] Vgl. oben III 3 Anm. 20.

und damit Athen zur Urheimat der ἡμέρα τροφή macht [87]: damit richtet
sich die zentrale Aitiologie der orphischen Fassung nicht mehr so sehr
nach Eleusis und seinen Mysterien wie nach Athen und seinen Ansprüchen aus.

Wie umwälzend diese Neuerung war, zeigt ein Vergleich mit den
vorderasiatischen Mythen, deren Verbindung mit dem Mythos von Demeter und Kore sich der modernen Forschung zu erschließen beginnt [88].
Wie Ishtar in der Unterwelt gefangen gehalten wird, setzt die (hier
allein auf Menschen und Tiere bezogene) Fruchtbarkeit aus:

> Der Stier bespringt die Kuh nicht mehr, der Esel befruchtet die Eselin nicht
> mehr, auf der Straße befruchtet der Mann nicht das Mädchen [89].

Erst als Ea sie durch seine Sendboten befreit, kehrt die normale Ordnung wieder ein [90].

Näher der homerischen Version aber steht eine Passage aus dem
hethitischen Mythos von Telepinu. Diese Gottheit, Sohn des Sturm-
gottes, zieht sich wie Demeter beleidigt aus der Gemeinschaft der Götter in die Steppe zurück:

> Die Vegetation trocknete aus, die Bäume trockneten aus und brachten keine
> neuen Triebe mehr hervor. Die Weiden trockneten aus. Im Land brach eine
> Hungersnot aus, und Menschen und Götter starben Hungers [91].

Und so beschreibt der Dichter des homerischen Hymnus auf Demeter den Groll der Göttin in seinen furchtbaren Auswirkungen:

> Rinder zogen vergeblich über die Äcker die vielen
> Krummen Pflüge; nutzlos fiel in die Erde das weiße

---

[87] Malten, ARW 12, 442 zeigt dies anhand der Triptolemosepisode, scheint sich
aber des zentralen Unterschieds dem homerischen Hymnus gegenüber nicht
bewußt zu sein. – Vgl. auch K. Kerényi, Urmensch und Mysterium, Eran.-Jb.
15, 1947, 41 ff., der in der orphischen Version die Aufnahme ‚bäuerlich-atti-
scher Überlieferung‘ sieht, welche der Homeride des h. Cer. aus bewußtem
Stilwillen unterdrückte. Doch kann eine solche Änderung der Tradition nicht
aus bloßem Stilwillen (den man dem Homeriden nicht absprechen will, vgl.
K. Deichgräber, Abh. Akad. Mainz 1950, 6, 503 ff.) vollzogen werden.

[88] Zum Vergleich Inanna/Ishtar – Kore vgl. Guépin 123 ff., Burkert HN 290.

[89] ANET 108, nach der Übers. von E. A. Speiser.

[90] In der sumerischen, dem babylonischen Ishtargedicht entsprechenden Erzählung von Inannas Höllenfahrt (ANET 52 ff.) fehlt ein Hinweis auf das
Aufhören der Fruchtbarkeit; ist das ein Zufall der Überlieferung?

[91] ANET 126, nach der Übers. von A. Goetze.

Korn. Und sie hätte das ganze Geschlecht der sterblichen Menschen
Ausgerottet durch gräßlichen Hunger, hätt' rühmende Ehren,
Opferspenden entzogen den Herrn im Palast des Olympos ...[92]

Ähnlich schildert ihn Euripides im Chorlied der ‚Helena‘:

> Von den graslosen Ackerflächen holen keine Frucht mehr die Sterblichen mit
> dem Pflug, und der Menschen Geschlecht verdirbt sie (die Göttermutter). Den
> Hirten läßt sie nicht mehr sprießen die saftigen Weiden voller schönblättriger
> Ranken. Aus den Städten weicht das Leben, es fehlen die Opfer den Göttern,
> und keine Kuchen brennen auf den Altären. Die tauigen Quellen hindert sie,
> helles Wasser auszugiessen ...[93]

Dieser Tradition gegenüber – die Annahme einer genetischen Verbindung zwischen dem Koremythos und demjenigen von Inanna-
Ishtar, dem Groll von Demeter und demjenigen von Telepinu erscheint
naheliegend – stellt die orphische Version etwas ganz Neues dar: die
Einkehr Demeters bei den eleusinischen Autochthonen ist ein für die
Entwicklung der Menschheit grundlegendes Ereignis geworden. Ist
diese Neuerung ein Werk des unbekannten orphischen Dichters? [94]

Die schon im Namen des Dysaules erkennbaren, besonders aber bei
Aristophanes und Sextus Empiricus hervortretenden Anklänge an
sophistisches Kulturdenken verbieten eine Ansetzung des Gedichtes
vor etwa dem mittleren fünften Jahrhundert. Der Mythos von der Aussendung des Triptolemos ist nach dem Zeugnis der Vasenmalerei bedeutend älter: die Vasenbilder, welche diese Szene darstellen, setzen
kurz nach der Mitte des sechsten Jahrhunderts ein und sind im letzten
Jahrhundertviertel schon erstaunlich zahlreich [95]. Wenn auch diese
Aussendung noch nicht unbedingt eine absolut erste Stiftung des Ge-

---

[92] Hom. h. Cer. 308/12, in der Übers. von A. Weiher, München 1961.

[93] Eur. Hel. 1327/33.

[94] So Malten, ARW 12, 441 f.

[95] Vgl. C. Dugas, Mél. Arch. Hist. 62, 1950, 9 ff. (= Recueil Dugas, Paris 1960,
132 ff.): zwischen 550 und 525 sind 2, zwischen 525 und 500 15 Vasenbilder
mit der Aussendung des Triptolemos bekannt; der Höhepunkt liegt zwischen
475 und 450 (der ‚Triptolemos‘ des Sophokles 468) mit 37 Bildern, gegenüber 17 im Jahrhundertviertel vorher und ebensovielen in demjenigen darnach. – Schon aus der Mitte des 6. Jh. stammt das schwarzfigurige Amphoren-
fragment aus Reggio, Metzger Rech. 8, mit der Ausfahrt der ährentragenden
Demeter; Nilsson GGrR 1, 860 vergleicht damit Hom. h. Cer. 486 ff.

treidebaues durch Demeter und Triptolemos voraussetzt[96], so wurde
doch die Demetersage gegenüber dem homerischen Hymnus zumindest
in dem Sinne anders akzentuiert, daß die Gabe des Getreides hervorgehoben und Triptolemos als Vermittler dieser Gabe verstanden wird.
Die erste faßbare Bearbeitung der Triptolemossage für die Bühne aber,
der ‚Triptolemos‘, mit dem Sophokles im Jahre 468 seinen ersten Sieg
errang[97], geht bereits einen Schritt weiter: es wird nicht nur die Aussendung vorausgesetzt und in einem aischyleisch anmutenden geogra-
phischen Exkurs wohl ausführlich beschrieben[98]: es wird auch diese
Aussendung als erstmalige Verbreitung des Getreidebaues verstanden.
Soweit die Fragmente einen Einblick gestatten, wird nämlich deutlich,
daß Sophokles das gute Leben nach der Verbreitung des Getreidebaues mit einer früheren, getreidelosen Zeit konfrontiert[99]; er scheint
auch Triptolemos die Verbreitung verschiedener, für einzelne Völker-
schaften typischer Getreidearten zugeschrieben zu haben[100]. Doch war
die getreidelose Zeit keine Urzeit von tierhafter Wildheit, wie das
orphische Gedicht und die Sophistik annahmen: es gab damals Dörr-
fisch[101], es existierten Könige[102], und Karthago war eben gegründet
worden[103].

So scheint die grundsätzliche Veränderung des überkommenen Mythos sich allmählich vollzogen zu haben. Nachdem das Schwergewicht

[96] Vgl. Schwenn 219; demgegenüber setzt Kleingünther 35 die Entwicklung von
Triptolemos zum absolut ersten Getreidebringer bereits vor 500 an.

[97] Die Frgg. 539/560 Nauck, 596/617 Pearson. – Vgl. Lesky TragDicht 170: Die
Datierung aufgrund einer schon von Fabricius und Lessing vorgenommenen
Kombination von Plin. nat. 18, 65 mit Plut. Cimon. 8, 8, 483 E und MPar
FGrHist 239 ep. 56, vgl. M. Pohlenz, Die griechische Tragödie, 2. Aufl. Göttin-
gen 1954, Erläuterungen S. 73.

[98] Soph. frg. 539 erwähnt den Schlangenwagen, 541/547 scheinen alle dem geo-
graphischen Katalog anzugehören wohl als Anweisungen der Demeter, vgl.
frg. 540 mit Pearsons Kommentar (frg. 597 P.). – Vgl. den Katalog Aesch.
Prom. 707 ff. 790 ff.

[99] Frg. 548 ἦλθεν δὲ δαὶς θάλεια, πρεσβίστη θεῶν, vgl. Pearson ad loc. (frg.
605 P.); frg. 549 kontrastiert damit den getreidelosen Zustand.

[100] Hirse frg. 551, Reisbrot frg. 552; vgl. die Erwähnung von Bier frg. 553.

[101] frg. 549 οὐδ᾽ ἡ τάλαινα δοῦσα ταριχηροῦ γάρου.

[102] Charnabon, Herrscher der Geten, frg. 547.

[103] frg. 545 mit der Einleitung des Schol. Eur. Troad. 221.

von der Gabe der Mysterien auf diejenige des Getreides verlegt war,
wurde anstelle des Einflusses auf das Getreidewachstum die erstmalige
Einführung des Getreidebaues gesetzt: Demeter, und durch sie Triptolemos, wurden zu seinen Verbreitern. Man hat nicht unwahrscheinlich
vermutet, daß die Einigung zwischen Athen und Eleusis Voraussetzung
und Antrieb für diese Änderung des Mythos gewesen sei [104]. Die Her-
vorhebung der grundlegenden zivilisatorischen Bedeutung dieser Gabe
und die damit verbundene entsprechende Ausmalung eines Urzustan-
des aber ist damit noch nicht vorausgesetzt: dies, für attische Ansprüche das eigentlich Bedeutsame, scheint erst der orphischen Dichtung durch den Einfluß der sophistischen Kulturtheorie vorbehalten
gewesen zu sein [105].

Nicht unmöglich ist dabei, daß Einzelheiten des demetrischen Rituals eine Deutung des Mythos im Sinn sophistischer Kulturlehre mit-
angeregt haben: es finden sich jedenfalls vereinzelte Riten, welche als
Erinnerung an den voragrarischen Zustand ausgelegt werden konnten.
Die syrakusanischen Thesmophoriazusen, berichtet Diodor, feierten
ihr Fest, „indem sie in ihrer Aufmachung die altertümliche Lebens-
weise nachahmten" [106]. Einzelheiten über ähnliches Ritual berichten
andere Autoren: die athenischen Frauen wohnten die drei Thesmopho-
rientage in Laubhütten und saßen auf der Erde oder auf der στιβάς,
der urtümlichsten Sitzgelegenheit [107]. In Eretria wurde an den Thes-

---

[104] Kleingünther 35 f., vgl. Schwenn 221. Die These einer späten Einigung von
Athen und Eleusis ist in Frage gestellt durch R. A. Padgug GRBS 13, 1972,
135 ff.

[105] Ein viel früherer Ansatz aber bei Malten ARW 12, 441 f. (‚Zeit des Peisistratos
und seiner orphischen Berater'), Guthrie Orph. 134 f., F. Bräuninger, Persephone, RE 19, 950.

[106] Diod. 5, 4, 7 τῆι διασκευῆι μιμούμεναι τὸν ἀρχαῖον βίον. – ἀρχαῖος ‚urtüm-
lich, ursprünglich' Aesch. Ch. 281, Democr. VS 68 B 278 (ἀ. φύσις ‚Urzustand'
Diels), Hippocr. art. 53 (4, 236 Littré), Plat. symp. 193 C; ‚altväterisch'
Aesch. Pr. 317, Ar. nub. 984; instruktiv Soph. Trach. 555, wo der Kentaur
Nessos ἀρχαῖος θήρ genannt ist: der Kentaur repräsentiert die Natur vor der
Zivilisation, Kirk 152 ff.

[107] Laubhütten Ar. Thesm. 624 mit Schol., 658 (vgl. den Kommentar von J. van
Leeuwen, Leiden 1904, zu beiden Stellen, der sich S. 87 [zu 658] m. E. zu
Recht gegen den Kommentar von F. M. H. Blaydes, Halle 1880, 200 wendet,
welcher Schol. Theocr. 15, 16 herangezogen und an Marktbuden gedacht

mophorien das Fleisch von den feiernden Frauen nicht gebraten, sondern an der Sonne getrocknet[108]: das Fehlen von Feuer charakterisiert
nicht nur in Griechenland den kulturlosen Zustand[109]. Und wenn
A. Delattes These, daß Mörserkeule und Mörser im eleusinischen Ritual wichtig waren, zutrifft, so konnte auch das verstanden werden als
eine Erinnerung an die Einführung der Kultur, repräsentiert durch
den Getreidebau und die Verarbeitung des Brotgetreides[110]. Wenn die
orphische Dichtung solche Anregung nicht nur aus dem eleusinischen,
sondern aus weiterem demetrischen Ritual aufgegriffen hat, paßt das
zu den sonst festgestellten Eigenheiten: auch Baubo und Eubuleus
stammen nicht aus Eleusis.

Nach den vorangegangenen Überlegungen wäre das orphische Gedicht also nach dem ‚Triptolemos‘ des Sophokles, aber vor den ‚Fröschen‘ des Aristophanes entstanden. Eine vermutliche Abhängigkeit
von Sophokles kann diesen terminus post quem verdeutlichen. Das
Marmor Parium spricht von der ‚Menge derer, welche das Getreide
empfangen hatten‘[111]: man kann hinter dieser Formulierung einen Katalog wie denjenigen im ‚Triptolemos‘ vermuten. Daß dabei die Abhängigkeit auf Seiten des Orphikers ist, wird man annehmen wollen,
wenn man die Nachricht des Parischen Marmors mit den übrigen,
sophistisch beeinflußten Fragmenten des orphischen Liedes zusammenstellt.

---

hatte). – Am Boden Sitzen Plut. de Is. 69, 378 D. – Στιβάς in Athen Aelian.
n. a. 9, 26. Plin. nat. 24, 59. Schol. Nicand. Ther. 71. Diosc. 1, 103. Galen. de
simp. med. temp. 6, 1, 2 (Bd. 11 S. 808 Kühn). Eustath. ad Od. 9, 4, 53. Vgl.
Nilsson GrF 48 f.; in Milet Steph. Byz. s. v. Μίλητος. – Zu den Laubhütten
als Überrest primitiver Sitten Nilsson GrF 319 Anm. 1, zur Stibas, welche er
zu Diod. 5, 4, 7 stellt, ibid. 318; vgl. auch J. M. Verpoorten, RHR 162, 1962,
147 ff.

[108] Plut. quaest. graec. 31, 298 C, als Überrest primitiver Sitten verstanden von
Nilsson GrF 319, vgl. Harrison 130.

[109] Zum Gegensatz zwischen roh und gekocht Apollod. 2, 5, 4 (2, 83): der Kentaur Pholos tischt Herakles gebratenes Fleisch auf, αὐτὸς δὲ ὠμοῖς ἐχρῆτο;
vgl. Kirk 158. 161.

[110] A. Delatte, Le cycéon, breuvage rituel du mystère d'Eleusis, Paris 1955
(vorher BAB 40, 1954, 690 ff.). Aufgenommen von Burkert HN 300 f.

[111] MPar FGrHist 239 ep. 14 τὸ πλῆ]θος τῶν ὑποδεξαμένων τὸν καρπόν, vgl.
oben I 2 Anm. 88.

So wird das Gedicht von Demeters Einkehr in Eleusis in die Jahre
zwischen 468, dem Aufführungsjahr des ‚Triptolemos‘, und 405, demjenigen der ‚Frösche‘, datiert [112]. Nun gibt es ein Dokument genau aus
diesem Zeitraum, in dem die Ansprüche, die durch den dergestalt ver-
änderten Demetermythos impliziert sind, vom athenischen Staat aufgenommen und ganz Hellas gegenüber vertreten werden: das erste
Aparchedekret. Und gerade dieses Dekret nennt auch den Mann, der
jene Kreise repräsentieren kann, in denen man sich ein solches pseud-
epigraphisches Epos unter dem Namen des Orpheus gern entstanden
denkt: Lampon, den Seher, der einen Ergänzungsantrag zum Aparchedekret und zwei Anträge über attische ‚res sacrae‘ eingebracht hatte
und beauftragt wird, einen Gesetzesentwurf über die Aparche aus der
Olivenernte auszuarbeiten [113]. Dieser Lampon – kein anderer Träger
dieses Namens ist uns aus der zweiten Hälfte des fünften Jahrhunderts
in Athen bekannt [114] – läßt sich in seiner Tätigkeit über mehr als zwei
Jahrzehnte fassen. Er war als Seher und Orakeldeuter führend an der
Gründung von Thurioi im Jahre 444/443 beteiligt [115], hatte sich schon
vorher erst den Spott, dann die Bewunderung der Athener und die
Sympathien des Perikles gewonnen durch die Deutung eines Prodi-
giums, welche sich trotz der wissenschaftlichen Widerlegung durch
Anaxagoras bewahrheitete [116]. Etwa ein Vierteljahrhundert später
stand er an der Spitze jener Athener, welche den Nikiasfrieden be-
schworen [117]; und er hatte sich so um den athenischen Staat verdient

112 Wann der ‚Sisyphos‘ des Kritias aufgeführt wurde, ist unbekannt, terminus
ante quem ist also das Todesjahr des Kritias, 403, vgl. Xen. hell. 2, 4, 19
(= VS 88 A 12), Guthrie HGrPh 3, 301.
113 IG I² 76 (= LSCG 5), 47 ff. – Vgl. J. Kirchner, Prosopographia Attica, Berlin
2, 1903, Nr. 8996; E. Obst, Lampon, RE 12, 580 f.; P. Kett, Prosopographie
der historischen griechischen Manteis bis auf die Zeit Alexanders des Großen,
Diss. Nürnberg 1966, 54 ff.
114 SEG 23, 87, 28 ist ein Lampon als Vater eines Prytanen aus dem Demos
Myrrhinus genannt, 1. Viertel des 4. Jh.
115 Diod. 12, 10, 3. Schol. Ar. nub. 332. Phot. s. v. Θουριομάντις; Plut. rep. ger.
praec. 15, 812 D nennt allein ihn als Oikisten.
116 Plut. Per. 6, 2, 154 F (= VS 59 A 16); das legt seine Tätigkeit auf die Zeit
vor 443/2, dem Jahr des Ostrakismus von Thukydides, Sohn des Melesias.
117 Thuc. 5, 19, 2. 24, 1. – Noch 414 wird er von Ar. av. 521. 988 verspottet;
spätere Grammatiker stritten, ob er damals noch lebte, Schol. vet. in Ar. av.

gemacht, daß er mit der für einen Seher außergewöhnlichen Speisung im Prytaneion geehrt wurde[118]. So war er wohl von beachtlicher Autorität in religiösen Fragen: Aristoteles erzählt denn auch eine Anekdote, in welcher er als Experte für nicht weiter faßbare ‚Mysterien der Soteira' auftritt[119]. In der Umgebung eines solchen Mannes kann eine sakrale Dichtung, welche altes mythisches und rituelles Gut mit neuen sophistischen Ideen und den Ansprüchen der athenischen Außenpolitik verband, wohl beheimatet sein.

521. P. Kett, op. cit. (s. Anm. 113) 56 setzt das Todesjahr ‚nicht vor 410', nach E. Capps HSCP 15, 1904, 74.

[118] Schol. Ar. Pax 1084; Schol. R ad av. 521 (ed. W. G. Rutherford, London 1896, 1, 463). – Er mußte deswegen noch kein Exegete sein; daß Cratin. frg. 57/58 für diese seit H. Sauppe, Ind. lect. Gotting. 1880/81, 15 behauptete Stellung nicht beweiskräftig ist, zeigt J. H. Oliver, The Athenian expounders of the sacred and ancestral law, Baltimore 1950, 28, vgl. ders., AJPh 75, 1954, 171 Anm. 23; zur Problematik von IG I² 77 vgl. die Kontroverse zwischen Jacoby Atthis 8 et pass., vgl. FGrHist III b (Suppl.) 2, 182 f., und J. H. Oliver, The Athenian expounders etc. 140 f.; ders., AJPh 75, 1954, 169 ff., übernommen von M. Ostwald, AJPh 72, 1951, 34 ff., H. Bloch, AJPh 74, 1953, 407 ff.; ders. HSCP 62, 1957, 37 ff.

[119] Aristot. rhet. 3, 18, 1419 A 2. Es ist die Rede von der τελετὴ τῶν τῆς Σωτείρας ἱερῶν, die mit dem Schweigegebot belegt waren. Die Identifikation der Soteira ist ungewiß (vgl. oben II 1 Anm. 37), der Beiname ist in Athen für Artemis (IG II² 1343, 24. 40; 4695) und Athena (IG II² 3483. 5063; Schol. Ar. ran. 378) belegt, ein Heiligtum der Kore Soteira in Korydallos nach Ammon. de adfin. voc. diff. s. v. Κόρυδος (S. 84 Valkenaer).

V. Die orphisch-eleusinische Dichtung Athens

Als Demeter nach Attika kam ... gab sie eine zweifache Gabe, die aller-größte: das Getreide, welches schuld daran ist, daß wir nicht mehr wie die Tiere leben, und die Mysterien, welche allen Teilnehmern bessere Hoffnungen für ihr Lebensende und für alle Zeit schenken.

So lautet das ‚Argument aus dem Mythos‘, mit welchem Isokrates den in Olympia versammelten Griechen Athens Verdienst um die Menschheit beweisen wollte[1]. Beide Gaben, das kulturstiftende Getreide und die Mysterien, welche die ἐλπὶς ἀγαθή bewirkten, sind von Orpheus und den Seinen dichterisch dargestellt worden; über beide Gaben haben diese Gedichte Zentrales ausgesagt, vielleicht sogar eine neue Tradition gestiftet. Die orphische Dichtung Athens wäre also keine Poesie versteckter Winkelkulte, sondern bestimmend für die Glaubensvorstellungen der in Eleusis Eingeweihten, mithin der meisten Athener, gewesen? Sie hätte der politischen Ideologie Athens wichtige Argumente geliefert: daß nämlich Athen Heimat von Getreidebau und Kultur sei, woraus schon im ersten Aparchedekret Kapital geschlagen wurde, und daß Athen Mysterien beherberge, deren schützender Wirkung sich sogar ein Herakles bedient hätte, als er den Kerberos aus dem Hades holte, was der Daduch Kallias in seiner Rede vor den versammelten Spartanern im Jahre 371 hervorzuheben nicht unterließ[2]. Hier freilich müssen wir einschränken: ob die beiden einschneidenden Änderungen eines überkommenen Mythos (auch daß der gewaltige Alkide nicht mehr auf seine Körperkräfte sich verläßt, vielmehr zu τελεταί Zuflucht nimmt, ist einschneidend genug) wirklich zum erstenmal in einem Gedicht unter dem Namen des Orpheus oder des Musaios ausgesprochen wurden, ist ungewiß. Sicher aber ist, daß beides spätestens im fünften Jahrhundert hier behandelt wurde, daß mithin diese Gedichte und ihre Verfasser nicht abseits ihrer zeitgenös-

---

[1] Isocr. 4, 28.
[2] Xen. hell. 6, 3, 6; vgl. M. P. Nilsson, Cults, myths, oracles and politics in ancient Greece, Lund 1951, 91. GGrR 1, 665; Kerényi (1962) 115.

sischen Umwelt standen. Das Demetergedicht stellt sich denn auch in
eine attische Demeterdichtung, unter deren Pseudepigrapha – neben
dem homerischen und dem orphischen Hymnus – etwa Gedichte des
Musaios[3], des Eumolpos[4] und des Pamphos[5], „der den Athenern die
allerältesten Hymnen dichtete"[6], genannt sind. Kanonisch wurde die
orphische Fassung nie.

Dasselbe gilt für das Jenseitsgedicht. Zwar fehlt hier in Athen die
konkurrenzierende Dichtung, und dementsprechend nimmt schon
Aristophanes intensiv darauf Bezug, bestimmen die in ihm ausgemal-
ten eschatologischen Bilder in zunehmendem Maße die Vorstellung,
welche sich der eleusinische Myste vom Jenseits machte. Doch sahen
wir, daß noch in der späteren Antike sich eine spezifisch eleusinische
Tradition fassen läßt, welche von Jenseitsstrafen nichts weiß und die
Hoffnungen sehr allgemein formuliert. Zwar war die orphisch-eleusinische Dichtung Athens sakral, sakrosankt aber war sie nicht.

In ihrem Verhältnis zum eleusinischen Ritual aber unterscheiden
sich Katabasengedicht und Demetergedicht. Dieses bezieht sich auf
einzelne rituelle Gegebenheiten, aufgrund derer es den überkommenen Mythos in Einzelheiten umgestaltet, wobei der Rahmen des eleusinischen Rituals mehrfach überschritten wird; jenes sieht, soweit wir
das erkennen können, von Einzelheiten des Rituals ab – eine rituelle
Katabase fehlt in Eleusis – und schafft im Rahmen eines vorgegebenen
Genos mythologischer Dichtung, der Katabase, einen Mythos zum
dichterischen Ausdruck dessen, was der Myste als Effekt der Zeremonien erfuhr: die εὐδαιμονία, die ἐλπὶς ἀγαθή spiegeln sich in den Blumenwiesen, dem klaren Licht, dem Glück des unaufhörlichen Festes
im Jenseits: Einzelheiten aus uneleusinischen, orphisch-pythagoreischen
Jenseitsvorstellungen, auf Eleusis übertragen. Wenn auf der Gegenseite Schlamm und ewiges Wassertragen dem Ungeweihten drohen,
malt das jenes unbestimmte ‚nicht gleiche Schicksal' des Demeterhym-

---

[3] VS 2 B 20 (= Paus. 4, 1, 5) für die Lykomiden.

[4] Suid. s. v. Εὐμολπίδαι.

[5] Paus. 1, 38, 3. 39, 1. 8, 37, 9. 9, 31, 9; die Anlehnungen an Hom. h. Cer. werden 1, 38, 3 (für uns unklar). 8, 37, 9 notiert. – Das Alter der Pamphosdich-
tung ist unklar, hellenistisch nach P. Maas, Pamphos, RE 18, 2, 352 nach Paus.
7, 21, 9, dem einzigen erhaltenen Vers.

[6] Paus. 7, 21, 9: ist das eine Polemik gegen Orpheus, vgl. III 4 Anm. 33?

nus[7] aus, welches dem Mysten seine Vorzugsstellung bestätigte; es sollte zudem, wie ausgeprägter bei den Orpheotelesten, der Propaganda dienen, fügt sich so in eine Dichtung, welche Herakles ohne Einweihung nicht in die Unterwelt gehen läßt. Selbst in der ethisierten Form, welche, angeregt durch das orphisch-pythagoreische Vorbild, dem Ritus ferner, wenn nicht gar feindlich gegenüber stand, wird durch den Richter Triptolemos und den Dichter Eumolpos auf Eleusis Bezug genommen.

Der Nähe zu Eleusis und seinem Ritual entspricht ein Abstand von dem, was sonst als orphisch überliefert ist. Das ließ schon das Fehlen des Dionysos (trotz den ‚Bakchika' des Eumolpos) vermuten; die Demeterdichtung bestätigte es. Symptomatisch ist hier, daß sich Eubuleus, Demeters Helfer, von seinem in den orphischen Hymnen bekannten Homonymen abhebt durch die deutliche Nähe zum eleusinischen Kult; Verbindungen aber zur Demeter-Kore-Episode der Rhapsodischen Theogonie lassen sich keine herstellen: gerade Kores Weben, dort von ziemlicher Bedeutung, fehlt hier völlig; umgekehrt ist dort, soweit die spärlichen Fragmente diesen Schluß erlauben, von Eleusinischem nicht die Rede[8].

Noch deutlicher aber wird dieser Abstand von der sonstigen Orphik in der Jenseitsdichtung. Wer in Eleusis geweiht war, erwartete die Vorzugsstellung im Jenseits für sich persönlich: es fehlt eine Seelenlehre[9], erst recht die Seelenwanderung, wie sie in orphisch-pythagoreischer Spekulation wohl in Verbindung mit dem Mythos von der Zerreißung des Dionysos ausgestaltet war. Dementsprechend wird in der eschatologischen Dichtung das Jenseits zweigeteilt: Eingeweihte erwartet ein Ort voller Freuden, Ungeweihte einer voller Übel. Die ethisierte Form folgt dem, wenn sie allein von Gerechten und Ungerechten spricht (daß die Mysten unter den Gerechten nochmals ausgezeichnet werden, ist eine Konzession an Eleusis). Die Dreiteilung aber, wie sie bei Pindar und Platon sich fand, ist durch die Lehre von der

---

[7] Hom. h. Cer. 481 f., oben III 1 Anm. 2.

[8] Kern Orph. frg. S. 217 ff. (F 190–198); das Weben Kores F. 192. 193. 196, zum kultischen Hintergrund Apollod. FGrHist 244 frg. 89.

[9] Der Glaube an das persönliche Weiterleben kann nicht als solche gelten; er ist uralt, vgl. Dodds 136 f. 157 Anm. 4, van der Leeuw 312 ff., E. O. James, Religionen der Vorzeit, Köln 1960 (engl. London 1957), 128 ff.

Seelenwanderung bestimmt. Die orphisch-eleusinische Dichtung über-
nimmt von ihrem orphisch-pythagoreischen Vorbild die einzelnen Vorstellungen, nicht das ganze Bild; die Übernahme geschah in bewußter
Anlehnung an die Jenseitshoffnung, wie sie die Mysterien evozierten,
mit dem Willen also, zum eleusinischen Ritual ein dichterisches Pen-
dant zu schaffen. Das legitimiert das Vorgehen von Pausanias, der
beide, τὴν Ἐλευσῖνι τελετήν und τὰ καλούμενα Ὀρφικά, wie zwei
Aspekte derselben Sache nennt [10].

Wenn sich diese Dichtung dergestalt von Orphischem abhebt, darf
sie dann orphisch genannt werden? Wenn man die Orphik allein als
festes Lehrgebäude auffaßt, etwa mit dem Zerreißungsmythos des
Dionysos als Fundament, auf welchen Theo- und Kosmogonie ausge-
richtet sind und auf dem Eschatologie und diätetische Vorschriften für
einen βίος Ὀρφικός aufruhen, dann ist die uns beschäftigende Dichtung unorphisch. Ein solches Bild der Orphik aber hat die neuere
Forschung als Illusion enthüllt [11]. Wir sahen, daß τὰ Ὀρφικά die Gedichte waren, welche unter dem Namen des Orpheus umliefen. Dieser
Name schließt so disparate Gebilde wie die Kosmogonie von Derveni,
die Bücher, welche Platons Orpheotelesten benutzten, das orphische
Hymnenbuch und die Argonautika und Lithika zusammen. Wir haben
weiter gesehen, daß Musaios und wohl auch Eumolpos eng mit dieser
Dichtung verbunden werden müssen; die im Laufe der Untersuchung
zutage getretenen motivischen Übereinstimmungen haben dies bestätigt.

---

[10] Paus. 1, 37, 4, vgl. oben I 2 Anm. 4.

[11] Dieses Bild ist schon bei Rohde zu fassen (2, 111 „die orphische Secte hatte
eine bestimmte festgestellte Lehre"), gilt etwa für J. E. Harrison (454 ff., vgl.
473 „apart from it [sc. ‚the cardinal doctrine of Orphism'] Orphic rites lose
all their real sacramental significance"), Kern, Lagrange und Ziegler; auch
Nilsson Op. 2, 628 ff. und Guthrie zeigen sich nicht unbeeinflußt davon. Nach
dem extremen Skeptizismus des späten Wilamowitz (GdH 2, 197 „die Modernen reden so entsetzlich viel von Orphikern"), dem Thomas folgt, setzt
Nilsson zur Neuorientierung ein (Op. 2, 629 „the endeavour to elaborate a
system of Orphic doctrines ... failed"), Festugière (RBibl 44, 1935, 366 ff.
REG 49, 1936, 306 ff.) geht darin bedeutend weiter, Linforth rechnet – oft
hyperkritisch – mit der Forschung ab. Das so gewonnene Orphikerbild repräsentieren etwa Dodds 147 ff. und Moulinier (115 „l'Orphisme, à l'époque
classique, n'est pas une doctrine").

So präsentiert sich die orphisch-eleusinische Dichtung Athens als facettenreiches Gebilde, welches nicht zu trennen ist vom geistigen und politischen Leben Athens zwischen Peisistratos und Demetrios. Als pseudepigraphische Dichtung im Umkreis der eleusinischen Mysterien bestand ihr Anliegen darin, das eleusinische Ritual und den eleusinischen Mythos, beide Jahrhunderte alt, interpretierend der jeweiligen Gegenwart offen zu halten: dergestalt Anliegen und Werk wenn schon nicht ‚der Vorsteher der Mysterien, besonders der attischen' [12], so doch wohl eines Kreises von Männern, der sich verbunden fühlte mit Athen und seinen Mysterien.

---

[12] F. Creuzer, Symbolik und Mythologie der alten Völker, besonders der Griechen, Leipzig/Darmstadt ²1819, 1, 202.

Exkurse

I. Iakchos und Eumolpos. Katalog der keramischen Darstellungen

Die Literaturangaben sollen lediglich auf ausführliche Bibliographien verweisen und dort noch nicht Angeführtes nachtragen.

ATHEN, Nationalmuseum
1. Pinax der Niinnion, 11036 (CC 1698). Metzger, Rech. 31 Nr. 70. Kerényi (1967) 62 Abb. 15. Simon 114 Abb. 108.
2. Hydria 1443 (CC 1851), aus Kreta. Metzger, Rech. 39 Nr. 30, T. 19, 1. Kerényi (1967) 160 Abb. 48.
3. Hydria 17297. Metzger, Rech. 41 Nr. 38, T. 19, 2.
4. Skyphos 1341 (CC 1355), dreihenklig. ARV² 1517, 10.
5. Skyphos 11037, Frg. ARV² 1475, 8. Kerényi (1967) 123 Abb. 35.

ATHEN, Museum der Fethiye Cami
6. Lekanis 1961, Deckelfrg. Metzger, Rech. 37 Nr. 17, T. 16, 2.

BOSTON, Museum of Fine Arts
7. Stamnos (?) 03. 842, Frg. ARV² 1315, 2. Metzger, Rech. 16 Nr. 31. Simon, AntKu 9 T. 20, 2.

ELEUSIS, Museum
8. Pinax. Metzger, Rech. 36 Nr. 15, T. 16, 1. Kerényi (1967) 129 Abb. 38.

ISTANBUL, Museum
9. Hydria, aus Rhodos. Schefold, UKV 18 Nr. 152, T. 1, 2; Abb. 26. 34. Mylonas. AEφ 1960, 112 f., Abb. 21. Kerényi (1967) 164 f., Abb. 51.

LENINGRAD, Museum der Ermitage
10. Reliefhydria 51659, aus Cumae. Metzger, Rech. 40 Nr. 36, T. 20 bis 22. Kerényi (1967) 166 f. Abb. 52 f.
11. Pelike 1792, aus Kertsch. ARV² 1476, 1. 1695. Mylonas Abb. 85; AEφ 1960, 98 Abb. 10. 111 Abb. 20. Kerényi (1967) 163 Abb. 50. Beazley, Par. 496.

LONDON, British Museum
12. Glockenkrater F 68 (sog. Krater Pourtalès). ARV² 1446, 1. Metzger, Rech. 39 Nr. 27. Kerényi (1967) 156 Abb. 45. Beazley, Par.
492.
LYON, Musée des Beaux Arts
13. Hydria (sog. Tyskiewicz-Hydria). Metzger, Rech. 37 Nr. 18, T. 17.
Kerényi (1967) 161 Abb. 49.
PARIS, Louvre
14. Relieflekythos CA 2190. Metzger, Rech. 36 Nr. 16, T. 15. Kerényi
(1967) 168 Abb. 54.
SOFIA, Nationalmuseum
15. Lekythos aus Apollonia. Metzger, Rech. 41 Nr. 39, T. 23.
TÜBINGEN, Universität
16. Lekanis E 183, Deckelfrg. ARV² 1477, 7. Mylonas, AEφ 1960, 94
Abb. 7. Kerényi (1967) 159 Abb. 47. Beazley, Par. 496.
Verschollen
17. Pelike, ehem. Smlg. Sandford-Graham. Metzger, Rech. 34 Nr. 2,
T. 14, 1. Nilsson, GgrR 1 T. 53, 2.

II. Oknos

Seitdem A. Furtwängler die Darstellung des sitzenden Alten und
seines Esels auf der Palermitaner Lekythos durch die Kombination mit
Apuleius (met. 6, 18) erklärt und ihn mit dem seit Polygnots Unterweltsbild bekannten unterweltlichen Seilflechter Oknos gleichgesetzt
hat [1] (eine Benennung, in der ihm K. O. Müller voraufgegangen war [2],
die sich aber damals gegen den Einspruch von O. Jahn nicht hatte halten können [3]), ist die Deutung des Alten auf der Lekythos als Oknos,
hier wie bei Apuleius Holzsammler und Eseltreiber, und die Ansicht,
dies sei dem Seilflechter gegenüber eine frühere Form der Sage, prak-

---

[1] A. Furtwängler, AA 5, 1890, 24 f.; ARW 8, 1905, 197 f. = KlSchr, München
2, 1913, 126, die Lekythos oben III 2 Anm. 88.
[2] K. O. Müller, Handbuch der Archäologie der Kunst, Breslau ³1848, 626.
[3] O. Jahn, Archäologische Beiträge, Berlin 1847, 125 Anm. 10.

tisch Allgemeingut der Wissenschaft geworden [4]. Zwar hat schon
R. Helm dagegen protestiert, ist aber unbeachtet geblieben [5]; erst
W. G. Arnott hat ausführlich gegen diese opinio communis Stellung
bezogen [6], sich freilich fast nur auf eine Deutung der Apuleiusstelle
beschränkt: so scheint es nicht überflüssig, die Frage noch einmal,
diesmal besonders im Blick auf die Palermitaner Lekythos, zu er-
örtern.

Es sind zwei Beziehungen, welche unabhängig voneinander über-
dacht werden müssen: einmal der behauptete Zusammenhang zwischen
der Lekythos und Apuleius, zum andern derjenige zwischen der Lekythos und der bekannten Gestalt des Seilflechters, dem allein in der
ganzen antiken Tradition der Name Oknos gegeben wird.

Arnott lehnt, wie vor ihm schon Helm, eine Beziehung zwischen
Vasenbild und Apuleius ab. Bei Apuleius nennt der sprechende Turm,
welcher Psyche Anweisungen für ihre Katabase gibt, unter den drohen-
den Gefahren der Unterwelt „einen hinkenden Esel, der Holz trägt,
und seinen ihm ähnlichen Treiber", der sie bitten werde, ihm von der
herabrutschenden Holzlast einige Scheiter zu reichen [7]; Psyche solle
schweigend weitergehen. Die Unterschiede zum Bild auf der Lekythos
sind deutlich, hauptsächlich derjenige, daß der Esel ohne jede Last
gezeichnet ist, wie er, in die Vorderbeine gesunken, hinter dem Rücken
des sitzenden Alten Maul und Nüstern auf den Boden preßt, wie wenn
er weiden würde. Die Holzlast, diesmal völlig herabgefallen, wollte
Furtwängler in vier schrägen Strichen sehen, welche vor dem Alten
gemalt sind, der sie zu betrachten scheint. Doch ist merkwürdig, daß
die Holzlast so dargestellt worden wäre, eine Last zudem, welche weit
vor dem Esel liegt, der sich, rückwärts weidend, langsam entfernt
hätte: daß man sich die Sache so zurechtlegen muß, zeigt den Pferde-

[4] Nach Furtwängler zuerst bei O. Rossbach, RhM 48, 1893, 597, dann in allen
    Handbüchern, vgl. PR 1, 824; Höfer RL 3, 824; J. Schmidt RE 17, 2383;
    A. Gallina EAA 5, 622.
[5] R. Helm, NJbA 33, 1914, 204 Anm. 4 = Amor und Psyche (Wege der
    Forschung 126) Darmstadt 1968, 226 Anm. 154.
[6] W. G. Arnott, Cl&M 23, 1962, 233 ff.
[7] Apul. met. 6, 18 iamque confecta bona parte mortiferae viae continaberis clau-
    dum asinum lignorum gerulum cum agasone simili, qui te rogabit, decidentis
    sarcinae fusticulos aliquos porrigas ei.

fuß. Arnotts Vorschlag, daß mit den vier schrägen Parallelstrichen Binsen dargestellt worden wären, erscheint freilich unverbindlich [8]; andere haben an Wasser gedacht [9].

Nicht ohne Bedeutung ist der Kontext bei Apuleius. Die Episode mit dem Eseltreiber stellt sich zu zwei ähnlichen Begegnungen [10], und alle drei sind symmetrisch zum Unterweltsfluß angeordnet. Wie Psyche unmittelbar vor dem Fluß den Alten mit seinem Esel trifft, so begegnen ihr bei der Überfahrt ein schwimmender Greis, am andern Ufer drei alte Weberinnen; alle bitten Psyche um Hilfe, an allen muß sie schweigend und ungerührt vorbeigehen [11]. Der Vergleich mit außergriechischen Parallelen des Märchens hat möglich erscheinen lassen, daß das Motiv der Begegnung mit einem Hilfesuchenden – einmal ist es eine alte Wollkarderin – schon alt ist, schon Apuleius vorgelegen haben kann. Freilich ist sonst immer davon die Rede, daß die Hilfe geleistet werden muß, und eine dem Eseltreiber irgendwie verwandte Gestalt hat sich nirgends gezeigt [12].

Die Unterschiede zwischen dem Vasenbild und dem Märchen sowie die mögliche Ableitung des Holzsammlers aus der Märchenmotivik lassen es wenig geraten erscheinen, beide zu verbinden. Auch ist im Falle des Holzsammlers die Verbindung mit ὀκνεῖν und die Art der Beschäftigung, auf der Lekythos doch wohl eine Strafe, nicht einsichtig. Freilich assoziiert die Antike einen unterweltlichen Mann mit Esel wohl zuerst mit Oknos, was unten zu zeigen sein wird: nicht unmöglich ist, daß Apuleius oder seine Vorlage ein vorgegebenes Motiv der Begegnung mit einem Hilfesuchenden in freier Anlehnung an Oknos ausgeführt haben könnte [13].

Der Seilflechter und sein Esel begegnen seit dem Hadesbild des Polygnot. Die Bezeugungen zeigen eine Reihe konstanter Züge: der

[8] W. G. Arnott l. c. 238.
[9] So A. B. Cook, JHS 14, 1894, 97 Anm. 100; R. Helm l. c.
[10] W. G. Arnott l. c. 239 f.
[11] Apul. met. 6, 18 f., vgl. 20 transitoque per silentium asinario debili ... neglecto supernatantis mortui desiderio et spretis textricum subdolis precibus ...
[12] W. G. Arnott l. c. 241 ff.; es handelt sich durchgehend um skandinavische Parallelen.
[13] Demgegenüber lehnen R. Helm und W. G. Arnott ll. cc. jede Verbindung zwischen Oknos und Apuleius ab.

wohl bemerkenswerteste ist, daß sich Oknos nur im Hades findet. Das sagen fast alle schriftlichen Zeugnisse [14], und die Darstellungen, die erst in römischer Zeit zahlreicher sind, zeigen durch die Umgebung an, wo wir uns die Szene vorzustellen haben [15]. Die einzige mögliche Ausnahme, ein Gemälde aus dem Kolumbarium Pamfili, welches Mann und Esel vor einen Hintergrund von höchst irdischen Tempeln und Häusern stellt, zeigt den Mann nicht flechtend, sondern, den Esel vor sich, auf einem Stein ausruhend: wenn auch der Esel scheinbar an einem Strick frißt, fehlt doch die bezeichnende Tätigkeit [16]. Weil zudem diese Darstellung, einziges vielleicht auf das Jenseits beziehbares Bild jenes Kolumbariums, an einem Ort außerhalb des mythologischen Malereien reservierten Frieses angebracht ist, an dem nach der Gesetzmäßigkeit in der Bemalung jener Wände eine Landschaft zu erwarten wäre [17], und weil auch ihr Stil nicht mit dem mythologischen Fries, sondern mit den landschaftlich-dekorativen Bildern zusammengeht [18], wird man der schon früher geäußerten Vermutung, es handle sich um eine ,Landschaft mit ausruhendem Eseltreiber' [19], beistimmen müssen.

[14] Phot. Suid. s. v. ὄνου πόκαι = Cratin. frg. 348; Diod. 1, 97, 2; Plut. de tranqu. an. 14, 473 C; Paus. 10, 29, 1; nicht explizite Prop. 4, 3, 21; Plin. nat. 35, 137; der Konjektur von Bergk und Meineke, die Ar. ran. 186 auf Oknos anspielen läßt, kann ich mit Radermacher 163 nicht folgen. – Zusammen mit dem Motiv von Tantalos findet sich das Oknos-Motiv auch in der Hadesbeschreibung des ägyptischen Romans von Setna (Setna II, überl. auf einem Pap. des Brit. Mus. [D. C. IV] des 2. Jh. n. Chr.), vgl. die Übersetzung bei E. Bresciani – S. Donadoni, Letteratura e poesia dell'antico Egitto, Turin 1969, 628 f. Die Abhängigkeit vom Griechischen zeigt sich auch in der Deutung des Oknos-Motivs, die mit Paus. l. c. zusammenstimmt. Vgl. I. Lévy, La légende de Pythagore de Grèce en Palestine, Paris 1927, 191; M. Pieper, ZÄS 67, 1931, 72; J. Zandee, Death as an enemy, Leiden 1960, 299 Anm. 9; vgl. auch A. Erman, Die ägyptische Religion, Berlin ²1909, 252. Vgl. oben III 2 Anm. 161.

[15] Zusammengestellt: J. Schmidt, RE 17, 2384; A. Gallina, EAA 5, 622.

[16] Abgeb. Monumenti della Pittura Antica III 5, Rom 1941, 20 T. agg. 3 e (darnach Detail EAA 5, 622 Abb. 777).

[17] Vgl. E. Samter, RM 8, 1893, 110; freilich ist diese Gesetzmäßigkeit nicht streng durchgeführt.

[18] ibid. 125. 140.

[19] M. Rostowzew, RM 26, 1911, 27; vgl. schon Samter l. c. 142 ,quasi un paesaggio'.

Diese römischen Bilder stellen Oknos eng mit den Danaiden zusammen, sei es, daß Danaiden und Oknos allein dargestellt[20], sei es, daß beide mit weiteren Hadesbewohnern zu einer ganzen Nekyia komponiert werden[21]. Die Danaiden fehlen lediglich auf einem fragmentarischen Unterweltsbild, ehemals im Lateran[22].

Schließlich scheint Oknos (neben der Bühne[23]) besonders der Malerei anzugehören. Außer den erhaltenen drei (oder vier) Malereien römischer Zeit, denen drei (oder zwei) Reliefs gegenüberstehen[24], werden zwei malerische Darstellungen des Oknos in der Literatur genannt, und Plutarch führt ihn geradezu als typisches Motiv der Malerei an[25].

Mit diesen gemeinsamen Zügen stimmt nun das Bild der Palermitaner Lekythos, deren genaue Deutung nach der Trennung vom Eseltreiber des Apuleius unsicher ist, erstens darin überein, daß Mann und Esel in der Unterwelt gedacht sind: nach dem Ausweis der Münchner Amphora[26], des Hadesbildes von Polygnot[27] und des Platonischen ‚Gorgias‘[28] (um von den späteren Danaiden ganz zu schweigen) sind die Wasserträger allein im Hades anzusiedeln. Es stimmt weiterhin die Kombination mit ebendiesen Wasserträgern, deren spätere Ablösung

---

[20] Gemälde aus der Isola Sacra von Ostia, Not. Scav. 4, 1928, 155, vgl. U. von Wilamowitz-Moellendorff, SIFC 7, 1929, 95 (KlSchr V 1, Berlin 1937, 528). – Sarkophag der Villa Giulia, Rend. Cont. Pont. Acc. Arch. 29, 1956/7, 126 fig. 12, vgl. F. Cumont, Recherches sur le symbolisme funéraire des Romains, Paris 1942, 29 Anm. 3. – Vielleicht Ara oder Puteal im Vatikan, Helbig-Speier 1 Nr. 545.

[21] Zeichnung Pighi (nach Sarkophagrelief?) RL 3, 823; Gemälde des Kolumbariums des Pomponius Ila (Colombario Campana) Mem. Acc. Linc. s. VIII 1, 1948, 372 (stark zerstört).

[22] Gemälde aus Ostia, Helbig-Speier 1 Nr. 1156 (Oknos, Orpheus, Eurydike, Pluton).

[23] Vgl. W. G. Arnott l. c. 233 Anm. 3; Arnott vermutet auch bei Paus. 10, 29, 3 eine Erinnerung an die komische Bühne.

[24] Die Pighische Zeichnung ist nicht sicher zuzuordnen.

[25] Gemälde des Polygnot Paus. 10, 29, 1; des Nikophanes (oder Sokrates) Plin. nat. 35, 137. – Vgl. Plut. de tranq. an. 14, 473 C (ὁ ἐν Ἅιδου ζωγραφούμενος σχοινοστρόφος).

[26] ABV 316, 7, oben III 2 Anm. 86.

[27] Paus. 10, 29, 1.

[28] Plat. Gorg. 493 A.

durch die Danaiden Plutarch bezeugt [29], und es stimmt dazu, daß wir auch hier ein Werk der Malerei vor uns haben. So möchte man gerne den alten Mann des Vasenbildes ebenfalls Oknos nennen – im Wissen darum, daß seine Tätigkeit, auch wenn der Esel wirklich fressen sollte, nicht gedeutet ist, daß er aber kaum ein Seil flicht.

Auf Oknos führt auch eine weitere Überlegung. Ich nannte oben die feste Verbindung von Oknos und Unterwelt ‚bemerkenswert‘: deshalb, weil Oknos als Personifikation weit weniger zur Verbüßung einer post-mortem-Strafe prädestiniert erscheint als die heroischen Frevler oder die ungeweihten Sterblichen. Daß aber seine Tätigkeit als Strafe, als ein sinnloses Sichabmühen wie das Steinewälzen und das Wassertragen, zu verstehen sei, nicht als eine Allegorie des ὄκνος im selben Sinne, wie seit dem fünften Jahrhundert eine Allegorie des καιρός bekannt ist [30], scheint vorauszusetzen, ergibt sich auch aus der Zusammenstellung mit den andern Büßern; und eine direkte Beziehung zwischen der Tätigkeit des Oknos und dem zugrundeliegenden Nomen ὄκνος kann nicht hergestellt werden. Wie aber kam Oknos in den Hades? Anders: wie kann ‚Zaudern, Zögern‘ zur Jenseitsstrafe führen? Es scheint nur eine Antwort zu geben: allein das Zögern, sich in die Mysterien einweihen zu lassen, das Zaudern vor einer für die ganze Existenz grundlegenden Entscheidung, führt in den Augen des Geweihten dann, wenn der Zögernde ungeweiht stirbt, in ewige Verdammnis [31].

Wenn so Oknos und Mysterien zusammengebracht werden müssen, so paßt auch dies auf die Lekythos, deren Wasserträger doch wohl ungeweiht Verstorbene sind: in diesem Mysterienmilieu bleibt allein die

---

[29] Plut. conv. sept. sap. 16, 160 A ersetzt trotz deutlicher Abhängigkeit von Plat. Gorg. 493 AB (Helmbold-O'Neil 57) die wassertragenden Ungeweihten Platons durch die Danaiden.

[30] Vgl. Frazer Paus. 5, 378 gegen die Versuche, eine Verbindung zwischen der Darstellung und dem Namen zu konstruieren.

[31] Vgl. schon A. B. Cook, JHS 14, 1894, 100 (weil der Esel in besonderer Beziehung zu den Wassern der Unterwelt stehe – abgelehnt bei Hitzig-Blümner ad loc.); Harrison 617 (nach Ar. ran. 159). – G. Méautis, Recherches sur le pythagorisme, Neuenburg 1922, 77 ff. nennt die Fabel von Oknos eine pythagoreische Legende und versteht den Holzsammler als Illustration eines Akusma (D. L. 8, 17; vgl. Burkert WuW 156 Anm. 44); freilich befiehlt das Akusma, was der Turm Psyche verbietet.

Benennung Oknos, der dann denselben, wohl unteritalienischen My-
sterienkreisen zuzurechnen ist [32].

Wenn sich aber die Mysterienbindung löste, in welcher die Erklärung der merkwürdigen Gestalt vorgegeben war, so mußte die
Fabel vom Seilflechter und seinem gefräßigen Esel, als solche vielleicht
in irgendeiner Form auch außerhalb der Mysteriengemeinden bekannt [33], neu gedeutet werden. Diese neuen Interpretationen sind be-
liebig möglich: es stimmen denn auch nicht alle antiken Deutungen
miteinander überein [34].

III. Baubo und ihr Anasyrma

Quantumvis leves sunt et turpiculi (sc. hi versus), multum tamen et forte plus
satis elaborarunt viri docti in illorum vel lectione vel sententia constituenda.

Gesner [1]

Die Verse des Orpheus, welche Clemens als Beleg seiner Erzählung
von Baubos unanständiger Geste zitiert, lauten in der Lesung Stählins
(protr. 2, 21, 1 p. 16, 13), welcher Kern im wesentlichen folgt (Orph.
frg. 52):

ὣς εἰποῦσα πέπλους ἀνεσύρετο, δεῖξε δὲ πάντα
σώματος οὐδὲ πρέποντα τύπον· παῖς δ' ἦεν Ἴακχος,
χειρί τέ μιν ῥίπτασκε γελῶν Βαυβοῦς ὑπὸ κόλποις·
ἡ δ' ἐπεὶ οὖν ἐνόησε θεά, μείδησ' ἐνὶ θυμῷ,
5 δέξατο δ' αἰόλον ἄγγος, ἐν ὧι κυκεὼν ἐνέκειτο.

4 ἐνόησε Hermann μείδησε codd. Kern. – Ceterarum lectionum emendationum-
que catalogos v. ap. St. et Kernium.

[32] Dabei bezeugt aber Polygnot die wohl weitere Verbreitung.
[33] Frazer Paus. 5, 377 führt eine bemerkenswerte Parallele aus den indischen
Jatakas an, wo lediglich der fressende Esel durch den fressenden Schakal ersetzt ist; die Deutung ist dieselbe wie bei Paus. 10, 29, 2. Abhängigkeit von
Griechenland vermutet freilich F. Boll, ARW 19, 1916/19, 156; vgl. die
sichere Abhängigkeit des ägyptischen Setna-Romans, oben Anm. 14.
[34] Häufig ist die allgemein gehaltene Deutung als sinnloses Sichabmühen, vgl.
Suid. Phot. s. v. Ὄνου πόκαι. Paus. l. c. führt außerdem die auch im Indischen
bekannte Geschichte vom fleißigen Mann und der verschwenderischen Frau
an, Plut. de tranq. an. 14, 473 C wendet das Gleichnis auf den Unbesonnenen
an, der in den Tag lebend alle seine Taten sogleich dem Vergessen anheimgibt.
[1] Zit. von G. Hermann, Orphica, Leipzig 1805, 475 f.

Diese Verse sind, zusammen mit der ganzen Erzählung, noch zweimal überliefert. Davon ist Euseb. praep. ev. 2, 3, 30 ff. eine wortgetreue Übernahme aus Clemens, also nur insofern von Interesse, als dadurch die Annahme von Korruptelen im schwer verständlichen Text des Orpheus wenig wahrscheinlich wird, falls man nicht damit rechnet, daß schon Clemens eine korrupte Handschrift des Orpheus benutzt oder Eusebios aus derselben korrupten Handschrift des Clemens abgeschrieben habe, welche Archetyp unserer Überlieferung wurde [2]. Wichtiger ist die lateinische Umsetzung der Clemensstelle durch Arnobius, adv. nat. 5, 25. Die beiden Texte unterscheiden sich, abgesehen von den rhetorischen Aufblähungen des Arnobius, in folgenden zwei bezeichnenden Punkten [3]: Einmal in der Motivation von Baubos Geste: bei Clemens enthüllt sie sich aus Ärger, weil sie sich gekränkt fühlt (daß Demeter darüber lacht, ist eine der Merkwürdigkeiten der Erzählung), bei Arnobius, um die trauernde Göttin zu erheitern [4]. Zum andern im Gestus selber: bei Clemens spontanes Anasyrma zum Ausdruck von Ärger und Verachtung [5], wird er bei Arnobius lange und umständlich vorbereitet, indem Baubo ihrem Abdomen die Gestalt eines ‚nondum duri atque histriculi pusionis' [6] gibt.

[2] Letzteres wird angenommen von A. Ludwich, Jb. class. Phil. 141, 1890, 51.

[3] Vgl. A. Röhricht, De Clemente Alexandrino Arnobii in irridendo gentilium cultu deorum auctore, Diss. Kiel 1892, 34 f.

[4] Was selbst von Lobeck 2, 818 ff. (‚a Baubus vel Iambae facto ludicro' 2, 826) übersehen, aber schon von L. Preller, Demeter und Persephone, Hamburg 1837, 136 angemerkt wurde.

[5] Verachtung nach Artemid. onir. 4, 44, vielleicht auch Plut. apophth. Lac. 241 B. – Bei Plut. kann der Gestus vielleicht auch als Übersteigerung des die Brüste Zeigens (etwa Hom. Il. 22, 80) verstanden werden, eine solche Umkehr gängiger Werte scheint in den apopth. Lac. auch sonst wichtig; ebenso zu verstehen ist es wohl auch bei Plut. de mulier. virt. 9, 248 B (vgl. aber Reinach 4, 117 Anm. 2), während Schol. Lycophr. 1385 vielleicht nichts mehr als eine schlüpfrige Anekdote ist.

[6] Arnob. adv. nat. 5, 25 p. 281, 14 Marchesi. – Die Handlung Baubos bezeichnet Arnob. 5, 35 als ‚novatio', eine in der Antike besonders bei Frauen verbreitete kosmetische Operation, vgl. Georges s. v., H. Blümner, Die römischen Privataltertümer (Hdb. d. AW. IV 2, 2) München 1911, 438 f. – In histriculus muß trotz Corp. Gloss. Lat. 2, 68, 58 keine obszöne Bedeutung stecken, vgl. Tert. pall. 4, 2.

Der Schlüssel zum Verständnis dieser Unterschiede liegt in einer
Gegenüberstellung der Verse des Orpheus in ihrer griechischen, bei
Clemens erhaltenen Fassung und ihrer lateinischen Übersetzung durch
Arnobius. Orpheus' Worte

παῖς δ' ἦεν ᾽ΙΑΚΧΟΣ [7]
χειρί τέ μιν ῥίπτασκε γελῶν Βαυβοῦς ὑπὸ κόλποις

lauten lateinisch

formatas inguinibus res
† quas cava succutiens Baubo manu – nam puerilis
ollis vultus erat – plaudit, contrectat amice.

Hermann Diels [8] hat gezeigt, daß ᾽ΙΑΚΧΟΣ mit den ‚formatae inguinibus res' identisch ist und daß die Athenaiosglosse ἴακχος· χοῖρος [9]
diese Identifikation sichert: Baubo gibt ihrem Unterleib die Form eines
παῖς, eines ‚nondum duri atque histriculi pusionis'. Das versteht man
als Jux ohne weiteres, und es findet sich dazu auch eine Parallele [10]. Mit
dieser Interpretation und mit dem Verständnis von χειρί τέ μιν
ῥίπτασκε als Parenthese mit Subjektswechsel, der im Lateinischen dieselbe Parenthese ‚nam puerilis ... erat' entspricht, erübrigt sich eine
Konjektur des sonst schwer verständlichen ἦεν [11], wird die Seltsamkeit
beseitigt, daß Iakchos in der Paraphrase des Clemens keine Rolle
spielt, von Arnobius nicht genannt ist und überhaupt nirgends sonst
mit Baubo zusammengebracht wird [12], und wird schließlich Baubo, die
aus Mitleid spaßt, als Nachfolgerin der ᾽Ιάμβη κέδν' εἰδυῖα des homeri-

---

[7] Majuskeln wurden gesetzt, um das Problem deutlich werden zu lassen.

[8] H. Diels, Arcana Cerealia, in: Miscellanea di Archeologia, Storia e Filologia de-
dicata al Prof. A. Salinas, Palermo 1907, 3 ff., nach einer Anregung von
A. Ludwich l. c. 55 f., der aber ἴακχος zu ἴαλλος emendierte.

[9] Athen. 3, 54, 98 D, nach Athanis von Syrakus, FGrHist 562 frg. 1 ᾽Αθανις ...
φησὶ Διονύσιον (den Tyrannen) καὶ τὸν βοῦν γαρόταν καλεῖν καὶ τὸν χοῖρον
ἴακχον – er meinte also das Tier, doch ist die obszöne Bedeutung seit Ar. Ach.
773. 781 vesp. 1353. 1364 (vgl. Schol.) zur Genüge bekannt. – Abgelehnt von
K. Kerényi, SO 36, 15, ohne befriedigende Alternative.

[10] Vgl. H. Diels l. c. 8 f. „ex Helvetiorum popularibus ludicris aut ex artificum
Monacensium fescenninis“.

[11] Vgl. Lobeck 2, 820 f.

[12] Vgl. aber (für viele) die Konstruktion von L. Preller op. cit. 135 f., der Iakchos mit Dionysos-Zagreus identifiziert und Baubo zu seiner Amme macht.

schen Hymnus (v. 195) verständlich. Und doch bleiben zwei Fragen
offen.

Denn die von Clemens gegebene Prosaparaphrase der den Versen
voraufgehenden Handlung paßt gar nicht zu den Versen, welche Clemens doch zitieren will, „damit als Zeuge der Schamlosigkeit der
Mystagoge selber auftrete" [13]. Weshalb gibt sich Clemens als Angreifer
heidnischer Schamlosigkeit eine derartige Blöße, wohingegen Arnobius, der doch Clemens übersetzt, eine in sich geschlossene, wohl
authentischere Version bietet? Und zum zweiten: wie verhält sich ὁ
ἴαχχος zum Eleusinier Iakchos? Ist nicht grundsätzlich in diesem Kontext eine Bezugnahme auf die allbekannte Gestalt des eleusinischen
Archegeten zu erwarten?

Die Diskrepanz zwischen Paraphrase und Versen läßt sich wohl nur
verstehen, wenn man annimmt, Clemens habe angesichts des eleusinischen Milieus (wie nach ihm Generationen von Philologen bis vor
Hermann Diels [14]) ᾽ΙΑΚΧΟΣ als Eigennamen aufgefaßt. Auch so ergibt sich ein Sinn [15], und der Anstoß zu einer andern Deutung erfolgte,
als der Text des Arnobius ernst genommen wurde [16]. Mag sein, daß
Clemens die Verse aus dem Gedächtnis zitiert oder daß nur sie allein
ihm im Exzerpt vorlagen: jedenfalls hat er dann den Gestus der Baubo
aus dem Verständnis seiner Zeit heraus begriffen [17] und in der Paraphrase entsprechend motiviert. Erst Arnobius, der als Übersetzer zu
einer eingehenden Auseinandersetzung mit dem Clemenstext gezwungen wurde, sah, daß sich Zitat und Paraphrase nicht entsprachen, und
griff auf das Gedicht des Orpheus zurück; vielleicht wußte er auch um
die obszöne Bedeutung von ἴαχχος, kannte gar bereits die Verse des
Orpheus. Ein Rückgriff hinter Clemens zurück erscheint jedenfalls am

---

13 Clem. protr. 2, 21, 1 παραθήσομαι δέ σοι αὐτὰ τοῦ Ὀρφέως τὰ ἔπη, ἵν᾽ ἔχῃς
   μάρτυρα τῆς ἀναισχυντίας τὸν μυσταγωγόν.
14 Trotz Diels noch de Martino SMSR 10, 71 ff. – Schon Lobeck 2, 822 sah den
   kritischen Punkt: „ad hunc (sc. Iacchum) amoliendum ... multa tentavimus
   quorum nihil successit".
15 Vgl. de Martino l. c.
16 Quis sibi persuadeat Arnobium, quum cetera perspexisset, haesisse in facillimis
   παῖς δ᾽ἦιεν ῎Ιακχος atque hinc ridiculam illam de levigato cunno historiam
   effinxisse? Lobeck 2, 821.
17 Vgl. Artemid. onir. 4, 44.

natürlichsten: daß die Arnobianische Baubo der homerischen Iambe
viel näher steht als die Clementinische, deutet darauf, ebenso, daß der
Anfang des Zitates bei Clemens, ὡς εἰποῦσα ..., in der Luft hängt –
hat Baubo zuvor Demeter beschimpft? – bei Arnobius aber ‚sic effata'
gut sich eingefügt: ‚inter illa communia quibus usu est ... temperare
maerores retegit se ipsam'.

Und doch mag man mit Clemens und seinen philologischen Nach-
folgern in derart deutlich eleusinischer Umgebung Iakchos, den Geleiter der Mysten, nicht gerne fernhalten. Vielmehr wird man an ein
Spiel mit dem Doppelsinn von ῎ΙΑΚΧΟΣ denken müssen. Das Kind
Iakchos, welches so ins Spiel kommt, ist dann wohl zusammenzustellen
mit jenen wenigen Nachrichten, die einen kindlichen Iakchos-Dionysos
mit Demeter verbinden. Die schriftlichen Zeugnisse setzen im ersten
Jahrhundert vor Christus ein[18]; zurück ins vierte Jahrhundert führt
vielleicht ein fragmentiertes spätrotfiguriges Vasenbild in Oxford[19],
wenn auch hier der Knabe auf Demeters Knien ‚un garçonnet de huit
ans' ist[20]; die Bekleidung (eine Nebris) spricht jedenfalls für Dionysos-
Iakchos. Die Texte freilich sprechen von einem Saugkind: Lukrez
nennt Demeters wegen Iakchos schwellende Brüste[21], die Suda und
Photios definieren Iakchos geradezu als ‚Dionysos an der Brust'[22]. Die
Frage, ob Demeter Amme oder Mutter sei, entscheiden Diodor, der
Dionysos, und ein Scholiast zu Aristeides, der Iakchos-Dionysos den
Sohn der Demeter nennt[23]. Ein weiterer Zusammenhang kann nicht
hergestellt werden, insbesondere die Frage nach dem Zusammenhang
mit Demeters Aufenthalt in Eleusis bleibt ungelöst; jedenfalls wird
eine Identifikation von Dionysos und Iakchos vorausgesetzt, und die

---

[18] Vgl. die Zusammenstellung bei Kern Iakchos 621.

[19] Oxford, Ashmolean Museum Inv. 1956–355; Metzger Rech. 52, 3 T. 25, 2.
Nilsson GGrR 1, 855 (Nachtrag zu S. 318), T. 53, 1.

[20] Metzger Rech. 53.

[21] Lucr. 4, 1168 at tumida et mammosa Ceres est ipsa ab Iaccho, aufgenommen
Arnob. adv. nat. 3, 10.

[22] Suid. Phot. s. v. ῎Ιαχχος.

[23] Diod. 3, 64, 1 (ὡς δέ τινες). Schol. Aristid. 46, 213 S. 648 Dindorf. – Gerne
würde man den Dionysos ὑποκόλπιος aus Orph. h. 52, 11 heranziehen, wenn
nur die Assoziationen hier nicht so vielfältig wären, vgl. W. Quandt, Orphei
Hymni, Berlin 1955 ad loc.

Genealogie soll den Eleusinier vom thebanischen und orphischen Homonymen trennen.

So hätten denn Clemens und Arnobius jeder nur eine Facette der schillernden Verse des Orpheus hervorgehoben. Von Bedeutung ist jedoch, daß sich Arnobius viel enger an das orphische Vorbild zu halten scheint, daß er mehr weiß, als er den Worten des Clemens entnehmen konnte: für die Beurteilung der Arbeitsweisen von Clemens und Arnobius ist diese Feststellung nicht unwichtig.

Literaturverzeichnis

Adam-Rees	The Republic of Plato, edited with critical notes, commentary and appendices by J. Adam, 2. ed. D. A. Rees, Cambridge 1963 (11902).
Allen-Halliday	The Homeric hymns, ed. by T. W. Allen, W. R. Halliday, E. E. Sikes, Oxford 21936 (Nachdr. Amsterdam 1963) (11904).
Beazley Par.	J. D. Beazely, Paralipomena. Additions to Attic black-figure vase-painters and to Attic red-figure vase-painters (2. ed.), Oxford 1971.
Böhme	R. Böhme, Orpheus. Der Sänger und seine Zeit, Bern 1970.
Boulanger	A. Boulanger, Le salut selon l'orphisme, in: Mémorial M. J. Lagrange, Paris 1940, 69–79.
Boyancé CdM	P. Boyancé, Le culte des Muses chez les philosophes grecs, Paris 1937.
Boyancé REG 55	Ders., Platon et les cathartes orphiques, REG 55, 1942, 217–235.
Boyancé REG 75	Ders., Sur les mystères d'Eleusis, REG 75, 1962, 460–482.
Brommer VL2	F. Brommer, Vasenlisten zur griechischen Heldensage, Marburg 21960 (11956).
Burkert HN	W. Burkert, Homo Necans. Interpretationen altgriechischer Opferriten und Mythen (RGVV 32), Berlin/New York 1972.
Burkert WuW	Ders., Weisheit und Wissenschaft. Studien zu Pythagoras, Philolaos und Platon (Erlanger Beitr. zu Sprach- und Kunstwiss. 10), Nürnberg 1962.
Cook	A. B. Cook, Zeus. A study in ancient religion, 1–3, Cambridge 1914–1940.
Deubner	L. Deubner, Attische Feste, Berlin 1932 (Nachdr. Darmstadt 1966).
Dieterich KlSchr.	A. Dieterich, Kleine Schriften, Leipzig/Berlin 1911.
Dieterich Nek.	Ders., Nekyia. Beiträge zur Erklärung der neuentdeckten Petrusapokalypse, Leipzig/Berlin 21913 (Nachdr. Darmstadt 1969) (11893).

Dodds
E. R. Dodds, The Greeks and the irrational, Berkeley 1951.

Dodds Bacch.
Euripides, Bacchae. Edited with introduction and commentary by E. R. Dodds, Oxford 21960 (11944).

Dodds Gorg.
Plato, Gorgias. A revised text with introduction and commentary by E. R. Dodds, Oxford 1959.

Eisler
R. Eisler, Orphisch-dionysische Mysteriengedanken in der christlichen Antike (Vortr. d. Bibl. Warburg 1922/23, 2) Leipzig/Berlin 1925.

Farnell
L. R. Farnell, The cults of the Greek states, 1–5, Oxford 1896–1909.

Farnell Pi.
The works of Pindar, translated, with literary and critical commentary, by L. R. Farnell. Vol. 2: Critical commentary, London 1932.

Fauth
W. Fauth, Zagreus, RE 9A, 2, 1967, 2221–2283.

Fluck
H. Fluck, Skurrile Riten in griechischen Kulten, Diss. Freiburg 1931.

Foucart
P. Foucart, Les mystères d'Eleusis, Paris 1914.

Foucart Mem.
Ders., Le culte de Dionysos en Attique, Mém. acad. inscr. et belles-lettres 37, 2, 1906, 1–204.

Frazer Paus.
J. G. Frazer, Pausanias' description of Greece, London 1898.

Gatz
B. Gatz, Weltalter, goldene Zeit und sinnverwandte Vorstellungen (Spudasmata 16), Hildesheim 1967.

Gernet-Boulanger
L. Gernet – A. Boulanger, Le génie grec dans la religion (L'évolution de l'humanité 11), Paris 1970 (neu paginierter Nachdruck der Ausg. Paris 1932).

Gruppe GrMyth
O. Gruppe, Griechische Mythologie und Religionsgeschichte (Hdb. d. AW. V 2), 1–2, München 1906.

Gruppe RL
Ders., Orpheus, RL 3, 1897/1901, 1058–1207.

Guépin
J.-P. Guépin, The tragic paradox. Myth and ritual in Greek tragedy, Amsterdam 1968.

Guthrie GrG
W. K. C. Guthrie, The Greeks and their Gods, London 1950.

Guthrie HGrPh
Ders., A history of Greek philosophy, 1–3, Cambridge 1962–1969.

Guthrie Orph.
Ders., Orpheus and Greek religion, Cambridge 21952 (11935).

Harrison
J. E. Harrison, Prolegomena to the study of Greek religion, Cambridge 31922 (11903).

Helbig-Speier
W. Helbig, Führer durch die öffentlichen Sammlungen klassischer Altertümer in Rom, 4. Auflage besorgt von H. Speier, 1–3, Tübingen 1963–1969.

Helmbold-O'Neil   W. C. Helmbold – E. N. O'Neil, Plutarch's quotations (Philol.monogr. 19), Baltimore 1959.

Hitzig-Blümner   Pausaniae Graeciae descriptio, edidit H. Hitzig, commentarium ... addiderunt H. Hitzig et H. Blümner, 1–3, Leipzig/Berlin 1896–1910.

Huxley   G. L. Huxley, Greek epic poetry from Eumelos to Panyassis, London 1969.

Jacoby Atthis   F. Jacoby, Atthis, Oxford 1949.

Jacoby FGrHist   Ders., Die Fragmente der griechischen Historiker, 1² Leiden 1957 (¹Berlin 1923), 2 Berlin 1926–1930, 3 Leiden 1940–1958.

Jacoby MPar   Das Marmor Parium, herausgegeben und erklärt von F. Jacoby, Berlin 1904.

Jeanmaire   H. Jeanmaire, Dionysos. Histoire du culte de Bacchus, Paris 1951.

Kannicht   Euripides Helena, herausgegeben und erklärt von R. Kannicht, Heidelberg 1969.

Kerényi (1962)   K. Kerényi, Die Mysterien von Eleusis, Zürich 1962.

Kerényi (1967)   Ders., Eleusis. Archetypal image of mother and daughter, New York 1967.

Kerényi SO 36   Ders., Parva Realia, SO 36, 1960, 5–16.

Kern ElBtr.   O. Kern, Eleusinische Beiträge, Programm Halle 1909.

Kern GrMyst   Ders., Die griechischen Mysterien der klassischen Zeit, Berlin 1927.

Kern Iakchos   Ders., Iakchos, RE 9, 1914, 613–622.

Kern Orph. frg.   Orphicorum fragmenta collegit O. Kern, Berlin 1922 (Nachdr. 1963).

Kern RdGr   O. Kern, Die Religion der Griechen, 1–3, Berlin 1926–1938.

Kern RE   Ders., Mysterien, RE 16, 1935, 1209–1314.

Keydell   R. Keydell, Orphische Dichtung. A: Die erhaltenen Gedichte, RE 18, 2, 1942, 1321–1341.

Kirk   G. S. Kirk, Myth. Its meaning and function in ancient and other cultures, Cambridge/Berkeley 1970.

Kirk-Raven   G. S. Kirk – J. E. Raven, The Presocratic philosophers, Cambridge ²1960 (¹1957).

Kleingünther   A. Kleingünther, Πρῶτος εὑρετής. Untersuchungen zur Geschichte einer Fragestellung (Philol. Suppl. 36, 1), Leipzig 1933.

Körte ARW 18   A. Körte, Zu den eleusinischen Mysterien, ARW 18, 1915, 116–126.

Krüger   A. Krüger, Quaestiones Orphicae, Diss. Halle 1934.

Lagrange   M. J. Lagrange, L'orphisme (Introduction à l'étude du Nouveau Testament 4, 1) Paris 1937.

van der Leeuw	G. van der Leeuw, Phänomenologie der Religion (Neue theologische Grundrisse), Tübingen 21956 (11933).
van Leeuwen	J. van Leeuwen, Pindarus' tweede Olympische ode, Diss. Leiden 1964.
Lesky GGrL	A. Lesky, Geschichte der griechischen Literatur, Bern/ München 21963 (11957/58).
Lesky TragDicht	Ders., Die tragische Dichtung der Hellenen (Studienhefte zur Altertumswissenschaft 2), Göttingen 31972 (11956).
Linforth	I. M. Linforth, The arts of Orpheus, Berkeley 1941.
Lloyd-Jones Maia 19	H. Lloyd-Jones, Heracles at Eleusis: P. Oxy. 2622 and P. S. I. 1391, Maia 19, 1967, 206–229.
Lobeck	C. A. Lobeck, Aglaophamus sive de theologiae mysticae Graecorum causis, Königsberg 1829.
Luria Eos 51	S. Luria, Demokrit, Orphiker und Ägypten, Eos 51, 1961, 21–38.
Maass	E. Maass, Orpheus, München 1895.
Maddalena	A. Maddalena, I Pitagorici, Bari 1954.
Magnien	V. Magnien, Les mystères d'Eleusis, Paris 21950 (11929).
Malten ARW 12	L. Malten, Altorphische Demetersage, ARW 12, 1909, 417–446.
de Martino SMSR 10	E. de Martino, I gephyrismi, SMSR 10, 1934, 64–79.
Metzger BCH 68	H. Metzger, Dionysos Chthonien, BCH 68/9, 1944/45, 296–339.
Metzger Rech.	Ders., Recherches sur l'imagerie athénienne (Publ. de la bibl. S. Reinach 2), Paris 1965.
Metzger Repr.	Ders., Les représentations dans la céramique attique du IVᵉ siècle, Paris 1951.
Meyer	Pausanias Beschreibung Griechenlands, neu übersetzt, mit einer Einleitung und erklärenden Anmerkungen versehen von E. Meyer, Zürich/Stuttgart 21967 (11954).
Moulinier	L. Moulinier, Orphée et l'orphisme à l'époque classique, Paris 1955.
Mylonas	G. E. Mylonas, Eleusis and the Eleusinian mysteries, Princeton 1961.
Mylonas AEφ 1960	Ders., Ἐλεύσις καὶ Διόνυσος, AEφ 1960 (1965), 68–118.
Nilsson GrF	M. P. Nilsson, Griechische Feste von religiöser Bedeutung (mit Ausschluß der attischen), Leipzig 1906 (Nachdr. 1957).
Nilsson GGrR	Ders., Geschichte der griechischen Religion (Hdb. d. Altertumswiss. V 2), München 1 31967 (11941), 2 21961 (11950).

Nilsson Op.	Ders., Opuscula selecta, 1–3, Lund 1951–60. – Häufig zitiert sind Op. 2, 542–623 = Die eleusinischen Gottheiten, ARW 32, 1935, 79–141; und Op. 2, 628–683 = Early Orphism and kindred religious movements, HThR 28, 1935, 181–230.
Noack	F. Noack, Eleusis. Die baugeschichtliche Entwicklung des Heiligtums; Aufnahmen und Untersuchungen, Berlin 1927.
Norden	E. Norden, P. Vergilius Maro, Aeneis Buch VI, Leipzig/Berlin ³1927 (¹1903) (Nachdr. 1957).
Otto	W. F. Otto, Der Sinn der eleusinischen Mysterien, Eranos-Jahrbuch 1939, 83–112 = Die Gestalt und das Sein, Düsseldorf/Köln 1955, 313–337.
Pease ND	M. Tullii Ciceronis de natura deorum libri III, edited by A. S. Pease, 1–2, Cambridge Mass. 1955–58.
Pettazzoni	R. Pettazzoni, I misteri. Saggio di una teoria storico-religiosa, Bologna 1924.
Pfuhl	E. Pfuhl, De Atheniensium pompis sacris, Diss. Berlin 1900.
des Places	E. des Places, La religion grecque. Dieux, cultes, rites et sentiment religieux dans la Grèce antique, Paris 1969.
Pringsheim	G. H. Pringsheim, Archäologische Beiträge zur Geschichte des eleusinischen Kultes, Diss. Bonn, München 1905.
Radermacher	Aristophanes Frösche. Einleitung, Text und Kommentar, bearbeitet von L. Radermacher, Wien ²1954 (¹SBWien, Phil.-hist. Kl., 198, 4, 1921).
Rathmann	W. Rathmann, Quaestiones Pythagoreae, Orphicae, Empedocleae, Diss. Halle 1932.
Reinach	S. Reinach, Cultes, mythes et religions, 1–5, Paris 1908–1923.
Robert Nek.	C. Robert, Das Hadesbild des Polygnot, 16. Hallesches Winckelmannsprogramm, Halle 1892.
Robert SR	Ders., Die antiken Sarkophagreliefs, Berlin 1890 ff.
Rohde	E. Rohde, Psyche. Seelencult und Unsterblichkeitsglaube der Griechen, Freiburg ²1898 (¹1894).
Rohde KlSchr	Ders., Kleine Schriften, Leipzig/Tübingen 1901.
Rubensohn	O. Rubensohn, Die Mysterienheiligtümer in Eleusis und Samothrake, Berlin 1892.
Rubensohn JdI 70	Ders., Das Weihehaus in Eleusis und sein Allerheiligstes, JdI 70, 1955, 1–49.
Rzach	A. Rzach, Musaios, RE 16, 1935, 757–767.
Sabbatucci	D. Sabbatucci, Saggio sul misticismo Greco, Rom 1965.
Schauenburg JdI 73	K. Schauenburg, Die Totengötter in der unteritalienischen Vasenmalerei, JdI 73, 1958, 48–78.

Schefold UKV — K. Schefold, Untersuchungen zu den Kertscher Vasen (Archäol. Mitt. aus russ. Smlgg. 4) Berlin/Leipzig 1934.

Schwartz — J. Schwartz, Pseudo-Hesiodeia. Recherches sur la composition, la diffusion et la disparition ancienne d'oeuvres attribués à Hésiode, Leiden 1960.

Schwenn — F. Schwenn, Triptolemos, RE 7 A, 1939, 213–230.

Simon — E. Simon, Die Götter der Griechen, München 1969.

Simon AntKu 9 — Dies., Neue Deutung zweier eleusinischer Denkmäler des 4. Jh. v. Chr., AntKu 9, 1966, 72–92.

Thomas — H. W. Thomas, Ἐπέκεινα. Untersuchungen über das Überlieferungsgut in den Jenseitsmythen Platons, Diss. München 1938.

Tierney — M. Tierney, The parodos in Aristophanes' Frogs, Proc. R. Irish Acad. 42 C, 1934/35, 199–218.

Toepffer — J. Toepffer, Attische Genealogie, Berlin 1889.

Travlos — J. Travlos, Bildlexikon zur Topographie des antiken Athen, Tübingen 1971.

Wehrli ARW 31 — F. Wehrli, Die Mysterien von Eleusis, ARW 31, 1934, 77–104.

Welcker — F. G. Welcker, Griechische Götterlehre, 1–3, Göttingen 1857–1863.

West — M. L. West, Early Greek philosophy and the Orient, Oxford 1971.

Wilamowitz GdH — U. von Wilamowitz-Moellendorff, Der Glaube der Hellenen, Berlin ²1955 (neu paginierter Nachdruck der Ausg. Berlin 1931/32).

Wilamowitz Her. — Euripides Herakles, erklärt von Ulrich von Wilamowitz-Moellendorff, Berlin ²1895 (¹1889) (Nachdr. Darmstadt 1959).

Wilamowitz HomUnters — U. von Wilamowitz-Moellendorff, Homerische Untersuchungen (Philolog. Unters. 7), Berlin 1884.

Wüst — E. Wüst, Unterwelt, RE 9 A, 1, 1961, 672–683.

Zeller — E. Zeller, Die Philosophie der Griechen in ihrer geschichtlichen Entwicklung, 1–6, Leipzig ⁴⁻⁶1919–1923.

Ziegler Orph. — K. Ziegler, Orpheus, RE 18, 1, 1939, 1200–1316.

Ziegler OrphDicht — Ders., Orphische Dichtung. B: Die verlorenen Gedichte, RE 18, 2, 1942, 1341–1417.

Zuntz — G. Zuntz, Persephone. Three essays on religion and thought in Magna Graecia, Oxford 1971.

Register

Kursive Ziffern verweisen auf die Anmerkungen

1. Stellen in Auswahl

Ael. Dion. (ed. Erbse)
α 24   77, *65/66*
Aesch.
   Eumen. 274   126, *162*
   suppl. 230   126, *162*
Ampel.
   9, 11   52, *10*
Andoc.
   de myst. 12   129
          16   129
Andron FGrHist 10
   frg. 13   18
Apollod. (FGrHist 244)
   frg. 89   151, *3*. 184, *8*
   bibl. 2, 1, 5 (2, 22)   116
      2, 5, 12 (2, 124)   144 f. 145, *18*
Apul.
   met. 6, 18   188 ff.
Aristid.
   22, 10   104. 141
   41, 10   52, *10*
   41, 16   13, *42*
Aristoph.
   nub. 250 ff.   107, *63*
      302   30
   Pax 374 ff.   43, *18*. 81, *13*
      417 ff.   32
   ran. 145–150   104
      147 ff.   146, *21*
      155   135
      158 f.   43
      161   146
      186   191, *14*

271 ff.   104. 111, *78*
273   104, *46.* 141, *3*
313 ff.   43. *57, 40*
316–459   *40* ff.
320   49, *42*
324–353   46
326   41
330   44, *27*
340   46, *36*
346 f.   53, *12*
354–371   42
377   42
382   42
384–393   42 f.
397–413   43 f.
401 f.   53, *13*
407 f.   45
416–430   45 f.
420   41, *9*
431 ff.   146
445 f.   91
448–459   82 ff. 90. 120. 141, *3*
455   82, *16 a.* 135
456 ff.   86. 141
1032   2, 7. 9. 31 ff. 163
1032–1036   34. 37
Thesm. 624   178, *107*
       658   178, *107*
frg. 488   82 f. 102, *38*

Aristophon (Kock = Edmonds, Bd. I)
frg. 13   99

Aristot.
EN 5, 8 p. 1132 b 27   122 f.
mirab. 131 p. 843 b 1   18, *72*
pol. 8, 6 p. 1341 a 21   57
rhet. 3, 18 p. 1419 a 2   181
frg. 7   147 f.
    15   *57, 41.* 76, *63.* 139
    194   93, *65*
    195   93, *61*

Aristoxen. (ed. Wehrli)
frg. 91   17

Arnob. (ed. Marchesi)
  adv. nat. 5, 25   166. 195 ff.
         5, 35   195, 6
Arrian. anab. 2, 16, 3   53, 16. 75, 57
Artapanos FGrHist 726
  frg. 3a S. 682, 11   12, 40
Asclepiad. FGrHist 12
  frg. 4   159
Asius (ed. Diehl)
  frg. 1   104 f.
Asterius (ed. C. Datema)
  hom. 10, 9, 1   129, 16. 138
Athanis FGrHist 562
  frg. 1   196
Athen.
  1, 39, 21 E   62, 19
  4, 64, 167 F   129, 11
Bacchyl.
  epin. 5, 71 ff.   145, 18
Callim.
  h. 6, 70 f.   52, 10
  frg. 43, 117   74
      466   152, 7
      553   93, 61
      643   74
Cic.
  div. 1, 62   93, 61
  nat. deor. 1, 107   147 f.
Clem. Alex.
  protr. 2, 13, 2   20, 82
      2, 15   129, 16
      2, 17, 1   165 f.
      2, 20 f.   21. 153, 15. 166. 194 ff.
      2, 20, 2   159
  Strom. 1, 131, 1   12, 40
      1, 131, 5   96, 12
      4, 120, 3   116, 109
      5, 71, 1   76, 63
Cratin. (Kock = Edmonds, Bd. I)
  frg. 57 f.   181, 118
Critias TrGF 43
  frg. 19   162
Danais (ed. Kinkel)
  frg. 1   116, 109

Democrit. VS 68
  B 16   11
Demosth.
  18, 259   105
  25, 11   2, 7. 30 f. 33, *58*. 163, *30*
  59, 78   63, *26*
Dinarch. (ed. Baiter-Sauppe)
  2 p. 334, 2   159
Diod.
  1, 11, 3   20
  1, 24 f.   23
  1, 29   23 f.
  1, 96, 4 ff.   22 ff. 33 f.
  1, 96, 5   90, *95*
  1, 97, 2   109
  3, 62, 8   8, *4*
  3, 64, 1   198
  4, 14, 3   77, *65*
  4, 25, 1 ff.   144
  5, 4, 7   178
  5, 64, 4   27
  5, 77, 3   26
Diog. Laert.
  prooem. 1, 3   14
  4, 50   108
  6, 1, 4   95, *4*
  6, 39   80, *9*. 81, *14*. 103, *42*. 141, *3*
  8, 17   193, *31*
Duris FGrHist 76
  frg. 13   77
Empedocl. VS 31
  B 115   88. 88, *39*. 100, *28*
  B 146   94
  B 146 f.   99 f.
Ephor. FGrHist 70
  frg. 104   9. 27
  frg. 120   27
Epimenid. VS 3
  B 2   11, *25*
  B 5   13 f.
Euphor. (ed. Powell)
  frg. 13   74
Eur.
  Alc. 967 ff.   12

Bacch. 188 ff.	53
725 f.	51
Cycl. 3 f.	74, *50*
Hel. 1301–1368	153 f.
1315 f.	155
1327–1333	176
Her. 610 ff.	144
613	102, *40*. 143
Ion 1074 ff.	57
Phoen. 1295	56
Rhes. 943 f.	2, 7. 28 ff.
Euseb.	
praep. ev. 2, 3, 30 ff.	195
Glauc. Rheg. (FHG)	
2, 23 frg. 1	10
Gorgias VS 82	
B 25	9
Harpocrat.	
s. v. ἀπομάττων	106
Hecat. Abder. FGrHist 264	
frg. 6	24
frg. 25 p. 28, 25	39, *88*
Heracl. Pont. (ed. Wehrli)	
frg. 89	122
Heraclit. VS 22	
B 129	92
Hermesianax (ed. Powell)	
frg. 7, 15 ff.	18 f.
Herodor. Heracl. FGrHist 31	
frg. 12	11
Hdt.	
2, 53, 3	92, *59*. 148
2, 81	7, *35*. 92. 96, *12*
2, 171	25 f. 33 f. 119, *124*. 171
4, 95, 3	99
4, 106	*35*
6, 86 γ 2	97, *13*
7, 6, 3 f.	9. 147
8, 65, 1	49, *40*. 58, *43*. 128, *9*
Hes.	
OD 285	97, *13*
frg. 128 (M.-W.)	118
286	**123**

Hesych.
  s. v. γεφυρισταί   45, *34*
Hieron. Rhod. (ed. Wehrli)
  s. v. Ἴακχος   53
  frg. 42   122
Himer.
  47, 4   77, *65*
  69, 7   57
Hippias VS 86
  B 6   9
Hippolyt.
  ref. 5, 7, 4   159
    5, 8, 43   77, *64*
    5, 20, 5   52, *10*
    5, 40, 8   130, *17*
Hom.
  h. Ap. 520   53, *13*
  h. Cer. 20   56
    98–183   131, *20*
    195   196 f.
    308–312   175 f.
    424   154 f.
    459–471   69
    473 ff.   33. 50, *46*
    480 ff.   79. 80, *6*
    481 f.   183 f.
  Il. 2, 394 ff.   56
  Od. 11, 622 ff.   142
Hor.
  ars 391 f.   35 f.
Iambl.
  v. Pyth. 155   122
    179   122
    240   93
Inschriften (s. auch MPar)
  CIG 4142   168, *51*
  CIL 6, 1779 f.   65, *37*. 67, *1*
  Epigr. 588 Kaibel   54, *17*
  Hesp. 39, 1970, 48   54, *17*
  IG I² 5   65, *36*; (Z. 5) 54, *17*
    6, 99   77, *67*
    76   39. 65, *36*. 172. 180; (Z. 36 ff.) 163, *29*; (Z. 47 ff.) 180, *113*
    77   181, *118*

II² 1134, 16 ff.   38, *86*

1186   65 f.; (Z. 23 f.) 66

3632, 12   80, *9*

3661   80, *8*

4604   66

4615   172, *74*

4686   54, *17*

4701   172, *70*

IV² S. 174, 22   168

IX 1, 708, 2   54, *20*

LSS 10   (Z. 67) 54, *17*; (Z. 86) 65

15   57, *37*; (Z. 35 f.) 58, *42*

SEG 10, 321, 1   30, *1*

Ion Chius VS 36

B 2   92. 148

B 4   93

Isocr.

or. 4, 28   38. 182

Iulian.

conv. 12, 314 A   123, *141*

or. 7, 25, 238 A   81, *10*. 81, *14*. 101. 103, *42*. 141, *3*

Liban.

decl. 12, 28   57

Longin.

de invent. 719   109, *69*

Lucian.

catapl. 22, 644   138, *46*

necyom. 7, 466   106, *56*

de salt. 39   53, *14*

v. h. 2, 7, 109   98

Lucr.

4, 1168   198

MPar FGrHist 239

epp. 12–15   163 f.

ep. 14   21. 142. 151. 161 f. 179

ep. 15   10. 20

Max. Tyr.

39, 3   132. 136 f.

Melanippid. (PMG)

frg. 1 (757)   116, *109*

Melanthius FGrHist 326

frg. 4   170, *65*

Menand.

phasm. 50 ff.   106

Moschion TrGF 97
  frg. 6   35, *67*
Musaeus VS 2
  B 3   10 f.
  B 12   20
  B 15   14
  B 19   13, *42*
Nonn.
  Dion. 19, 190 f.   91
       48, 966 ff.   51
Orph.
  frg. 3   14. 95
     4   16. 19. 83, 22. 93. 95 ff.
     5   100
     31   15, *54*; (Z. 5 f.) 47, *37*
     32   91, *53*. 100. 174, *84*
     49   21, *86*. 153 ff. 157 f.
     50   165 f.
     51   152, *6*
     52   21, *85*. 153, *15*. 166. 194 ff.
     59   74, *52*
     183   14
     190–198   184, *8*
     220   75, *54*
     222   90. 93. 94 f.
     235   101 f.
     292   161 f.
     296   144, *17*
  hymn. 52, 11   198, *23*
       77, 9 f.   102, *40*
Palaephat. FGrHist 44
  frg. 1   159
Papyri
  P. Berol. 44   21, *86*. 153 ff. 157 f.
  P. Chester Beatty 1   169
  P. Derv.   8. 14. 74
  P. Gurob.   15, *54*; (I 5 f.) 47, *37*
  P. Milan. 1, 20   (I 18 ff.) 144
  P. Oxy. 32, 2622 frg. 1   143
  PSI 1391 frg. B i   143
Paus.
  1, 14, 2   158
  1, 14, 3   159
  1, 37, 4   8. 21. 185

1, 38, 7	110
2, 14, 2 ff.	167
2, 37, 1 f.	119, *123*
3, 19, 4	155, *23*
4, 1, 5	151. 168, *50*. 183, *3*
7, 21, 9	183, *6*
8, 15, 4	167, *48*
8, 42, 6	*35*
10, 7, 2	13
10, 28 ff.	110 f.
10, 28, 3	111, *82*
10, 29, 1	192, *27*
10, 29, 2	192, *23*. 194, *33*
10, 31, 9	110
Paus. gramm. (ed. Erbse)	
att. α 20	77, *65/66*
Pherecr. (Kock = Edmonds, Bd. I)	
frg. 108	82 f.
130	83
Philetaer. (Kock = Edmonds, Bd. II)	
frg. 18	109, *69*
Philo Iud. (ed. Cohn)	
de spec. leg. 3, 101 (5, 178)	106
Philodam. (ed. Powell)	
paean 32–35 (p. 166)	51
Philodem. (ed. Gomperz)	
de piet. 1 p. 31	20
9, 7 p. 75	36, *74*
Philochor. FGrHist 328	
frg. 27	11, *25*
171	42, *13*
208	18
Philopon.	
in Aristot. de anima 1, 5 p. 410 b 27	147 f.
Phot.	
s. v. Ἴαϰχος	198
Pind.	
I. 7, 3 ff.	52, *10*
O. 2, 57–77	84 ff.
59	121
61 f.	86, *32*
68 f.	87
72 f.	86
74	102

P. 9, 112 f.   116
frg. 129   83 f. 85
    129, 3   141, *3*
    130   84, *26*
    131 a, b   86, *31*
    133   74. 75, *54*. 94. 100. 100, *28*
    137   79 f.
Plat.
    apol. 41 A   122. 124
    Axioch. 371 AE   81. 98. 137, *43*
    epist. 7, 335 A   121. 121, *132*
    Gorg. 493 AC   7, *35*. 108. 120. 140. 192. 193, *29*
        523 Ef.   122
        524 A   91, *55*
        525 BC   87
    Ion 536 B   10
    legg. 2, 672 B   74, *50*. 74, *53*
        3, 701 B   74, *53*
    Men. 81 B   94
    Phd. 61 D   95, *5*
        62 B   74, *53*
        69 C   100. 105. 120. 140. 141, *3*
        81 A   101, *33*
        107 D   121
        110 C – 111 C   87, *34*
        113 D – 114 C   87
    Phdr. 246 BC   133, *29*
        248 AC   134 f.
        248 C – 249 B   87 f.
        249 A   87. 121
    Prot. 322 AD   162
    rep. 2, 363 CD   16. 19. 83, 22. 93. 95 ff. 141
        2, 364 BE   14. 90. 95
        2, 366 AB   16
        10, 614 C   121
Plotin.
    enn. 1, 6, 6, 5   105. 141, *3*
Plut.
    Alcibiad. 22, 202 E   129
            34, 4, 210 C   57
    frg. 177   133, *28*
        178   79. 90. 102. 104. 132 ff. 141, *3*
        212   22
    Lucull. 44, 521 B   98, *17*

mor. 21 F	81, *42*. 103, *42*
81 DE	131 f. 137
120 C	85 f.
160 A	193
168 D	106
224 E	16, *60*. 95, *3*
241 B	195, *5*
248 B	195, *5*
298 C	179, *108*
355 D – 358 E	26, *20*
378 D	178, *107*
473 C	192, *25*. 195, *34*
591 F	135, *37*
943 C	133 f.
943 G	79, *4*
1105 B	16. 89. 109
1130 C	84 f. 84, *27*
Pericl. 13, 7, 159 F	136, *39*
Procl.	
in Plat. rep. 2, 185, 10	81, *10*
Prodicus VS 84	
B 5	36
Sappho	
frg. 44, 31	56
Scholien	
Aristid. 46, 213 (S. 648 Dind.)	198
Ar. Plut. 845	76, *62*. 77, *64*. 170, *65*
ran. 320	49, *43*
324	53
338	52, *10*
479	53, *14*
Clem. protr. 2, 19, 2 (S. 303, 13 St.)	38
Lucian. dial. m. 2, 1 (S. 275 Rabe)	165 f.
Lycophr. 1385	195, *5*
Pi. O. 7, 66	20
Plat. Gorg. 497 C	129, *16*
Sen.	
apoc. 14, 2	123
Serv.	
ad Verg. Aen. 3, 98	97, *13*
Sext.	
adv. math. 2, 31 f.	161 f.
9, 361	147
Pyrrhon. hypot. 3, 30	147

Solon
 1, 29 ff.   15, *53*. 126
Soph. (frgg. nach Nauck[2])
 Ant. 1146–1154   51
 frg. 31   106
 frg. 429   106
 frgg. 539–560   177
 frg. 753   79
 frg. 874   51
Steph. Byz.
 s. v. Ἄγρα   68. 76
Stob.
 4, 25, 50   93, *63*
 4, 52, 49   132, *26*
Strab.
 9, 1, 24   45
 10, 3, 10   53. 57
Suid. (ed. Adler)
 αι 165   123, *141*
 ε 3585   20, 77. 151
 ι 11   198
Telecl. (Kock = Edmonds, Bd. I)
 frg. 1   83
Themist.
 or. 30, 349 B   56
Theodoret.
 graec. aff. cur. 1, 21   22. 33 f.
                   3, 84   171, *67*
                   7, 11   170, *65*. 171, *67*
Timaeus FGrHist 566
 frg. 102 b   143 f.
Timocreon (PMG)
 frg. 6 (732)   108, *66*
Verg.
 Aen. lib. 6   145
         6, 290 f.   145, *18*
         6, 609–613   146, *21*
         6, 667   146 f.
Xenocr. (ed. Heinze)
 frg. 20   74, *53*
      98   124, *152*
Xenophanes VS 21
 B 7   94
Xenophon
 hell. 6, 3, 6   30. 182, *2*

2. Namen und Sachen

Adami, F. 41
Aegypten 22–26 (pass.). 37 f. 109.
125 f. 169 f. 191, 14
Agrai 67 f. 75–77; Etymologie 77,
66; Metroon 76, 61
Aiakos 122–124
Aischylos und Danaiden 117; und
Totengericht 126
Alkibiades 7. 50, 47. 129
Amyklai, Thron von 153. 155
Anasyrma 166. 169 f. 195
Anthesterien 63. 66, 41
Antiope 19
Aparchedekret s. Reg. 1, Inschriften:
G I²76
Argos 117. 118, 120. 158–163 (pass.)
Aristophanes, ,Frösche' 31–37. 40–51.
82 f. 141 f. 163. 180; epische Vor-
lage 142. 145. 149; Iakchos 52 f.
60; Jenseitsbilder 82 f. 86; Para-
base und Prorrhesis 42, 11; ri-
tueller Hintergrund 40–50
Arnott, W. G. 189 f.
Artemis 154–157. 181, 119
Askalaphos 145. 146, 22
Athen: Anspruch auf Kulturstiftung
38 f. 159. 165. 175. 182 f.
Athena 47, 37. 64. 67. 143. 172. 181,
119; beim Koreraub 154–157

Babo 168, 51
Bastet 169 f.
Baubo 157. 159. 165–171. 174. 194–
199; ägyptische Entsprechung
169 f.; ritueller Hintergrund
169 f.
Bohnen, Tabu auf 93
Boyancé, P. 5
Brimos 130

Claudianus, orphische Vorlage in ,de
rapt.' 155 f.

Clemens von Alexandria, orphische Vorlage in ,protr.' 165 f. 197
Creuzer, F. 2 f.

Daduchos 62. 129
Danaiden 25. 109. 112–119. 192; als
ἄγαμοι 116 f.; bei Aischylos 117;
Amymone 118, 120; und Aphrodite 119; Automate 118, 120;
Hypermestra 117; und Thesmophorien 25. 119; und Wasser
118 f.
Danaos 117
Deiope 18. 163 f.
Demeter 23. 33–35. 38 f. 42. 47. 57–
66 (pass.). 69. 77 f. 111 f. 123, 147.
127, 3. 143. 151–181 (pass.). 183 f.
198; attische D.gedichte 152, 5.
183; und Isis 23. 26. 38; -kult
und Fruchtbarkeit 168, rituelle
Darstellung der Vorzeit im – 178 f.;
Kulturbringerin 38. 77. 160–163.
182; und Kybele 155, 24; -mythos,
rituell inszeniert 130, vorderasia-
tische Parallelen 175 f.
(Demeter) orphische Gedichte von
151–181 (pass.), Datierung 179 f.,
und Eleusis 174. 183, Handlung
165, Neuerungen 174–178, und
Orphik 174. 184 f.
Demophon 157
Demosthenes, or. 25: Datum 31;
Echtheitsfrage 31, 42
Derveni, Papyrus von s. Reg. 1, Pa-
pyri
Diels, H. 168
Diodor und Hekataios von Abdera
23
Diogenes der Kyniker 81. 103
Dionysien: in Eleusis 66; im Piräus
66, 41

Dionysion in Eleusis 66

Dionysos 4. 23. 34. 40 f. 51–78 (pass.); und Agrai 67–78; Anodos 60, 7; und Demeter 66, –: Vasen 78, 71; und Eleusis 51–54. 65–67. 70; Geburt 71, 28; Genealogie 53, 16. 74–76. 198 f.; Grotte 73, 48; und Helios 20, 78; und Iakchos: in Eleusis 4. 53 f., in der Literatur 51 f. 198, auf Vasen 59–66; Kulturbringer 77; orphischer Kult 75, Mythologie 74; Stiergestalt 51. 59, 1; Zagreus 4. 52. 67 f. 74. 174

Dysaules 159 f. 165. 167. 173 f.

Eileithyia 74

Eleusinien 22, 2. 65, 36

Eleusinion 18. 49. 158

Eleusis: Anaktoron 128 f. 131, 21; und Athen 39. 58, 43. 178; Brunnen Kallichoron 131. 174; Dionysos 66; Eubuleus 91, 53. 163. 171 f.; Haloen 66, 41; Mysterien s. Mysterien, eleusinische; Telesterion 128–130. 132. 136 f.; Triptolemos 123–125. 163. 172; Wiesen 48

Epigenes 96, 12. 148, 35

Eschatologie s. Jenseitsvorstellungen

Eschenbach, A. Chr. 2

Eubuleus 61. 158. 165 f. 171–174. 179. 184; und Dionysos-Zagreus 173 f.; in Eleusis 91, 53. 163. 171 f.; Etymologie 172; und Eubulos 173 f.; auf den Goldblättchen 91, 53. 174, 84; in den H. Orph. 173 f.

Eubulos 172–174

Eudoxos von Knidos 26, 20

Eumolpiden 18. 18, 68

Eumolpos 5. 18–21. 59, 5. 61–66. 69. 93. 96–98. 102 f. 140 f. 146. 163 f. 183; ‚Bakchika‘ 20 f. 184; Demetergedicht 20. 151; Dichter 19 f.; Genealogie 18 f. 164, 32; Jenseitsdichtung 19. 96–98. 103. 140. 183; und Musaios 18–20 (s. auch Musaios); Mysteriengründer 18. 162. 164; und Orpheus 20; Theogonie 20; Thraker 62; Vasenbilder 61–66. 187 f.

Euripides, ‚Rhesos‘, Echtheitsfrage 28 f.; und Seneca 29, 34

Festugière, A. J. 185, 11

Förster, R. 153

Foucart, P. 127

Furtwängler, A. 61. 188

Gerhard, E. 40

Goldblättchen, sog. orphische 5. 90 f. 100; ägyptischer Einfluß 125; Zuweisung 91, 53

Gruppe, O. 5

Haloen 66, 41

Hathor 169 f.

Hekataios von Abdera 23–26; antiattisch 24; und Herodot 26; Kolonisationstheorie 24 f. 24, 12

Hekate 73 f. 127

Herakles 64 f. 69. 142–149 (pass.). 182; und Eleusis 143 f.; Katabasengedicht 142–149, Vorlage der homerischen Nekyia 142, 8. 144, 17, Verfasser 145. 146, 20. 147–149

Hermes 64 f. 67. 71. 73

Herz, Tabu auf 93

Hesiod 9. 14. 96

Hierokeryx 63. 129

Hierophant 18. 62 f. 128 f. 158; Hieronymie 57, 37

Hieros Gamos 63. 129

Hochzeit, heilige 63. 129; und Initiation 115, 100

Homer 9. 14. 17. 80. 96; Nekyia, Vorlage 142, 8. 144, 17

Iakchos 43. 46–69 (pass.). 75 f. 197 f.;
und Demeter 53. 198; und Dionysos 40. 51–66, im eleusinischen
Kult 53, identifiziert 51–53. 57.
198; Entstehung 43. 54 f.; Etymologien 54, 20; Ikonographie
59–66; Kultbild 49. 55; Lied
43. 54–57, ekstatisch 56 f.; my-
kenisch? 54, 20; Prozession 43 f.
48–50. 54–58. 62 f. 137, ekstatische
Phänomene 57 f.; und Salamis
58, 43; Tempel (Iakcheion) 41, 8.
49 f. 53, 15. 55; Vasenbilder 59–
66. 187 f.
Iambe 174. 196. 198
Initiation 45; und Bad 114 f.; und
Hochzeit 115, 100; und Tod 79 f.
79, 5. 132
Inschriften s. Reg. 1
Isis 23. 26. 169; Aretalogien 37 f.
Ishtar 175 f.

Jenseitsvorstellungen (s. auch einzelne
Namen); in Aristophanes' ‚Fröschen' 82 f.; Bekränzung 86. 102.
120; Dreiteilung des Jenseits 84–
87. 184; Einteilung nach moralischen Kriterien 85. 89. 93. 95. 104.
120. 124. 140, nach rituellen Kriterien 89. 120. 124. 140; eleusinische 79–82. 89–92. 94. 97 f. 101–
103. 112. 120 f. 124 f. 138–141.
183; Gelage 83. 98 f. 103. 120.
124. 138; Geweihte 79–82. 95.
100. 103. 124, 53. 145 f.; Zusammensein mit den Göttern 99–102.
120; Hoffnungen 50. 79 f. 98–
103. 138 f.; Inseln der Seligen 80. 86; Iteration 102, 40;
in der Alten Komödie 82 f., 103;
Kultfeier 102, 40; Mühe, sinnlose
114. 118. 193; orphisch-pythagoreische 88–94. 97–104. 108. 120–
124. 138 f. 141. 183–185; Pithos,

löcheriger 108–120 (pass.); bei
Pindar 83–90; bei Platon 86–90;
bei Pythagoras 122 f.; ritueller
Hintergrund 104–107. 114 f. 129–
139 (pass.); Schlamm 96. 103–
107. 120. 141; Seelenwanderung
84, 25. 87 f. 93 f. 184 f.; Wasser
tragen im Sieb 96. 107–109. 118.
141 f.; Sonnenschein 86; Tanz
135, 35. 138; Totengericht 121–
126; Totenrichter 121 (s. auch
die Namen); Ungeweihte 80.
103 f. 107 f. 110–115. 119 f. 127.
135 f. 184; unverheiratet Gestorbene 114; Wiesen 41. 48. 90 f.
91, 55. 98. 133 f.

Kallichoron 131. 174
Katabase 127 f. 138. 141–150. 183;
des Herakles 142–147. 149. 182;
des Orpheus 124, 148. 141 f.; des
Pythagoras 122 f.; rituell inszeniert 127. 132, 26. 138
Katharmos mit Schlamm 105–107
Keleos 151. 157. 158, 2. 167
Keryx 62 f. 64
Kore (s. auch Persephone) 47, 37. 56.
59. 61. 63–66. 69, 13. 75. 77. 143 f.
151–181 (pass.). 184; in Agrai
68. 77; Anodos 70. 73; Raub
153–158 (pass.). 161; Darstellungen 156; in Syrakus 143 f.; Weben 184
Kulturtheorie, sophistische 35 f. 161 f.
165. 178
Kureten 156 f.

Lampon 180 f.
Lasos von Hermione 147
Lemnos, Frauen von 116, 108
Lenäen 41. 43. 66, 41
Lesbos, Orakel des Orpheuskopfes 12,
33
Linforth, I. M. 4. 148. 185, 11

Linos 10
Lobeck, Chr. A. 1. 3 f. 22. 152
Lutrophoros 114–116
Lykomiden 13, 42. 151. 158, 32. 168, 50. 183, 3

Maass, E. 5
Malten, L. 153 f.
Matris von Theben 12, 36
Mesopotamien 105. 175
Metroon in Agrai 76, 61; in Athen 155, 24
Minos 122–124. 126
Mise 159 f.
Musaios 5. 9–21 (pass.). 32. 90. 93–98 (pass.). 102. 141. 146 f. 183; Chresmologe 9. 17. 147; Darstellungen 10 f. 18; Dichter 9; und Eleusis 17–19; Erfinder der Buchstabenschrift 17, des Hexameters 11. 17; und Eumolpos 18 f. 96–98. 103. 120. 163 f.; Heiler 17; und Homer 17; und Moses 12, 40; und Musen 10; und Orpheus 11–19. 164; Thraker 17
(Musaios) Werke: Herakleskatabase 145. 146, 20; Jenseitsdichtung 14–16. 96–98. 103. 107. 140 f.; Hymnen 13. 151. 183; Sphaira 13; Theogonie 13
Myrte 44. 60
Mysterien:
in Agrai 67. 76, und Ar. ran. 41; des Alexander von Abonuteichos 129, 16; dionysische 134, 40
(Mysterien) in Eleusis: Bad der Mysten 115, 100. 127; Einfluß des Dionysoskultes 4. 51. 65, 37; Fackeln 29. 43. 46, 35. 57 f. 60; Ferkelopfer 43; Flöte 57; Geburtsdarstellung 130; Gefühle während der Riten 131–134. 137; Gephyrismen 42. 45. 50. 169, 56;

Gründung des Erechtheus 23. 31. 39; – des Orpheus 22–39 (pass.); Hieros Gamos 129; Jenseitsvorstellungen s. v.; Kleideranathemata 44 f.; Kykeon 166. 174; Licht- und Toneffekte 136; Mörser 179; Moralisierung 82, 16. 120 f. 141; Panegyris 137 f.; Personal 129 (s. unter den Bezeichnungen); Prorrhesis 44; Ritualismus 81; und Samothrake 27 f. 28, 29; Schätzung in der Antike 2, 4. 33. 182, – vor dem 19. Jh. 1 f.; Schweigegebot 6. 50; Sehen, Bedeutung 32 f. 81, 12; Änderungen der Spätzeit 57, 37. 58, 42. 67, 1; rituelle Suche 27. 130; Tänze 131. 138. 174; und Thasos 111 f.; Visionen 134, 34; Widderopfer 27; Wiese 41, 8; φάσματα 134, 34
(Mysterien) in Keleai 167; Kleine s. – in Agrai; Metaphorik 131. 135, 38; orphische 7. 41. 92. 107. 140. 193 f.; auf Paros 112; pythagoreische 107, 63; des Sabazios 105 f. 105, 53; auf Samothrake 26–28. 27, 28. 31; auf Thasos 111 f.; in Unteritalien 108. 120. 140. 193 f.

Niinnion, Pinax der 48, 39. 60
Nilsson, M. P. 4. 152. 185, 11
Noack, F. 127 f.

Oknos 110–112. 118 f. 188–194 (pass.); Darstellungen 190–193; in unteritalischen Mysterien 194; Verbreitung nach Ägypten 191, 14; nach Indien 194, 33
Omphalos 64. 68. 72
Onomakritos 9. 147–149; bei Pausanias 148; im Peripatos 148; und Sparagmosmythos 147, 24; Werk:

Herakleshymnos 147, *24,* Orakel-
sammlung 9. 147, Teletai 149,
38
Orpheotelesten 14. 14, *49.* 16. 95
Orpheus 5. 8–39 (pass.). 74–78. 90.
93–97. 101 f. 104. 109. 120. 141.
146. 151–181 (pass.). 182 f.; als
Dichter und Sänger 8; bei Diodor
26; Erfinder des Ackerbaus 35 f.,
der Buchstabenschrift 17, des
Hexameters 17; und Homer 17;
redender Kopf 11 f. 12, *33;* Kulturbringer 34–37; Magier 12. 17;
und Musaios 11–19. 164; stiftet
Mysterien 26 f., des Dionysos 31 f.
78, in Eleusis 4 f. 22–39 (pass.).
101; -mythos, allegorisiert 36;
bei Pausanias 148; bei Platon
9; Schätzung vor dem 19. Jh. 2;
bei Theodoret 22; Thraker 17;
auf Unterweltsvasen 124
(Orpheus) Werke:
Bakchika 20; Demeterdichtung
21. 37. 142. 151. 153–156. 159–
184 (pass.), Datum 179 f., und
Hom. h. Cer. 174; Dionysosdichtung 74 f. 77 f.; Hymnen 3,
10. 13. 15, *54.* 148. 158, *32.* 183,
Datum *3, 10;* Jenseitsdichtung
15 f. 90. 95. 140; Katabasenge-
dicht(e) 124, *148.* 142; Opfervorschriften 15; Sphaira 13;
Theogonie 13. 184; Thyepolikon
15, *51.* 15, *54*
(Orpheus, Werke)
Ausdruck attischer Ansprüche 39.
165. 175. 182 f.; Authentizität be-
stritten 92. 148 f.; Überlieferung
fließend 152. 164; Verbreitung
140. 155 f. 158 f. 165 f.
Orphik
Anthropogonie 75, *54;* attisch-
eleusinische 147–149. 167. 177 f.
185 f., anders als unteritalische

174. 184 f.; βίος 'Ορφικός 14,
49. 185; als Dichtung 7 f.; Einfluß auf Eleusis 4. 40 f. 51. 173 f.;
Jenseitsvorstellungen s. dort; kein
Lehrgebäude 185; als Mysterienkult 7. 41. 92. 107. 140. 193 f.;
und Pythagoreertum 92–94. 149;
Ritual 105, *53.* 107; Seelenwanderung 93 f.; Sparagmosmythos
93. 184 f.; Vegetarismus 34

Pamphos 183
Panyassis, Herakleia 143, *10*
Peirithoos 145
Periktione 93, *63*
Persephone (s. auch Kore) 53, *16.*
72–75 (pass.). 91, *53.* 174. 174, *84;*
Hain der 91
Philippos, Orpheotelest 16. 95
Pico della Mirandola 2, *5. 3, 10*
Pindar, Jenseitsvorstellungen 83–90
Platon, Axiochos 142. 149; Jenseits-
vorstellungen 86–90; und Pytha-
goreer 88 f.
Pluton 99. 172 f.
Plutos 63 f. 70. 73 f.
Polygnot von Thasos, Nekyiabild 110–
112. 188. 190 f.
Pompeion 49, *43*
Priene, ,Baubo'-Statuetten 168
Pringsheim, G. H. 59
Prodikos 36. 39
Propaganda, attisch-eleusinische 38 f.
125. 159. 165. 175. 182 f.
Pythagoras (s. auch Pythagoreer):
Akusmata 93. 193, *31;* und Empe-
dokles 88; Jenseitsbericht 122 f.;
und Orpheus 92. 149
Pythagoreer (s. auch Jenseitsvorstellun-
gen, orphisch-pythagoreische):
im Jenseits 99. 120; und Orphik
92–94. 149
Pythagoristen 99. 120

Radermacher, L. 41
Rhadamanthys 122–124
Reliefs:
aus Athen 63; Chalkis (Mus. Inv. 337) 60, 8; Eleusis, Mus. (Frg.) 61, (Frg.) 115, 100, (des Lakrateides) 61, 12. 172, 70; Neapel, Mus. Naz. (aus Mondragone) 60, 8; Zürich, aus Eleusis 156
Ritualismus 81
Rohde, E. 113. 125. 185, 11
Rzach, A. 5

Sabazios 75 f. 105 f.
Salmoxis 99
Seelenwanderung 84, 25. 87 f. 93 f. 184 f.
Selbstmord 95, 5
Setna, Roman von 191, 14
Simon, E. 61. 67 f.
Sophistik 34. 177 f.; Kulturtheorie 35 f. 161 f. 165. 178
Sophokles, ‚Triptolemos' 78, 71. 79, 3. 177. 179 f.
Soteira 47. 181
Sprichwörter:
εἰς τετρημένον πίθον ἀντλεῖν 109, 68; ἔφυγον κακόν, εὗρον ἄμεινον 106, 54; κοσκίνωι ὕδωρ φέρειν 109, 68; ὄνου πόκαι 191, 14
Suche, rituelle 27, 27
Syrakus, Koreverehrung 143

Tabuvorschriften, orphisch-pathagoreische 93
Telepinu 170, 60. 175 f.
Theseus 112, 85. 145
Thesmophorien 25. 33 f. 119. 171. 173. 178 f.; und Fruchtbarkeit 171, 67
Totenbuch 125
Totengericht 121–126; ägyptisch beeinflußt 125

Triptolemos 61. 64. 69. 120. 123. 153 f. 158 f. 161–165. 176 f.; Aussendung (Darstellungen) 176; und Eubuleus 158. 163. 172; Totenrichter 122 f. 141. 184
Trochilos 158
Tuccia 119
Tympanon 71 f.

Urhügeltheorie 25, 15

Vasen:
Athen Nat. Mus., Hydria 1443 64, 17297 65; Berlin Antiquarium, Lekythos 1961 52, 10 a; Boston, Stamnos Frg. 03. 842 61 f.; Cambridge Corp. Christ. Coll., Schale 11; Eleusis, Stamnos 636 62, Skyphos 1244 156; Ferrara, Krater T. 128 60, 7; Karlsruhe, Frg. 258 123; Leningrad, Pelike 1792 64. 67–75. 77, 1793 68 f.; London, Glockenkrater E 246 60, 7; Lyon, Hydria Tyskiewicz 64; München, Amphora 849 123, Amphora 1493 112. 192; Neapel, Amphora 3222 123, Volutenkrater 3256 156; New York, Hydria 07. 128. 1 156, Pelike 37. 11. 23 18, 71; Oxford, Frg. 1956–355 198; Palermo, Lekythos 996 112. 116. 188–190; Paris Cab. Méd., Schale 4899 125, Louvre, Schale E 667 103, 41, G 457 10, Volutenkrater (Saal K) 156; Reggio, Amphora 4001 143. 176, 95; Rom Villa Giulia, Lekythos 42884 52, 10 a; Smlg. Sandford-Graham, Pelike (verschollen) 64; Schweiz Priv., Skyphos 63; Sofia, Lekythos 64; Tübingen, Schalendeckel E 183 63; Warschau, Stamnos 142. 465 71; verschollene Schale (Tischbein III T. 8) 71. 73, 43

(Vasen): mit demetrischer und dionysischer Thematik 77 f; Dionysos im eleusinischen Kreis 65, *35*; Eumolpos (Katalog) 187 f.; Herakles in der Unterwelt 143; Iakchos (Katalog) 187 f.; Triptolemos, Aussendung 176; Unterweltsvasen 113, *92*. 123 f.
Visionen 134, *34*

Wandmalereien:
Delphi, Lesche der Knidier s. Poly-

gnot; Ostia, Isola Sacra 19, *73*; Rom, ehem. Lateran, aus Ostia 192, Kolumbarium Pamfili 191
Waschung, rituelle 115
Wehrli, F. 5. 127
Wilamowitz-Moellendorff, U. von 5. 104. 154. 185, *11*

Zagreus s. Dionysos
Zeus Eubuleus 168. 172 f.; Inzest 74, *52*

3. Griechische Wörter und Ausdrücke

ἀπομάττειν 106
ἀπόρρητος 30
ἄρρητος 30
ἀτέλεστος 137, *43*
ἀρχαῖος 178, *106*
βόρβορος 103–107 (pass.)
γεφυρισμοί 45. 45, *34*
δείκνυμι 32
διάζω(σ)μα 136, *39*
ἐλπὶς ἀγαθή 138
εὐφημεῖν 44
θηριώδης 35–38 (pass.)
ἴακχος 54–57. 196 f.
ἰαχέω, ἰαχή, ἴαχω 56
ἰδεῖν 81, *12*
καταβάσιον 138

λόγος (παλαιός, ἱερός) 96. 121, *132*
ματαιοπονία 114. 118
μεγαρίζειν 165. 173
μύησις 32, *48*
μυστήρια 29. 43
Ὀρφικοί/Ὀρφικά 8
ὅσιος 137
πηλός 105–107 (pass.)
συμπόσιον τῶν ὁσίων 98 f. 120. 138
τελετή 32. 32, *48*. 33, *57*
τέλος 114
τόπος εὐσεβῶν 81. 85. 86, *13*
φάσματα 134, *34*
φόβος 132
φόνος 34
φρίκη 132